国家社科基金后期资助项目
出版说明

后期资助项目是国家社科基金设立的一类重要项目，旨在鼓励广大社科研究者潜心治学，支持基础研究多出优秀成果。它是经过严格评审，从接近完成的科研成果中遴选立项的。为扩大后期资助项目的影响，更好地推动学术发展，促进成果转化，全国哲学社会科学工作办公室按照“统一设计、统一标识、统一版式、形成系列”的总体要求，组织出版国家社科基金后期资助项目成果。

全国哲学社会科学工作办公室

国家社科基金
GUOJIA SHEKE JIJIN HOUQI ZIZHU XIANGMU
后期资助项目

民事强制调解研究

A Study on Civil Mandatory Mediation

王阁 著

法律出版社
LAW PRESS·CHINA
——北 京——

图书在版编目(CIP)数据

民事强制调解研究 / 王阁著. -- 北京 : 法律出版社, 2023
ISBN 978-7-5197-7765-4

Ⅰ. ①民… Ⅱ. ①王… Ⅲ. ①民事纠纷-调解(诉讼法)-研究-中国 Ⅳ. ①D925.114.4

中国国家版本馆CIP数据核字(2023)第057198号

民事强制调解研究
MINSHI QIANGZHI TIAOJIE YANJIU

王 阁 著

策划编辑 冯雨春 李 军
责任编辑 冯雨春 李 军
装帧设计 鲍龙卉

出版发行 法律出版社
编辑统筹 法律应用出版分社
责任校对 王 丰
责任印制 刘晓伟
经　　销 新华书店

开本 710毫米×1000毫米 1/16
印张 19.5 **字数** 430千
版本 2023年4月第1版
印次 2023年4月第1次印刷
印刷 北京虎彩文化传播有限公司

地址:北京市丰台区莲花池西里7号(100073)
网址:www.lawpress.com.cn
投稿邮箱:info@lawpress.com.cn
举报盗版邮箱:jbwq@lawpress.com.cn

销售电话:010-83938349
客服电话:010-83938350
咨询电话:010-63939796

书号:ISBN 978-7-5197-7765-4
定价:92.00元

凡购买本社图书,如有印装错误,我社负责退换。电话:010-83938349

基金项目
国家社会科学基金后期资助项目，项目批准号：18FFX024

序

今受王阁老师之托，为其新作作序。虽诚惶诚恐，深忧陈词滥调难为现时所用；且勉为其难，愿为后起之秀助展未来宏图。大作读罢，感慨良多，谨作下文为序。

调解，作为我国传统的纠纷解决和社会治理方式，经历了漫长的发展过程。改革开放以来，调解艰难地冲破诸多争议和重重困境，在世纪之交与世界 ADR 潮流相遇，通过现代转型和创新发展，逐步成为我国司法改革、社会治理和法治建设的基础要素。本书所研究的强制调解，是一个容易引起歧义和争论的概念，但始终是调解制度建构中的重要课题。

改革开放早期，面对社会转型和法治初建的复杂环境，纠纷解决研究者首先需要解决的是多元化纠纷解决机制、非诉讼程序和调解的正当性问题。如何推进传统调解机制实现现代转型，如何在法律移植中保留中国特色及创新空间，如何建立起科学与经验相结合的理论体系和运行机制，是我们这一代学者和实践者孜孜以求的目标。时至今日，多元化纠纷解决机制的理念得到了国家政策的认可和制度的保障，逐步为社会公众和学术界所接受，“把非诉讼机制挺在前面”已成为新时期的主流意识，调解的正当性不再被质疑。然而，历史的经验证明，随着社会发展的需求，纠纷解决机制需要不断通过合理的顶层设计和制度建构，持续调整、完善和优化，人类社会无法一劳永逸地终结这种动态发展的过程；而纠纷解决的社会观念、理论和公共政策也会随时代而发生改变。目前，我国很多基本的制度建构尚未完成，有关调解及纠纷解决机制的研究和实践绝不能就此止步。纠纷解决机制的创新和完善需要成为立法、司法和实务部门持续的任务，也必然是理论研究长期的课题。在正当性论证基本解决之后，深入的制度研究尤为重要，为此，学者责无旁贷、任重道远。本书作者王阁精心呈现的这部有关强制调解的研究，孕育于社会转型之际，完成于新的历史时期，可谓生逢其时，适逢其用，显示理论研究的深入和年轻学者的成长。

近年来，尽管调解及多元化纠纷解决机制在司法改革和制度创新中有了长足的进步，但毋庸讳言，相关顶层设计和制度建设始终进展缓慢。纠纷继续向法院汇集,案件量持续增长,非诉讼机制虽然在审判之前发挥了一定作用,但并没有在法院之外对案件形成有效的分流,特定类型纠纷亦未形成专门化(非诉化)处理机制。有关调解前置的立法提案、建议和尝试虽酝酿已久,但并无实质性突破。除定位模糊的先行调解和一些地方的创新实践外,作为独立程序的、法律意义上的诉讼前置性调解实际上并不存在。本书从中国现实问题出发,适时地呼应了实践中对强制调解的强烈需求和关切,显示鲜明的问题意识和务实指向。作者遵循学术规范,以严肃认真的态度和科学的方法,对民事强制调解问题进行了系统深入的研究论证,为民事程序法和纠纷解决理论增添了新的成果,并对我国强制调解制度的建构提出了系统的建言。读者可以跟随其研究进路,了解强制调解的正当性、发展及未来。

文献梳理与概念界定。作者从"强制调解"的概念、定义出发,通过文献、制度和实务的比较,向读者展示这一概念的多面性以及此前存在的诸多误解和歧义。作者在梳理和细致解析"民事强制调解"概念的同时,界定了其内涵、外延及研究范围,使后续的研究论证得以在清晰严谨的规范之上展开。由此,也明确了强制调解与其他同义概念的关系,开放了为避免误解而选择其他定义的可能,如诉讼前置调解或法定前置调解等。

比较研究。我国的法治建设是在比较的背景下进行的。与早期简单的模仿移植不同,我国当下以实现中国式现代化为目标,有了明确的制度自信,制度建构和设计更具中国特色。但是,开放的中国同样也需要面向世界、更好地与国际接轨和相互融合。改革开放初期,在我国,调解一度遭到冷遇。20 世纪 90 年代以降,原有的法定前置调解(如交通事故处理)逐步被尽数取消,作为独立程序的强制调解已不复存在。与此同时,在国际上,随着调解的蓬勃发展,强制调解的应用范围在不断扩大。其中的原因与教训何在,或许可以在本书的比较研究中寻找可能的答案。当前,我国的调解已实现了现代转型和多元化,与世界 ADR 浪潮融为一体,在相互借鉴中推陈出新、与时俱进才是制度建构应有的科学态度。

实证研究。制度建构或改革的需求源于社会现实。作者通过实证研究和经验性观察发现,尽管并无明确的法律依据,实务部门和各地方通过各种"创新",如诉源治理、无讼社区建设、地方一站式解纷中心等方式,实际上正在积极向强制调解靠近。据此,作者得出了较为乐观的判断:我国建立强制调解的客观条件已经成熟;并通过事实和数据论证了其客观需求、可行性、效益、条件和效果等。实证研究亦不乏从事实出发的批判精神,从本书的调研资料和数据中,读者可以对强制调解实践中存在的问题略窥一斑,从而得出自己的判断或提出疑问。例如,在缺乏法律依据的情况下,基层法院推进强制调解的努力是否会轻易地被某个当事人或律师的投诉所否定,是否会被善于诉讼的人(如职业诉讼人)巧妙地规避,是否会导致调解的同质化(如司法化)?公共资源大量投入调解是否会导致更低的效益?中国的强制调解是否只能设立在法院,成为司法的附属?在摸着石头过河已经成为习惯,模糊性的制度安排具有更强的适应性,传统大一统调解模式已形成定势,看不到更优选择的情况下,各主管或相关部门基于自身利益或局限性能否将强制调解提上立法日程并提出合理的方案?这些问题都是制度设计者和研究者需要正视和回应的。

规范研究与分析论证。制度建构必须以法律规范与合法性为基础,对正当性、价值、功能、合理性、可操作性、效益、风险规避、程序和法律责任,乃至替代性方案等作出全面考量。在世界各国,强制调解的正当性都曾引起争议,时至今日,其中最重要的理论障碍——强制调解是否限制当事人诉权并违背调解的自愿性,已经得到了合理的解释;同时,强制调解的效益、当事人满意度、社会效果等也已被经验性研究所证成。然而,这并不意味着强制调解可以无条件地适用于任何场合和所有纠纷类型,也不意味着没有更好的选择和替代方案。在我国,强制调解依然面临正当性的质疑,甚至其概念尚难以被接受,这就需要慎重设计具体可行的制度,包括定义、适用范围、程序设计、行为规范、制度衔接、法律效力及救济方式等。作者所做的系统的规范性研究与实证研究资料相结合,不仅为其建构设想提供了依据,亦可成为决策者和立法者的有益参考。

历史和文化研究。历史文化溯源和动态研究对制度建构具有重要意义,作者对强制调解的沿革及制度实践进行了详细的梳理和分析。无论东西方,调解都经历了漫长的探索和发展过程,强制调解在历史中若隐若现。20世纪末期以来,非诉讼机制得到了空前重视,形成了全球调解趋势。与此同时,随着各种新型纠纷的专门化处理机制不断出现,调解的应用已超越了传统民事领域,强制调解的模式也在不断推陈出新。在这种背景下,调解研究和制度建构需要高屋建瓴,既充分重视文化差异及传统,也应具有前瞻性和国际视野,并敢于面对一些具有挑战性的问题。

首先,西方国家历来强调调解与司法(仲裁)程序及方式的分离,强调调解的独立性及其与后续程序的严格区分。而中国民事司法自古以来就存在调裁(判)不分的传统,司法机关、社会主体和当事人也更习惯这种方式。因此,我国更青睐先行调解这种模糊的制度设计,并热衷于调解与司法(裁决)的一体化或紧密衔接的模式。由此可能影响对强制调解模式的不同选择。

其次,强制调解既可以设立在法院,也可以设立在法院外。前者被定义为司法程序,如日本、韩国等国家或地区的法院附设调解,尽管调解程序由法官掌控,但调解员的社会身份、作用及其与法官的区别才是制度设计的核心,由此形成调解与裁判的差异和独特功能。例如,家事案件中男女调解员的性别对等,劳资双方代表的利益协调等。当代更多的强制调解设立在法院之外,或赋权民间社会组织(如行业协会),以发挥自律和治理作用;或强调行政主管部门对专门性机制的主导,以在诉前穷尽非讼救济。制度设计的意义在于保证这些机制与司法的区别及独立地位,并确立为诉讼前的必经程序,以减少对司法的依赖。而在我国法院主导的一站式解纷机制中,调解员实际上是以法官辅助人员身份和法官视角、参照司法判例进行调解,可通过无争议事实认定与后续的诉讼形成密切的联系,并通过法院调解书和司法确认等方式转化为强制执行依据。大量社会调解机构缺少独立的案源,难以独立生存和发展,进入一站式体系后,亦被统合为准司法机制。这种司法依赖和国家中心的解纷文化,决定了制度建构的基调,也必然会影响强制调解的功能和价值。

最后,调解的专门化与创新发展。当代世界纠纷解决机制的专门化趋势,是指针对劳动、家事、消费、医疗、交通事故、金融消费、投资等不同类型的纠纷,通过专门或单行立法,建构专门解纷机制,采用非讼化、专门化及协商、调解、裁决一体化(准行政或准司法)的方式处理,并将其设定为诉讼前置程序,由此将这些纠纷从常规民事诉讼中整体加以剥离,司法仅发挥最终救济作用。鉴于涉及非平等主体关系、非民事关系,强调国家干预和弱者保护,行政主管部门负责等因素,这类机制的设计原理与普通民事程序不同,需要根据各自的特点和规律,设置调解人员、程序(协商、调解、裁决)、辅助机制(保险、鉴定、调查等),采用不同的调解模式,并可以在调解不成时直接作出裁决或决定;与法院附设程序相比较而言,不仅可大量有效分流和纾解诉讼,解纷的专业性、预防性、社会治理的效果也更好。我国虽较少采用这种方式,然已有《劳动争议调解仲裁法》和《证券法》设立专门程序的先例,表明除通过基本法建立统一的民事强制调解制度外,采用制定修改单行法方式建立强制调解的可能性同样存在且更加易行。然而,这两个较适宜实现调解前置和整体分流的专门机制都未能实现这种创新突破,说明强制调解和专门机制的建立实属不易。

制度建构研究。本书以建构篇作为终点,彰显其建设性特点。由于强制调解涉及当事人的基本权利,无法以地方法规、行政法规和司法解释的方式建立,只能通过立法实现,这就需要体系性的建构。作者从强制调解的意义、条件、模式选择、适用范围到调解人、调解程序、配套制度,进行了全面系统的阐释论证。这些建言细致而周密,充分显示作者对强制调解制度建构的严谨态度、满腔热忱和责任感。作为学者,亦可不为部门利益和实务局限所囿,秉持相对客观理性的立场。诚然,任何建议都不可避免地存在瑕疵和问题,鉴于制度建构中的各种不确定性因素,研究者亦无法期待自己的方案会被全盘接受。然而,毫无疑问,本书提供的丰富资料、分析论证和建构方案均具有重要的参考价值。至此,研究者圆满完成了自己的使命,实现了自己的目标,可以问心无愧地坦然接受读者的评议和决策者的审视。

我以为,这就是此项研究的价值和意义所在。

范　愉

2022 年岁末于北京

目　录 Contents

导　论

一、选题背景和意义

在民事纠纷解决领域，调解历来发挥举足轻重的作用。在当前矛盾凸显、诉讼激增的社会转型时期，民事调解焕发勃勃生机，并在世界性 ADR 浪潮的影响下衍生出新的形态。民事调解在程序启动上的非合意化形态——民事强制调解，就是一个引人关注的发展趋势。有学者指出，强制调解成为当代 ADR 发展中的一项重要制度创新。① 世界各国和地区越来越多地在特定类型的纠纷处理中建立强制调解程序，已鲜有国家和地区对其采取限制或禁止措施；相反，鼓励、主动要求利用强制调解程序蔚然成风。② 在世界七大洲中，除南极洲外，其他洲都可以发现民事强制调解适用的身影。亚洲的日本、越南等国，欧洲的德国、法国、挪威等国，北美洲的美国、加拿大等国，南美洲的巴西等国，大洋洲的澳大利亚以及非洲的南非等国，都确定了民事强制调解制度。③ 在我国，《婚姻法》（已失效，下文不再说明）的历次修改均延续了离婚案件的强制调解制度，④2020 年通过的《民法典》仍然对此予以保留。⑤ 此外，2003 年最高人民法院发布、2020 年

① 作为国内 ADR 方面的最高权威，范愉教授指出，当代世界各国和地区对 ADR 的支持不断加强，大致经历了三个发展阶段，即“允许—鼓励—有条件地强制利用”。参见范愉：《当代世界多元化纠纷解决机制的发展与启示》，载《中国应用法学》2017 年第 3 期。

② 参见王福华：《论诉前强制调解》，载《上海交通大学学报（哲学社会科学版）》2010 年第 2 期。

③ 对此有专门介绍的主要研究成果包括冀祥德主编：《协商性纠纷解决机制比较研究》，中国民主法制出版社 2010 年版；［澳］娜嘉 · 亚历山大主编：《全球调解趋势》（第 2 版），王福华等译，中国法制出版社 2011 年版；齐树洁主编：《外国 ADR 制度新发展》（第 2 版），厦门大学出版社 2017 年版；齐树洁主编：《外国调解制度》，厦门大学出版社 2018 年版。

④ 我国 1950 年《婚姻法》第 17 条规定：“……男女一方坚决要求离婚的，得由区人民政府进行调解；如调解无效时，应即转报县或市人民法院处理；区人民政府并不得阻止或妨碍男女任何一方向县或市人民法院申诉。县或市人民法院对离婚案件，也应首先进行调解；如调解无效时，即行判决……”1980 年颁布的《婚姻法》对此有所修改，第 25 条第 2 款规定：“人民法院审理离婚案件，应当进行调解；如感情确已破裂，调解无效，应准予离婚。”据此，离婚案件经起诉后应先行调解，调解无效方转入审判，这被称为“强制离婚调解制度”。参见高玮玮：《强制离婚调解制度的评析与走向》，载《律师世界》2000 年第 8 期。在《婚姻法》2001 年的修正中，离婚案件的强制调解被继续沿用，该法第 32 条第 2 款规定：“人民法院审理离婚案件，应当进行调解……”

⑤ 《民法典》婚姻家庭编第 1079 条第 2 款规定：“人民法院审理离婚案件，应当进行调解；如果感情确已破裂，调解无效的，应当准予离婚。”

修正的《关于适用简易程序审理民事案件的若干规定》(以下简称《简易程序规定》),要求法院开庭审理时,对六类民事案件应当依职权强制启动调解。① 2009 年发布的《关于建立健全诉讼与非诉讼相衔接的矛盾纠纷解决机制的若干意见》(以下简称《诉讼与非诉衔接意见》)允许人民法院在立案之前,依职权委派调解;在立案后认为确有必要时,也可以依职权委托调解。② 尤为引人注目的是,在 2012 年《民事诉讼法》的修正中,就"先行调解"的入法问题明显经历了一个从强制适用到自愿适用的转变。③

本书之所以选择研究民事强制调解,主要有以下两方面的原因。

一方面,民事强制调解对既有法学理念的触动甚至"颠覆",不能不令人产生深入探究的冲动。首先,自愿和自治乃是调解的本质与价值,④因此,"调解一般要求纠纷在提交给作为第三者的调解者处理以及达到最终解决时都以得到双方当事人的合意为前提",⑤也就是说,无论是调解的启动还是调解的进行以及调解协议的达成,都必须出自当事人双方的自愿。民事强制调解却对当事人在调解启动上的自主权产生了冲击,启动调解并不以当事人双方的意愿为前提。那么,如何解释民事强制调解与调解自愿

① 《简易程序规定》第 14 条规定:"下列民事案件,人民法院在开庭审理时应当先行调解:(一)婚姻家庭纠纷和继承纠纷;(二)劳务合同纠纷;(三)交通事故和工伤事故引起的权利义务关系较为明确的损害赔偿纠纷;(四)宅基地和相邻关系纠纷;(五)合伙合同纠纷;(六)诉讼标的额较小的纠纷。但是根据案件的性质和当事人的实际情况不能调解或者显然没有调解必要的除外。"学界主流观点认为,该条规定了民事调解的强制启动。参见宋明志:《论法院调解的强制性——以我国台湾地区民事强制调解程序为比较》,载《政法论丛》2008 年第 1 期;肖建华、杨兵:《论我国诉讼调解原则体系之重构——兼评〈关于人民法院民事调解工作若干问题的规定〉相关规定》,载《政法论丛》2005 年第 1 期;洪冬英:《法院调解强制因素的理性分析》,载《河北学刊》2006 年第 6 期;蔡霞:《大调解背景下委托调解制度的困境与出路》,载《创新》2011 年第 5 期;闫庆霞:《法院调解制度研究》,中国人民公安大学出版社 2008 年版,第 118 ~ 119 页;周建华:《司法调解:合同还是判决?——从中法两国的比较视野出发》,中国法制出版社 2012 年版,第 190 页。

② 《诉讼与非诉衔接意见》第 14 条规定:对属于人民法院受理民事诉讼的范围和受诉人民法院管辖的案件,人民法院在收到起诉状或者口头起诉之后、正式立案之前,可以依职权或者经当事人申请后,委派行政机关、人民调解组织、商事调解组织、行业调解组织或者其他具有调解职能的组织进行调解。当事人不同意调解或者在商定、指定时间内不能达成调解协议的,人民法院应当依法及时立案。第 15 条规定:经双方当事人同意,或者人民法院认为确有必要的,人民法院可以在立案后将民事案件委托行政机关、人民调解组织、商事调解组织、行业调解组织或者其他具有调解职能的组织协助进行调解。当事人可以协商选定有关机关或者组织,也可商请人民法院确定。很显然,法院立案前依职权委派调解和立案后认为确有必要时的委托调解,均属于法院依职权强制启动的调解。

③ 参见李浩:《先行调解性质的理解与认识》,载《人民法院报》2012 年 10 月 17 日,第 7 版。

④ 参见范愉:《当代语境中的协商性纠纷解决机制》,载冀祥德主编:《协商性纠纷解决机制比较研究》,中国民主法制出版社 2010 年版。

⑤ 王亚新:《对抗与判定——日本民事诉讼的基本结构》,清华大学出版社 2002 年版,第 243 页。

原则之间的矛盾？其次，根据现代民事诉讼法理，当事人的程序主体地位决定了以何种方式解决民事纠纷应取决于当事人自身的选择，即当事人享有程序选择权。[①] 而在民事强制调解中，调解成为解决某些民事纠纷的必经程序或阶段，只有当调解不成功时，当事人才能向法院起诉，或者才能由法院予以审判，因此，当事人享有的程序选择权似乎遭到了剥夺。那么，如何解释强制调解与当事人程序选择权之间的矛盾？再次，程序效益是民事诉讼程序的外在价值之一，[②]由于我国转型期矛盾的多发和复杂，特别是随着登记立案制的实施和法官员额制改革的全面完成，法院受案数量激增的同时，办案法官的数量却出现下降。因此，如何实现民事诉讼程序的精简、高效，缓解案多人少的矛盾，更具有特殊的现实意义。但是民事强制调解要求某些民事纠纷不经调解当事人就不得起诉，或者不经调解法院就不得作出审判，那么民事诉讼多出这样一道前置程序，是否与其程序效益价值背道而驰？最后，裁判请求权是现代法治社会国民的基本权利，国家司法制度的设计应当保障该项权利的实现，使后者在权利受到侵害或与他人发生争执以后，能够较为容易地诉诸法院并获得公正审判。[③] 而民事强制调解阻断了某些民事纠纷当事人直接诉诸法院的权利，当事人必须先经过调解解决，调解不成时才能向法院起诉。那么，民事强制调解是否构成了对当事人裁判请求权的侵犯？

另一方面，从我国2012年《民事诉讼法》的修正过程来看，强制启动调解似乎成为一种挥之不去的情节，[④]这对以民事诉讼为业的笔者产生了某种使命感的召唤。回顾我国民事强制调解的既有研究可以发现，强制启动民事调解的做法在我国由来已久。明洪武年间，明太祖朱元璋钦定的《教

---

① 参见邱联恭：《程序选择权论》，台北，三民书局2000年版，第87页。

② 参见肖建国：《民事诉讼程序价值论》，中国人民大学出版社2000年版，第212～213页。

③ 参见刘敏：《裁判请求权研究——民事诉讼的宪法理念》，中国人民大学出版社2003年版，江伟先生序言。

④ 《民事诉讼法修正案（草案）》第一稿第25项规定，“当事人起诉到人民法院的民事纠纷，适宜调解的，先行调解”；第28项规定，“人民法院对受理的案件，分别情形，予以处理……（二）对当事人争议不大的，采取调解等方式及时解决纠纷”。《民事诉讼法修正案（草案）》第二稿在此基础上有所更改，将第一稿第25项修改为“当事人起诉到人民法院的民事纠纷，适宜调解的，先行调解，但当事人拒绝调解的除外”。在最终通过的《民事诉讼法》修正案中，第122条（《民事诉讼法修正案（草案）》第一稿第25项）维持了第二稿中的修改，同时第133条第2款（《民事诉讼法修正案（草案）》第一稿第28项）在第一稿基础上有细微变动，将“当事人争议不大的”改为“开庭前可以调解的”。综观其上，不难发现在《民事诉讼法》的此次修改过程中，强制启动调解的倾向虽然在使用阶段上前后有变化——表现在对先行调解的启动上顾及了当事人的程序选择权，从而排除强制调解的适用，但就庭前调解而言，由于将启动调解的辨识和判断权交由法官来行使，因此透露出明显的法官依职权启动的倾向。

民榜文》中明确规定,对民间户婚、田地等民事纠纷,当事人不能直接告官,必须先经由里甲老人理断,否则当事人将被施以处罚。① 因此,在户婚、田地等民事纠纷的解决上,明代里甲老人的调解成为一种法定的前置性调解,无论当事人是否愿意,他们在向官方起诉之前都必须先经过该种调解。南京国民政府于 1930 年颁布的《民事调解法》也确立了民事强制调解。该法第 16 条规定:"第一审法院附设民事调解处,以推事为调解主任,当事人双方各推一人作为助理;初级管辖及人事诉讼事件,非经调解仍不和息的,不得起诉;当事人经通知无正当理由不到场的,科以罚款。调解和息结果与法院判决具有同等效力。"②革命根据地时期,"调解是必经程序"曾一度被奉为民事纠纷解决的原则,此后因其滋生种种弊端而遭摒弃,并催生了调解自愿原则。③ 新中国成立后,从 1950 年第一部《婚姻法》至 2003 年发布的《简易程序规定》,再到 2009 年出台的《诉讼与非诉衔接意见》以及 2020 年颁布的《民法典》,其中都有法官依职权强制启动民事调解的规定。且如前所述,2012 年修正的《民事诉讼法》在"先行调解"的规定上,也经历了从自愿适用到强制适用的转变过程。那么,这种状况与我国以往存在的民事强制调解传统之间是何关系?哪些因素促使我国《民事诉讼法》在多年坚守调解自愿原则之后,流露出对强制启动调解的青睐?范愉教授曾指出,当代世界各国对调解的态度都会经历"允许—鼓励—有条件地强制利用"三个发展阶段,④目前多数国家和地区基本都处于第二阶段,但有些国家和地区已经步入了第三阶段,强制调解,即法定前置性调解已经成为真正代表时代潮流的制度设计。⑤ 那么 2012 年《民事诉讼法》修正中对强制启动民事调解所表现出的欣赏与宽容,是否与当前世界 ADR 发展的这一潮流有关?其他国家或地区的民事强制调解是什么情况,会给我们带来哪些启示?众所周知,当前我国社会仍然处于转型期,司法体制改革正在如火如荼地进行。关于改革的方向和要求,习近平总书记强调必须同我国根本政治制度和经济社会发展水平相适应,保持自己的特色和优势。既要借

① 《教民榜文》第 1 条规定:民间户婚、田土、斗殴、相争一切小事,不许辄赴告官,务要经由本官里甲老人理断。若不经由者,不问虚实,先将告人杖断六十,仍发里甲老人理断。

② 参见程维荣:《中国审判制度史》,上海教育出版社 2001 年版,第 230 页。

③ 参见侯欣一:《对陕甘宁边区人民调解制度的几点共识——来自抗战时期陕甘宁边区的实践》,载《法学杂志》2011 年第 1 期。

④ 参见范愉:《当代世界多元化纠纷解决机制的发展与启示》,载《中国应用法学》2017 年第 3 期。

⑤ 《第 3 期金杜明德法治沙龙实录》,载中国法学创新网 2011 年 10 月 19 日,http://www.fxcxw.org.cn/dyna/content.php?id=9944。

鉴国外法治有益成果,但也不能照搬照抄。要遵循司法活动的客观规律,要坚持从实际出发,结合不同地区、不同层级司法机关的实际情况积极实践,推动制度创新。① 那么,我国民事强制调解的历史传统及域外民事强制调解的经验教训,在我国调解制度的创新发展上又会带来哪些反思和借鉴?

因此,本书将民事强制调解作为研究对象,一方面旨在通过辨析民事强制调解的现代意涵,探讨民事强制调解的基本特征、正当性依据及制度功能;另一方面通过梳理域外民事强制调解的基本内容,回溯我国民事强制调解的历史传统,检视现阶段我国民事强制调解的典型实践,从中探寻民事强制调解制度的基本规律和基本形态,以认清我国民事强制调解的主要特色及面临的挑战和突出问题。在此基础上,本书试图回答:建构我国民事强制调解的意义和基础何在,建构的具体路径又如何选择。从理论层面来看,本书将有助于填补我国民事强制调解领域系统研究的空白,在某种程度上弥补对民事强制调解存在的认识不足,矫正对民事强制调解存在的认识错误,揭示我国民事强制调解的历史发展脉络,彰显民事强制调解的制度理性和价值;从现实层面来看,本书将通过先期、系统的研究,对我国既存的民事强制调解立法和实践,对《民事诉讼法》规定的先行调解制度、调解协议的司法确认制度、小额诉讼制度,以及对最高人民法院推行的立案前委派调解、立案后委托调解以及邀请协助调解提供反思性契机,并对各地法院开展的家事审判方式改革、道路交通事故纠纷处理机制改革以及调解前置探索等相关实践,提供制度性建议和智识性支撑。

二、国内外研究综述

迄今,国内尚无民事强制调解方面的系统性、专门性研究。或许源于民事司法实践中"强迫调解""以判压调""以拖压调""反复调解"等做法饱受诟病,而研究者表述这些现象时,往往用"强制调解"加以指代,因此,长期以来"强制调解"被贴上否定性评价的标签,②并由此波及"民事强制调解",使之在我国本土语境下根本不具有作为制度性研究对象的正当性基础,更遑论学者就此展开理论拓展的努力。近几年,面对社会转型期日

① 参见黄永维:《改革司法体制　建设法治中国——学习习近平总书记关于司法改革的重要论述》,载《人民法院报》2017 年 7 月 31 日,第 2 版。

② 参见李浩:《民事审判中的调审分离》,载《法学研究》1996 年第 4 期;李浩:《论法院调解中程序法与实体法约束的双重软化——兼析民事诉讼中偏重调解与严肃执法的矛盾》,载《法学评论》1996 年第 4 期;金洪亮、吴文峰、余小阳:《无以规矩,不成方圆——试论民事调解工作中存在的若干问题及完善》,载《法治研究》2009 年第 7 期。

益增多的矛盾、纠纷，同时受世界范围内ADR潮流的影响，我国调解理论研究开始向全面、纵深方向发展，这其中就包括从比较借鉴的角度出发，对域外民事强制调解制度的些许提及，①从正面探讨民事强制调解之法理、价值②或我国民事强制调解的具体建构，③以及对某个国家或地区的民事强制调解进行较为详细的介绍。④ 这些有关民事强制调解的零星探讨，为本书研究提供了宝贵的智识启发和知识索引，使深入分析成为可能。

瞿同祖探讨传统中国的法律与社会结构、社会文化时，描述过族长对家族内民事纠纷的强制调解，他指出"家族团体以内的纠纷及冲突应先由族长仲裁，不能调解处理的，才由国家司法机构处理"，而且法律上也明确承认了族长的先行调解权力。瞿同祖先生认为，"这样可省去司法官吏许多麻烦，并且结果比较调和，俗话说清官难断家务是有其社会根据的"。⑤我国台湾地区学者那思陆研究清代地方审判制度时指出，户婚田土案件每每经调处解决，州县官即可依职权强制启动调处，也可以批令亲族、绅耆等社会力量解决。⑥ 对于州县官批令社会力量调解的做法，我国大陆研究者有更进一步专门的实证考察，指出这种"官批民调"的做法，在启动上不考虑纠纷当事人的意愿，具有明显的强制性特征。⑦

---

① 参见范愉：《非诉讼纠纷解决机制研究》，中国人民大学出版社2000年版；耿宝建、赵艳花：《比较法视野下的法院附属调解制度研究》，载《法律适用》2009年第4期；邱星美：《当代调解制度比较研究》，载《比较法研究》2009年第4期；张嘉军：《法院调解强制化走向与我国法院调解强制化机制之重塑》，载《郑州大学学报(哲学社会科学版)》2011年第6期；张晓茹：《先行调解抑或强制调解——评新〈民事诉讼法〉第122条》，中国民事诉讼法学研究会2012年年会论文；齐树洁主编：《外国ADR制度新发展》(第2版)，厦门大学出版社2017年版。

② 参见范愉主编：《ADR原理与实务》，厦门大学出版社2002年版；李德恩：《强制调解之法理与实践》，载《江西财经大学学报》2009年第4期；周杨：《法院调解的自愿与强制》，湘潭大学2009年硕士学位论文，第4章；张元元：《论法院的强制调解》，海南大学2011年硕士学位论文，第3章；王阁：《强制调解模式研究》，载《政法论丛》2014年第6期；王阁：《强制调解释义考——兼评新〈民事诉讼法〉第122条之"先行调解"》，载《河南财经政法大学学报》2015年第3期。

③ 参见刘敏：《论民事诉讼诉前调解制度的建构》，载《中南大学学报(社会科学版)》2007年第5期；王阁：《论小额诉讼中诉前强制调解的建构》，载《郑州大学学报(哲学社会科学版)》2015年第5期；唐力：《诉讼调解合意诱导机制研究》，载《法商研究》2016年第4期。

④ 参见章武生、张大海：《论德国的起诉前强制调解制度》，载《法商研究》2004年第6期；宋明志：《论法院调解的强制性——以我国台湾地区民事强制调解程序为比较》，载《政法论丛》2008年第1期；江伟、谢俊：《德国巴伐利亚州强制诉前调解法及其对我国的启示》，载《公民与法(法学版)》2009年第3期。

⑤ 瞿同祖：《中国法律和中国社会》，中华书局2003年版，第28~29页。

⑥ 参见那思陆：《清代州县衙门审判制度》，中国政法大学出版社2006年版，第254页。

⑦ 参见春杨：《晚清乡土社会民事纠纷调解制度研究》，北京大学出版社2009年版，第142~143、152~155页；胡谦：《清代民事纠纷的民间调处研究》，中国政法大学2007年博士学位论文，第4章；田平安、王阁：《论清代官批民调及其对现行委托调解的启示》，载《现代法学》2012年第4期。

此外,对中国传统调解制度进行研究的国外学者也对民事强制调解有所介绍。日本学者中岛乐章借助徽州文书对明清老人制进行实证研究时指出,明代户婚、田土、斗殴等民事案件和轻微刑事案件应首先由里甲老人调解,当事人不先经里甲老人理断而直接向官府起诉的,则要被施以惩罚措施。他认为,这一由《教民榜文》所确立的民事强制调解制度一直到明代中期都被定为国法,在解决乡村纠纷的框架中发挥作用。① 以滋贺秀三为代表的一批日本学者,围绕明清时期中国的民事审判展开了一系列研究,指出州县官对户婚田土纠纷的审理在本质上与民间调解同质,是一种教谕式"调停",由知州、知县发动强制性权力来实施。② 美籍华裔学者黄宗智从诉讼档案出发,认为清代衙门处理纠纷的时候,要么让庭外的社区和亲族调解解决,要么就是法官听讼断案,依法律办事。县官本身极少在庭上进行调解。③ 虽然对于清代州县衙门是"凭法听断"还是"调解",黄宗智与滋贺秀三的观点不同,但黄宗智介绍"第三领域"的官批民调时指出,州县官采取"饬令"的方式,单方决定将纠纷发还给乡保、中人等处理。总体来讲,虽然这些研究对传统中国民事强制调解的介绍寥寥数语,但提供了研究传统中国民事强制调解的基本素材。

赵建蕊在其硕士论文《民国时期的民事调解制度》中提及,南京国民政府 1930 年《民事调解法》首次确立了民事强制调解制度,并引用珍贵史料介绍了民事强制调解立法出台的背景及当时学界的主要观点。④ 谢冬慧在研究民国时期民事纠纷解决机制的过程中,对南京国民政府 1930 年《民事调解法》和 1935 年《民事诉讼法》中设置的强制调解给予关注,从其理论效力、实践效果以及与我国现行制度对比方面进行了较为深入的分析。⑤ 王春子借助史料对南京国民政府 1930 年《民事调解法》创设的民事强制调解制度进行了实证研究,就其实施效果的差强人意和后续修改给予

① 参见[日]中岛乐章:《明代乡村纠纷与秩序》,郭万平、高飞译,江苏人民出版社 2010 年版,第 75～86 页。

② 参见[日]滋贺秀三等:《明清时期的民事审判与民间契约》,王亚新等编,法律出版社 1998 年版,第 14～15、19～21 页。

③ 参见[美]黄宗智:《清代的法律、社会与文化:民法的表达与实践》,上海书店出版社 2007 年版,重版代序第 6 页。

④ 参见赵建蕊:《民国时期的民事调解制度——以〈民事调解法〉为中心》,中国政法大学 2007 年硕士学位论文,第 2 章。

⑤ 参见谢冬慧:《纠纷解决与机制选择——民国时期民事纠纷解决机制研究》,法律出版社 2013 年版,第 108～120、186～206 页。

分析评价。[①] 美籍华裔学者黄宗智对近代中国民事调解制度有深入研究，他借助1934～1936年的统计报告，对南京国民政府1930年《民事调解法》确定的民事强制调解制度的适用情况进行了实证分析，指出经历调解的案件数目与所有“终结”于常规法庭的民事案件数量两者相差无几，表明法院收到的民事案件几乎全部例行先经过“调解处”，然后再交给法庭继续裁决。[②] 这些研究成果使本书对民国时期民事强制调解的历史回顾成为可能。对同一时期以及其后的革命根据地的调解，若干法学者进行了专门研究，并形成了一批重要的研究成果。其中，柯恩探讨了中国调解制度在近代以来面临的转型，指出革命根据地时的调解虽然与传统调解不同，但两者具有文化的连续性。[③] 陆思礼从功能主义的视角出发，认为革命根据地时的调解与传统调解在功能上不同，后者在于维持已经确立的统治秩序，而前者则发挥重新安排中国社会并动员群众支持执政党政策的政治功能。[④] 这两位学者的研究虽然没有直接涉及民事强制调解，但为本书探讨我国革命根据地时期提出的“调解是诉讼的必经程序”的原则，提供了文化传统和政治意涵上的启示。

总之，传统及近代中国的民事强制调解往往是在有关调解的整体研究中被附带提及，几乎没有专门及系统的研究成果。在现代民事强制调解制度的研究上，中国的改革开放可以作为一个时间分界线。关于改革开放之前我国民事强制调解的研究成果主要表现在黄宗智先生对这一时期离婚强制调解的研究上。基于强调法律实践，同时关注实践逻辑的研究进路，[⑤]黄宗智先生发现，单方请求的离婚案件中的法庭强制调解，[⑥]在20世

① 参见王春子：《中国近代民事调解制度的发展演变——以1930年〈民事调解法〉为重点》，载杨松主编：《盛京法律评论》2016年第2辑，法律出版社2016年版。

② 参见[美]黄宗智：《经验与理论：中国社会、经济与法律的实践历史研究》，中国人民大学出版社2007年版，第358页。

③ 参见[美]柯恩：《现代化前夕的中国调解》，王笑红译，载强世功编：《调解、法制与现代性：中国调解制度研究》，中国法制出版社2001年版，导言第2页。

④ 参见[美]陆思礼：《毛泽东与调解：共产主义中国的政治和纠纷解决》，许旭译，载强世功编：《调解、法制与现代性：中国调解制度研究》，中国法制出版社2001年版，第121页。

⑤ 黄宗智先生采用从诉讼档案出发的实证研究方法，以从两个县随机抽取的数十个中国20世纪50至70年代的离婚案件为样本。参见[美]黄宗智：《经验与理论：中国社会、经济与法律的实践历史研究》，中国人民大学出版社2007年版，第272～273页。

⑥ 我国1950年《婚姻法》第17条规定：“……男女一方坚决要求离婚的，得由区人民政府进行调解；如调解无效时，应即转报县或市人民法院处理；区人民政府并不得阻止或妨碍男女任何一方向县或市人民法院申诉。县或市人民法院对离婚案件，也应首先进行调解；如调解无效时，即行判决……”因此，在当时单方请求的离婚案件中，法院调解是必经程序，只有调解不成时，才能进行判决。

纪50至70年代执行的宽严程度不同:50年代初期为了打破旧式的封建婚姻,强制调解执行得颇为宽松;而50年代末直至六七十年代,强制调解执行得非常严格。① 这一论断对本书就离婚纠纷强制调解的研究提供了重要的历史资料。针对改革开放之后的民事强制调解的研究则呈现两个方向:其一,从反思的角度对我国既有的民事强制调解进行批判;其二,从实现纠纷多元化解决的角度对民事强制调解进行建构。第一种进路从调解的自愿原则出发,指出调解程序的启动不应具有强制性,强加先行调解是对公民行使诉权的过分限制,而且是对时间和资源的浪费。② 基于这样的理念,不少论者针对我国离婚纠纷的法院强制调解,以及《道路交通事故处理办法》(已失效,下文不再说明)中曾规定的公安机关对道路交通事故损害赔偿纠纷的强制调解提出了批评,认为应当取消强制调解,由当事人选择适用调解。③ 第二种进路则肇始于20世纪末范愉就多元纠纷解决机制所展开的一系列研究。在对现代各国ADR和多元纠纷解决机制理论与发展状况介绍的基础上,范愉指出,调解虽然以当事人自愿为前提,无论是在启动还是在协议达成环节都应当贯彻自愿原则,但在实际运作上,对当事人参加的一定程度的强制在古今中外都屡见不鲜,尤其是当代出于对纠纷解决效益的追求和替代性纠纷解决方式的推行政策,以法律规定或法官决定强制当事人将某些类型的纠纷先行提交调解解决,或作为诉讼的前置阶段,已成为一种普遍现象。④ 范愉认为,我国现行法除离婚诉讼外,并未规定任何类型的纠纷须以调解作为必经阶段,这种情况一方面不可避免地导致随着正式司法体系的加强而使人民调解等替代性纠纷解决方式受到忽视,另一方面也导致一些法官开始忽视调解的功能。范愉指出,可以考虑借鉴美国、日本等国家或地区的做法,在特定纠纷上实行强制调解制度,以增强调解与诉讼制度的衔接、扩大调解的功效。但同时范愉指出,强制调解是否不至于影响当事人行使诉权、是否符合效益最大化原则缺乏适当的衡量标准,因此,建议在实证分析的基础上选择那些经证明通过调解能

---

① 参见[美]黄宗智:《经验与理论:中国社会、经济与法律的实践历史研究》,中国人民大学出版社2007年版,第275页。

② 参见陈弘毅:《法理学的世界》,中国政法大学出版社2003年版,第207页。

③ 参见高玮玮:《强制离婚调解制度的评析与走向》,载《律师世界》2000年第8期;夏得涌:《关于将道路交通事故损害赔偿调解移交法院有关问题的思考》,载《公安研究》1999年第2期;霍晓明:《将事故损害赔偿调解移交法院的再思考》,载《道路交通管理》1999年第9期;张宗宽:《一个成功的尝试——浙江省义乌交警大队交通事故损害赔偿调解移交法院纪实》,载《道路交通管理》2000年第1期;李英楠:《谈交通事故损害赔偿调解移交人民法院的必然性》,载《哈尔滨市委党校学报》2003年第1期。

④ 参见范愉:《非诉讼纠纷解决机制研究》,中国人民大学出版社2000年版,第178页。

够获得有效解决的纠纷类型，如家事纠纷、相邻纠纷等，确立调解前置制度。①

此外，还有若干围绕调解的强制性因素、法院调解、人民调解、先行调解和域外调解的研究也涉及对民事强制调解的探讨。史长青认为，调解中存在强制性因素，包括功能强制和程序强制。她赞同在调解中注入一定的强制性因素，认为通过强制调解能够实现特定纠纷的解决、审判程序的纯化、调解效益最大化以及避免更大的不公平等。② 闫庆霞对法院调解的自愿原则进行了辩证分析，指出基于缓解诉讼压力和节约司法资源的考虑，对于某些纠纷可以设置强制调解，这不是对自愿原则的违背，而是对当事人意志自由的合理限制。她认为，最高人民法院通过的《关于审理证券市场因虚假陈述引发的民事赔偿案件的若干规定》(已失效，下文不再说明，以下简称《虚假陈述民事赔偿规定》)和《简易程序规定》对我国唯一一处强制调解的规定——离婚案件的强制调解有所突破。③ 此外，针对徐昕和施风蕾提出的设置人民调解前置制度中将部分民事纠纷的人民调解作为诉讼的必经程序的设想，④闫庆霞持否定意见，她认为我国尚不具备实施人民调解前置的条件，而且也与简易程序中规定的法院调解前置有功能上的雷同。⑤ 周杨、张元元分别在自己的硕士学位论文《法院调解的自愿与强制》《论法院的强制调解》中阐释了法院实施强制调解的积极意义，并对我国法院强制调解的建构提出若干建议。⑥ 在 2012 年《民事诉讼法》修正中新增先行调解制度之后，不少学者指出，尽管修订草案中一度肯定强制启动先行调解，但最终入法的先行调解仍然强调当事人的意愿，属于自愿调解的范畴。⑦ 但是，也有论者认为，先行调解是一种具有过渡属性的制

---

① 参见范愉主编：《ADR 原理与实务》，厦门大学出版社 2002 年版，第 331、338 页。

② 参见史长青：《调解制度中的强制性因素研究》，载《烟台大学学报(哲学社会科学版)》2007 年第 4 期。

③ 参见闫庆霞：《法院调解制度研究》，中国人民公安大学出版社 2008 年版，第 120 页。

④ 参见徐昕：《完善人民调解制度与构建和谐社会》，载《中国司法》2006 年第 4 期；施风蕾：《对特定民事纠纷人民调解前置程序的思考》，载《盐城工学院学报(社会科学版)》2006 年第 2 期。

⑤ 参见闫庆霞：《法院调解制度研究》，中国人民公安大学出版社 2008 年版，第 122 页。

⑥ 参见周杨：《法院调解的自愿与强制》，湘潭大学 2009 年硕士学位论文，第 23 ~ 36 页；张元元：《论法院的强制调解》，海南大学 2011 年硕士学位论文，第 29 ~ 33、15 ~ 16 页。

⑦ 参见李浩：《先行调解性质的理解与认识》，载《人民法院报》2012 年 10 月 17 日，第 7 版；张晓茹：《先行调解抑或强制调解——评新〈民事诉讼法〉第 122 条》，中国民事诉讼法学研究会 2012 年年会论文；徐卉：《先行调解的规范与适用》，载《人民法院报》2012 年 10 月 17 日，第 7 版。

度,包含了在适当时候引入诉前强制调解的契机。① 面对世界性的 ADR 潮流,国内学者也纷纷对国外的调解制度予以关注。一些从比较法视角进行的研究,往往会在介绍的层面涉及有关国家或地区的民事强制调解。② 特别是齐树洁在全面介绍世界 30 多个国家或地区调解制度的过程中,对其中存在的强制调解立法及司法状况给予了充分关切,这为进一步深入研究域外民事强制调解提供了重要的索引。③ 江伟、章武生分别撰文介绍了德国诉前民事强制调解的内容及运行状况。④ 不过,真正深入民事强制调解制度内部,对此作出有力剖析的研究,当属王福华、肖建国以及刘加良就诉前民事强制调解所展开的理论探讨,⑤以及以左卫民为代表的从区域经验出发对诉前民事强制调解进行的实证分析。⑥ 尽管他们的研究对象仅限于诉前民事强制调解,但为本书的类型化研究以及对国内民事强制调解的反思与建构,提供了非常宝贵的启示。

概言之,目前我国大陆针对民事强制调解的既有研究成果在数量上逐

① 参见王阁:《强制调解释义考——兼评新〈民事诉讼法〉第 122 条之"先行调解"》,载《河南财经政法大学学报》2015 年第 3 期。

② 参见常怡主编:《外国民事诉讼法新发展》,中国政法大学出版社 2009 年版;王亚新:《对抗与判定——日本民事诉讼的基本结构》,清华大学出版社 2002 年版;辛国清:《法院附设替代性纠纷解决机制研究》,中国社会科学出版社 2008 年版;周建华:《司法调解:合同还是判决?——从中法两国的比较视野出发》,中国法制出版社 2012 年版;吕珏:《中日调解制度比较》,载《山西高等学校社会科学学报》2002 年第 10 期;耿宝健、赵艳花:《比较法视野下的法院附属调解制度研究》,载《法律适用》2009 年第 4 期;邱星美:《当代调解制度比较研究》,载《比较法研究》2009 年第 4 期;史长青:《调解制度中的强制性因素研究》,载《烟台大学学报(哲学社会科学版)》2007 年第 4 期;吴光陆:《台湾地区民事诉讼调解制度概述》,载张卫平、齐树洁主编:《司法改革论评》第 14 辑,厦门大学出版社 2012 年版;林芳雅:《澳大利亚家事法院调解制度》,载《人民法院报》2013 年 7 月 26 日,第 8 版;金惠亮:《香港地区调解制度简述》,载《法制博览》2014 年第 1 期;肖燕:《加拿大调解制度述评》,载齐树洁主编:《东南司法评论》2015 年卷,厦门大学出版社 2015 年版;范愉:《当代世界多元化纠纷解决机制的发展与启示》,载《中国应用法学》2017 年第 3 期。

③ 参见齐树洁主编:《外国 ADR 制度新发展》(第 2 版),厦门大学出版社 2017 年版;齐树洁主编:《外国调解制度》,厦门大学出版社 2018 年版。

④ 参见江伟、谢俊:《德国巴伐利亚州强制诉前调解法及其对我国的启示》,载《公民与法(法学版)》2009 年第 3 期;章武生、张大海:《论德国的起诉前强制调解制度》,载《法商研究》2004 年第 6 期。

⑤ 参见王福华:《论诉前强制调解》,载《上海交通大学学报(哲学社会科学版)》2010 年第 2 期;肖建国、黄忠顺:《诉前强制调解论纲》,载《法学论坛》2010 年第 6 期;刘加良:《非诉调解前置主义的反思与走向》,载《政法论丛》2020 年第 5 期。

⑥ 参见左为民:《通过诉前调解控制"诉讼爆炸"——区域经验的实证研究》,载《清华法学》2020 年第 4 期;徐哲、陈忠生、张娟娟:《道交纠纷诉前调解机制实证研究和制度完善——以 903 件 P 市 H 区道交纠纷诉前调解案件为样本》,载马世忠主编:《司法体制综合配套改革中重大风险的防范与化解——全国法院第 31 届学术讨论会获奖论文集》(上),人民法院出版社 2020 年版,第 773 ~ 782 页。

渐增多，视角也更加多元，但不可否认存在研究侧重点过于集中，并受不同时期的政治化语境如大调解体系建设、和谐社会建构以及诉源治理等影响明显的特点，尚不存在对民事强制调解基本理论和典型实践的系统、深入探讨。与我国大陆的研究形成鲜明对比，在我国台湾地区，“民事诉讼法”“家事事件法”“劳动事件法”“商业事件审理法”“医疗事故预防及争议处理法”等均有与民事强制调解相关的规定，学者们针对该制度的研究比较充分，在某些理论节点上有相当深入的挖掘。除针对“民事诉讼法”所规定的强制调解的适用范围、调解与诉讼的衔接、①强制调解的效力、强制调解的参加人、强制调解的程序等内容展开研究外，尚有不少研究围绕家事纠纷、劳动争议、医疗纠纷等专门领域的强制调解展开。② 在我国香港特区，“调解必须自愿”被认为是调解的重要特色之一。③ 我国香港特区有关机构制定的《实务指示 31 – 调解》和《调解条例》都明确了调解的自愿性，因此针对民事强制调解展开的研究较为稀少。在我国澳门特区，因其民事强制调解与众不同的特色——检察院可以在某些民事纠纷上实施诉前民事强制调解，所以相关的研究从诉讼前的司法调解和诉讼内的司法调解两个维度展开，主要围绕劳动争议中检察院的角色分担，民事强制调解的适用范围、运行效果④及基本程序⑤等内容。

就国外而言，民事强制调解在普通法系国家和大陆法系国家普遍存在，很多国家已将其明确上升为立法，有些国家的民事强制调解历史还相当久远，可以追溯至 19 世纪，甚至更早。⑥ 因此，国外关于民事强制调解的立法和实践总体相对成熟，理论研究也较为深入。在大陆法系国家中，德国的

---

① 吴明轩：《调解不成立后之诉讼程序》，载《月旦法学教室》2004 年第 25 期。

② 参见刘昭辰：《离婚的诉讼上和解及调解》，载《法令月刊》2008 年第 10 期。

③ 参见陈兆恺：《香港调解机制的发展与前瞻》，载最高人民法院港澳台司法事务办公室编：《现代司法制度下调解之应用——首届海峡两岸暨香港澳门司法高层论坛文集》，人民法院出版社 2012 年版；林文瀚：《香港司法机构如何推动调解》，载新浪司法网，http://finance.sina.com.cn/sf/news/2016 – 06 – 23/150834537.html。

④ 参见张颖彤、简静霞、何伟宁：《香港调解机制的发展与前瞻》，载最高人民法院港澳台司法事务办公室编：《现代司法制度下调解之应用——首届海峡两岸暨香港澳门司法高层论坛文集》，人民法院出版社 2012 年版，第 423 ~ 430 页。

⑤ 参见黄双全：《民事诉讼法比较研究》，澳门基金会 1999 年版，第 141 页。转引自齐树洁主编：《台港澳民事诉讼制度》（第 2 版），厦门大学出版社 2014 年版，第 468 页。

⑥ 比如，法国 1806 年《民事诉讼法典》中就规定了民事强制调解程序，而在此之前的法国大革命中，1790 年 8 月 16 日至 24 日法令已经规定，调解应为区法院受理案件的诉前强制先置程序。参见周建华：《司法调解：合同还是判决？——从中法两国的比较视野出发》，中国法制出版社 2012 年版，第 32 ~ 37 页。

民事强制调解类型众多,①学者们的研究比较分散,但主要还是从德国《民事诉讼法施行法》和德国《民事诉讼法改革法》中规定的民事强制调解展开。同时,对2012年颁布的德国《促进调解及其他诉讼外冲突解决程序法》(以下简称德国《调解法》)与民事强制调解的关系,以及特别法中的民事强制调解也给予关注。② 借助大量实证调研,学者们认为德国《民事诉讼法施行法》规定的诉前强制调解实施效果并不良好,存在诸如和解率低下、额外增加当事人费用等问题,因此批评意见居多。③ 对德国《民事诉讼法改革法》中的民事强制调解,学者们则给予积极评价,④同时提出了进一步改进的建议。⑤ 在日本,学者们对民事强制调解的研究比较细致、精微,且在普通民事纠纷和家事纠纷上的侧重点不同。在普通民事纠纷的强制调解方面,主要针对强制调解的依据、适用范围,⑥调解适用规范的类型、⑦法官依职权交付调解的动机和时间⑧以及存在的问题⑨等展开探讨。在家

---

① 德国存在多种类型的民事强制调解,除《民事诉讼法施行法》和《民事诉讼法改革法》中规定的具有广泛效力的强制调解外,尚存在劳动争议的强制调解、雇员职务发明纠纷中的强制调解等类型,对此,本书在第二章中有详细介绍。

② [德]彼得·哥特瓦尔德:《德国调解制度的新发展》,曹志勋译,载《经贸法律评论》2020年第3期。

③ 参见Feix,Die Verankerung einvernehmlicher Streitleilegung im deutschen Zivilprozessrecht,Diss. Koeln,2003; Lauer, Erfahrungen mit der aussergerichtlichen Streitbeilegung in Ausfhrungdes §15a EGZPO, NJW 2004; Professor Dr. Astrid Stadler, Außergerichtliche obligatorische Streitschlichtung—Chance oder Illusion,Konstanz,2005。

④ 参见Hommerich/Pruttingen,Rechtstatsaechliche Untersuchung zu den Auswirkungen der Reform des Zivilprozessrechts auf die gerichtliche Praxis-Evaluation ZPO-Reform,2006; Bamberger,Die Reform der Zivilprozessordnung-eine Wirlungslontrolle,ZRP 2004。

⑤ 参见Hommerich/Pruttingen,Rechtstatsaechliche Untersuchung zu den Auswirkungen der Reform des Zivilprozessrechts auf die gerichtliche Praxis。

⑥ 参见[日]舟本信光:《依职权交付调解的根据和动机》,载日本法律家协会编:《民事调解的研究》;[日]小岛武司:《诉讼适合状况或诉讼延期的特殊要件》,载《判例时报》1132号。转引自王亚新:《对抗与判定——日本民事诉讼的基本结构》,清华大学出版社2002年版,第254页。

⑦ 参见[日]小山升:《民事调解法》(新版),有斐阁1975年版,第105页;日本法律家协会编:《民事调解的研究》,第245~247、271~272页。转引自王亚新:《对抗与判定——日本民事诉讼的基本结构》,清华大学出版社2002年版,第254页。

⑧ 参见日本法律家协会编:《民事调解的研究》,第18~19页。转引自王亚新:《对抗与判定——日本民事诉讼的基本结构》,清华大学出版社2002年版,第254页。

⑨ 有学者认为,日本《民事调解法》规定的强制调解体现的强制性在实际中的作用十分有限,因为在每年数万件的民事调解案件中,真正因为拒不出面参加调解而被处以罚款的当事人不过三五名,有些年度连一名都没有。也有一些法院的习惯做法是,只要数次召唤当事人而未到场即按调解不成处理。参见[日]石川明、梶村太市编:《注解民事调解法》,青林书院1993年版,第437~438页。转引自王亚新:《对抗与判定——日本民事诉讼的基本结构》,清华大学出版社2002年版,第244页。

事纠纷上，学者们的研究主要集中在强制调解的适用范围、①理由、②家事法官在调解中的职责和介入程度、调查官的职责、家事调解委员的资质③等方面。在法国，针对民事强制调解的研究不但历史久远，而且相当深入。学者们的研究涉及对长期存在的治安法官强制调解的反思和评价，对强制调解的性质、适用条件的探讨，以及对劳动争议、离婚纠纷、农村租赁纠纷强制调解的专门研究。④

在普通法系国家中，美国学者在民事强制调解上展开的研究非常广泛，包括在实证研究的基础上评判本国民事强制调解的效果，⑤梳理民事强制调解的发展历程和实践样态，⑥探讨民事强制调解的适用范围和程序运作，⑦

---

① 参见［日］梶村太市、德田和幸主编：《家事事件程序法》，郝振江等译，厦门大学出版社 2021 年版，第 35～38 页。

② 参见有地亨「家事纷争とその法的处理」新堂幸司『講座民事訴訟①民事纷争と诉讼』（弘文堂，1984 年）225－226 頁；斋藤秀夫＝菊池信男『注解家事审判法』（青林书院，2008 年）727－729 頁；有地亨『変貌する家族と現代家族法』（法律文化社，2009 年）315、317 頁；池田光宏「调解前置主义」冈垣学＝野田爱子『実务家事审判法』（日本评论社，1989 年）297 頁。

③ 就家事法官在家事调解中的介入程度，存在所谓“司法机能优先说”和“人际关系调整为主说”，与之相关，对于调解委员的角色和资质也存在不同评价。参见［日］新堂幸司『講座民事訴訟①民事纷争と诉讼』（弘文堂，1984 年）233 頁；［日］梶村太市、德田和幸主编：《家事事件程序法》，郝振江等译，厦门大学出版社 2021 年版，第 40 页。

④ 参见 J. MASSIP, *La réforme du divorce*, Defrénois, 1976; O. DELL'ASINO, *Pour un renouveau de la conciliation prud'homale: la conciliation de procédure*, Gaz. Pal., juil. -aout. 1987; G. CHABOT, *Remarques sur la vocation conciliatoire des jurisdictions prud'homales*, D. 2002; P. COUVRAT et G. GIUDICELLE-DELAGE, *Conciliation et mediation*, J-CL., Pro. civ., 2003; Julie-JOLY-HORARD, *Conciliation et médiation judiciaire*, préf Serge Guinehard, PRESSES UNIVERSITAIRES D'AIX-MARSEILLE, 2003；［法］洛伊克·卡迪耶：《法国民事司法法》，杨艺宁译，中国政法大学出版社 2010 年版。

⑤ See T. J. Stipanowich, *ADR and the "Vanishing Trial": The Growth and Impact of Alternative Dispute Resolution*, (2004) 1 Journal of Empirical Legal Studies 3, reporting on several studies of court mediation use. See also N. A. Welsh, *Disputants Decision Control in Court-Connected Mediation: A Hollow Promise Without Procedural Justice*, (2002) 1 Journal of Dispute Resolution.

⑥ See S. K. Kehoe, *Giving the Disabled and Terminally Ill a Voice: Mandating Mediation for all Physician-Assisted Suicide, Withdrawal of Life Support, or Life-Sustaining Treatment Requests*, (1999) 20 Hamline Journal of Public law & Policy; S. Schultz Newman & S. E. Friedman, *Appellate Mediation in Pennsylvania: Looking Back at the History and Forward to the Future*, (2003) 5 Journal of Appellate Practice and Process;［美］肯姆伯里·K. 考瓦：《美国调解的发展：成熟的管理塑造未来》，载［澳］娜嘉·亚历山大主编：《全球调解趋势》（第 2 版），王福华等译，中国法制出版社 2011 年版，第 366～368 页。

⑦ ［美］肯姆伯里·K. 考瓦：《美国调解的发展：成熟的管理塑造未来》，载［澳］娜嘉·亚历山大主编：《全球调解趋势》（第 2 版），王福华等译，中国法制出版社 2011 年版，第 368 页。

以及对民事强制调解存在问题的分析等。① 美国研究者认为，法院在推动调解发展上扮演主要角色，其主要手段就是强制调解或法院命令调解，由纠纷之外的力量尤其是像法院这样具有较高权威的力量来推动调解程序的启动，这一理念已经为全美强制调解项目提供了理论基础。② 在英国，虽然沃尔夫勋爵曾于1995年发表的《接近正义：向上议院所做的民事司法改革的中期报告》中推断，通过法院附设ADR或法院外ADR等强制性程序解决纠纷的时代都还没有到来，并指出有证据证明强制当事人参与调解并不是非常有效的。③ 但有些学者认为，实现司法资源的节约和有效利用，是法院积极使用替代性纠纷解决方式强有力的正当理由。④ 针对司法实践中存在的强制考虑调解的做法，⑤英国理论界存在疑问，主要指向其是否违反保护公平、公正审判的英国1998年《人权法案》以及是否违反《欧洲人权公约》等问题。⑥ 在澳大利亚，学者们针对民事强制调解的研究方兴未艾，自20世纪80年代展开关于强制调解作用的讨论开始，⑦目前以娜嘉·亚历山大为代表的学者们所研究的范围涉及对民事强制调解的合

① R. Reuben, *Constitutional Gravity: A Uniting Theory of Alternative Dispute Resolution and Public Civil Justice*, (2000) 47 UCLA Law Review; S. Schultz Newman & S. E. Friedman, *Appellate Mediation in Pennsylvania: Looking Back at the History and Forward to the Future*, (2003) 5 Journal of Appellate Practice and Process; [美]肯姆伯里·K. 考瓦:《美国调解的发展:成熟的管理塑造未来》,载[澳]娜嘉·亚历山大主编:《全球调解趋势》(第2版),王福华等译,中国法制出版社2011年版,第391、393页。

② [美]肯姆伯里·K. 考瓦:《美国调解的发展:成熟的管理塑造未来》,载[澳]娜嘉·亚历山大主编:《全球调解趋势》(第2版),王福华等译,中国法制出版社2011年版,第365页。

③ [英]卢卡斯·A. 密斯特里斯:《英格兰和威尔士的替代性纠纷解决方式》,载[澳]娜嘉·亚历山大主编:《全球调解趋势》(第2版),王福华等译,中国法制出版社2011年版,第139页。

④ A. Pugh-Thomas, *The Commercial Court of England and Wales and Alternative Dispute Resolution*, International Company and Commercial Law Review, Vol. 10, No. 1, 1999, p. 26 - 30.

⑤ 上诉法院在2001年的 *Cowl and Others v. Plymouth City Council* 案中认为，当事人在起诉到法院之前必须考虑通过替代性纠纷解决方式解决，从而使调解成为纠纷解决过程中的强制性步骤。参见[英]卢卡斯·A. 密斯特里斯:《英格兰和威尔士的替代性纠纷解决方式》,载[澳]娜嘉·亚历山大主编:《全球调解趋势》(第2版),王福华等译,中国法制出版社2011年版,第152页。

⑥ 参见[英]卢卡斯·A. 密斯特里斯:《英格兰和威尔士的替代性纠纷解决方式》,载[澳]娜嘉·亚历山大主编:《全球调解趋势》(第2版),王福华等译,中国法制出版社2011年版,第152页。

⑦ 参见[澳]塔尼娅·韶丁:《澳大利亚调解制度:对诉讼的影响》,载[澳]娜嘉·亚历山大主编:《全球调解趋势》(第2版),王福华等译,中国法制出版社2011年版,第37页。

理性论证、①优点评析,②对州及联邦民事强制调解的具体立法及运行状况的实证考察,③以及对调解员的标准④和法院在民事强制调解制度化进程中作用的探讨。⑤

总体来讲,国外学界关于民事强制调解的研究有若干特点值得关注:(1)对制度实践的重视程度超过了对制度规范的关注,强调实证的研究方法,注重对制度实施效果的考察,而非仅追求理论的完整。(2)由于民事强制调解制度比较成熟,因此,就此展开的研究呈现越来越精细化的趋势,已经突破了民事强制调解上存在的"理论禁忌",不限于对其正当性或价值的论证,而更多地集中于诸如调解员资质、调解程序设置等具体层面的问题。

三、研究方法

"选择相对适宜的视角和方法去趋近研究对象与可能的结论,应当算是认同研究主观性基础上的相对中立。相当程度上,正是方法与进路决定了对事物的观察与认识。"⑥就本书而言,为尽可能深入、全面地探讨民事

---

① Laurence Boulle, *Alternative Dispute Resolution Advisory Council Mediation and the Rule of Law: Australian Perspectices*, in Gongyi Wang and Roman Tomasic, Collection of Papers of Sino-Australian Seminar on Alternative Dispute Resolution and Modern Rule on Law, Law Press, 2003, p. 11 – 23.

② See J. Spigelman, *Mediation and Court*, (2001) 39 Law Society Journal 2; J. H. Philips, *The Role and Function of Mediation and Supreme Court Litigation*, (1997) 25 Victorian Bar News; [澳]塔尼娅·皛丁:《澳大利亚调解制度:对诉讼的影响》,载[澳]娜嘉·亚历山大主编:《全球调解趋势》(第2版),王福华等译,中国法制出版社2011年版,第37页。

③ See B. C. Caims, *Australian Civil Procedure*, 4th ed, (Sydney: Law Bool Company, 1996); A. Filippello, *Simplifying Forms and Procedures to Meet Client Needs*, AIJA Court Administrators' Conferences (Sydney: Conference Paper, 1997); [澳]塔尼娅·皛丁:《澳大利亚调解制度:对诉讼的影响》,载[澳]娜嘉·亚历山大主编:《全球调解趋势》(第2版),王福华等译,中国法制出版社2011年版,第49~58页;[澳]伊尔·欧文:《澳大利亚联邦法院应用其他解决争端方法》,载中国法院网,http://www.chinacourt.org/article/detail/2011/12/id/1002.shtml; [澳]P. A. Bergin:《澳大利亚法院之调解现状——以新南威尔士州为中心》,载《法律适用》2011年第6期。

④ See T. Sourdin et al, *Draft Standard and Research Report*, at www.latrobe.edu.au/law/dr_quality/index.html.

⑤ 参见[澳]塔尼娅·皛丁:《澳大利亚调解制度:对诉讼的影响》,载[澳]娜嘉·亚历山大主编:《全球调解趋势》(第2版),王福华等译,中国法制出版社2011年版,第59页;[澳]伊尔·欧文:《澳大利亚联邦法院应用其他解决争端方法》,载中国法院网,http://www.chinacourt.org/article/detail/2011/12/id/1002.shtml; [澳]P. A. Bergin:《澳大利亚法院之调解现状——以新南威尔士州为中心》,载《法律适用》2011年第6期。

⑥ 曾令健:《法人类学视野中的纠纷解决仪式——一个象征主义的分析》,西南政法大学2009年硕士学位论文,第24页。

强制调解,拟采取以下研究方法。

(一)规范分析方法

对法律规范进行分析与解释是法学研究的重要一环。不同国家或地区制定的与民事强制调解相关的规范性文件,都是研究民事强制调解最直接和最基本的资料。

(二)比较研究方法

正如德国学者塞克尔所言,"不知别国法律者,对本国的法律便也一无所知",因此,比较研究方法被誉为"真理的学校"或"解决问题的仓库"。①民事强制调解在当今世界许多国家都存在,无论是为了保持我国法学研究与国际接轨,还是对我国既有的民事强制调解制度提供一个反思的空间,都需要本着"世界眼光,中国问题"的研究进路,通过对域内外民事强制调解制度及实践的比较分析,探寻规律性的存在,并以中国实际为根本出发点,以解决中国问题为最终关怀,为辩证借鉴域外有益经验提供基本的理论增量和知识积累。

(三)历史研究方法

在法学研究中,社会背景与历史条件构成了理解法律制度的重要维度。"只有通过历史,才能与民族的初始状态保持生动的联系,而丧失了这一联系,也就丧失了每一民族的精神生活中最为宝贵的部分。"②传统中国存在历史悠久的民事强制调解制度,这就要求本书必须基于历史视角回溯其制度渊源及实践变迁,关注我国民事强制调解确立、运行及其演变背后的历史因素和社会因素,力求语境化地理解民事强制调解之所以成为一项长期存在的制度,其历史正当性和合理性究竟何在。

(四)实证研究方法

"法治是一种实践的事业,而不是一种玄思的事业",③法律与生俱来的实践性,势必要求法学研究要更多地关注动态的司法过程。在本书的研究中,强调对民事强制调解实践的考察,注重从实证研究的视角来提炼、回应和修正有关民事强制调解的理论问题和立法问题,克服纯粹的法条解释主义的不足,实现理论研究回应实践需要、制度实践反馈学术探讨的良性互动。基于此,笔者深入法院、调解委员会、交警大队等部门,调查收集规范民事强制调解运行的内部文件以及反映民事强制调解运行状况的统计

① [日]大木雅夫:《比较法》,范愉译,法律出版社1999年版,第69页。

② [德]弗里德里希·卡尔·冯·萨维尼:《论立法与法学的当代使命》,中国法制出版社2001年版,第87页。

③ 苏力:《送法下乡——中国基层司法制度研究》,中国政法大学出版社2000年版,第107页。

资料,从中总结民事强制调解实践探索的基本特点,同时对其中反映的问题及其原因进行了分析。

(五)跨学科的研究方法

民事强制调解是一个涉及一国法律、政治、社会、文化等因素的论题,并且富有鲜明的实践特色,因此,从跨学科的进路予以多角度的考察,不仅具有必要性,而且有充分的可行性。具体来讲,就是运用法律社会学、法律政治学、法律经济学、法律心理学等学科各自所拥有的分析方法和框架,来探讨民事强制调解的制度及实践,而且这些具体的分析方法和分析框架往往在很大程度上影响研究的进程和结果。正所谓"通常情况下,并非问题决定着方法,而是方法塑造着问题"。①

---

① Michael Burawoy, *The Extended Case Method: Four Countries, Four Decades, Four Great Transformations, and One Theoretical Tradition*(Berkeley: University of California Press, 2009), p. 71. 转引自曾令健:《法院调解社会化研究》,西南政法大学 2012 年博士学位论文,第 12 页。

第一章　民事强制调解之基础篇

一、民事强制调解的内涵

“强制调解”——常常被视为违法调解的表现形态之一，[①]是违背当事人意愿，强迫当事人达成调解协议这一行为的代名词。因此，在司法实践中，强制调解不会以纯粹的方式表现出来，而是采取尽可能隐蔽的手段，比如，“以劝压调”“以拖压调”“以判压调”“以诱压调”等。[②] 在我国以往的民事纠纷解决领域，对民事强制调解的这种理解占据了主导地位。但是“所谓一般人在日常生活中，不知不觉间曾经运用并应用来帮助他生活的东西，恰好就是他所不真知的”。[③] 随着我国调解实践的日益深入和调解理论的不断发展，特别是通过对域外调解制度的了解与学习，在如何理解民事强制调解的问题上，国内学界逐渐形成了新的认识，并产生不同观点。故而，清晰界定民事强制调解的内涵，对以此为研究对象的本书来讲，无疑具有重要的原点意义。

（一）民事强制调解释义之争

在今天的民事纠纷解决领域，已经有越来越多的研究者达成新的共识——民事强制调解不再是指“强迫当事人达成调解协议”的极端做法，而是指一项特殊的民事调解制度。首先，民事强制调解中的“强制”仅指向调解的启动，至于调解程序如何进行以及调解协议能否达成，仍然取决于当事人的意愿；其次，民事强制调解仅适用于特殊类型的民事纠纷，并非所有民事纠纷都能强制调解。显然，在何为民事强制调解的问题上，新旧两种认识截然相反。以往的观点将民事强制调解等同于民事强迫调解，对民事强制调解持完全否定、批判的态度；而新观点则将民事强制调解视为一种特殊的调解制度，具有正当性和合理性。本书认为，之所以存在如此反差，与“强制调解”中“强制”二字在我国语境下的特殊含义不无关系。根据《辞海》释义，“强制”即“强迫”“迫使”之意。[④]《新华词典》对“强制”

---

① 除此之外，违法调解还包括调解协议内容违背法律的禁止性规定，侵犯社会的公共利益以及他人的合法权益等形态。

② 参见李浩：《民事审判中的调审分离》，载《法学研究》1996 年第 4 期。

③ ［德］黑格尔：《哲学史讲演录》（第 1 卷），贺麟、王太庆译，商务印书馆 1959 年版，第 52 页。

④ 参见现代汉语辞海编纂委员会：《现代汉语辞海》，中国书籍出版社 2003 年版，第 880 页。

一词是这样解释的:“强制——用政治或经济等力量强迫压制实行。”①可见在我国大众话语空间中,“强制”二字等同于“强迫压制”,浸透了浓厚的价值判断和道德取向的色彩。在以往的认识中,强制调解之所以受到否定和批判,正是来自叙说者内心用“强迫压制”对“强制”的代替,才使“强制”与调解的组合产生了贬义色彩。然而,法学语境不同于大众语境,“强制”一词在法学语境中的含义也不能简单照搬“强迫压制”之意。诸如“强制执行”“强制措施”等法律术语,在法学语境中都仅指向某种客观存在的法律制度,本身并不承载任何价值判断和道德取向。因此,在法学语境中,将“强迫压制”等同于“强制”的做法不可取,同样,对强制调解的理解也必须严格与大众语境下的理解划清界限。对此,本书将在稍后进一步阐述。

不过,在对民事强制调解达成新共识的前提下,如何界定其具体概念尚存细微差别。一种观点认为,民事强制调解是民事诉讼的前置程序,即某些类型的案件必须先经过调解方能进入民事诉讼,否则法院将以当事人起诉不合法或者视其起诉为调解申请,强制启动调解程序。② 另一种观点认为,民事强制调解是法院审判的前置阶段,即就某些类型的民事纠纷而言,在以形成判决为主要目的的审判之前必须首先经过调解程序。③ 仔细对比不难看出,上述两种观点都承认民事强制调解的前置性,只是对前置的参照物认识不同。申言之,两种观点对民事强制调解启动时间的界定有差异。前者把整个民事诉讼程序作为前置的参照物,认为民事强制调解应在当事人起诉之前启动,本质上将民事强制调解视为民事诉讼之外的一种独立程序;而后者则将法院审判作为前置的参照物,认为民事强制调解应在诉讼程序启动之后至法院裁判之前启动,其本质是将民事强制调解视为民事诉讼程序之内的一个必经阶段。本书认为,民事强制调解概念界定上存在的分歧,实则源于对民事强制调解启动时间的不同认识,从而事实上将民事强制调解划分为诉前民事强制调解和诉中民事强制调解两种类型。如果调解在法院诉讼之前启动,当事人争议的民事法律关系必须先经调解

① 新华词典编纂组编:《新华词典》,商务印书馆1980年版,第671页。

② 持这种观点的学者以范愉教授为代表,参见范愉:《非诉讼纠纷解决机制研究》,中国人民大学出版社2000年版,第401~404页;范愉主编:《ADR原理与实务》,厦门大学出版社2002年版,第329页;范愉、史长青、邱星美:《调解制度与调解人行为规范——比较与借鉴》,清华大学出版社2010年版,第42页。此外,还有一些学者也持这种观点,参见宋明志:《论法院调解的强制性——以我国台湾地区民事强制调解程序为比较》,载《政法论丛》2008年第1期;刘坤:《强制调解理论探析》,载《安徽警官职业学院学报》2011年第2期。

③ 参见闫庆霞:《法院调解制度研究》,中国人民公安大学出版社2008年版,第116页;唐力:《在“强制”与“合意”之间:我国诉讼调解制度的困境与出路》,载《现代法学》2012年第3期;高玮玮:《强制离婚调解制度的评析与走向》,载《律师世界》2000年第8期。

解决,调解不成方可进入诉讼的,这种民事强制调解属于诉前民事强制调解;①如果调解在诉讼程序启动之后至法院判决作出之前启动,民事案件不经调解不得进行裁判,这种民事强制调解属于诉中民事强制调解。

基于以上分析,本书试图对民事强制调解作如下界定:所谓民事强制调解,是指在某些特定类型的民事纠纷上,根据法律的规定强制适用调解,而无须考虑纠纷双方的意愿,从而使调解成为当事人起诉的前置程序或者成为法院裁判的前置阶段的一种特殊的民事调解制度。

(二)民事强制调解的特点

为了准确把握民事强制调解的内涵,有必要深入分析民事强制调解与通常民事调解及类似调解形态相比所体现出的显著特点。

1. 强制性。强制性是民事强制调解最突出的特点,它包含两层含义:(1)调解的启动是强制性的。启动并参与调解是当事人的法定义务,当事人双方同意也好,不同意也罢,都必须参加调解,换言之,当事人对是否采用调解方式解决纠纷没有决定权。当然民事强制调解的强制性是启动环节的强制,而且只能是启动环节的强制,绝不包括调解中的强制。调解程序如何进行,是否达成调解协议以及达成何种内容的调解协议,仍然由当事人双方决定,对此则不得有任何形式的强制。(2)有强制性措施的保障。既然在民事强制调解中启动并参与调解是当事人的法定义务,因此,如果当事人违背此义务,必然要产生相应的制裁问题,否则就不能称为“强制”。故而,有强制性制裁措施的保障,是民事强制调解强制性的另一个表现。

2. 法定性。民事强制调解的法定性是指:(1)民事强制调解是受到法律调整的民事调解制度,有明确的法律依据。(2)在何种类型的纠纷中强制启动民事调解源于法律的规定。申言之,民事强制调解并非在所有民事纠纷解决中都适用,仅限于法律规定的少数特殊情形,属于自愿调解的例外和补充。这些特殊情形既可以表现为法律预先明确列举的若干纠纷类型,也可以表现为法官根据法律授权在一定原则指导下的决定。从这个意义上来讲,民事强制调解的法定性也决定了民事强制调解的特殊性,在适用范围上须受到严格限制,只能是一种特殊的民事调解制度,而非民事调解的常态。

3. 前置性。鉴于民事强制调解的强制性仅限于调解启动环节的强制,并不影响当事人在达成调解协议上的意志自由,因此如果调解不成功,当事人之间的争议由于尚未得到解决,仍然有必要继续寻求救济,实现纠纷

---

① 目前国内就民事强制调解展开的讨论主要是在诉前民事强制调解的层面上展开的,在学者的论述中,“诉前民事强制调解”往往成为民事强制调解的代名词。

的最终解决。只不过民事强制调解要求在某些纠纷上,当事人必须在利用其他解决路径之前首先适用调解解决,故而,从纠纷解决的整体进程来看,民事强制调解具有时间上的先行性,是其他纠纷解决方式的前置性程序。

4. 司法性。如前所述,从纠纷解决的整体进程来看,民事强制调解具有时间上的先行性,是其他纠纷解决方式的前置性程序。故而民事强制调解在适用外观上表现为两种情况:一是成为当事人提起民事诉讼的法定前置程序;二是成为法院进行民事裁判的法定前置阶段。后一种情况下民事强制调解的司法性特征不言而喻,因为此时民事强制调解发生在民事诉讼进程之中,是法院审理或裁判的必经阶段,或者说民事强制调解已经成为法院民事司法进程的一部分。相比之下,前一种情况下民事强制调解的司法性似乎不是那么明显,因为当民事强制调解作为当事人提起民事诉讼的前置程序时,法院的诉讼活动并没有开始。但由于此时民事强制调解是当事人提起民事诉讼的法定前置程序,在程序外观上表现为民事诉讼前端的直接延伸而非间接延伸——在调解是仲裁的法定前置程序的场合(仲裁前强制调解),调解在程序外观上则表现为民事诉讼前端的间接延伸,因为此时调解不成不能直接向法院起诉,只能申请仲裁。因此,在后一种情况下,民事强制调解与法院民事司法活动之间实际上保持直接关联,具有法院民事司法预备性程序的性质,仍然体现出鲜明的司法性。

(三)民事强制调解与相关概念之辨析

借助上述对民事强制调解特点的分析,可以厘清在理论研究和司法实践中与民事强制调解相混淆的一些概念或表达,这也正是深化对民事强制调解的内涵理解所不能缺少的方面。

1. 民事强制调解与民事调解前置

前已述及,民事强制调解具有前置性特点,要么成为民事诉讼的前置程序,要么成为法院进行民事裁判的前置阶段。① 故而,有观点认为民事强制调解即民事调解前置。② 对此,本书持不同意见。民事调解前置并非

---

① 有学者认为,民事诉讼的前置程序意指前置于民事诉讼,当事人在民事诉讼程序开始之前应当进行或经过的程序。参见刘敏:《论民事诉讼前置程序》,载《中国法学》2011 年第 6 期。就此而言,诉前民事强制调解可以称为民事诉讼的前置程序。但是诉中民事强制调解因为内置于民事诉讼程序,所以称为民事裁判的前置阶段更为妥当。

② 有学者认为,调解前置是指在立法上将调解设置为民事诉讼的前置程序,即对法律规定的某些特定类型的民事纠纷,在审判之前必须首先经过调解程序,调解不成的再进行诉讼。并认为,由于在此种情形下,调解并非当事人自愿选择的程序,而是基于法律的强制性规定,所以又称强制调解制度。参见闫庆霞:《法院调解制度研究》,中国人民公安大学出版社 2008 年版,第 116 页。

一个专门的法学概念，主要是指民事调解在时间上具有先行性，不经调解不得启动后续纠纷解决活动的一种状态，至于这种先行调解的状态是由何种根据引发则在所不问。从实际情况来看，民事调解前置不仅可基于民事强制调解产生，还可以基于双方当事人的合意而形成。法国通过一系列判例确定了合同中调解条款所产生的强制约束力，①据此，如果当事人事先在合同中约定将调解作为纠纷解决方式，那么纠纷发生后，当事人必须遵照调解条款的要求先通过调解程序解决，调解不成时才能向法院起诉。我国台湾地区也有类似规定："有起诉前应先经法院调解之合意，而当事人迳行起诉者，经他造抗辩后，视其起诉为调解之声请。"可见在我国台湾地区，当事人双方可以就民事调解前置达成合意，如果纠纷发生后一方当事人径直向法院起诉，另一方当事人则可依此抗辩，法院将启动调解程序，并视一方当事人的起诉为调解申请。② 在美国，有些合同双方会约定发生争议必须先行调解才能进行诉讼，这时调解就成为起诉之前的必经前置性程序，虽然不要求当事人必须达成调解协议，但是双方要遵循善意条款，即要坦诚调解。③ 英国也存在根据当事人之间的约定而将民事调解前置的情形，有大量判例支持当事人之间达成的首先通过调解解决争议的协议，如果当事人违背该协议，不先经过调解就诉至法院，法院将作出中止诉讼的裁定或者对拒绝调解的当事人作出诉讼费用上的制裁。例如，在 *Cable & Wireless plc v. IBM United Kingdom Ltd.* 案中，"双方签订了一份 10 年的协议，其中涉及纠纷解决的条款是这样规定的：'如果双方不能通过协商解决纠纷，将善意地努力通过 CEDR④ 推荐

---

① 关于调解条款的强制约束力问题，法国判例存在过长期的争论，有的法院认为当事人违反调解条款的，应当不予受理，有的法院则认为可以受理，这样的争论最终在 2003 年 2 月 14 日联邦最高法院混合庭的一项判决中结束。这是一起涉及债权转让的案件，转让人与受让人约定在诉讼程序之前应将纠纷交给调解员解决。纠纷发生后，转让人却直接向巴黎上诉法院起诉，上诉法院判定起诉不予受理。随后，转让人上诉至联邦最高法院，但联邦最高法院也没有采纳上诉人的理由，同样判定不予受理，以作为对转让人不遵守调解条款的惩罚措施。参见周建华：《司法调解：合同还是判决？——从中法两国的比较视野出发》，中国法制出版社 2012 年版，第196～202页。

② 德国也存在与我国台湾地区相似的规定，当事人可以通过协议约定在向法院起诉之前必须首先经过调解程序，或基于团体、社团或合伙协议首先应当进行内部的争议调解程序，如果当事人直接向法院起诉，对方当事人可以在本案言词辩论前提出抗辩。参见［德］罗森贝克、施瓦布、戈特瓦尔德：《德国民事诉讼法》（下），李大雪译，中国法制出版社 2007 年版，第 652 页。

③ 参见王学泽、赖咸森：《美国民事调解系统观感（下）——司法部赴美国民事调解培训团培训考察报告》，载《人民调解》2016 年第 3 期。

④ CEDR，即 Centre for Dispute Resolution，是指英国"有效争议解决中心"，该机构是英国影响最大的替代性纠纷解决机构，它所采用的纠纷解决方式主要是调解，拥有自己的调解规则。参见［英］卢卡斯·A. 密斯特里斯：《英格兰和威尔士的替代性纠纷解决方式》，载［澳］娜嘉·亚历山大主编：《全球调解趋势》（第 2 版），王福华等译，中国法制出版社 2011 年版，第 150、155 页。

的 ADR 程序解决。无论如何,随之而来的 ADR 程序将不妨碍任何一方提起诉讼’。在该案调解程序中,双方没有很快达成一致民商事调解意见,于是 Cable & Wireless plc 向法院提起了诉讼程序。IBM 则向法院申请中止诉讼程序以便允许调解得以完成。(审理该案的)Colman 法官的结论是:无论如何,原则上对 ADR 斩钉截铁的提及,将不难发现存在一个充分确定和可定义参加调解的义务。他相应的裁定准予中止诉讼程序以等待调解的结果”。①

综上,民事强制调解与民事调解前置的关系可以被表述为民事强制调解不同于民事调解前置,民事强制调解只是民事调解前置的一种表现形态,仅指依据法律规定而产生的民事调解前置;民事调解前置则是一个更上位的概念,不仅包括民事强制调解,还包括根据当事人之间的合意而产生的民事调解前置。

2. 民事强制调解与民事强迫调解

由于在中国传统及大众语境中,“强制”等同于“强迫压制”,本身即包含浓厚的价值判断和道德取向色彩,因此在民事司法实践中,法官强迫当事人调解的不良现象便常常被冠以强制调解之名。于是乎,民事强制调解与民事强迫调解似乎成为一对可以互换的概念。但本书认为,民事强制调解与民事强迫调解在性质上、对象上均不相同,是完全相异的两个事物。民事强制调解是一种正当的纠纷解决制度,有明确的立法依据,因此民事强制调解中的“强制”属于合法强制。与之不同,民事强迫调解则属违法调解,是通过人为地制造压力,例如,威吓、胁迫等,强迫当事人在违背真实意思的情况下进行民事调解,因而民事强迫调解中的“强制”属于非法强制。概言之,民事强制调解是对自愿原则的修正,是基于特别考量而产生的调解制度。② 而民事强迫调解是对调解自愿原则的践踏,是遏制民事调解发展的个别现象。除了民事强制调解与民事强迫调解的性质相异之外,在“强制”所指向的对象上也明显不同。民事强制调解中的“强制”针对民事调解的启动环节,调解的进行和调解协议的达成仍须贯彻自愿原则,尊重当事人双方的自愿、自主;而民事强迫调解中的“强制”直指调解协议的达成,且往往打着尊重当事人意愿的旗号,在启动自愿这一形式的掩盖下,通过一系列违反自愿原则的强制手段,比如,“以判压调”“以拖压调”“反复调解”等,达到强迫当事人达成调解协议的目的。

---

① 参见康明:《英国商事调解近况》,载《仲裁与法律》2003 年第 5 期。

② 参见宋明志:《论法院调解的强制性——以我国台湾地区民事强制调解程序为比较》,载《政法论丛》2008 年第 1 期。

综上所述，民事强迫调解和民事强制调解之间存在清晰的界限，不应该将二者混为一谈。而且无论在我国民事诉讼理论研究中还是在民事司法实务中，都应当自觉区分民事强制调解与民事强迫调解，在赋予民事强制调解制度正当地位的同时，也应当坚决遏制民事强迫调解的不良现象。

3. 民事强制调解与强制考虑民事调解

在我国香港特区，民事调解谨慎地固守调解自愿启动的原则，没有引入民事强制调解制度。① 但是为了推进调解在民事纠纷上的适用，我国香港特区采取了一种柔性强制，即强制当事人考虑适用调解的方式。根据我国香港特区《实务指示 31 - 调解》的规定，提起诉讼后当事人在填写“设定程序时间表的问卷”阶段，必须在正式的诉讼文书上回答“是否考虑包括调解在内的替代纠纷解决机制”等问题，而且当事人双方及其代理律师还必须填写一份单独的调解证明书。从内容上来看，该调解证明书分为三个部分，其中第一部分要求当事人回答两个问题：一是当事人是否愿意尝试调解；二是若当事人不愿意尝试调解，请列明原因。调解证明书第二部分由律师签署，向法庭确定律师已经向当事人解释调解是另类排解争议的途径，并就调解相对于诉讼而言所需费用进行比较。调解证明书第三部分则由当事人签署，向法庭确认其明白我国香港特区《实务指示 31 - 调解》的内容并知悉有关争议除可借着诉讼解决外也可以通过调解来解决。② 如果任何一方当事人不同意调解，就必须在上述文件上写明不同意的理由，否则日后可能为此承担不利诉讼费用的后果。通观调解证明书的内容不难发现，但凡起诉至法院的民事纠纷，当事人必须就“是否尝试调解”这一问题予以回答，换言之，当事人考虑“是否尝试调解”，成为启动民事诉讼的必经前置程序。尽管当事人考虑之后完全可以选择不尝试调解，因此，从表面上并未强制当事人选择调解，但由于这种选择必须建立在审慎考虑的基础上，若不其然日后将会为此承担不利的诉讼费用，所以，我国香港特区高等法院林文瀚法官认为这是一种柔性强制，即强制考虑调解的方式，当事人考虑之后可以不适用调解，但如果不合理拒绝调解，会有一些惩处

① 我国香港特区的民事司法制度改革工作小组曾在 2001 年发布的《中期报告及咨询文件》中，就如何引入民事强制调解提出三种建议。但是在听取各方建议后，民事司法制度改革工作小组对此并没有采纳，整体上否决了引入强制性调解的建议。参见徐昕主编：《调解：中国与世界》，中国政法大学出版社 2013 年版，第 175 ~ 176 页。

② 参见林文瀚：《民事司法改革后调解在香港之发展》，载最高人民法院港澳台司法事务办公室编：《现代司法制度下调解之应用——首届海峡两岸暨香港澳门司法高层论坛文集》，人民法院出版社 2012 年版，第 419 ~ 420 页。

的措施。[①] 按照我国香港特区《实务指示 31 – 调解》的规定,法官拥有诉讼费用惩罚方面的威慑性裁量权,可以根据一方当事人拒绝调解的具体表现,通过判断行为或态度的不合理或不理智的程度,作出相应的不利诉讼费用裁决。[②] 据此,即使拒绝参与调解一方胜诉,也要承担自己和对方的律师费。以一个标的额为 100 万港元的债务案件为例。在整个诉讼过程可能双方各支付律师费 100 万港元,虽然法庭最后判决债权方胜诉,但是如果债务方提出诉前已向债权方发出调解通知,且明确表示愿意偿付债务而遭到拒绝,那么法庭可以判决由债权方承担双方的律师费 200 万港元。债权方因拒绝调解,胜诉后的结果是不但没有得到 100 万港元,反而损失 100 万港元。[③] 很显然,这种带有惩罚性质的措施增加了双方当事人的诉讼风险,在一定程度上会抑制当事人滥用诉讼权利的行为,起到了倒逼双方当事人选择适用调解的作用。

秉持英美法系传统的加拿大、英国、澳大利亚等国[④]以及秉持大陆法系传统的法国、德国,都可以发现强制考虑民事调解的做法。加拿大 1985 年《离婚法》规定,离婚诉讼中法院必须在确信已不能使配偶双方和解之后,才能考虑案件的证据。为此,在离婚诉讼的任何阶段,法院如果认为夫妻有可能和解,应延期审理,给双方提供一个达成和解的机会,并经双方同意或依职权任命有关人员帮助双方达成和解。只有延期已经过了 14 日,法院才可以应夫妻一方或双方的申请恢复诉讼。[⑤] 不难发现,在加拿大的离婚诉讼中,法官有职责以延期审理的方式按下诉讼的"暂停键",[⑥]为夫妻双方提供一个达成和解的机会。虽然是否按下诉讼的"暂停键"完全由法院根据案件情况自由裁量,[⑦]但是一旦法院采取这样的行为,那么为期 14 日的延期审理就成为法院实体审判之前的一个必经环节,因此,延期审

---

① 参见林文瀚:《香港司法机构如何推动调解》,载新浪司法网,http://finance.sina.com.cn/sf/news/2016-06-23/150834537.html。

② 参见徐昕主编:《调解:中国与世界》,中国政法大学出版社 2013 年版,第 178 页。

③ 参见姚玉霞:《香港民事调解制度之特点及可借鉴之处》,载法治广东网,http://www.fzgd.org/tszs/201108/t20110811_183888.htm。

④ 在"秉持英美法系传统"这一前提下,加拿大魁北克省因其秉持大陆法系的传统,自然应被除外。

⑤ 参见加拿大 1985 年《离婚法》第 10 条"法院的职责"。转引自陈苇主编:《加拿大家庭法汇编》,群众出版社 2006 年版,第 51 页。加拿大 1985 年《离婚法》颁布后历经多达十余次修改(目前最新版本为 2021 年 12 月 13 日修订版),但是其中第 10 条的内容并没有发生变化。

⑥ 这里关于"暂停键"的表述,来自和来文彬老师交流中所受到的启发。

⑦ 法院自由裁量的考虑因素包括案件的性质、证据或夫妻一方或双方的态度。参见加拿大 1985 年《离婚法》第 10 条第 2 款"延期"。

理的目的就在于强制当事人考虑调解，而非强制启动调解。故而加拿大1985年《离婚法》规定的离婚诉讼中的调解本质上仍然属于自愿调解，而不是民事强制调解。① 类似的规定在英国和澳大利亚也能够发现。英国1973年《婚姻诉讼法》规定，如果在离婚程序中，法院认为存在和解的可能，则可以在任何阶段中止离婚程序。这与加拿大1985年《离婚法》非常相似，也规定法官可以通过中止诉讼程序来强制当事人考虑调解解决纠纷。此外，英国2010年《家事程序规则》第7.6条要求律师在案件受理之前对离婚纠纷进行干预，借助专业调解人员帮助当事人消除对立，因此在程序上强化了律师向当事人建议调解的工作。② 英国2014年《儿童与家庭法》规定家事私法案件中强制适用调解信息评估会议，③个人在起诉前必须考虑适用调解方式解决家事纠纷。澳大利亚1975年《家庭法》规定了"法官促进和解义务"，要求在离婚诉讼、由婚姻关系存续的当事人一方提起的财产诉讼或与子女养育有关的诉讼中，法院应随时考虑当事人和解的可能性。如果法院认为存在和解的可能，应中止诉讼，给当事人机会以考虑和解，并建议当事人参加家庭咨询或使用其他适当的人或组织提供的服务。④ 再者，由澳大利亚家庭法院召开的庭前信息会议属于必经程序，无论当事人是否调解都必须出席该会议。在庭前信息会议上，由家庭纠纷调解员初步了解案件争点、介绍相关司法程序，借此使当事人充分了解可利用的调解服务的相关信息，以及未成年子女利益的重要性，并在此基础上

---

① 但是，国内学界对此存在不同观点。来文彬博士介绍加拿大的家事调解时认为，加拿大1985年《离婚法》第10条将"和解优先审判"作为法官的和解义务之一，但同时明确指出，加拿大各种家事调解都是由当事人自愿选择的。参见来文彬：《家事调解制度研究》，群众出版社2014年版，第87～88页。可见，来文彬博士认为，即使加拿大1985年《离婚法》第10条规定了"和解优先审判"，但启动调解仍然需要当事人自愿。在与来文彬博士的交流中笔者进一步求证，加拿大1985年《离婚法》第10条的目的在于强制当事人考虑调解，但本质上仍然是自愿调解。与之不同，肖燕介绍加拿大法院附设调解时指出，离婚强制调解就是联邦层面法院附设调解的典型。参见肖燕：《加拿大调解制度述评》，载齐树洁主编：《东南司法评论》2015年卷，厦门大学出版社2015年版。但肖燕介绍离婚案件调解时又认为，加拿大法律鼓励当事人通过调解方式离婚，但最终是否选择调解程序，完全取决于当事人的意思自治。很显然，这与其之前关于离婚诉讼中的调解是强制调解的判断是相互矛盾的。结合加拿大1985年《离婚法》的原文，笔者认为加拿大1985年《离婚法》第10条规定的离婚诉讼中的调解并非强制调解，而是强制当事人考虑调解。

② 参见石雷：《英国现代离婚制度研究》，群众出版社2015年版，第198～199页。

③ 调解信息评估会议并非调解本身，而是由调解员及争议双方共同或单独参与的、时长在40分钟左右的、旨在评估调解可行性的会议。调解评估会议旨在提供以下信息：(1)调解的适用范围；(2)调解的适用方式；(3)调解的适用性。参见齐凯悦：《英国家事审判制度研究——以2011年以来的改革为中心》，法律出版社2020年版，第180～181页。

④ 参见澳大利亚1975年《家庭法》第3B章第13B条。

做出适合自己的选择。① 显然,庭前信息会议也发挥强制当事人考虑调解解决纠纷的作用,至于最终是否适用调解以及调解能否成立,则仍然要根据当事人自己的意愿。此外,澳大利亚 2011 年《民事纠纷解决法》以“采取真正步骤”的名义,规定了当事人在向联邦法院②提起民事诉讼之前,必须考虑采取调解或其他替代性纠纷解决机制。③ 虽然当事人不采取真正步骤并不会导致起诉无效,④但是法院行使权力时可能会对此加以考虑,并在裁决费用时加以体现。⑤ 因此,澳大利亚 2011 年《民事纠纷解决法》规定的“采取真正步骤”的义务,本质上也属于强制当事人考虑调解。

在秉持大陆法系传统的法国,其《民法典》第 255 条规定,除两愿离婚之外的其他离婚诉讼中,法官尤其可以指示夫妻双方与家事调解人见面,由家事调解人告知双方进行调解的目标及如何进行调解。很显然,法国《民法典》的这一规定意在赋予法官依职权要求夫妻双方考虑家事调解的适用,而无须征得当事人的同意的权力,但至于是否适用调解,仍然交给夫妻双方来决定。很显然,法国《民法典》的这一规定仍然属于强制考虑民事调解的范畴,而非民事强制调解。德国《家事事件及非讼事件程序法》规定,离婚事件中法院有权命令夫妻一方或双方参加免费的信息咨询,以获取有关调解的信息。当事人应就此向法院提交证明,但明确法院对此不得通过强制的方法实现。此外,当法院依自由心证认为婚姻有望存续时,可依职权中止程序,⑥并建议夫妻双方进行婚姻咨询。可见,在离婚事件中法院有权强制当事人通过信息咨询的方式考虑调解的可能性,但对当事人是否适用调解,则不得强制,仍然由当事人在咨询后自愿选择。类似的规定在该法第 156 条中也有体现,即涉及父母分居或离婚时的父母照护权、子女交往权或交付子女的亲子事件中,为了实现父母的照护权和父母

---

① 参见汤鸣:《比较与借鉴:家事纠纷法院调解机制研究》,法律出版社 2016 年版,第 78 页。

② 此处的“联邦法院”具体指澳大利亚联邦法院以及澳大利亚联邦巡回和家庭法院。参见澳大利亚 2011 年《民事纠纷解决法》第 5 条“定义”中的“符合条件的法院”。

③ 当然,该法第 2 部分同时也规定了排除该强制考虑调解的具体情形,包括但不限于:(1)诉讼的紧迫性;(2)任何人或财产的安全或安保是否会因采取此类步骤而受到损害,以及在何种程度上受到损害。此外,该法第 4 部分详细列明了排除该强制考虑调解的案件类型和程序,包括“某些类型的程序排除”、“某些法案下的程序排除”以及“条例规定程序的排除”,参见澳大利亚 2011 年《民事纠纷解决法》第 15 ~ 17 条的规定。

④ 澳大利亚 2011 年《民事纠纷解决法》第 10 条规定:“未能在诉讼程序中提交真实的步骤声明,并不会使提起诉讼的请求、对此类请求的回应或诉讼无效。”

⑤ 参见澳大利亚 2011 年《民事纠纷解决法》第 11、12 条。

⑥ 但是夫妻分居一年以上,而且夫妻双方均不同意中止程序时,不得中止程序。参见德国《家事事件及非讼事件程序法》第 136 条第 1 款。

的责任而达成一致方案，法院可以命令父母参加在儿童与青少年救助机关的咨询组织和咨询人员处进行的咨询。同样地，该命令不得以强制措施执行。很显然，该条规定的法院命令咨询仍然是强制当事人考虑调解的举措。

综上，强制考虑民事调解并非民事强制调解。尽管当事人不合理拒绝适用调解可能会承受日后诉讼费用不利等后果，但毫无疑问，是否适用调解解决民事纠纷的权利仍然掌握在当事人手中，最终调解是否现实启动仍然要遵从当事人自己的决定，因而强制考虑民事调解本质上属于自愿调解，而非民事强制调解。

4. 民事强制调解与民事调解的强制性因素

在调解中，中立的调解者实际上都具有一定的强制功能，将其可以控制的资源（主要是判断本身的说服力和权威性，纠纷处理机关本身的权威性和内在于社会本身的、要求纠纷得到解决的社会压力）作为操纵当事人接收解决方案的手段。① 日本学者棚濑孝雄曾指出，包括调解在内的审判外纠纷解决过程中，为了取得当事人对解决审前调解方案的同意，纠纷处理机关通常要发挥强制功能——纠纷处理机关为了形成合意而不断动用自己直接或间接掌握的资源来迫使当事人接受解决方案，②而且这种强制功能是完全必要的。民事调解所具有的强制性因素在法院调解中表现得尤为明显。正如有论者所言，强制性是法院调解的固有属性，法院调解的强制性因素在整个调解过程中都有所体现。③ 法院公权力机关的性质决定了法院调解必然具有强制性；经法院调解所达成的调解协议具有强制执行力是法院调解具有强制性的集中体现。④ 可见，民事调解虽然是一种通过当事人合意解决纠纷的制度，但是不可避免地包含强制性因素，换句话讲，合意性因素和强制性因素共同构成了完整的调解制度。

据此，民事调解所具有的强制性因素与民事强制调解之间的区别可谓一目了然。首先，二者的性质不同。民事调解所具有的强制性因素与强制调解是部分和整体的关系，不属于同一个层面的事物。民事调解的强制性因素是任何民事调解都固有的因素，民事强制调解作为民事调解的表现形态之一，自然也不例外，既包含自愿性因素，也包含民事调解的强制性因素。但是，民

① 参见范愉：《调解的重构（下）——以法院调解的改革为重点》，载《法制与社会发展》2004年第3期。

② 参见［日］棚濑孝雄：《纠纷的解决与审判制度》，王亚新译，中国政法大学出版社2004年版，第95～98页。

③ 参见赵旭东：《理性看待法院调解的强制性因素》，载《法学家》2007年第6期。

④ 参见洪冬英：《法院调解强制因素的理性分析》，载《河北学刊》2006年第6期。

事强制调解中的强制性因素不限于通常意义上民事调解的强制性因素，还包括调解启动环节的强制性因素，即调解可不经当事人同意而强制实施。其次，二者的功能不同。民事调解中的强制性因素仅是构成民事调解制度的若干要素，这些要素本身并不能独立地解决纠纷，只是因为其具有排除当事人意志的特点而与“强制性”发生了勾连。而民事强制调解则是一种独立的调解制度，通过该制度的运用即可实现对民事纠纷的解决。综上，民事强制调解不同于民事调解中的强制性因素，不能将二者混为一谈。

5. 民事强制调解与民事先行调解

“先行调解”是近年来我国民事诉讼理论界热议的话题之一，2012 年《民事诉讼法》修正中引入的先行调解制度更是一度吸引了众多研究者的目光。① 先行调解最早出现在《简易程序规定》第 14 条，学界对此基本达成了共识，认为其属于民事强制调解。② 但是，绝不可就此认为民事先行调解等同于民事强制调解。首先，《民事诉讼法》中的“先行调解”与《简易程序规定》中的“先行调解”存在明显不同，前者并不属于民事强制调解。《民事诉讼法》第 125 条规定，“当事人起诉到人民法院的民事纠纷，适宜调解的，先行调解，但当事人拒绝调解的除外”。显而易见，立法明确赋予当事人程序异议权，只要当事人拒绝适用，先行调解便不能启动。因此，《民事诉讼法》中的先行调解仍然属于自愿调解。③ 可以说，民事先行调解既可以表现为强制适用的调解，也可以是自愿适用的调解。故而不可妄下论断，认为民事先行调解就是民事强制调解。其次，虽然《简易程序规定》中的民事先行调解属于民事强制调解，但民事强制调解根据启动时间不同尚有诉前民事强制调解和诉中民事强制调解之分，而《简易程序规定》中

---

① 针对 2012 年《民事诉讼法》修正中引入的“先行调解”，学者们纷纷发表看法。参见张晓茹：《先行调解抑或强制调解——评新〈民事诉讼法〉第 122 条》，中国民事诉讼法学研究会 2012 年年会论文；吴英姿：《“调解优先”：改革范式与法律解读——以 O 市法院改革为样本》，中国民事诉讼法学研究会 2012 年年会论文；李浩：《先行调解性质的理解与认识》，载《人民法院报》2012 年 10 月 17 日，第 7 版；徐卉：《先行调解的规范与适用》，载《人民法院报》2012 年 10 月 17 日，第 7 版。

② 在我国学界，主流观点认为《简易程序规定》第 14 条确立的先行调解即属于强制启动的民事调解。参见肖建华、杨兵：《论我国诉讼调解原则体系之重构——兼评〈关于人民法院民事调解工作若干问题的规定〉相关规定》，载《政法论丛》2005 年第 1 期；洪冬英：《法院调解强制因素的理性分析》，载《河北学刊》2006 年第 6 期；宋明志：《论法院调解的强制性——以我国台湾地区民事强制调解程序为比较》，载《政法论丛》2008 年第 1 期；蔡霞：《大调解背景下委托调解制度的困境与出路》，载《创新》2011 年第 5 期；闫庆霞：《法院调解制度研究》，中国人民公安大学出版社 2008 年版，第 118 ~ 119 页；周建华：《司法调解：合同还是判决？——从中法两国的比较视野出发》，中国法制出版社 2012 年版，第 190 页。

③ 参见李浩：《先行调解性质的理解与认识》，载《人民法院报》2012 年 10 月 17 日，第 7 版。

的民事先行调解只是其中的一个类型——诉中民事强制调解,并不能代表民事强制调解的整体。

综上,民事先行调解既可以是自愿调解,也可以是诉中民事强制调解;而民事强制调解除了诉中民事强制调解类型之外,还包括诉前民事强制调解。因此民事强制调解与民事先行调解既有联系,又有区别,不可将二者混为一谈。

6. 民事强制调解与仲裁前强制调解

司法性是民事强制调解的特点之一,表明民事强制调解或者属于法院民事司法的一部分,或者在程序外观上表现为民事诉讼前端的间接延伸,与法院民事司法活动之间存在直接关联。当放眼于纷繁复杂、形态各异的民事调解实践,可以发现其中还存在同样有明确法律依据、同样强制启动、同样必须前置适用的调解形态,但由于其前置性既非体现为民事诉讼的前置程序,亦非体现为民事裁判的前置阶段,而是体现为仲裁的必经前置程序,故而可以将其称为仲裁前强制调解。很显然,仲裁前强制调解和法院民事司法之间没有直接关联性,因此与民事强制调解不同,呈现非司法性的特征。

我国香港、澳门特区都有仲裁前强制调解的存在。在我国香港特区,劳动争议中的小额索偿类纠纷①必须先由劳工处劳资关系科进行调解,调解不成的才可以向小额薪酬索偿仲裁处申请仲裁。根据我国香港特区《小额薪酬索偿仲裁处条例》的规定,对于劳工处劳资关系科的先行调解,当事人不能以协议的方式加以改变,即使约定直接仲裁也无效。因此在我国香港特区,由劳工处劳资关系科进行的调解是小额薪酬索偿仲裁处受理劳动争议案件的必经前置程序。虽然该调解具有法定性、强制适用性和前置性的特征,但由于小额薪酬索偿仲裁处是仲裁机构而非法院,所以劳工处劳资关系科主持的调解其实属于仲裁的前置程序,而不是民事诉讼的前置程序,与法院的民事司法没有直接的关联性,②故而应归入仲裁前强制调解

① 我国香港特区的劳动争议包括四种类型,分别是索偿、劳资纠纷、根据《破产条例》的破产呈请方式或根据《公司条例》以清盘呈请方式提出的申索以及工伤赔偿争议。根据 2021 年 9 月 17 日我国香港特区《小额薪酬索偿仲裁处条例》的最新修改,小额索偿纠纷是指申索人不超过 10 名,或者每名申索人的申索款项不超过 15,000 港元的纠纷。参见《香港小额薪酬索偿仲裁处司法管辖权限提至 1.5 万元》,载搜狐网 2021 年 11 月 21 日,http://www.sohu.com/a/490454601-276597。

② "没有直接关联性"只是表明劳资关系科的调解与民事诉讼程序没有直接产生关联,调解不成的,当事人不能直接向法院提起诉讼,但不否定民事诉讼程序在小额薪酬索偿纠纷上的适用。因为根据我国香港特区《小额薪酬索偿仲裁处条例》的规定,小额薪酬索偿纠纷实行"一调、一裁、两审"的处理机制,当事人对小额薪酬索偿仲裁处的裁决不服的,可以在法定期限内向原讼法庭申请上诉,对原讼法庭的裁决不服的,还可以向上诉法庭申请上诉。

的范畴,而不属于民事强制调解。此外,香港曾于1989年制定《香港政府、香港工程协会调解服务规则》,建立了调解和仲裁解决合同争议的二级管理体制,即对大型土木工程合同以及所有的建筑合同,如果调解不成功,再付诸仲裁。① 显然,此处的香港工程协会调解也是仲裁的必经前置程序,仍然属于“仲裁前强制调解”。在我国澳门特区,当事人向仲裁机构提出申请后,仲裁机构会召集当事人试行调解。该试行调解属于仲裁程序的前置程序,是仲裁程序中一个必须及强制的阶段,只有调解结束或无法进行调解的情况下,仲裁委员会才会作出仲裁裁决。我国澳门特区的消费争议自愿仲裁中心、律师公会自愿仲裁中心、世界贸易中心自愿仲裁中心、保险及私人退休基金争议仲裁中心和楼宇管理仲裁中心都规定有各自的内部规章,据此开展试行调解。② 以我国澳门特区的消费争议自愿仲裁中心为例,根据我国澳门特区《消费争议仲裁中心规章》的规定,该仲裁中心受理在我国澳门特区发生的金额不超过5万澳元的消费争议。③ 在当事人自愿将争议提交给仲裁中心之后,对方当事人除会被通知进行答辩及提供证据方法或证人外,亦会被召集进行尝试调解。在确定的日期及地点,仲裁中心将通过其负责人或分配给该中心的技术员,以衡平的解决方法调解当事人的争议。如果调解成功,达成的调解协议需要记录在案卷的书录中,或缮录在会议记录中,并在调解结束后立即被送交仲裁法官,以便对协议进行确认。确认调解协议的裁决与仲裁法官经审理所作出的裁决具有相同的法律效力,亦即与我国澳门特区初级法院所作出的裁决具有同等的执行效力。如果调解不成功,则由仲裁法官对争议进行审理并作出裁决。④

综上,民事强制调解与法院民事司法活动直接关联,具有明显的司法性特征。从其运行的时间维度上来看,或表现为民事诉讼的前置程序或表现为民事裁判的前置阶段。而仲裁前强制调解与民事强制调解不同,虽然也具有法定性、强制性和前置性的特点,但因其前置的参照物既非民事诉讼,也非民事裁判,所以与法院民事司法之间缺乏直接关联性,显示非司法

① 参见王江军、石涛:《香港土建工程合同的调解程序》,载《国外公路》1997年第2期。

② 参见张颖彤、简静霞、何伟宁:《调解在澳门法律制度中的适用——非司法调解》,载最高人民法院港澳台司法事务办公室编:《现代司法制度下调解之应用——首届海峡两岸暨香港澳门司法高层论坛文集》,人民法院出版社2012年版,第431~436页。

③ 根据我国澳门特区《消费争议仲裁中心规章》第2条,消费争议是指专门从事提供私用财货及劳动活动的自然人或法人因上述活动而产生的民事或商事性质的争议。

④ 参见张颖彤、简静霞、何伟宁:《调解在澳门法律制度中的适用——非司法调解》,载最高人民法院港澳台司法事务办公室编:《现代司法制度下调解之应用——首届海峡两岸暨香港澳门司法高层论坛文集》,人民法院出版社2012年版,第432页。

性的特点。

二、民事强制调解的正当性论证——由民事强制调解与相关基本理论的关系展开

毋庸置疑，民事强制调解似乎蕴含明显的矛盾：民事调解强调各方当事人的自主决定、合作和创造性的纠纷解决，任何试图强加在一方当事人身上的非自愿性因素都可能潜在地损及民事调解的价值；而民事强制调解的强制属性恰恰冲击了当事人的自我决定和自愿性，侵蚀了民事调解最本质的东西。那么，如何解释民事强制调解与调解自愿原则之间的矛盾？民事强制调解作为在民事诉讼之前或法院裁判之前“多”出的一道程序，是否与纠纷解决程序的效益目标背道而驰？特别是在诉前民事强制调解的场合，该如何理顺其与司法裁判请求权、当事人程序选择权等诉讼基本理论之间的关系？诸如此类的疑惑和追问，直接关系民事强制调解正当性的确立，因而是本书研究中无法回避、必须直面的基本理论问题。

（一）民事强制调解与调解的自愿原则

通常认为，自愿原则是调解的基本原则，调解优势的实现即依赖于当事人双方的自愿、合意，因此任何强加在一方当事人身上的非自愿性要求都会潜在地损及调解的价值。但是，自愿也恰恰成为调解制度的局限性之一。比较而言，“调解更注重的是利益，是感受，是未来；裁判更注重的是权利，是事实，是过去”。① 因此，当纠纷主体更在乎利益、感受和未来时，就更适宜采用调解的方式，就需要考虑克服调解的自愿、合意的局限性，采取强制适用的方式。况且，如果当事人对调解的沉默源于对程序的不熟悉或轻视，那么强制启动调解可能有助于他们克服偏见或对调解了解的缺乏。研究表明，非自愿进入调解程序的当事人仍旧可以从程序中获益，即使他们的参加并不是自愿的。当事人或许“被调解的力量所扫荡并且忘记了他们最初是如何参加的”。正如 Sander 教授所指出的，强制调解需要作为一个暂时的权宜之计，因为当事人不愿自愿地适用调解，因此应当给予他们经历调解效益的机会。②

此外，民事强制调解并非与自愿原则水火不容。调解的自愿原则具体包括两层含义：调解参加的自愿和调解结果的自愿。如前所述，民事强制调解是指根据法律规定，就特定民事纠纷而言，启动调解不以当事人双方

① 傅郁林：《“诉前调解”与法院的角色》，载《法律适用》2009 年第 4 期。

② Dorcas Quek, *Mandatory Mediation: An Oxymoron? Examining The Feasibility of Implementing a Court-mandatory Mediation Program*, 11 Cardozo J. Conflict Resol. 479(2010).

自愿为前提，从而使调解成为起诉的前置程序或审判的前置阶段的一种特殊民事调解制度。因此，民事强制调解中的强制仅指参加调解上的强制，并不排除当事人在达成调解结果方面的自愿，也就是说，强制调解虽然在启动上不考虑当事人的意愿，但一般不影响当事人自己选择调解人，以及协商确定调解范围、处理纠纷的实体法规范和时间、地点等程序规则。①故而，民事强制调解中的强制只是一种形式意义上的强制，并非实质意义或结果意义上的强制。调解的启动虽然是强制的，但没有一个调解协议是在双方受到强制的情况下达成的，而双方在调解中掌控调解结果才是调解自愿性的核心和根本特征。②

（二）民事强制调解与民事纠纷解决程序的效益

诉讼基本权除了包括起诉和应诉基本权之外，还包括请求国家迅速裁判之权利，即适时裁判请求权。作为一项受益权，当事人可以请求国家提供有效率的司法制度、审判体系及组织。尤其是现代各国都面临不同程度的诉讼案件激增，而司法资源严重供不应求的现实情况，因此如何提高纠纷解决程序的效益，不仅反映了民事纠纷解决程序的内在要求，更是成为各国普遍关注的一个问题。而民事强制调解要求当事人寻求法院判决解决纠纷时必须先经过调解，“多”出的这道调解程序似乎增加了当事人在时间、人力等资源上的耗费，与程序的效益目标之间产生冲突——这种论断乍听确乎有理，但不能不说只是一种浅层的表面分析，深入探究便会发现情况并非如此。

效益是表征成本（投入）与收益（产出）之间关系的范畴，程序效益也是如此，包括成本和收益两个基本要素。前者是指程序主体在纠纷解决过程中所耗费的人、财、物、时间等资源的总和；后者是指程序主体通过纠纷解决所获得的收益。作为反映成本和收益之间函授比值关系的概念，程序效益的提高意味着以较少的成本投入获得既定水平的收益，或以既定的成本投入达到较大的收益。③ 因此，程序效益的提高有两种方式：（1）降低成本；（2）增加收益。④ 民事强制调解则能够通过降低纠纷解决成本和增加

---

① 参见［美］詹姆斯·E. 麦圭尔、陈子豪、吴瑞卿：《和为贵——美国调解与替代诉讼纠纷解决方案》，法律出版社 2011 年版，第 36 ~ 57 页。

② 有学者将调解的自愿性解释为“在调解中双方的共同目标，是自愿同意和解协议建立的最后结果”。可见，对调解结果的自愿才是争议双方在调解中的根本目的。参见［美］詹姆斯·E. 麦圭尔、陈子豪、吴瑞卿：《和为贵——美国调解与替代诉讼纠纷解决方案》，法律出版社 2011 年版，第 139 页。

③ 参见肖建国：《民事诉讼程序价值论》，中国人民大学出版社 2000 年版，第 212 ~ 213 页。

④ 参见肖建国：《民事诉讼程序价值论》，中国人民大学出版社 2000 年版，第 220 ~ 255 页。

收益来实现的程序效益的提高。首先,民事强制调解使部分民事纠纷不经诉讼或不经审判即可得到及时解决,从而有效降低纠纷解决的成本投入。根据民事强制调解的要求,虽然调解是某些民事纠纷解决过程中必须而非选择的阶段,但毋庸置疑,调解作为一种解纷机制,同样可以达到纠纷解决和权益实现的目的。① 既然不必进入诉讼程序,或者不必开庭审理即可解决纠纷,那么所谓的诉讼耗费也就无从发生。因此,当事人在民事纠纷解决程序中的全部成本其实就限于其在调解中的成本投入。而调解具有灵活的优点,特别是民事强制调解作为诉讼的前置程序或审判的前置阶段,更强调效率的作用,因此相比于正式的诉讼或审判而言,当事人无论是在时间、人力,还是在财力、物力上的耗费都要少得多。其次,民事强制调解能增加民事纠纷解决程序的收益。就当事人而言,程序收益是指预期利益的实现或预期不利益的避免。② 在民事纠纷解决程序中,当事人的程序收益不仅体现为实现民事权益或避免民事权益被损害,在更深层的意义上还体现为实现某种民事法律关系的修复或避免某种民事法律关系的恶化。民事强制调解除了能实现民事权益(避免民事权益受损)之外,还能发挥一般民事调解在和谐,至少是非对抗的气氛中化解纠纷的优势,相较于非黑即白且程序严格的诉讼或审判而言,显然更有利于修复而非继续恶化当事人之间的民事法律关系。特别是民事强制调解适用的纠纷类型往往限于婚姻家庭纠纷、劳动争议等,这类纠纷尤其注重未来关系的维持或修复,因此,民事强制调解所实现的程序收益无疑更为明显。

总之,民事强制调解在降低当事人程序成本的同时又增加了其程序收益,有助于提高当事人的程序效益。而能否促进当事人的程序效益,保障当事人程序效益最大化,则是判断某种民事纠纷解决程序科学、理性与否的主要标尺,③因此,民事强制调解不但不违背纠纷解决程序的效益目标,反而恰恰是一种有利于提高程序效益的理性制度设计。

(三)民事强制调解与裁判请求权

任何人在其权利受到侵害或与他人发生争执时,都享有请求独立的不偏不倚的司法机关公正审判的权利,这一权利被称为裁判请求权。④ 在

---

① 目前,包括我国在内的很多国家都在立法中明确赋予调解协议以执行效力,一方当事人如果不履行调解协议的内容,对方可向法院申请强制执行。因此,调解同样可以保障纠纷主体权益的实现。

② 参见肖建国:《民事诉讼程序价值论》,中国人民大学出版社 2000 年版,第 213 页。

③ 参见肖建国:《民事诉讼程序价值论》,中国人民大学出版社 2000 年版,第 215 ~ 220 页。

④ 裁判请求权也被称为"诉讼权""诉诸法院的权利"。

《国际人权公约》和许多国家的宪法中,裁判请求权都被作为基本人权加以保障,并成为各国设立和运作民事诉讼制度的最高理念。① 民事强制调解要求当事人在特定民事纠纷的解决上必须先经过调解,只有调解不成时才能向法院提起诉讼,因此民事强制调解推迟了当事人诉权的行使。而诉权是裁判请求权的实在化,裁判请求权需要通过当事人诉权的行使得到实现,②所以暂缓当事人行使诉权的民事强制调解,似乎构成了对裁判请求权的限制和侵害,③与裁判请求权之保障产生了"紧张"关系。那么,如何理顺民事强制调解和裁判请求权二者的关系?对此,本书认为应从以下两个方面加以探讨。

首先,裁判请求权保障的现代意涵。我国台湾地区学者邱联恭先生对此曾有明确的解释,他认为,在宣明保障诉讼权的同时,也要求保障财产权、自由权及人格权等,因此应从实质上而非形式上谈论诉讼权的保障。据此,裁判请求权并不只意味着当事人应得到正确而慎重的纠纷解决机会的保障这一狭义理解,还意味着当事人应被赋予迅速而经济的纠纷解决机会的保障,如此方能避免当事人之间争议的实体权益和系争外的财产权、自由权等蒙受不应有的损害。因此,除了保障当事人诉至法院解决纠纷的权利之外,从立法上提供多样化的程序制度供当事人选择适用,并且在各类纠纷所必要之范围内公平分配各类司法资源,节制诉讼资源的过分利用或误用,均属裁判请求权的题中应有之义。"基于此种认识,在保留当事人仍有权利抉择是否成立调解之自由,且于调解不成立时仍得循诉讼程序解决纷争的前提下,强制调解的适用并不当然有害诉讼权的保障。"

其次,裁判请求权保障的程度。裁判请求权是公民的一项基本人权,因此不能被剥夺,这一点毫无疑问。但是,能否对裁判请求权进行必要的限制呢?仔细观察不难发现,裁判请求权受到限制是客观存在的,民事案件的受案范围、小额诉讼、限制上诉等制度,均体现了对裁判请求权的必要限制。所以,真正的问题不在于能否对裁判请求权予以限制,而在于应以

① 参见刘敏:《裁判请求权研究——民事诉讼的宪法理念》,中国人民大学出版社 2003 年版,前言。

② 参见刘敏:《裁判请求权研究——民事诉讼的宪法理念》,中国人民大学出版社 2003 年版,第 38 页。

③ 刘敏教授认为,我国古代强调调解,尤其是有些案件只有当调解无效时,才能由当事人向司法机关起诉的现象,就是当事人司法裁判请求权受到极大限制的具体表现。此外,他指出日本在战后初期也存在过以强制民事调解侵害当事人接受审判的权利而被宣告违宪的判决。参见刘敏:《裁判请求权研究——民事诉讼的宪法理念》,中国人民大学出版社 2003 年版,第 95 页。

什么为标准来限制,①或者说对裁判请求权的保障到什么程度才是“正当”的。就此而言,必须考虑利益衡量标准。司法的意义并不在于它服务于多少比例的案件,而是要成为整个纠纷解决体系中的标准,故而权衡司法审判活动所涉及的公共利益与私人利益之间的关系,②衡量稀缺性司法资源在不同类型民事案件中的分配,是判断裁判请求权保障程度是否正当的标准。据此,在考量纠纷类型的特性、需求以后,为平衡兼顾其他利益(如和谐关系的维持、司法资源的合理分配、费用相当性要求等),在某些民事纠纷上对当事人就何时起诉的主导权进行时间上的限制③——实施民事强制调解,就是基于利益衡量标准而对该类民事纠纷当事人的裁判请求权提供相应保障。

综上,民事强制调解与裁判请求权并不冲突。民事强制调解对当事人起诉时间的推迟,与裁判请求权在保障公民纠纷解决机会的同时,避免当事人系争实体权益和利益之外财产权、自由权等蒙受不应有的损害的现代意涵相符合,而且体现了裁判请求权应基于利益衡量而提供保障的内在要求。可以说,民事强制调解本身不但无害裁判请求权,而且使我们对裁判请求权这一基本人权获得了从表象到内涵、从一维到多维的观察契机。

(四)民事强制调解与当事人的程序选择权

宪法在承认人民主权之同时,亦保障人民享有各项权利。依据此等基本权之保障规定,在一定范围内,应肯定人民之法主体性,并应对于当事人及程序之利害关系人赋予程序主体地位。因此,为了确保当事人的程序主体,赋予人民及程序当事人程序选择权,使之在一定范围取舍程序利益,避免因程序使用招致系争实体利益或系争利益之外的财产权、自由权受损,应成为建构民事程序法及运作审判实务的指导原理。④ 而民事强制调解的启动不考虑当事人的意志,强制要求当事人必须先经过调解解决民事纠纷,调解不成再起诉或者由法院审判,可见民事强制调解排除了当事人在某些纠纷发生后对诉讼程序和诉讼外纠纷处理程序,以及在诉讼中对调解和审判加以取舍的权利。因此,有人认为民事强制调解是对当事人程序选择权的限制。⑤ 那么,民事强制调解何以能对当事人的程序选择权加以限制,其依据何在?

---

① 参见肖建国、黄忠顺:《诉前强制调解论纲》,载《法学论坛》2010年第6期。

② 参见傅郁林:《民事司法制度的功能与结构》,北京大学出版社2006年版,第157页。

③ 参见邱联恭:《程序选择权论》,台北,三民书局2000年版,第87页。

④ 参见邱联恭:《程序选择权论》,台北,三民书局2000年版,第30~39页。

⑤ 参见闫庆霞:《法院调解制度研究》,中国人民公安大学出版社2008年版,第120页。

从本质上来讲,程序选择权赋予了当事人在纠纷解决途径上的选择权,但是当事人的该项选择权并不是绝对和无限制的。“民事程序制度应以追求确定存在于实体利益与程序利益之平衡点上的‘真实’即‘法’为首要目标,并应在无害于公益(全国纳税人使用程序之利益)之一定范围内,赋予人民及程序当事人有程序选择权。”①所以,程序选择权虽然旨在强化当事人的程序主体地位,但并不是简单地奉行自由度越大越好的法则。毋庸置疑,不同纠纷的解决在实体利益和程序利益的平衡上需求不同,而且只要存在当事人不是法律专家和虔诚信徒的情形,其对选择何种程序解决纠纷都会存在不合理之处。因此,立法应当在权衡不同纠纷对实体利益和程序利益追求的特性以及维护公益的前提下,划定当事人可以选择的纠纷解决途径,而不能任由当事人随意选择。如此,一方面可以避免当事人出于对自己纠纷实际情况的错误估计而选择不当的解纷程序,导致系争实体利益及系争利益之外的其他利益受损;另一方面可以杜绝个别当事人出于恶意滥用选择程序的权利——而这些情况毫无疑问都会导致程序资源的负态消耗,与程序选择权的功能背道而驰。立法规定民事强制调解,对某些纠纷当事人选择诉讼或审判的权利加以限制,要求其必须先经过调解解决,正是基于该类纠纷在实体利益和程序利益平衡上的特殊需要以及为了实现对公益的维护。比如,在婚姻家庭纠纷中,为了使亲子关系能在离婚以后得到保障,或者为了家庭的和睦团结、未成年人的健康成长等,应当更加注重纠纷解决的非对抗性和气氛的融洽,所以对程序保障的要求就可以适当降低,而考虑社会公益性。因此,民事强制调解对当事人程序选择权的限制是一种合理的限制。此外,尽管民事强制调解对当事人的程序选择权进行了限制,但是这种限制并非针对当事人基本的程序选择权——调解失败时,在诉前强制调解的场合,当事人仍然有权决定是否提起诉讼;在诉中民事强制调解的场合,则仍然有权决定是否继续接受审理和裁判。因此,民事强制调解在启动环节的强制,并未剥夺当事人的程序选择权,同样能满足和保障当事人的基本诉权。②

三、民事强制调解的制度功能

在一贯秉承自愿原则的民事调解领域,民事强制调解的出现让人耳目一新。的确,与普通民事调解相比,民事强制调解显示诸多卓越的功能。

---

① 邱联恭:《程序选择权论》,台北,三民书局2000年版,第35页。

② 参见左为民:《通过诉前调解控制“诉讼爆炸”——区域经验的实证研究》,载《清华法学》2020年第4期。

民事强制调解之所以在许多国家或地区蔚然成风,成为真正代表时代潮流的制度设计,或许正是与此有关。本书认为,民事强制调解的功能主要体现为以下几点。

(一)有助于增强民事调解的实效性

有学者指出,在当今社会有大量的民事纠纷极具调解的潜质,比如,随着社会分工的日益精细化和城市化进程中日益凸显的陌生化,民事纠纷也逐渐呈现定型化及定额化等趋同特征,道路交通事故损害赔偿纠纷、劳动争议、医疗事故损害赔偿纠纷等即属此类,这些因素都为调解制度的适用提供了可能。① 对此,笔者深表赞同。但问题是,根据传统的民事调解形态,即使是这些极具调解潜质的民事纠纷也未必能有机会将其潜质充分发挥出来。因为传统的民事调解需要遵循自愿原则,无论是调解的启动还是调解协议的达成,都需要以双方当事人自愿为前提。而由于调解的启动权操纵在当事人手中,所以一旦当事人就是否适用调解无法达成一致时,调解便无法启动。既然调解不能启动,那么民事纠纷所谓的调解潜质也将只是镜花水月。因此,对于具有调解潜质的民事纠纷而言,调解必须基于当事人自愿方能启动的传统观念,无疑是横亘在纠纷与调解机制之间的一道"障碍"。事实上,现实中当事人往往基于以下原因而不愿意选择调解:(1)被告不积极回应。在收到法院正式的诉讼材料前,被告对于纠纷大多采取回避或模棱两可的态度,不愿轻易表示接受调解。(2)当事人参与调解多数出于调解在成本上具有优势的考虑。但我国的诉讼成本较低,而且诉讼收费办法对调解的激励作用不明显,当事人选择调解的经济利益不大。(3)当事人的维权意识越来越强,希望法院就是非对错进行判断,调解无法满足当事人这方面的需求。(4)一方当事人轻易痛快地接受调解会被对方视为认输的表现。国外的研究也表明,许多当事人不愿意主动提出调解是出于诉讼策略的考虑,虽然愿意成为调解的积极参与者,但不愿意作为调解的启动者。正是源于此,当事人合意出现贫困化倾向,②自愿启动调解非常困难。以我国某法庭 2015 年的数据为例,该法庭共有 797 宗适合调解的案件分流至调解小组,经过调解员的询问、引导后,仅有 126 宗案件的当事人同意参加调解,占全部案件的 15.8%,特别是立案登记制

① 参见左为民:《通过诉前调解控制"诉讼爆炸"——区域经验的实证研究》,载《清华法学》2020 年第 4 期。

② 参见唐力等:《诉讼调解合意诱导机制研究》,厦门大学出版社 2016 年版,第 81 ~ 82 页;江和平:《调解前置模式的建构》,载新浪司法网,http://finance.sina.com.cn/sf/news/2016-05-03/163729005.html。

实施后,调解启动难的情况表现得尤为明显,以致调解员经常将 70% 的时间花在劝说当事人接受调解上,仅将 30% 的时间真正用在调解上。① 很显然,调解自愿启动的困难无疑导致调解所具有的诸多解纷优势无从体现,尤其是对于一些适合用调解而不宜用裁判解决,即调解潜质的的纠纷而言,更是阻碍了其获得妥善解决方式的进路。

因此,有学者认为,近年来调解率的持续走低似乎也表明,完全合意型的调解机制或许是不够的。从这一角度来讲,带有强制性的调解也许是必要的。② 的确,由于民事强制调解在是否采用调解方式解决纠纷上不再考虑当事人的决定权,当事人双方同意也好不同意也罢,必须适用调解解决,最直接的效果就是提高调解在民事纠纷解决领域的适用率,确保那些适宜调解的民事纠纷通过调解解决,扩大调解适用的可能性,为调解优势的实现提供了一个有力的保障性通道。不仅如此,民事强制调解将有效参与调解作为当事人的义务,对于敷衍塞责,以“走过场”心态参加调解的当事人,往往会有相应的制裁措施。例如,要求当事人在确定的调解期日必须亲自到场,否则课以一定的罚款。再如,若当事人拒绝达成调解,但在随后的诉讼中没有获得比调解协议更好的结果,那么将面临诉讼费用上的制裁等。很显然,有制裁措施保驾护航的民事强制调解可以促使当事人更加真诚、积极、充分地参与调解,并通过调解实现纠纷的解决,从而增强调解的实效。相比之下,传统意义上的调解因为贯彻自愿原则,不仅调解过程比较随意,缺乏明确的程序规范,调解的实效性也无法获得有力保障,进而导致通过调解来寻求纠纷公平解决的愿望也被打了折扣。正如欧文·费斯教授所言,和解在很多情况下是基于当事人双方力量的不平衡而导致的强迫同意,在和解中经常缺乏平等的合意,通过和解实现的正义是非常有限的,并且通常无法获得真正的正义。③

总之,民事强制调解能够增强调解解决纠纷的实效性,进而保障调解在解决民事纠纷上所具有的诸如维系情感和道德传承、灵活便捷、易于履行、减少纠纷解决成本、节约司法资源等多种效果得以实现。

---

① 参见江和平:《调解前置模式的建构》,载新浪司法网,http://finance.sina.com.cn/sf/news/2016-05-03/163729005.html。

② 参见左为民:《通过诉前调解控制“诉讼爆炸”——区域经验的实证研究》,载《清华法学》2020年第4期。

③ Owen M. Fiss, *Against Settlement*, 93 Yale Law Journal, May 1984, 1073. 转引自[美]斯蒂芬·B. 戈尔德堡等:《纠纷解决——谈判、调解和其他机制》,蔡彦敏等译,中国政法大学出版社 2004 年版,第 384~388 页。

（二）有助于实现民事纠纷的类型化解决

在民事纠纷的解决上，调解与依法裁判是两种路径截然不同的解纷机制，调解表现为“自下而上的正义”，依法裁判则表现为“自上而下的正义”。[①] 作为“自上而下的正义”，裁判的天然缺陷之一就是，法律规则之治存在制度上的局限性，亦即“法律有其不入之地”。[②] 不仅如此，现代社会法律移植的常态化和本土化过程的复杂性，加之当今社会生活的快速发展、变化，使很多法律规则与社会生活脱节，引发人们“法律从其诞生之日便落后于社会现实”的迭迭感叹。面对这些通过依法裁判难以实现纠纷公平、合理解决的情形，调解则可以大显身手。通过调解解决纠纷，可以借助当事人的处分权规避法律的严格适用，也即避免了法律与社会规范的正面冲突，不仅可以相对圆满地解决纠纷，也可以避免地方民众对法律的否定和排斥，保留了对法律的尊重。[③]

此外，社会生活中的确存在不宜通过裁判解决的纠纷类型，最典型的就是家事纠纷。因为这类纠纷不但具有身份属性和情感因素，如涉及亲情、感情和道德、隐私等，导致权利义务关系复杂，难以分清是非，而且在实质上具有公益性，与国家、社会的根本利益息息相关，涉及儿童、妇女、老人等弱者的利益保护，故而需要法律与道德、习惯，甚至宗教等社会规范共同调整。[④] 而调解所具有的非对抗性、保密性、温和性和治疗性等特征，[⑤]恰恰能够满足家事纠纷妥善解决的独特需要。再如，医疗纠纷，这类纠纷处理的特点在于专业性强、不确定性、复杂性、后果严重性等方面，这使患者欲通过诉讼实现救济并非易事，而调解具有简便、灵活和经济性的特点，恰恰能够解决当事人举证不力、医疗纠纷不易认定、需长时间调查并进行鉴定的困难，可有效避免患者在诉讼程序中可能花费的劳力、时间和金钱，使其获得及时合理的补偿。同时，医患双方通过调解达成纠纷解决方案，不仅能确保医务人员与医疗机构能专注医疗事业，而且可以满足保持医患双方基本和谐及信赖关系的需要。

从纠纷类型化解决的要求出发，上述民事纠纷通过调解解决无疑是最佳选择。但问题在于，由当事人的程序主体地位所决定，适用何种途径解

---

① 史长青：《调解与法制：悖而不离的现象分析》，载《法学评论》2008 年第 2 期。

② 史长青：《调解与法制：悖而不离的现象分析》，载《法学评论》2008 年第 2 期。

③ 参见周杨：《我国法院调解中强制性因素的合理界限和制度构建》，载《甘肃政法学院学报》2010 年第 6 期。

④ 参见范愉：《非诉讼纠纷解决机制研究》，中国人民大学出版社 2000 年版，第 208 ~ 209 页；来文彬：《家事调解制度研究》，群众出版社 2014 年版，第 5 ~ 7 页。

⑤ 参见陈爱武：《家事调解：比较借鉴与制度重构》，载《法学》2007 年第 6 期。

决纠纷应由当事人来选择,对传统的民事调解而言,则需要当事人双方就适用调解达成合意方能启动。因此,一旦当事人拒绝选择调解,就无可避免地导致这类纠纷错失调解这一最佳解决路径,难以实现纠纷类型化解决的需要。而民事强制调解要求对于特定类型纠纷——这些特定类型的纠纷恰恰是应当或适宜调解解决——启动调解不需要考虑当事人的选择和意愿,这就可以避免因为当事人达不成合意,而使通过调解能够得到妥善解决的纠纷错失最佳路径。在实现特定纠纷妥善解决的同时,也有力保证不同种类的纠纷都有与其价值相当的、不同的解纷路径,实现纠纷的类型化解决。

(三)有助于提升民事纠纷解决的效率

众所周知,诉讼在各国普遍存在迟延、复杂和昂贵的问题,因此以灵活、便捷、低廉为特征的调解广受重视,通过调解解决民事纠纷,不仅可以减少司法资源的应用,缓解司法供需不平衡的矛盾,而且可以缩减当事人的时间、金钱耗费。况且,调解效果的良好发挥也会降低案件的上诉率、申诉率、申请强制执行率,并从总体上降低纠纷解决成本的投入和消耗,提高民事纠纷解决的效率。但问题是,传统的调解需要当事人达成合意方能启动,如果双方不能就适用调解达成一致,那么调解在提高纠纷解决效率上的功能也就可望而不可即。再者,传统的调解对当事人在调解过程中的参与缺乏一定的规范性要求和强制力约束,因此有时调解不仅不能实现迅速、简易、低廉的目标,反而会造成更大的迟延和更高的费用,甚至还可能被当事人用作拖延诉讼的工具。因此,自愿调解无法有力兑现在提高民事纠纷解决效率上的功能。

由于强制性的制度规定并非出于对当事人选择偏好的考虑,或者并非从当事人利益的立场出发,所以,强制性的调解就成为在没有其他更好的能激发当事人选择调解的情况下的一种维持制度运行的基本策略。① 前已述及,民事强制调解的特点之一为前置性,是指从纠纷解决的整体进程上看,民事强制调解具有时间上的先行性,要么是民事诉讼的前置程序,要么是民事审判的前置阶段。这就意味着民事纠纷在进入诉讼程序之前,或者民事案件在进入审判阶段之前,必须首先通过调解进行过滤。这种前置性的过滤"装置"本身就可以起到减轻司法资源耗费、减少当事人诉累的作用。更何况,民事强制调解的强制启动性特征除了表现在启动环节的强制以外,还体现为对当事人有效参与调解的强制性保障措施。比如,要求

---

① 参见唐力:《诉讼调解合意诱导机制研究》,载《法商研究》2016 年第 4 期。

当事人在确定的调解日必须到场并诚信参与调解，否则给予一定的罚款；再如，如果一方当事人在随后的诉讼中没有得到比调解结果更有利的判决，则要承担因滥用调解而给对方造成的损失，如补偿已经发生的律师费和调解费等。这些强制性保障措施无疑在一定程度上提高了调解过程的规范性，确保调解本有的灵活、便捷、低廉等特点得到正常展现，从而达到减少司法资源耗费，降低纠纷解决成本，提高纠纷解决效率的目的。

（四）有助于引导民事纠纷解决的文化

调解启动环节的强制以及敦促当事人有效参与调解的强制措施——这些民事强制调解的外观效果，在保证某些纠纷最大限度以协议方式解决的同时，也为当事人提供了尽可能多的相互交流、畅所欲言的机会，具有使当事人体验自我管理和自我决定的功能。因为即使是在被强行要求参加调解程序的情形下，当事人仍然被赋予调解的终局决定权。故而，尽管从微观角度讲，民事强制调解具有解决具体纠纷的直接效果，但从宏观角度看，实则具有实现法律效果和社会效果的有机统一，潜移默化影响和引导整个社会纠纷解决文化的间接作用。

相较而言，这种作用在诉前民事强制调解中的表现最为强烈。诉前民事强制调解因为在诉讼程序启动之前适用，从时间上来看，纠纷双方的矛盾还未被进一步激化，若通过调解人员的斡旋协调使双方达成一致，形成互谅互让的调解协议，就能够避免随后可能因为诉讼而导致的情绪对抗。特别是为了配合诉前民事强制调解的实施，世界范围内不少国家或地区都建立了实现调解协议效力升级的制度，据此，调解协议经由法院审查，即可获得和判决一样的强制执行力。因此，通过诉前民事强制调解不仅同样可以解决争议，获得像判决一样的执行依据，而且从时间上还能够实现纠纷的尽早化解。这对于经历过民事强制调解的社会民众来讲，无疑是一个在公平自由的基础上体验、感受进而信任调解和司法的过程，并对其以后的纠纷解决习惯和途径选择产生重要影响——调解不再意味着示弱和妥协，恰恰是为当事人提供了一个在认真衡量自身实力的基础上，妥善处理彼此关系的宝贵时机。尤其是在诉前民事强制调解的场合，参加调解就意味着可能不经诉讼就提前拿到像判决书一样的执行依据。对那些还在坚持只有诉讼才能维护自己权益的人来讲，这无疑是一个重大的启示。因此，通过民事强制调解的适用，无论是对调解的亲历者还是纠纷的局外人，都将从中对民事纠纷解决之道产生深刻的反思和内心认知。卢梭说过："一切法律中最重要的法律，既不是铭刻在大理石上，也不是铭刻在铜表上，而是铭刻在民众的内心里。”①民事强制调解在民众内心所引发的上述认知，对引领和重塑民事纠纷的解决文化至关重要。尤其在当今世界，一方面人类生活的变迁和社会发展的转型使民事纠纷日益增多；另一方面法治进程持续不断的推进也让公民的法治观念和诉权意识不断增强，因此，各国民事司法领域都面临“诉讼爆炸”已经是不争的事实。在这种背景下，民事强制调解在引导和重塑民事纠纷解决文化方面无疑将产生深远的影响。

① ［法］卢梭：《社会契约论》，李平沤译，商务印书馆2011年版，第48页。

第二章　民事强制调解之域外篇

了解其他国家和地区的民事强制调解制度，对于我国民事强制调解制度的完善而言，应该是一种自然而然的本能需要。“考察法律，应着眼超越地域、国度和民族，甚至超越时空的人际层面，努力发现本来属于整个人类的理念和规范，并在此基础上寻求并促进人与人、民族与民族、国家与国家之间越来越普遍深入的交往。”基于这样的认识，米健先生指出，“吾人之规可为他人所取，他人之法可为吾人所用，概其皆出乎人之本性”。[1] 但是毋庸置疑，任一个体所处时空的特定性即意味着该个体认知的有限性，因此欲对其他国家和地区的民事强制调解进行宏大叙事的全景式描述，并在此基础上得出关于域外民事强制调解整体内容的结论，无疑为本书力所不逮。因此，借助“有限而完整”的研究方法，对域外民事强制调解制度有代表性的国家和地区进行考察，或许是一条折中而不失积极的进路。基于这样的思路，本章将分别从大陆法系、英美法系[2]中民事强制调解制度比较典型的国家，以及存在民事强制调解制度的我国台湾地区、澳门特区这三个部分入手，通过对不同国家或地区民事强制调解实践的考察，力图在“调解的适用范围—调解的组织和人选—调解的程序”这三个维度上，尽可能清晰而完整地勾勒域外民事强制调解制度的概貌，并尝试从中形成关于域外民事强制调解制度的规律性认识。

---

① [德]迪特尔·施瓦布：《德国家庭法》，王葆莳译，法律出版社 2010 年版，当代德国法学名著总序第 2 页。

② 一般认为，英美法系的分布范围主要是欧洲的英国本土（苏格兰除外）、爱尔兰，北美的美国（路易斯安那州除外）、加拿大（魁北克省除外），大洋洲的澳大利亚、新西兰，亚洲的印度、新加坡、马来西亚、巴基斯坦、孟加拉、缅甸和我国，非洲的塞拉利昂、加纳、尼日利亚、肯尼亚、乌干达和坦桑尼亚等；大陆法系的分布范围，以欧洲大陆为中心，包括美洲、亚洲和非洲的许多国家和地区，主要有法国、比利时、意大利、西班牙、荷兰、卢森堡、葡萄牙、德国、奥地利、瑞士、希腊、土耳其、扎伊尔、卢旺达、布隆迪、索马里、阿尔及利亚、突尼斯、摩洛哥、南非和津巴布韦等。参见卓泽渊：《法学导论》（第 3 版），法律出版社 2021 年版，第 147、156 页；沈宗灵：《比较法研究》，北京大学出版社 1998 年版，第 195 页。

一、大陆法系国家的民事强制调解

(一)德国的民事强制调解

在德国传统的司法体系中,诉讼作为主流的司法救济方式运作良好,在实践中发挥无可替代的重要作用。因此,相较于其他大陆法系国家,德国民众在遇到纠纷时倾向于通过司法途径寻求救济,调解及其他诉讼外纠纷解决机制在长期内未能引起德国立法者的足够重视,在纠纷解决中发挥的作用非常有限。① 20 世纪 80 年代之前,德国的非讼纠纷解决机制一直比较保守,被视为 ADR 的落后国。但自 20 世纪 90 年代以来,随着德国的统一及当代 ADR 运动的影响,替代性纠纷解决方式在德国成为一种时尚,表现之一就是强化调解的运用。② 2000 年生效的德国《民事诉讼法施行法》对德国《民事诉讼法》进行修改,引入了诉前民事强制调解制度。2002 年生效的德国《民事诉讼改革法》则对德国《民事诉讼法》进行了全面修订,并在民事诉讼程序中导入了强制性的审前和解。2012 年 7 月颁布的德国《促进调解及其他诉讼外冲突解决程序法》(以下简称德国《调解法》)更是德国民事程序法改革中具有里程碑意义的创新之举,针对调解的特性制定了统一标准,并提出了调解最低限度的规范和要求,为德国各州的调解活动提供了主要法律依据。在这种背景下,德国的民事强制调解制度获得了极大发展。

1. 德国《民事诉讼法施行法》规定的民事强制调解

虽然德国《雇员发明法》《著作权和发现法》《支付不能法》《劳动法院法》等部门法中都针对诉前民事强制调解作出规定,但是作为民事诉讼基本法的德国《民事诉讼法》始终未予正面回应。③ 这一情况在 2000 年 1 月 1 日生效的德国《民事诉讼法施行法》中得到了改变。该法对德国《民事诉讼法》进行了修改,其第 15a 条允许德国所有的州在特定的民事纠纷中引入强制性法院附设 ADR。需要说明的是,虽然第 15a 条并没有提到“调解”一词,而是选择了更广义的合意基础上的 ADR 这一术语,但是根据背景文件、注释、会议讨论和文献,调解至少被视为依法贯彻的 ADR 程序之

---

① 参见齐树洁主编:《外国调解制度》,厦门大学出版社 2018 年版,第 268 页。

② 参见王阁:《论多元纠纷解决机制下的民事审判权力配置——以德国为视角的考察》,载《西部法学评论》2012 年第 5 期。

③ 参见章武生、张大海:《论德国的起诉前强制调解制度》,载《法商研究》2004 年第 6 期。

一。[1] 由此,《民事诉讼法施行法》第15a条确立了德国第一个具有较广泛效力的诉前民事强制调解制度,[2]此举在德国引发了巨大反响,突破了以往民事诉讼改革的模式,是德国第一次在司法程序之外赋予民事调解较为广泛的约束力。[3] 据此德国的各个州可以要求某些民事纠纷的当事人,只有在州司法管理机构设置或认可的调解机构调解之后才能向法院提起民事诉讼。德国《民事诉讼法施行法》颁行之初,德国的16个州中有8个州予以积极响应。除巴登—符腾堡对本州的调解法没有规定效力期限外,巴伐利亚、北莱茵—威斯特法伦、勃兰登堡、萨尔州、萨克森、黑森和石勒苏益格—荷尔施泰因7个州都将适用期限规定在2005年年底以前。2005年12月31日以后,这些州会根据本州调解法实施的效果来确定是否继续执行德国《民事诉讼法施行法》第15a条及各州的执行法。[4] 其中,最先实施强制调解法的是巴伐利亚州,于2008年12月经州议会批准,将本州强制调解法的有效期延迟至2011年。[5]

(1)调解的适用范围

德国《民事诉讼法施行法》第15a条将下列民事纠纷纳入诉前民事强制调解的适用范围:地方法院受理的诉讼标的额不超过750欧元的财产纠纷;[6]邻地争议[7];没有经过媒体、广播报道的个人名誉损害。同时,第15a条还规定了适用诉前民事强制调解的例外情形,包括如果请求权已经在督促程序中主张过以及当事人的住所、公司所在地或营业地不在同一个州,不必进行诉前强制调解;[8]德国《民事诉讼法》第323条规定的变更之诉、

---

① 参见[澳]娜嘉·亚历山大主编:《全球调解趋势》(第2版),王福华等译,中国法制出版社2011年版,第217页。

② 参见章武生、张大海:《论德国的起诉前强制调解制度》,载《法商研究》2004年第6期。

③ 参见齐树洁主编:《外国调解制度》,厦门大学出版社2018年版,第277页。

④ 参见章武生、张大海:《论德国的起诉前强制调解制度》,载《法商研究》2004年第6期。

⑤ 之所以将有效期推延,是因为该州认为强制调解是减轻法院审理压力、快速解决民事纠纷的有效途径。参见江伟、谢俊:《德国巴伐利亚州强制诉前调解法及其对我国的启示》,载《公民与法(法学版)》2009年第3期。

⑥ 德国《民事诉讼法施行法》第15a条规定,各州的调解执行法可以对上述标的额进行限制。在制定了调解执行法的8个州中,北莱茵—威斯特法伦和萨尔州把标的额降为1200马克,其余6个州没有进行修改。

⑦ 即德国《民法典》第906条(不可量物的侵入)、第910条(越界的根或枝)、第911条(越界自落)、第923条(界树)以及德国《民法施行法》第124条规定的相邻权纠纷,但涉及经营活动的除外。

⑧ 参见[德]罗森贝克、施瓦布、戈特瓦尔德:《德国民事诉讼法》(下),李大雪译,中国法制出版社2007年版,第804页。

第324条规定的对抵押的附加请求之诉等六种情形,①不适用诉前民事强制调解。此外,德国《民事诉讼法施行法》第15a条授权各州可以就前述例外情况进行扩展,但不得缩小。在最初响应诉前民事强制调解的8个州中,除巴伐利亚州和巴登—符腾堡州外,其余6个州均不同程度扩大了诉前民事强制调解例外情形的范围。② 从德国针对诉前民事强制调解的实证研究看,最适合该调解制度的案件是相邻关系案件和诽谤案件,这些案件的和解率一般较高并且调解协议一般都能被遵守。与之相反,小额财产案件很少能通过调解成功解决,原因被指有二:一是被告经常不出席调解,而根据法律不出席调解并不存在制裁的问题;二是原告可以提起小额债务赔偿诉讼,从而规避使用该调解程序。③

(2)调解的组织和人选

前已述及,德国《民事诉讼法施行法》第15a条中并没有提到“调解”一词,而是选择了更广义的合意基础上的ADR这一术语。这种基于开放性意图的设计缺乏对调解原则和程序的具体设置,因此就哪些人可以实施诉前民事强制调解并没有作出规定,只是要求“由州司法管理机关设立或认可的调解机构”规范本州的调解人人选。2012年颁布的德国《调解法》也只是抽象地规定了“任何不享有裁判本案的司法权的独立第三方都可以成为本案调解员”,因此就调解员的身份问题仍然没有形成统一。④ 从实践情况看,确定该强制调解中的调解员人选,有以下三种方案:①调解员必须是律师或公证人,其他的调解员必须获得上诉法院的批准,巴伐利亚州⑤即属此类;②调解员主要来自现存的调解员及在这一体制下注册的调解员,例如,北莱茵—威斯特法伦州;③调解员来自获得认可的ADR组织,包括调解员、调停和调解中心,例如,巴登—符腾堡州。⑥ 从最初响应诉前

---

① 这六种情形包括:(1)德国《民事诉讼法》第323条所规定的变更之诉,第324条规定的对抵押的附加请求之诉,第328条规定的涉外之诉、反诉和有期限之诉;(2)家庭纠纷;(3)再审之诉;(4)证书诉讼和汇票诉讼;(5)有关督促程序的请求;(6)执行程序的防卫之诉和第三人之诉。

② 参见章武生、张大海:《论德国的起诉前强制调解制度》,载《法商研究》2004年第6期。

③ 参见[澳]娜嘉·亚历山大主编:《全球调解趋势》(第2版),王福华等译,中国法制出版社2011年版,第228~229页。

④ 参见[德]彼得·哥特瓦尔德:《德国调解制度的新发展》,曹志勋译,载《经贸法律评论》2020年第3期。

⑤ 巴伐利亚州的《强制调解法》第5条第1、2款规定,只有律师和公证员才能进行调解。参见江伟、谢俊:《德国巴伐利亚州强制诉前调解法及其对我国的启示》,载《公民与法(法学版)》2009年第3期。

⑥ 参见[澳]娜嘉·亚历山大主编:《全球调解趋势》(第2版),王福华等译,中国法制出版社2011年版,第217页。

民事强制调解的 8 个州的情况来看，调解人既可以是律师、公证员、退休法官等法律专业人员，也可以是调解委员这样的非法律专业人员。其中，将调解委员设为调解人的做法更为普遍，在 8 个州中占到了 6 个。① 调解的组织形式一般有两种：一种是把调解人作为调解组织，调解人自己可以直接接受当事人的调解申请，实施调解活动，这种方式为大多数州所采用。另一种是成立单独的调解受理机构，由该机构统一接受调解申请，再分派给调解人实施调解，比如，在巴登—符腾堡州就是由法院的文书官来负责承担该项工作。②

（3）调解的程序

由于德国《民事诉讼法施行法》第 15a 条基于开放性意图的设计，诉前强制调解的程序运行缺乏具体的规范。不过，德国《调解法》尽管比较抽象，只是提供了各种调解的制度框架，但为调解制定了统一标准和最低限度的规范和要求，③这是德国各个州调解活动的主要法律依据。因此，德国《民事诉讼法施行法》所确立的诉前强制调解，也应遵从德国《调解法》关于调解程序的最低限度规范和要求。比如，调解程序的终结可包括当事人一方或多方主动提出终结调解程序、由调解员主动提出终结调解程序以及因各方达成调解协议而终结调解程序三种方式。④ 再如，虽然法院外的调解协议本身不具有执行力，但是可以通过诉讼中和解、赋有强制执行力的公证文书以及双方律师之间达成的具有执行力的文书来获得执行依据。⑤ 毋庸置疑，在此基础上诉前民事强制调解还需要遵从德国《民事诉讼法施行法》涉及的特殊程序性规范。根据该法第 15a 条，诉前强制调解的期限为 3 个月，如果调解在 3 个月内不举行，无论是谁的责任，调解都会被宣布失败，调解申请人可以据此得到调解失败证明而获得起诉资格。⑥ 调解期间，诉讼时效中断。对此，德国《民法典》已经作了相应的规定。另外，德国《民事诉讼法施行法》第 15a 条规定调解费用需预先支付，并由在

---

① 参见章武生、张大海：《论德国的起诉前强制调解制度》，载《法商研究》2004 年第 6 期。但是从德国实证研究的结果看，公证员在调解中达到的和解率最高，比其他调解服务提供者如律师协会和独立的律师所达到的和解率高很多。参见［澳］娜嘉·亚历山大主编：《全球调解趋势》（第 2 版），王福华等译，中国法制出版社 2011 年版，第 228～229 页。

② 参见章武生、张大海：《论德国的起诉前强制调解制度》，载《法商研究》2004 年第 6 期。

③ 参见［德］彼得·哥特瓦尔德：《德国调解制度的新发展》，曹志勋译，载《经贸法律评论》2020 年第 3 期。

④ 参见《德国调解法》第 2 条第 5、6 款规定。

⑤ 参见［德］彼得·哥特瓦尔德：《德国调解制度的新发展》，曹志勋译，载《经贸法律评论》2020 年第 3 期。

⑥ 参见章武生、张大海：《论德国的起诉前强制调解制度》，载《法商研究》2004 年第 6 期。

后续诉讼中的败诉方实际承担。[①] 经调解达成的协议具有强制执行的效力,可以根据德国《民事诉讼法》第 794 条第 1 款第 1、2 项的规定,由调解机构所在地的地方法院的文书官负责执行。[②]

2. 德国《民事诉讼法》规定的民事强制调解

2002 年 1 月 1 日生效的德国《民事诉讼法改革法》对德国《民事诉讼法》进行了全面修订,内容之一就是将强制性和解[③]制度引入民事诉讼法,从而强化了纠纷和好解决的理念。[④] 现行的德国《民事诉讼法》第 278 条第 2 款规定,除非已经在法院外的调解机构试行过和解或和解辩论明显无望,否则为了和好解决诉讼,在言词辩论之前必须进行和解辩论。从德国《民事诉讼法》第 278 条在该法典中所处的位置看,强制性和解处于第一审程序言词辩论之前的审前准备阶段,因此与德国《民事诉讼法施行法》中的诉前民事强制调解不同,应当属于诉中民事强制调解。

(1)调解的适用范围

按照德国《民事诉讼法改革法》的规定,强制性和解广泛适用于所有的一审民事诉讼程序,除非法律另有规定,[⑤]否则法官对于是否适用强制性和解并无裁量权。但是,强制性和解在二审和法律审程序中不能适用。[⑥]

(2)调解的组织和人选

德国《民事诉讼法》规定强制性和解由受诉法院主持,但同时也授权法院可出于调解有效进行的考虑而交给其指定的、无裁判权限的和解法

---

① 调解费用不是按照争议金额的比例进行收取,而是根据调解成功与否按件收取。从各州的实践情况看,调解成功时支付的费用往往是失败时费用的两倍,而且由非法律专业人员所组成的调解机构的调解费用收费较低。比如,威斯特法伦州的收费标准是,调解费为 10 欧元,调解成功的提高到 25 欧元,在考虑当事人关系和案件难度的情况下则可以提高到 40 欧元,参见 Ulrich Thewes, Außergerichtliche Streitschlichtung nach dem Gütestellen-und Schlichtungsgesetz Nordrhein-Westfalen(GüSchlG NRW), Europäischer Verlag der Wissenschaften, 2005, s. 127。

② 不过各州调解法对执行机构的规定不尽相同。比如,在巴伐利亚和萨克森—安哈尔特州,由公证人作为调解人时达成的协议则由他们自己负责执行,而巴伐利亚州还规定,律师或其他调解机构促成的和解由其所在地的地方法院的司法官负责执行。参见章武生、张大海:《论德国的起诉前强制调解制度》,载《法商研究》2004 年第 6 期。

③ 亦译为"强制性和解协商""强制和解辩论"。参见李大雪:《德国民事诉讼法的百年嬗变》,黑龙江教育出版社 2009 年版,第 78 页;常怡主编:《外国民事诉讼法新发展》,中国政法大学出版社 2009 年版,第 171 页。

④ 参见《德国民事诉讼法典》,赵秀举译,法律出版社 2021 年版,译者前言第 6 页。

⑤ 此处"法律另有规定",是指德国《民事诉讼法改革法》第 278 条第 2 款规定的"已经在法院外的调解机构试行过和解或和解协商明显无望"。

⑥ Hannich, Meyer-Seitz, ZPO-Reform2002 mit Zustellungsreformgesetz, 2002, § 278, 279Rdnr. 7. 转引自姜世明:《2002 年德国民事诉讼法改革——总则与第一审部分》,载《月旦法学教室》2002 年第 1 期。

官,由其作为受命法官或受托法官实施和解辩论和其他和解尝试,[1]和解法官为此可以使用包括调解在内的全部纠纷解决手段,因为根据德国《民事诉讼法》第 278a 条的规定,和解法官可以建议当事人进行调解或者采用其他法院外纠纷解决程序。

(3)调解的程序

根据德国《民事诉讼法》,为保证强制性和解实施,法院应当命令当事人亲自到庭,当事人也有义务出庭参加和解,对拒不出庭的当事人,法院可以对其进行罚款。[2] 但如果当事人双方都没有到庭,法院应当裁定停止诉讼。经过调解,双方达成和解协议的,法院应当以裁定方式确认和解的成立及其内容;如果未能达成和解协议,法院则应紧接着进行言词辩论程序或及时确定言词辩论的期日。[3] 在强制性和解阶段,如果经法院建议当事人决定进行调解或采用其他法院外纠纷解决程序,法院应当命令停止程序。[4]

3. 特别法中规定的民事强制调解

除德国《民事诉讼法施行法》确立的诉前民事强制调解和德国《民事诉讼法》引入的强制性和解外,德国还存在诸多由特别法规定的仅适用于某一类纠纷的民事强制调解制度。以下将分别从诉前民事强制调解和诉中民事强制调解两个层面,对其进行介绍。

(1)特别法中规定的诉前民事强制调解

早在德国《民事诉讼法施行法》第 15a 条生效之前,德国的特别法中已经存在数种诉前民事强制调解。德国《劳动法院法》规定了适用于解决职业培训者和受培训者之间争议的诉前民事强制调解,当事人在起诉前必须经行业的专业机构调解,调解不成的才能进入诉讼程序。[5] 德国《雇员发明法》规定了适用于解决雇员与雇主之间因职务发明产生争议的诉前民事强制调解,该类纠纷只有经专利局设置的调解处调解仍无法解决的,当事人才能向法院起诉;德国《支付不能法》规定了适用于自然人债务免除的

---

① 关于和解法官的详细介绍,参见龙柯宇:《祛魅与赋值:德国调解制度的路径选择与反思》,载《法治研究》2013 年第 4 期。

② 参见李大雪:《德国民事诉讼法的百年嬗变》,黑龙江教育出版社 2009 年版,第 69 页。

③ 参见德国《民事诉讼法法》第 279 条。转引自《德国民事诉讼法典》,赵秀举译,法律出版社 2021 年版,第 90 ~ 91 页。

④ 参见德国《民事诉讼法法》第 278a 条。转引自《德国民事诉讼法典》,赵秀举译,法律出版社 2021 年版,第 91 页。

⑤ 据悉,此种调解无须任何费用,且成功率相当高。(关于职业培训者与被培训者之间争议的强制调解的信息,源于同最高人民法院向国慧法官的交流。最高人民法院曾组成代表团于 2009 年 9 月赴伦敦、柏林考察英国和德国诉讼外纠纷解决机制发展情况。)

诉前民事强制调解，自然人必须先经过合适的个人或机构调解，调解失败后才能申请得到调解失败证明而进入支付不能程序。①

（2）特别法中规定的诉中民事强制调解

德国《劳动法院法》第54、80条规定的劳动争议强制调解是最具代表性的诉中民事强制调解制度，调解属于劳动法院一审裁判作出之前的必经程序，由担任法庭审判长的职业法官在一审程序开庭之前实施调解。经调解，"如果当事人双方达成调解协议，或者原告撤回起诉或被告自认了原告的诉讼请求，调解程序即告结束。经过调解达成的协议依法记录在案后，即具有法律效力。如果调解失败，则另行确定日期开庭审理"。②

（二）法国的民事强制调解

法国早在1789年的一项法令中就已经产生了民事强制调解的规定，要求当事人将纠纷诉诸普通民事法庭前必须先经过调解程序。③ 由于大革命的立法者依然推崇调解这一友好的纠纷解决方式，因此调解一度成为处理大多数民事纠纷的强制性前置程序。④ 目前，法国的民事强制调解制度主要体现在法国《劳动法典》、法国《民法典》和法国《民事诉讼法典》的规定中，分别适用于劳资纠纷、离婚纠纷和农村租约纠纷的解决。⑤

1. 法国《劳动法典》规定的民事强制调解

法国《劳动法典》第511－1条规定："劳资纠纷调解法庭⑥系经选举产生的、双方代表人数对等的法院机构，通过调解方式，解决雇主或其代表与其所雇用的受薪雇员之间可能因受本法典约束的劳动合同而产生的分歧。劳资纠纷调解法庭对调解不成的分歧作出判决。"⑦据此学者们指出，"劳资纠纷调解法庭采取强制调解先行程序"，⑧"调解在该法院是必经

① 参见章武生、张大海：《论德国的起诉前强制调解制度》，载《法商研究》2004年第6期。

② 周贤奇：《德国劳动、社会保障制度及有关争议案件的处理》，载《中外法学》1998年第4期。

③ 参见邱星美：《当代调解制度比较研究》，载《比较法研究》2009年第4期。

④ 旧法国民事诉讼法曾规定，作为法国小审法院前身的治安法院必须适用强制性和解前置程序，该规定因为受到司法界和理论界的普遍反对，而在后来的法国民事诉讼法中被废除。参见张卫平、陈刚编著：《法国民事诉讼法导论》，中国政法大学出版社1997年版，第249～250页。

⑤ 参见周建华：《司法调解：合同还是判决？——从中法两国的比较视野出发》，中国法制出版社2012年版，第13～15、31、44页。

⑥ 亦有译为"劳资调解委员会"、"劳资纠纷仲裁法庭"或"劳动法院"。为统一起见，本书一律使用"劳资纠纷调解法庭"。在法国，劳资纠纷调解法庭是审理劳资纠纷的专门法院。

⑦ 《法国劳动法典》，罗结珍译，国际文化出版公司1996年版，第360页。

⑧ 邱琦：《法国民事第一审法院制度》（下），载《司法周刊》2001年3月第1022卷。

的程序……只有在调解失败时,劳资纠纷调解法庭才对争议进行裁决”。① 很显然,法国《劳动法典》第511-1条设置了针对劳资纠纷的诉中强制调解制度。

(1)调解的适用范围

劳资纠纷调解法庭管辖的劳资纠纷限于私法领域雇主和雇员(包括在私法合同条件下从事公共服务的雇员)就工作或实习合同的执行或中断所产生的个体性纠纷,以及雇员之间因工作合同产生的纠纷。② 其他如集团性抽象争议(比如,劳动保险案件)由社会保障法院审理,工人罢工的案件由大审法院管辖,关于工人选举的案件则由小审法院管辖。③ 但是,根据法国《劳动法典》的规定,并不是劳资纠纷调解法庭管辖的所有劳资纠纷都适用强制调解。当纠纷争议不大或涉及明显违法需要迅速制止的行为时,当事人可以选择通过快速简易审理程序解决纠纷,而不需要通过强制性的调解程序。④ 因此,只有不适用快速简易程序审理的劳资纠纷才适用该诉中民事强制调解。

(2)调解的组织和人选

劳资纠纷调解法庭内部设有五个独立的处,还有一个处理紧急审理事务的部门。这五个独立的处分别是干部编制处、工业处、商业贸易处、农业处和其他行业处,它们实际上是五个按照纠纷类型实施专业化审理的机构。在每一个处之下,都设有调解庭和判决庭。各个处之下的调解庭仅负责调解各自工作领域的纠纷,调解庭由一名资方法官和一名劳方法官组成,劳资纠纷的诉中强制调解即由分别来自雇员和雇主组别的两名法官主持。无论是资方法官还是劳方法官,都通过选举而产生。劳资纠纷调解法庭的法官每5年选举一次,作为全法国唯一直接选举“法官”的司法机构,劳资纠纷调解法庭具有接近并了解雇员和雇主的天然优势。⑤ 根据法国《劳动法典》的要求,候选人应符合以下条件:年满21岁;在选举名册上登记或具备登记条件;具有法国国籍;不曾受到《选举法典》第5条及第6条所指的任何惩处。⑥ 在此基础上,就雇员而言,凡拥有私法上工作合同的人,都拥有选举权和被选举权;就雇主而言,凡是雇用一个以上雇员的人,

① [法]雅克·盖斯旦、吉勒·古博:《法国民法总论》,陈鹏等译,法律出版社2004年版,第380页。

② 参见徐昕主编:《调解:中国与世界》,中国政法大学出版社2013年版,第220页。

③ 参见张卫平、陈刚编著:《法国民事诉讼法导论》,中国政法大学出版社1997年版,第20页。

④ 参见徐昕主编:《调解:中国与世界》,中国政法大学出版社2013年版,第225页。

⑤ 参见徐昕主编:《调解:中国与世界》,中国政法大学出版社2013年版,第223页。

⑥ 参见《法国劳动法典》,罗结珍译,国际文化出版公司1996年版,第366~367页。

合伙人、企业管理委员会主席、总经理、经理以及所有被委任行使雇佣和解雇权等重要权力的企业干部，都拥有选举权和被选举权。按照本职工作性质，法官候选人被分派到雇主和雇员两个组别，相关的雇主选举人和雇员选举人在各自的组别分别选举，选出同样数量的法官。①

（3）调解的程序

劳资纠纷的强制调解应在劳资纠纷调解法庭受理当事人诉讼请求之后的1个月内进行，②由法庭书记员以口头或书面的方式通知当事人参加调解庭主持的调解会议，当事人收到通知后应当亲自出庭，只有在法律规定的特殊情形下才可以由他人代理出庭，而且当事人需要呈交可以证明其请求的必要书面材料。在调解阶段，调解庭的法官有权调取必要的文件证据，也可以下令临时保全证据材料或在明显没有争议的情况下，要求雇主支付工资保证金。当事人如果未按要求提交相应材料，或逾期提交，将被处以罚金。经调解双方当事人达成和解的，即使是部分和解，均应在和解笔录中写明和解协议的内容。和解协议一经达成，即具有执行力和既判力。③ 如当事人仅达成部分和解，那么存在争议的诉讼请求以及各方当事人对此争议所作的申明，均由书记员在庭长的监督下记入案卷或笔录。当纠纷调解失败时，调解庭以裁定方式将纠纷移送至判决庭，或者将其移送给"负责提出报告的法官"，由该法官对争议进行审前准备和整理。④ 此外，劳资纠纷调解法庭审理案件属于义务性质，免收费用。⑤ 由于劳资纠纷的强制调解是一项"实体意义上的形式"（formalité substantielle），不遵守该程序将因违反公共秩序原则而受到惩罚。⑥ 对于劳资纠纷调解法庭而言，违反此程序则会因为形式瑕疵引发无效抗辩，不过该形式瑕疵可以在

① 参见徐昕主编：《调解：中国与世界》，中国政法大学出版社2013年版，第223页。

② 根据立法者的最初设计，调解程序被设置在诉讼程序之外，作为当事人起诉之前的程序。但1974年9月12日的法令作出了改变：劳动法院自受到原告的申请时启动诉讼程序。因此，劳资纠纷的强制调解属于诉中民事强制调解。参见周建华：《司法调解：合同还是判决？——从中法两国的比较视野出发》，中国法制出版社2012年版，第191页。

③ 参见徐昕主编：《调解：中国与世界》，中国政法大学出版社2013年版，第225页。

④ 按照法国《劳动法典》条例第516－21条的规定，"提出报告的法官"由调解庭指定且不属于判决组织，其职责在于整理案件，使之达到可以判决的程度，在某种程度上，该法官就是劳资纠纷的审前准备法官。参见［法］让·文森、塞尔日·金沙尔：《法国民事诉讼法要义》（下），罗结珍译，中国法制出版社2005年版，第886页。

⑤ 参见张卫平、陈刚编著：《法国民事诉讼法导论》，中国政法大学出版社1997年版，第20页。

⑥ 参见周建华：《司法调解：合同还是判决？——从中法两国的比较视野出发》，中国法制出版社2012年版，第190～191页。

随后的程序中得到纠正。① 法国最高法院在1998年的一项判决中认定：劳资纠纷调解法庭未经调解程序的判决并非全部无效，只要在判决中注明"调解前置程序的忽略已经在权利丧失前得到修复；调解失败后，当事人被邀请就实体问题作出解释，如此事后的纠正措施没有造成任何损失"即可。② 因此，审判庭可以将纠纷发回调解庭，或者自己进行调解以弥补程序上的瑕疵。从法国最高法院的态度看，越来越偏向对此程序瑕疵予以纠正而不是给予惩罚。在2000年12月12日的一项判决中，法国最高法院认为即使是在上诉程序中，如果调解程序的忽略并非归责于当事人，法官也应当积极主持调解，而非宣告判决无效。③

2. 法国《民法典》规定的民事强制调解

法国《民法典》规定了四种离婚情形：(1)两愿离婚，即夫妻双方就中断婚姻关系及其后果达成一致，并向法官提出处理离婚后果的协议请求批准时，可以共同诉请离婚；(2)接受离婚，即夫妻双方均接受婚姻关系中断之原则，而不考虑引起婚姻破裂之事实时，一方或双方均可诉请离婚；(3)夫妻关系破裂至无可挽回而离婚，即夫妻双方结束了共同生活，并已经持续两年时间的，夫妻一方得诉请离婚；(4)因过错而离婚，即配偶一方有可归咎的反复或严重违反婚姻权利与义务的事实，致使维持夫妻共同生活无法容忍时，另一方得诉请离婚。④ 其中，针对夫妻双方两愿离婚以外的其他三种离婚，法国《民法典》规定了共同适用的诉前试行调解程序，⑤要求在司法诉讼之前必须经过强制性的试行调解步骤。只有在调解不成的裁定(ordonnance denon-concliation)，即夫妻未实现和解的裁定作出后，夫妻一方得提起离婚诉讼或反诉⑥。可见，法国《民法典》规定的这一诉前试行调解程序其实确定了离婚案件的诉前强制调解制度。

---

① 参见周建华：《司法调解：合同还是判决？——从中法两国的比较视野出发》，中国法制出版社2012年版，第191～192页。

② Cass. Soc.,18 nov. 1988; Bull. civ. V, n°507. 转引自周建华：《司法调解：合同还是判决？——从中法两国的比较视野出发》，中国法制出版社2012年版，第192页。

③ Cass. Soc.,12 déc. 2000, RTD civ.,2001, p. 207, n°4. 转引自周建华：《司法调解：合同还是判决？——从中法两国的比较视野出发》，中国法制出版社2012年版，第192页。

④ 参见法国《民法典》第229条。转引自《法国民法典》，罗结珍译，北京大学出版社2010年版，第422～429页。

⑤ 参见[法]科琳·雷诺－布拉尹思吉：《法国家庭法精要》(第17版)，石雷译，法律出版社2019年版，第95页。

⑥ 参见法国《民法典》第252、257－1条。转引自《法国民法典》，罗结珍译，北京大学出版社2010年版，第445、456～457页。

(1)调解的适用范围

前已述及,法国《民法典》规定了四种离婚情形,但是离婚强制调解制度仅适用于除夫妻双方两愿离婚之外的其他三种离婚情形。具体包括:①接受离婚,即夫妻双方均接受婚姻关系中断之原则,而不考虑引起婚姻破裂之事实时,一方或双方的诉请离婚;②夫妻关系破裂至无可挽回而离婚,即夫妻双方结束了共同生活,并已经持续两年时间的,夫妻一方的诉请离婚;③因过错而离婚,即配偶一方有可归咎的反复或严重违反婚姻权利与义务的事实,致使继续维持夫妻共同生活无法容忍时,另一方的诉请离婚。

(2)调解的组织和人选

法国没有专门处理家事案件的家事法院,包括人事诉讼案件在内的家事案件全部由大审法院专属管辖。① 大审法院委派一名家事法官负责包括离婚(无论何种离婚原因)在内的家庭事务案件,因此离婚案件的强制调解即由该家事法官主持。②

(3)调解的程序

依照法国《民法典》第252-1、252-2条的规定,家事法官在试行调解时,应该亲自同夫妻各方分别谈话,然后召集他们二人一同至法官面前。如果配偶双方要求,将邀请双方的律师一起加入谈话。法官应该听取配偶各方对于离婚破裂原则的意见,在离婚原则和离婚后果方面对配偶双方进行调解。如果被告一方不到庭,法官仍然应与出庭的一方配偶进行谈话,并提请其三思而后行。③ 为了给双方当事人一定的考虑期限,法官可以暂行中止调解尝试,但不得超过8日。如果法官认为有必要给予更长的考虑时间,可以决定暂时中止调解程序,并决定在最长6个月的期限内进行新

① 在法国,大审法院是民事案件的一审法院,凡是法律未规定由其他法院管辖的所有民事案件都可以由大审法院管辖。法国《民法典》第228条规定,"审理民事案件的大审法院对离婚有管辖权"。转引自《法国民法典》,罗结珍译,北京大学出版社2010年版,第418~419页。

② 需要说明的是,1995年法国第125号法律将médiation纳入司法程序内部,从而在原有的狭义调解(conciliation)之外,又增加了一种与之平行的广义的调解(médiation)。据此,家事法官在征得当事人同意后,可以指定家事调解员进行调解,但是由于médiation在诉讼程序启动之后才能发起,因此并非此处谈论的诉前民事强制调解,也因而不能由家事调解员主持。参见《法国新民事诉讼法典》(下),罗结珍译,法律出版社2008年版,第62、213~215、993页;周建华:《法国的调解(médiation):比较与借鉴》,载《学习与探索》2012年第1期。

③ 参见[法]科琳·雷诺-布拉尹思吉:《法国家庭法精要》(第17版),石雷译,法律出版社2019年版,第95~96页。

的调解尝试。[①] 在试行调解中,法官可以在考虑夫妻双方可能达成的协议的基础上,按规定采取各项必要的措施,以保障夫妻双方及子女的生活,直至法院判决产生既判事由的确定力。[②] 夫妻双方经过家事法官的调解达成和解的,应用笔录加以确认。如果未达成和解或一方不到庭,法官可以作出调解不成的裁定,并据此批准提起诉讼的一方对其配偶进行传唤,以及请求法院作出实体判决。与法国劳资纠纷得强制调解相似,不遵守离婚纠纷中调解前置的要求,同样构成具有公共秩序性质的无效事由,对此既可以由法官依职权主动提出,也可第一次在法国最高法院提出。[③] 此外,若当事人一方在调解期日无正当理由不出庭,家事法官并非绝对地予以制裁,而是在两种方式中选择其一:若夫妻双方认为存在和好的最后机会,就对当事人重新进行调解的尝试;若情况相反,就立刻允许最先提出离婚请求的夫妻一方传讯其配偶。[④] 由此可见,无论如何,在离婚纠纷的强制调解中夫妻一方缺席调解并不会受到惩罚,相反立法倾向于尽最大努力来推动调解的进行,以促使夫妻二人达成和解。

3. 法国《民事诉讼法典》规定的农村租约纠纷强制调解[⑤]

法国《民事诉讼法典》第 887 条规定,在指定的日期,法庭[⑥]进行和解尝试。在和解不成的情况下,笔录应当写明法庭经多数票赞成提出的解决争议的方式。法国《民事诉讼法典》第 888 条规定,在没有实现和解的情况下,或者在一方当事人不出庭的情况下,案件推迟至审判长向到场的当事人指明的期日开庭审理。从中可以发现,所谓的和解尝试其实是农村租约对等法庭审理农村租约纠纷的法定前置程序,带有一定的义务性。[⑦] 法院的有关判例也可以证实这种判断,即调解程序是农村租约对等法庭审理案

---

① 参见法国《民法典》第 252、252－2 条。转引自《法国民法典》,罗结珍译,北京大学出版社 2010 年版,第 446～448 页。

② 参见法国《民法典》第 254 条。转引自《法国民法典》,罗结珍译,北京大学出版社 2010 年版,第 450～451 页。

③ 参见周建华:《司法调解:合同还是判决?——从中法两国的比较视野出发》,中国法制出版社 2012 年版,第 194～195 页。

④ Julie-Joly-Horard, *Conciliation et médiation judiciaire*, *préf Serge Guinehard*, Presses Universitaires d'aix-marseille, 2003, 266.

⑤ 在法国,劳资纠纷强制调解和离婚强制调解不仅体现在法国《劳动法典》、法国《民法典》中,法国《民事诉讼法典》中也有相应的条文对此加以调整。所以,农村租约纠纷的强制调解仅是法国《民事诉讼法典》规定的民事强制调解类型中的一种。

⑥ 农村租约对等法庭为不动产所在地的法庭。该法庭由两个分庭组成,依据当事人所订合同的性质,案件分别提交有管辖权的分庭处理。参见法国《民事诉讼法典》第 880、881 条。转引自《法国新民事诉讼法典》(下),罗结珍译,法律出版社 2008 年版,第 886 页。

⑦ 参见齐树洁主编:《外国调解制度》,厦门大学出版社 2018 年版,第 223 页。

件程序中“必不可少的形式”。① 因此，法国《民事诉讼法典》针对农村租约纠纷规定的和解尝试事实上是一种诉中民事强制调解。

（1）调解的适用范围

根据法国 1988 年 12 月 30 日第 88－1202 号法律的规定，农村租约纠纷的范围包括土地所有人和承租人之间有关假期、取回权、先取权、改行协定、确定价格、拖欠退租人的补偿金等纠纷。② 因此，法国《民事诉讼法典》中的农村租约纠纷强制调解自然应当适用于上述各类纠纷。

（2）调解的组织和人选

在法国，农村租约纠纷由农村租约对等法庭专属管辖。作为农村租约对等法庭审理案件中的必经程序，农村租约纠纷的强制调解自然应由该法庭专属实施。农村租约对等法庭由两个分庭组成，依据当事人所订立的合同的性质而将案件分别提交有管辖权的分庭予以处理。与其他审判机构不同，农村租约对等法庭并非一个永久性的法庭，它只在开庭时组建，次数与期限取决于法庭的工作和审判的案件数量。法庭包括人数对等的出租人和非出租的承租人，法庭法官经选举产生，选民分为出租人和承租人两个不同的选举团。选民的资格要求是：法国国籍（或欧共体成员国侨民）；年满 18 岁；在法庭辖区内有住所或居所或是作为租约标的物的不动产的所有人；享有民事权利、公民权和职业权。成为被选举人的，则还要求年满 26 岁，以及拥有至少 6 年的出租人或承租人资格。③

（3）调解的程序

农村租约对等法庭受理案件后，于指定日期在法庭进行和解。为促使当事人在诉讼中达成和解，原则上要求当事人有出庭的义务。在有合理理由的情况下，也允许由代理人出庭参加调解。经调解达成和解的，由法庭制作调解书载明当事人双方达成调解的具体内容，经审判长和当事人署名后，即发生法律效力。④ 如果未能达成和解，或者一方或各方当事人不出庭，案件推迟至法庭庭长向到场的当事人指明的期日进行开庭审理并作出判决。⑤ 调解中当事人本人应该亲自出庭调解，但有合法理由时可以选择

---

① Cass. civ. 3，15 fév. 1978，Bull. Ⅲ.，84，p. 64. 转引自周建华：《司法调解：合同还是判决？——从中法两国的比较视野出发》，中国法制出版社 2012 年版，第 190 页。

② 参见［法］让·文森、塞尔日·金沙尔：《法国民事诉讼法要义》（上），罗结珍译，中国法制出版社 2005 年版，第 380 页。

③ 参见［法］雅克·盖斯旦、吉勒·古博：《法国民法总论》，陈鹏等译，法律出版社 2004 年版，第 380～381 页。

④ 参见张卫平、陈刚编著：《法国民事诉讼法导论》，中国政法大学出版社 1997 年版，第 23 页。

⑤ 参见《法国新民事诉讼法典》（下），罗结珍译，法律出版社 2008 年版，第 888 页。

由其他人来协助调解或代理出庭。如同劳资纠纷调解法庭的程序一样,法规在"具有合理理由的情况下"是柔和的,事实上法官会最终允许当事人的代理人出庭。① 对于一方当事人在调解期日没有出庭的情况,立法只是规定"在一方当事人不出庭的情况下,在笔录中应记明其缺席",②而没有规定相应的制裁措施。

(三)日本的民事强制调解

在日本,强制启动调解的做法可谓历史悠久。早在日本江户幕府统治时期,江户幕府大力鼓励的内济制度即将调解确立为强制前置程序,当事人向法院提起诉讼之前,必须经由所谓"名主"(大地主或有名望的家族等)或"组头"(村吏)等进行的调停。不仅原告向法院提交的诉状上须由中介人盖章或填写意见,而且在判决作出之前,内济调停均可进行。③ 到了日本军国主义积极准备和发动侵略战争的时期,"从有关金钱债务纠纷调解的立法开始,建立了所谓'强制调解'制度,裁判所可以依职权把当事人的诉讼交付调解"。④ 战争期间,该强制调解制度扩大到了几乎所有的民事纠纷领域。正是基于这样的历史背景,"日本现代的民事调解和家事调解在突出当事人自愿的同时,也保留了裁判所主导的调解,法官依职权将诉讼转化为调解程序的规定到今天也依旧存在"。⑤ 借助现行的日本《民事调解法》和日本《家事案件程序法》,可以将日本民事强制调解制度的基本内容勾勒如下。

1. 日本《民事调解法》规定的民事强制调解

日本《民事调解法》对家事纠纷和劳动纠纷以外的各种民事纠纷的调解制度加以统一,因此大多数民商事纠纷都可以通过该法设置的调解程序得到解决。根据日本《民事调解法》第 20 条第 1 款规定,受诉法院认为适当时,可依职权将案件交付调解,在此基础上,可以让有管辖权的法院处理或受诉法院自己处理。但是在案件争点及证据整理完毕后,对于是否调解无当事人合意的,不得依职权交付调解。⑥ 从文意解释上看,立法赋予法

---

① Julie-Joly-Horard, *Conciliation et médiation judiciaire*, préf Serge Guinehard, Presses Universitaires d'aix-marseille, 2003, 261.

② 《法国新民事诉讼法典》(下),罗结珍译,法律出版社 2008 年版,第 887 页。

③ 参见吕珏:《中日调解制度比较》,载《山西高等学校社会科学学报》2002 年第 10 期。

④ 王亚新:《对抗与判定——日本民事诉讼的基本结构》,清华大学出版社 2002 年版,第 236 ~ 237 页。

⑤ 王亚新:《对抗与判定——日本民事诉讼的基本结构》,清华大学出版社 2002 年版,第 237 页。

⑥ 参见日本《民事调解法》第 20 条。转引自《日本民事诉讼法典》,曹云吉译,厦门大学出版社 2017 年版,第 388 页。如非特别说明,以下关于日本《民事调解法》相关条文的内容,均引自该译本。

官依职权单方决定交付调解的权力，且并未要求其考虑当事人双方的意愿——当然，争点和证据的整理完毕后除外。换言之，在民事诉讼程序达到一定阶段之前，即使当事人一方或双方反对，法院也能够强制他们进入调解程序。① 可见，日本《民事调解法》第 20 条第 1 款规定的交付调解，是一种授权法官在其认为合适时启动的诉中民事强制调解制度。此外，日本《民事调解法》第 24 – 2 条还规定了请求增减地租或土地、建筑物使用费案件的诉前强制调解制度，即“对于借地借家法第 11 条规定的地租或土地使用费的增减请求、借地借家法第 32 条规定的建筑物使用费的增减请求提起诉讼的人，应首先提出调解申请。对前项案件未提出调解申请而直接提起诉讼时，受诉裁判所应将该案件交付于调解。但是受诉裁判所认为将案件交付于调解不适当时，则不在此限”。

（1）调解的适用范围

从日本《民事调解法》第 20 条第 1 款的规定来看，立法并没有对诉中民事强制调解的适用范围作出明确划定，除“于案件争点及证据整理完毕后，是否调解无当事人合意”这一情形外，只要受诉法院认为适当均可依职权将案件交付调解。换言之，该强制调解的适用范围原则上是由受诉法院通过自由裁量加以确定的，呈现明显的开放性特征。有学者从理论角度将上述依职权交付调解的案件类型概括为四类：①当事人之间权利义务关系明确，争议不大的案件；②现有法律未作规定的新型案件；③适用现行法律难以妥善处理的案件；④相较于诉讼程序，更适合通过调解解决的案件。② 从司法实践来看，地方法院处理的案件基本上都是交付调解的案件。平成八年，在调解专门部门（民事 22 部）所在的东京地方法院新受理的 671 件案件中，交付调解的案件占 95%。③

而在日本《民事调解法》规定的诉前民事强制调解方面，根据该法第

---

① 参见王亚新：《对抗与判定——日本民事诉讼的基本结构》，清华大学出版社 2002 年版，第 252 页。

② 参见王亚新：《对抗与判定——日本民事诉讼的基本结构》，清华大学出版社 2002 年版，第 192 页。

③ 参见［日］小岛武司、伊藤真编：《诉讼外纠纷解决法》，丁婕译，中国政法大学出版社 2005 年版，第 62 ~ 63 页。另据日本学者小岛武司先生对日本 2000 至 2010 年民事司法调解进行的统计分析，在这 10 年，地方裁判所新受理的专业性调解事件之所以不断增加，主要就是因为裁判所将诉讼事件交付调解这种体系发挥作用。虽然有学者统计，在日本 99.5% 的民事调解案件是由简易裁判所处理的，地方裁判所处理的调解事件为数很少，但简易裁判所的调解主要是申请调解事件，地方裁判所基本上是以交付调解事件为主。参见韩宁：《关于日本式司法调解模式引进的探讨》，“中日韩民事调解制度”国际学术研讨会会议论文，2011 年 11 月于重庆。

24－2条之规定，诉前民事强制调解的适用范围非常明确，限于请求增减《借地借家法》第11条规定的地租或土地使用费的案件，以及请求增减《借地借家法》第32条规定的建筑物使用费的案件。

（2）调解的组织和人选

在以交付调解形式存在的诉中民事强制调解方面，调解原则上由受诉法院以调解委员会的形式进行，但是在法院认为适当时，也可以由法官单独进行调解。此外，由于在处理民事调解方面，民事调解官①与法官具有同样的权限，所以，交付调解也可以仅由民事调解官来进行。在人员构成上，调解委员会包括1名调解主任和2名以上的民事调解委员。其中，调解主任由地方法院在法官中指定，民事调解委员则由法院根据具体案件加以指定。② 需要说明的是，民事调解委员并不是法院的正式人员，其任免由日本最高法院规定，③政府负责薪酬发放，在性质上属于特别职务的国家公务员。实践中，除律师外，医生、建筑师、会计师、理税士、不动产鉴定人、大学教授等专家被选任为民事调解委员的情况比较普遍。④

在请求增减地租或土地、建筑物使用费案件的诉前强制调解方面，日本《民事调解法》没有明确规定调解由谁来主持。但是从该类调解在日本《民事调解法》中所处的位置来看，第2章“特殊规定”没有涉及的，应依照第1章“总则”的一般规定。因此，对于请求增减地租或土地、建筑物使用费案件的诉前强制调解，如果当事人依照日本《民事调解法》规定的管辖要求，向作为纠纷标的的宅基地或建筑物所在地的简易裁判所，或当事人合意确定的管辖该地的地方裁判所申请调解的，则有关接受裁判所交付案件的调解委员会及其人员的组成等事项，除非法律另有规定，应与日本《民事调解法》第1章“总则”中的一般民事调解无异。在当事人未申请调解而直接向前述有管辖权的法院起诉，继而由受诉法院依职权交付调解的情况下，亦是如此。

---

① 民事调解官不是法院正式人员，但是受法院指定可以处理调解案件。民事调解官由法院从具有5年以上执业经验的律师中予以任命，任期两年，可以连任。关于民事调解官任命的必要事项，由日本最高法院规则加以规定。参见日本《民事调解法》第23－2、23－3条。

② 参见日本《民事调解法》第6、7、23－3条。

③ 根据日本《民事调停委员及家事调解委员规则》的规定，民事调停委员由日本最高法院在符合下列条件的人选中任命：有律师执业资格；具有对民事纠纷解决有用的专门知识，或者在社会生活上有丰富知识和经验；人品和见识都很高；年龄在40～70岁。同时，日本《民事调停委员及家事调解委员规则》规定了禁止作为民事调解委员候选人的情形，如曾被判处监禁、曾受其他严重刑事处罚或者曾被吊销行业执业资格。

④ 参见［日］小岛武司、伊藤真编：《诉讼外纠纷解决法》，丁婕译，中国政法大学出版社2005年版，第62页。

(3)调解的程序

根据日本《民事调解法》的规定,诉中民事强制调解于案件争点及证据整理完毕之前,由法院依职权交付而启动。调解启动后,调解的实施由调解委员会的调解主任予以指挥。调解委员会确定调解期日,并传唤案件关系人。在考虑案件实际情况的基础上,调解委员会可决定在法院外适当的场所进行调解。① 为了查明案件的事实关系,调解委员会可依职权调查事实,并依职权或依申请进行其认为必要的证据调查,调解委员会也可以将事实调查或证据调查权委任给调解主任实施。日本学者将调解实施的这一过程概括为:“调解委员会以灵活运用事实调查等方法掌握的事实关系为基础,一边协调双方当事人的调解意见,一边形成合乎情理且对应事实的调停方案,并提交和说服当事人。”②经调解,如果双方当事人之间达成了合意,则将该合意记载于笔录时调解成立,该记载与裁判上的和解具有同一效力。调解成立的,诉讼即被视为撤回。③ 反之,如果经调解,调解委员会认为当事人之间无达成合意的可能,或者达成的合意不适当的,法院可依调解不成立而终结调解程序。在前述调解委员会认为当事人之间无达成合意可能的场合,除了依调解不成立而终结调解程序外,日本《民事调解法》还规定法院有权作出“替代调解的决定”——法院认为适当时,在听取该调解委员会中民事调解员意见的基础上,考虑当事人双方的公平及其他一切情况,在不违反当事人双方调解请求的限度内,依职权作出旨在解决案件的必要决定。对于该“替代调解的决定”,当事人或利害关系人可以自接受决定告知之日起两周内提出异议,在此期间未提出异议的,则该决定与裁判上和解具有同一效力,并且与达成调解一样,在该决定确定时诉讼即视为撤回。④ 此外,达成调解时,关于调解程序费用的负担无特别规定的,则由当事人各自负担。对于没有正当理由拒不到场参加调解的当事人,日本《民事调解法》规定法院可处以 5 万日元以下的罚款,⑤但是“并没有类似诉讼程序中对拒不应诉的当事人作出败诉和缺席判决等进一步的强制手段,因此,如果当事人经一至两次召唤或者甚至被罚款后仍然拒不出面接受调解的话,调解委员会往往也只能按‘调解没有达成合意之

① 参见日本《民事调解法》第 12 - 2、12 - 3、12 - 4 条。

② 参见[日]小岛武司、伊藤真编:《诉讼外纠纷解决法》,丁婕译,中国政法大学出版社 2005 年版,第 63 ~ 64 页。

③ 参见日本《民事调解法》第 16、20 条。

④ 参见日本《民事调解法》第 17、18、20 条。

⑤ 参见日本《民事调解法》第 34 条。

可能'这一要件作出调解不成立的决定以终结调解程序"。①

对于日本《民事调解法》规定的请求增减地租或土地、建筑物使用费案件的诉前强制调解,日本《民事调解法》规定了两种启动方式:①当事人向有管辖权的法院申请调解。此处有管辖权的法院包括作为纠纷标的的宅基地或建筑物所在地的简易裁判所,以及当事人合意确定的管辖该地的地方裁判所②。②受诉法院依职权交付调解。在当事人未提出调解申请而直接起诉的情形下,适用此种启动方式。关于该诉前强制调解调解启动后如何实施,日本《民事调解法》并没有明确规定。对此,仍然可以基于特殊规定中没有涉及就遵从一般规定的基本法理,适用日本《民事调解法》第1章"总则"中的一般规定。在调解的终结环节,日本《民事调解法》的设计比较有特色,赋予调解委员会较大的权力,允许调解委员会依当事人申请制定调解条款,即对于依当事人申请而启动的调解,调解委员会认为当事人间无达成合意的可能性或达成的合意不适当时,若当事人间达成服从调解委员会制定的调解条款的书面合同(限于提出关于该案件的调解申请后达成的合意),则调解委员会可以依申请制定适当的调解条款。该调解条款记载于笔录时,视为达成调解。该记载与裁判上和解具有同一效力。③

2. 日本《家事案件程序法》规定的民事强制调解

日本《家事案件程序法》第257条"调解前置主义"第1项规定,欲就该法第244条规定的可进行调解的事项提起诉讼的人,应当首先向家事法院提出调解申请。第257条第2项进一步明确,如果没有遵守前述调解前置的规定而直接提起诉讼,诉讼法院原则上必须依职权将案件交付于家事调解程序。④ 可见,日本《家事案件程序法》第257条设置了家事纠纷的诉前强制调解制度。除此之外,日本《家事案件程序法》也针对诉中强制调解制度作出规定。该法第274条"交付调解"的第1项规定,当根据第244条规定的可以进行调解的事项提起诉讼或者家事审判案件处于诉讼系属中时,法院可以在听取当事人(限于被告或相对人对本案作出陈述前的原

---

① 王亚新:《对抗与判定——日本民事诉讼的基本结构》,清华大学出版社2002年版,第243~244页。

② 参见日本《民事调解法》第24条。

③ 参见日本《民事调解法》第24-3条。

④ 根据日本《家事案件程序法》第257条第2项"但书"规定,诉讼法院"认为将案件交付调解不适当,则不在此限"。由此可见,诉讼法院此时依职权交付调解应是原则规定,还存在例外情形。参见《日本民事诉讼法典》,曹云吉译,厦门大学出版社2017年版,第223页。如非特别说明,以下关于日本《家事案件程序法》相关条文的内容,均引自该译本。

告或申请人）意见的基础上，随时依职权将案件交付家事调解程序。对此有学者指出，虽然现行法规定法院作出交付调解决定之前负有听取双方当事人意见的义务，但事实上一般认为只要当事人没有积极拒绝，没有当事人双方合意也可以开始调停。因此，交付调解在程序的启动方面仍表现出强制性的契机。① 综上，日本《家事案件程序法》中的民事强制调解不仅包括诉前民事强制调解，也包括诉中民事强制调解。以下，结合日本《家事案件程序法》的具体条款，将日本家事纠纷民事强制调解的基本内容介绍如下。

（1）调解的适用范围

从日本《家事案件程序法》第 257 条规定来看，家事纠纷诉前强制调解的适用范围可以从正反两个方面概括。其中第 257 条第 1 项要求，符合"该法第 244 条规定的可以进行调解的事项"需要遵循调停前置主义，这其实从正面划定了家事纠纷诉前强制调解的适用范围，即"第 244 条规定的可以进行调解的事项"。结合日本《家事案件程序法》第 244 条的规定，可以看出家事纠纷诉前强制调解的适用范围包含了人事诉讼事项和其他家庭事项，但是附表一所列的事项除外。② 对此，有学者将其归纳为③：①原本的人事诉讼事件。包括婚姻无效、婚姻撤销、离婚无效、离婚撤销、婚姻关系存否的确认、收养无效、收养撤销、解除收养无效、解除收养撤销、收养亲子关系存否的确认、婚生否认、认领、认领无效、认领撤销、血亲亲子关系存否的确认。②一般调停事件。包括夫妻关系调整（离婚）、解除收养、基于离婚的精神抚慰金请求、不当废除婚约或事实婚姻的精神抚慰金请求、离婚后的纠纷调整、亲子间或亲属间纠纷的调整、共有物的分割、胎儿的认领、恢复继承的请求、有关遗产纠纷的调整、遗产范围的确认、遗产分割后的纠纷调整、遗产分割后被认领人的价款请求、特留份额扣减请求。此外，日本《家事案件程序法》第 257 条第 2 款"但书"从反面对不适用诉前民事强制调解的情况进行排除，规定诉讼法院认为将案件交付调解不适当时，则不适用调停前置主义。有学者将这些排除情形概括为两类④：①当事人缺乏运用调停方式解决的能力，本身不能推进调停；②起初几乎看不到以

① 参见［日］梶村太市、德田和幸主编：《家事事件程序法》，郝振江等译，厦门大学出版社 2021 年版，第 27 页。

② 参见日本《家事案件程序法》第 244 条。

③ 梶村太市教授用图表的方式将适用调停前置主义的事项直观加以呈现，并将其冠以"原本的人事诉讼事件"和"一般调停事件"。参见［日］梶村太市、德田和幸主编：《家事事件程序法》，郝振江等译，厦门大学出版社 2021 年版，第 36～37 页。

④ 参见［日］梶村太市、德田和幸主编：《家事事件程序法》，郝振江等译，厦门大学出版社 2021 年版，第 36 页。

调停方式解决的希望，实施调停徒劳而终的可能性非常高。

至于家事纠纷诉中强制调解的适用范围，根据日本《家事案件程序法》第 274 条第 1 款的规定，可以概括为“对第 244 条规定的可以调解的事项提起诉讼的案件”或“处于诉讼系属中的家事审判案件”。其中，“对第 244 条规定的可以调解的事项提起诉讼的案件”，是指人事诉讼案件以及其他家庭案件（但附表一所列事项的案件除外）。显然，这与上文对家事纠纷诉前强制调解适用范围的正面界定相同，因而其具体内容不再赘述。“处于诉讼系属中的家事审判案件”，是指日本《家事案件程序法》附表二所列的事件，具体包括夫妻间同居、协助及扶助，婚姻费用的分担、财产分割、侵权人的指定或变更，有关子女监护的处分，直系亲属间等的扶养，解除收养关系后亲权人的指定，解除收养关系等场合祭器等的所有权继承人的指定，遗产分割，遗产分割禁止，特别贡献份额的确定，年金的分割，扶养义务人应负担费用额的确定。

（2）调解的组织和人选

日本《家事案件程序法》第 247～249 条涉及家事纠纷强制调解的调解组织和人选的规定。其中第 248 条明确，家事纠纷强制调解原则上由家事法院的一位家事法官和两位以上的家事调解委员组成的调解委员会主持。但是家事法院认为适当时，也可以仅由家事法官进行调解。① 此外，由于在处理家事调解事件方面，家事调解官与法官具有同样的权限，所以，家事纠纷的强制调解当然也可以仅由家事调解官进行。② 但是，如果当事人向家事法院提出必须由调停委员会主持调解的申请，则家事法院应当由调解

---

① 参见日本《家事案件程序法》第 247 条第 1 款。至于何时适合由家事法官调解，立法本身并未明确规定。日本有学者认为，适合由家事法官调解，是指即使没有调解委员从旁协助，民事纷争亦得以解决，或者是当事人希望仅由法官进行调解。参见［日］田昭次男：《调停机关的构成》，载［日］石川明、梶村太市编：《民事调停法》，青林书院 1993 年版，第 82、83 页。另有学者分析，从实际运作上来看，95% 以上的调解事件皆由调解委员会进行调解，至于其他未达至的 5% 案件，也几乎是将法官于调解委员“一人”所进行之调解视为由法官单独所为的调解而来，或者是法院依职权所为之自行调解。由于法院诉讼事件之负担沉重，因此，期待依“但书”条款由法官独自进行调解的情形是相当难得的。还有学者认为，由法官或家事调解官进行的调解，仅适用于事实关系不复杂，且主要以法律解释为问题的事件，适用于需要迅速解决并且没有组成调解委员会的充足时间的场合，或者当事人基于秘密保护等特别理由而希望只是由法官进行调解的场合。参见［日］梶村太市、德田和幸主编：《家事事件程序法》，郝振江等译，厦门大学出版社 2021 年版，第 41 页。

② 在日本，学者们将调解委员会主持的调解称为“委员会调解”，而将法官或家事调解官进行的调解称为“单独调解”。这也从一个侧面证明，家事纠纷调解可仅由家事调解官主持进行。参见［日］梶村太市、德田和幸主编：《家事事件程序法》，郝振江等译，厦门大学出版社 2021 年版，第 39 页。

委员会进行调解，而不能仅由家事法官进行调解。① 至于家事调解委员的人选，由家事法院根据具体案情加以指定。家事调解委员不属于法院的正式职员，由日本最高法院从具有律师资格、在民事或家事纠纷解决方面具有一定专业知识经验或在社会生活领域具有丰富知识经验、人格高尚、见识宽广、年龄原则上已满40岁而未满70岁的人中间任命，任期为两年。②

(3)调解的程序

在家事纠纷诉前强制调解上，根据"调解前置主义"的要求，欲就此类案件起诉的人须首先向家事法院申请家事调解，未提出调解申请而直接起诉的，受诉法院应依职权交付家事调解。因此，家事纠纷诉前强制调解的启动有两种方式：①当事人向家事法院提出调解申请；②受诉法院依职权交付调解。调解启动后，在以调解委员会形式进行的家事调解中，由该委员会中的家事法官对调解程序予以指挥。为了查明事实关系，调解委员会中的家事法官可依调解委员会的决议，自己进行事实调查和证据调查，③也可以在必要时命令家庭法院调查官④或家庭法院书记官进行事实调查，或者在必要时让医师等法院技术官对关系人的身心状况进行诊断。⑤ 除适合于家庭法院调查官进行的事实调查外，调解委员会认为适当时，可以让该调解委员会中的家事调解员进行事实调查。⑥ 在法官进行的单独调解中，⑦家事法院认为适当时，可以让家庭法院书记官进行事实调查，但是认为家庭法院调查官更为适当的，则不在此限。⑧ 经过调解，如果当事人达成合意并将该内容记载于笔录，调解成立，该笔录记载与确定判决具有

① 参见日本《家事案件程序法》第247条第2款。

② 参见日本《民事调解委员及家事调解委员规则》第1、3条。

③ 事实调查和证据调查都是调解机关查明事实关系所必要的资料收集方法，但是二者的区别在于，事实调查不仅根据主体不同有不同的方式，且在实施时也不能运用强制力。证据调查则根据调解委员会的决议，由组成调解委员会的法官和家事调解官进行，须遵循《民事诉讼法》的规定，主要适用于亲子关系调解中的DNA鉴定、遗产关系调解中的不动产鉴定等情形，其他情况下几乎不予适用。参见[日]梶村太市、德田和幸主编：《家事事件程序法》，郝振江等译，厦门大学出版社2021年版，第50页。

④ 家庭法院调查官进行事实调查时，应当根据需要灵活运用医学、心理学、社会学、经济学及其他专门知识，就案件关系人的性格、经历、生活状况、财产状况、家庭及其他环境进行调查。而且，法官等在处理案件时为了调查案件关系人的家庭及其他环境而认为有必要时，可以采取让家庭法院调查官联系社会福利机构的措施。参见[日]梶村太市、德田和幸主编：《家事事件程序法》，郝振江等译，厦门大学出版社2021年版，第49页。

⑤ 参见日本《家事案件程序法》第261条。

⑥ 参见日本《家事案件程序法》第262条。

⑦ 关于家事纠纷的单独调解形式，参见[日]梶村太市、德田和幸主编：《家事事件程序法》，郝振江等译，厦门大学出版社2021年版，第39页。

⑧ 参见日本《家事案件程序法》第267条。

同一效力。但如果调解委员会认为当事人之间无达成合意的可能,或者达成的合意不适当,除非家事法院可以作出替代调解的审判,否则以调解不成立而终结调解。在这种情况下,家事法院应向当事人发出调解不成立而终结调解的通知。当事人在接到该通知之日起两周内提起关于该调解案件的诉讼的,视为于提出调解申请时提起诉讼。特别值得一提的是,除因调解成立或不成立而导致的调解程序终结外,日本《家事案件程序法》在家事纠纷的诉前强制调解上还规定了另外两种导致调解程序终结的情形,即"相当于合意的审判"和"替代调解的审判"。所谓"相当于合意的审判"是指,对于可提起人事诉讼的事项(可以任意处分的离婚和解除收养关系的事件除外),在进行家事调解过程中,如果当事人之间就依照申请目的接受审判形成合意,或者对于涉及当事人申请的无效或撤销的原因、身份关系形成或存否的原因没有争执,那么家事法院在调查必要的事实之后,认为该合意正当时,而依据当事人的合意作出的认可其审判请求的裁判。① 对于该裁判,当事人及利害关系人可于接受裁判告知之日起两周内向家事法院提出异议。如果未提出异议或驳回该异议申请的裁判确定,则依合意作出的裁判与确定判决具有同一效力。② "替代调解的审判"则是指,在调解没有达成合意的情况下,家事法院认为适当时,可以在对当事人之间的公平以及其他情况进行考虑的基础上,为了解决案件而依职权作出的必要裁判,但是相当于合意的审判事件除外。③ 日本学者认为,"替代调解的审判"是在调解没有可能形成合意时,不运用调解不成立的措施终结调解,而是在调解继续系属的情况下通过作出审判终结调解。因此称为"取代合意的审判"更为准确。④ 在裁判效力上,"替代调解的审判"与"相当于合意的审判"相同,当事人也可于接受裁判告知之日起两周内向家事法院提出异议,如果未提出异议或驳回该异议申请的裁判确定,则该裁判与确定判决具有同一效力。⑤

对于家事纠纷的诉中强制调解而言,调解的启动只能源于诉讼中受诉法院的职权交付。从日本《家事案件程序法》的规定来看,受诉法院在诉讼中可以随时依职权将案件交付于家事调解程序,没有具体的时间节点上

① 参见[日]梶村太市、德田和幸主编:《家事事件程序法》,郝振江等译,厦门大学出版社 2021 年版,第 56 页。

② 参见日本《家事案件程序法》第 279、281 条。

③ 参见日本《家事案件程序法》第 284 条。

④ 参见[日]梶村太市、德田和幸主编:《家事事件程序法》,郝振江等译,厦门大学出版社 2021 年版,第 60 页。

⑤ 参见日本《家事案件程序法》第 286、287 条。

的要求。① 接受交付的法院既可以是有管辖权的家事法院，也可以是无管辖权的家事法院——如果为处理该案而认为特别有必要时。特别地，当家事法院及高等法院依职权交付调解时，可以进行本院调解，即自行处理调解案件。② 在调解的实施环节，家事纠纷的诉中强制调解与诉前强制调解并没有明显区别。不同之处在于，由于家事纠纷诉中强制调解在案件发生诉讼系属之后启动，因此，当受诉法院交付调解时，于家事调解程序终结前，应当中止案件系属的诉讼程序。③ 在调解的终结环节，家事纠纷诉中强制调解同诉前强制调解一样，也存在调解成立或不成立，以及作出“相当于合意的审判”④和“替代调解的审判”等四种终结调解的方式。但是，由于家事纠纷的诉中强制调解是在案件发生诉讼系属之后启动，而且其适用范围非常广泛，不但涵盖了日本《家事案件程序法》第 244 条规定的可以调解的案件，还包括了附表二所列的家事审判案件，因此，在调解终结的效果上，又与家事纠纷的诉前强制调解存在差异。具体表现在：对于第 244 条规定的可以调解的案件，如果经诉中强制调解，调解成立或作出的“相当于合意的审判”“替代调解的审判”确定时，视为当事人撤回关于该案的诉讼；而对于附表二所列的家事审判事件，如果经诉中强制调解，调解成立或作出的“替代调解的审判”确定时，该家事审判案件即告终结。⑤ 此外，为了贯彻“本人到庭主义”，⑥以保障调解程序的运行，日本《家事案件程序法》规定，当事人除非存在不得已事由可以由代理人出席外，原则上应于调解期日亲自出席。无正当理不出席的，家事法院可以处以 5 万日元以下的罚款。⑦

二、英美法系国家的民事强制调解

（一）美国的民事强制调解

美国是 ADR 实践乃至概念的发源地和实验田，现代型的 ADR 发展以美国为中心。⑧ “二战”结束以后，随着美国进入高度繁荣时期，诉讼案件

---

① 参见日本《家事案件程序法》第 274 条第 1 款。

② 参见日本《家事案件程序法》第 274 条第 2、3 款。

③ 参见日本《家事案件程序法》第 275 条。

④ “相当于合意的审判”只能适用于除离婚与收养关系诉讼外的人事诉讼的事项，因此只有针对这类案件的诉中强制调解才能依“相当于合意的审判”而终结调解。

⑤ 参见日本《家事案件程序法》第 276 条。

⑥ 参见［日］梶村太市、德田和幸主编：《家事事件程序法》，郝振江等译，厦门大学出版社 2021 年版，第 48 页。

⑦ 参见日本《家事案件程序法》第 51、258 条。

⑧ 参见范愉：《非诉讼纠纷解决机制研究》，中国人民大学出版社 2000 年版，第 94 ~ 95 页。

数量也呈爆炸式的增长。基于美国的对抗制诉讼架构，自 20 世纪 70 年代以来，诉讼迟延、诉讼费用高昂的问题日益引发社会的关注和不满。① 1976 年，美国联邦最高法院首席大法官沃恩·伯格组织召开了探讨“关于公众不满司法当局原因”的罗斯科·庞德会议（以下简称庞德会议）。这次会议集中关注了民事诉讼的高成本和低效率问题，并呼吁发展包括调解在内的 ADR 制度，因此庞德会议被公认为现代 ADR 运动开始的标志。② 从 20 世纪 80 年代初的一系列 ADR 试验性项目和试点方案开始，③发展到目前与调解有关的州法规和联邦法规已超过 2000 部之多，④美国被称为“世界上调解制度最为发达的国家”。由于美国调解制度的发展遵循了“先实验后规则”的原则，避免了建构理性主义存在的统一行动的盲目和系统失败的风险，而且与其政治传统相一致，美国的调解从一开始就走上了多元主体的发展道路，各类社会主体都能找到自己参与调解事业的空间和定位。⑤ 这其中，美国的法院实际上已经成为推广利用调解的一种工具，其发挥作用的主要方式就是强制调解或法院命令调解。⑥ 目前，无论是州立法机关还是国会都颁布了明确的法律，允许且鼓励法院将诉讼案件强制交付给包括调解在内的各种 ADR 程序。⑦ 前者如加利福尼亚州的民法，其明确要求离婚案件中涉及子女监护或探视问题时，在审理前必须进行调解。⑧ 后者如美国 1998 年《ADR 法》，该法规定每一个联邦地区法院都应运用 ADR 机制，并授权法院可以强制当事人参加调解。⑨ 从中可以发现，美国的民事强制调解属于法官裁量型，即立法将启动调解的权力直接赋予法官，由其决定受诉案件是否需要、是否适宜调解。因此，几乎所有的纠纷都可以适用强制调解制度，并由此大大提高了调解的适用率。⑩ 在实践中，根据不同州法院的规则，美国的民事强制调解在类型上既包括诉

---

① 参见齐树洁主编：《民事司法改革研究》，厦门大学出版社 2006 年版，第 488 ~ 489 页。

② See Michael T. Colatrella, op. cit, p. 394. 转引自徐昕主编：《调解：中国与世界》，中国政法大学出版社 2013 年版，第 190 页。

③ 参见［澳］娜嘉·亚历山大主编：《全球调解趋势》（第 2 版），王福华等译，中国法制出版社 2011 年版，第 361 页。

④ 参见齐树洁主编：《美国民事司法制度》，厦门大学出版社 2011 年版，第 147 页。

⑤ 参见齐树洁主编：《外国调解制度》，厦门大学出版社 2018 年版，第 68 ~ 71 页。

⑥ 参见［美］肯姆伯里·K. 考瓦：《美国调解的发展：成熟的管理塑造未来》，载［澳］娜嘉·亚历山大主编：《全球调解趋势》（第 2 版），王福华等译，中国法制出版社 2011 年版，第 365 页。

⑦ 参见［美］肯姆伯里·K. 考瓦：《美国调解的发展：成熟的管理塑造未来》，载［澳］娜嘉·亚历山大主编：《全球调解趋势》（第 2 版），王福华等译，中国法制出版社 2011 年版，第 367 页。

⑧ 参见夏吟兰：《美国现代婚姻家庭制度》，中国政法大学出版社 1999 年版，第 281 页。

⑨ 参见范愉主编：《ADR 原理与实务》，厦门大学出版社 2002 年版，第 466 页。

⑩ 参见齐树洁主编：《外国调解制度》，厦门大学出版社 2018 年版，第 71 ~ 72 页。

前民事强制调解,也包括诉中民事强制调解。比如,有些州法院主要针对子女监护与探望事宜,规定了诉前民事强制调解;①有的州法院规定了诉中民事强制调解,将调解作为案件进入审判的先决条件,如得克萨斯州奥斯汀市地区法院规章第17章规定,几乎所有等待陪审团判决的案件和所有不需要陪审团判决,但审判时间预计超过半天以上的案件,都自动转入调解。②

1. 调解的适用范围

前已述及,由于美国的立法将启动调解的权力直接赋予法官,由法官决定受诉案件是否适宜交付调解,因此就适用范围而言,几乎所有的纠纷都可以被强制调解。不过,美国各州的实际做法存在差异。有些州规定所有的民事案件必须进行调解,仅有少数例外。③ 有的州则规定法院仅对特定类型案件——通常是离婚或家庭法案件——享有强制启动调解的权力。还有的州规定由法官在他们审理的案件中遴选出所要提交调解的案件。④总的来讲,在美国,民事强制调解主要适用于家事调解⑤、邻里、小额⑥或简单纠纷,以及必须借助其他已经设立的ADR机构和专家加以解决的专门性纠纷。⑦ 值得注意的是,美国上诉程序中也适用民事强制调解,美国的州上诉法院和联邦上诉法院都建立了要求将特定的民事上诉案件安排强制调解的项目。例如,1993年起马萨诸塞州的上诉法院成立了"会议项目",选择特定的民事案件,要求双方当事人必须在独立的会议顾问(会议

① 参见齐树洁主编:《外国调解制度》,厦门大学出版社2018年版,第81页。

② 参见耿宝建、赵艳花:《比较法视野下的法院附属调解制度研究》,载《法律适用》2009年第4期。

③ 参见[美]詹姆斯·梅格:《美国调解体系:历史如何影响进程》,载冀祥德主编:《协商性纠纷解决机制比较研究》,中国民主法制出版社2010年版,第342页。

④ 参见[美]肯姆伯里·K.考瓦:《美国调解的发展:成熟的管理塑造未来》,载[澳]娜嘉·亚历山大主编:《全球调解趋势》(第2版),王福华等译,中国法制出版社2011年版,第368页。

⑤ 从家事纠纷的类型看,美国家事调解有离婚调解、子女监护与探望调解、老年人调解等。其中,美国大多数州对子女监护、探望纠纷均实行强制调解,但通常存在例外情形,如具有家庭暴力或虐待因素等。参见齐树洁主编:《外国调解制度》,厦门大学出版社2018年版,第81页。

⑥ 比如,美国克里夫兰小额法院要求在裁断人正式审理案件之前,当事人必须先经过司法助理员(司法助理员不具律师资格,从书记官中选拔)的调停(conciliation)。据统计,约有40%的案件能在调停阶段得到解决。参见[日]小岛武司:《美国小额法院现状》,载陈刚主编:《自律型社会与正义的综合体系——小岛武司先生七十华诞纪念文集》,陈刚等译,中国法制出版社2006年版,第319页。

⑦ 参见范愉主编:《ADR原理与实务》,厦门大学出版社2002年版,第467页。

顾问通常是律师或退休法官)面前举行和解会议。①

2. 调解的组织和人选

美国 1998 年《ADR 法》使法院附设 ADR 开始得到快速发展,几乎所有的 ADR 形式都可以引入法院,其中法院附设调解有效整合了散落在社会上的各类纠纷解决资源,实现诉讼内和诉讼外纠纷解决方式的有效对接,已经在美国各州和联邦法院广泛适用,使美国成为世界上法院附设调解最发达的国家。② 在这种制度背景下,如果法官通过命令使纠纷进入调解程序,③调解的运行与诉讼程序严格区分开来,法官并不参与调解程序,仅负责向附设在法院的调解组织转交案件,由调解组织中的调解员具体开展调解。因此,如何合理规范调解员的准入条件,就成为"调审分离"结构下确保调解质量的关键。尽管美国各个法院对此要求不尽相同,但都体现出明确的专业化和职业化倾向,主要由在法律界具有一定地位的律师和其他专业人士担任调解员,并且要求完成一定数量的调解培训。比如,在密苏里东区联邦地区法院,调解员是受过训练并通过法庭资质证明的律师,必须从事法律实践工作至少 5 年,懂得联邦法院或州法院的民事诉讼,具备沟通与协商能力,并完成 16 小时的由法院培训或经法院许可组织的培训;在加州北区联邦地方法院,调解员可以是具备至少 7 年法律实践经验并具有法庭诉讼资格的律师,或正规法学院的教师,或者是在其他领域如会计、工程等具有合适专业资质的非法律人士,且同时必须具备丰富的联邦法庭民事诉讼知识,具备优秀的程序调解能力、良好的倾听能力等,并且对调解员有单独的培训和资质认证体系,法庭要进行为期 6 个月的强制性培训。④ 此外,在美国家事纠纷调解中,调解员除了可以由法律界人士担任以外,一般还包括心理健康专家、社会工作者以及婚姻家庭关系等领域的专业人士。美国各州对家事调解员的资质要求和认证⑤制度等大多有具体的要求,因此家事调解员的专业化、制度化程度较高。⑥

---

① 参见[美]史蒂文·苏本、玛格瑞特·伍:《美国民事诉讼的真谛:从历史、文化、实务的视角》,蔡彦敏、徐卉译,法律出版社 2002 年版,第 212 页。

② 参见齐树洁主编:《外国调解制度》,厦门大学出版社 2018 年版,第 75 页。

③ 美国的法院附设调解根据启动方式的不同,有当事人自愿调解和法院命令调解之分。其中,法院命令调解就是根据法院程序规则强制启动的调解。

④ 参见[美]蒂姆森·S. 希尔曼:《ADR 在美国联邦地区法院的适用情况》,载冀祥德主编:《协商性纠纷解决机制比较研究》,中国民主法制出版社 2010 年版,第 244 ~ 252 页。

⑤ 调解员的管理制度有准入制和认证制之分。目前,美国调解员的管理以认证制为主。参见齐树洁主编:《外国调解制度》,厦门大学出版社 2018 年版,第 83 页。

⑥ 参见齐树洁主编:《外国调解制度》,厦门大学出版社 2018 年版,第 81 ~ 82 页。

3.调解的程序

前已述及,美国的民事强制调解属于法官裁量型,立法将启动调解的权力直接赋予法官。因此,在哪个阶段强制当事人参与调解,如何实施强制调解等程序性问题,会因为各个法官的不同考虑而缺乏统一标准。从实践情况看,其中民事强制调解启动时间的确定有两种方式①:(1)法官独立选择。有的法官对案件审查时命令将适当的案件交付调解,有的法官则将强制调解作为审前程序的一部分,还有的法官将参与调解作为提起诉讼的前置条件。(2)在庭审期日之前强制当事人进行调解。至于民事强制调解启动后如何具体实施,则可以法院附设调解②最为发达的佛罗里达州为例加以说明。调解前的准备包括调解员和调解时间的确定。其中调解员的确定方式有两种:法院指定和当事人约定。调解时间方面,除法院另有规定外,第一次调解应当在提交申请后的60日内举行。从调解员确定之日起15日内,法院或其指定的调解员应当将举行调解会议的时间、地点以书面形式通知各方当事人。调解的实施包括当事人出席、协商,以及特殊情况下的临时措施或紧急救济措施等。在调解中,各方当事人或其代理人必须出席调解会议,如果一方无正当理由不能按期参加调解,法院将对其实施制裁。在随后的协商阶段,调解员应时刻控制调解进程,并允许当事人及其代理律师进行私密交流,自己也可以私下会见任何一方当事人或其代理律师。调解的结束包括因达成调解协议而结束,以及未达成调解协议而结束两种情况。③ 如果当事人就争议的部分或全部达成调解协议,则调解员应将其转化为双方即将签署的书面协议。依照法律规定或当事人合意,双方当事人必须将该调解协议提交至法院,或者向法院提交免责协议;如果当事人未达成调解协议,调解员应当客观地向法院汇报调解结果,经当事人同意,调解员的报告可以作为对某些申请、实体问题、程序问题或当事人行为的确认。④ 此外,法律允许当事人选择退出调解或对法院强制启动的调解提出异议。对于当事人提出的异议,法院拥有是否命令该案进行

---

① 参见[美]青姆伯里·K.考瓦:《美国调解的发展:成熟的管理塑造未来》,载[澳]娜嘉·亚历山大主编:《全球调解趋势》(第2版),王福华等译,中国法制出版社2011年版,第368页。

② 在美国,强制当事人参与调解的最普遍的方法是法院命令,而法院命令也被称为法院附设调解。参见[美]青姆伯里·K.考瓦:《美国调解的发展:成熟的管理塑造未来》,载[澳]娜嘉·亚历山大主编:《全球调解趋势》(第2版),王福华等译,中国法制出版社2011年版,第366页。

③ 参见齐树洁主编:《外国调解制度》,厦门大学出版社2018年版,第78~79页。

④ 除非法院另有规定,根据调解员的决定和双方当事人的协商,调解可以在没有律师在场的情况下进行。参见齐树洁主编:《外国调解制度》,厦门大学出版社2018年版,第79页。

调解的自由裁量权。① 为了保证调解的有效开展，法律还要求当事人必须亲自出席并诚信参与调解，同时规定一旦当事人违反这些命令，将受到适当的制裁。② 目前法院采用最多的制裁措施是给因对方滥用调解而受到损害的一方当事人提供获得补偿的机会，补偿的形式一般是支付已经发生的费用，如律师费和调解费。③ 而且美国的经验表明，强制调解必须以诉讼费用罚则的吓阻为后盾。④

（二）加拿大的民事强制调解⑤

与邻国美国相比，加拿大的调解制度起步较晚。从 20 世纪 90 年代开始，联邦政府大力推广调解制度，一方面是基于调解能快速解决纠纷，将司法机关从高负荷的工作压力中解脱出来；另一方面则是因为调解能有效降低诉讼成本。⑥ 由于加拿大诉讼成本非常高，联邦议会希望通过调解减少诉讼案件的数量，从而削减司法耗费，实现国家财政的更合理分配。⑦ 联邦议会为此修改了大量制定法，包括《破产法》《广播法》《运输法》《环境评价法》《离婚法》《农场债务调解法》《劳动法》等。⑧ 由于加拿大是联邦制国家，立法权由联邦和各省共同享有，⑨因此，除联邦立法之外，各省在其立法权限内也规定了独立的调解制度。而无论是加拿大联邦还是各省的有关调解立法，从中都可以发现民事强制调解制度的内容。加拿大《联邦法院规则》第 9 章“纠纷解决服务”中规定，法院可以命令当事

---

① 参见[美]肯姆伯里 · K. 考瓦：《美国调解的发展：成熟的管理塑造未来》，载[澳]娜嘉 · 亚历山大主编：《全球调解趋势》（第 2 版），王福华等译，中国法制出版社 2011 年版，第 368 ~ 369 页。

② 参见[美]肯姆伯里 · K. 考瓦：《美国调解的发展：成熟的管理塑造未来》，载[澳]娜嘉 · 亚历山大主编：《全球调解趋势》（第 2 版），王福华等译，中国法制出版社 2011 年版，第 369 页。

③ 除费用上的制裁外，其实美国还存在虽然很少却非常有效的创新性制裁。比如，接受调解补习教育和减少审判准备时间。参见[美]肯姆伯里 · K. 考瓦：《美国调解的发展：成熟的管理塑造未来》，载[澳]娜嘉 · 亚历山大主编：《全球调解趋势》（第 2 版），王福华等译，中国法制出版社 2011 年版，第 393 页。

④ 参见齐树洁主编：《外国调解制度》，厦门大学出版社 2018 年版，第 72 页。

⑤ 众所周知，基于加拿大法律的特殊历史演进，加拿大实际上包含了两大法律传统。加拿大的大部分省份和地区继受了以英国法为代表的英美法系传统，而魁北克省承袭了法国法所代表的大陆法系传统。参见王立民主编：《加拿大法律发达史》，法律出版社 2004 年版，第 2 页。因此，从作为英美法系国家中民事强制调解制度典型代表的角度出发，以下对加拿大民事强制调解的介绍，将不包含魁北克省的相关内容。

⑥ 参见肖燕：《加拿大调解制度述评》，载齐树洁主编：《东南司法评论》2015 年卷，厦门大学出版社 2015 年版。

⑦ See Mitchell Sara Mclaughlin, *Mediation in Interstate Disputes*, International Negotiation, 2014, Vol. 19, Issue 2.

⑧ 参见肖燕：《加拿大调解制度述评》，载齐树洁主编：《东南司法评论》2015 年卷，厦门大学出版社 2015 年版。

⑨ 参见王立民主编：《加拿大法律发达史》，法律出版社 2004 年版，第 76 页。

人将案件或者部分争议焦点提交纠纷解决会议。纠纷解决会议由案件管理法官或首席书记官实施,包括和解(mediation)①、早期中立评估和模拟审判(mini-trail)②三种法定形式。③ 由于包括和解在内的纠纷解决会议系法院依职权命令启动,故而基于联邦法院命令的和解会议可以不经当事人同意而召开。④ 申言之,加拿大联邦法院命令的和解实际上是一种在诉讼中强制当事人参加调解的程序。除了联邦层面的强制调解之外,在承袭英美法传统的加拿大安大略省、新不伦瑞克⑤、萨斯喀彻温⑥等省也存在强制启动调解的做法。比如,安大略省修改了1999年《民事诉讼规则》,选出多伦多和渥太华地区法院的若干民事法庭,试行诉中强制调解制度。经过两年的试行,民事强制调解最终于2001年7月被确定为永久性的制度而写进该立法⑦。据此,除法律另有规定的少数案件外,当事人必须先进行调解,未经调解的案件不能直接进入审判程序。⑧ 由于安大略省是加拿大最大、最重要的省之一,其立法直接或间接地会对其他省产生影响,且安大略省的民事强制调解富有特色而被经常论及,所以以下对加拿大民事强制调解内容的介绍,将围绕加拿大联邦和安大略省两个层面来展开。

---

① 此处笔者只是遵循了国内学者的翻译惯例,将其译为"和解"。参见刘小飞、李振国:《加拿大法院案件管理的规则、实践与启示》,载《法律适用》2008年第11期;[加]艾伦·普卢吉纳:《加拿大调解制度的最新发展》,载[澳]娜嘉·亚历山大主编:《全球调解趋势》(第2版),王福华等译,中国法制出版社2011年版,第90页。但事实上,从加拿大《联邦法院规则》第387(a)条原文的含义看,此时法院是通过与当事人共同或单独会见,并鼓励和帮助当事人协商以达成双方可以接受的纠纷解决办法。因此,其本质上是一个第三方居中协调的过程,更类似于国内语境下的调解而非和解。下文的论述也正是建立在这样的判断基础之上。

② 国内资料有的将其译为"小型审判",有的将其译为"模拟审判"。笔者通过对加拿大《联邦法院规则》第387(c)条原文的翻译和分析,更倾向于将其译为"模拟审判"。

③ 实践中和解是最为常见的,参见刘小飞、李振国:《加拿大法院案件管理的规则、实践与启示》,载《法律适用》2008年第11期。

④ 加拿大学者认为,根据加拿大《联邦法院规则》第386~391条的规定,联邦法院命令的和解会议甚至可以不经当事人同意而召开。参见[加]艾伦·普卢吉纳:《加拿大调解制度的最新发展》,载[澳]娜嘉·亚历山大主编:《全球调解趋势》(第2版),王福华等译,中国法制出版社2011年版,第90页。

⑤ 在新不伦瑞克省,根据新不伦瑞克《议事规则》的规定,法院在是否要求自愿参加调解的问题上,略去了当事人同意的规定。参见[加]艾伦·普卢吉纳:《加拿大调解制度的最新发展》,载[澳]娜嘉·亚历山大主编:《全球调解趋势》(第2版),王福华等译,中国法制出版社2011年版,第90页。

⑥ 在萨斯喀彻温省,除少数情况之外,调解会议在诉讼程序一开始的答辩程序结束后开始,而且是强制进行的。参见[加]艾伦·普卢吉纳:《加拿大调解制度的最新发展》,载[澳]娜嘉·亚历山大主编:《全球调解趋势》(第2版),王福华等译,中国法制出版社2011年版,第92页。

⑦ 参见安大略省1999年《民事诉讼规则》第24、76条。

⑧ 参见高洪宾:《加拿大法院调解制度的启示》,载《法律适用》2005年第2期。

1. 调解的适用范围

如前所述,在加拿大联邦层面,民事强制调解制度体现为联邦法院命令的和解。从加拿大《联邦法院规则》的内容看,并没有对联邦法院命令和解的案件类型作出限制,因此从理论上讲,[①]在何种案件中适用该强制调解,完全由法院依职权决定。

在安大略省,1999 年《民事诉讼规则》第 24 条第 1 款规定,民事强制调解在非家庭领域民事案件中适用。[②] 从实践情况看,适用民事强制调解的案件类型主要包括被告应诉答辩的商事案件、不动产案件、信托案件等。[③] 此外,安大略省不同地区的民事强制调解在适用比率上差异很大,比如,渥太华有高达 90% 的民事案件(除家庭案件外)适用了民事强制调解,但是在多伦多则仅有 14% 的民事案件(除了家庭案件和商事案件外)适用。[④]

2. 调解的组织和人选

在加拿大联邦层面,联邦法院命令的和解由案件管理法官或首席书记官以纠纷解决会议的方式实施。由此可见,案件管理法官或首席书记官即是该诉中民事强制调解的主持人。虽然在具体案件中,联邦法院首席法官根据案件复杂程度来指定由案件管理法官抑或首席书记官作为案件管理人,但是从绝大多数案件的管理工作由后者承担的事实来看,首席书记官无疑是联邦法院命令的和解的主要主持人。联邦法院任命了 6 名首席书记官,常驻案件集中的渥太华、蒙特利尔、多伦多等地区。[⑤] 当然,联邦法院命令的和解也可以由案件管理法官主持,但是除非当事人同意,否则该法官不得主持此后的庭审程序。[⑥]

在安大略省,民事强制调解由职业调解员进行。安大略省各县均设有地方调解委员会,调解委员会把符合条件的调解员列入调解员名册。当事

---

① 由于在联邦法院命令和解实践情况方面的资料阙如,因此只能根据《联邦法院规则》的条文作理论上的推断。但不可否认,纸面上的法律和实践中的法律往往是有差异的。

② 参见[加]艾伦·普卢吉纳:《加拿大调解制度的最新发展》,载[澳]娜嘉·亚历山大主编:《全球调解趋势》(第 2 版),王福华等译,中国法制出版社 2011 年版,第 91 页。

③ 参见刘小飞、李振国:《加拿大法院案件管理的规则、实践与启示》,载《法律适用》2008 年第 11 期;肖燕:《加拿大调解制度述评》,载齐树洁主编:《东南司法评论》2015 年卷,厦门大学出版社 2015 年版。

④ 肖燕:《加拿大调解制度述评》,载齐树洁主编:《东南司法评论》2015 年卷,厦门大学出版社 2015 年版。

⑤ 参见刘小飞、李振国:《加拿大法院案件管理的规则、实践与启示》,载《法律适用》2008 年第 11 期。

⑥ 参见加拿大《联邦法院规则》第 391 条。

人可以从调解员名册中选择调解员,也可以在名册之外选择调解员。① 因此,即使被申请人联合提议的人选没有被列入调解员名册,也仍然可以成为调解员。② 当事人选定调解员的,必须在首次答辩后30日内完成。如果当事人不能就此达成一致,则由当地调解协调人③予以指定。在调解员的选拔方面,由安大略省各地根据申请者的资格证书进行,有时还需要进行面试。在选择调解员的标准方面,调解委员会并不过多强调职业身份,而是着重强调职业训练、经验和对法庭职责的熟知。④ 符合条件的律师可以向地方调解委员会申请列入调解人名册,这些条件主要包括调解的经验、调解培训、专业背景、熟知民事审判程序及3名推荐人。⑤ 由于安大略省在调解人选方面强调了调解经验的重要性,因此当事人更倾向于选择经验丰富的调解员,这种情况导致了调解实践中对经验丰富调解员的旺盛需求。⑥

3. 调解的程序

在联邦层面,根据加拿大《联邦法院规则》的规定,案件管理法官或首席书记官主持和解时,既可以同双方当事人会见,也可以与一方当事人单独会见,并采取鼓励和帮助当事人协商的方式以促成双方争议的解决。⑦加拿大《联邦法院规则》并没有单独规定法院命令和解的期限,只是针对纠纷解决会议规定了30日的期限,⑧因此作为纠纷解决会议的一种形式而且是最常见的形式,联邦法院命令的和解也应当在此期限内结束。如果当事人双方就案件全部或部分达成了和解,则必须签署书面协议并由双方当事人或其律师签字,且在和解达成之后的10日内向法院提交和解通知。如果当事人双方没有达成和解,那么案件管理法官必须在庭审笔录上记载该事实。在仅就案件部分达成和解的场合,案件管理法官应当发出命令,列明尚未解决的争议,并且就这些争议事项的裁判给予其认为的指示。⑨

---

① 参见安大略省1999年《民事诉讼规则》第24条第1款。

② [加]艾伦·普卢吉纳:《加拿大调解制度的最新发展》,载[澳]娜嘉·亚历山大主编:《全球调解趋势》(第2版),王福华等译,中国法制出版社2011年版,第95页。

③ 调解协调人由司法部长任命,负责调解委员会的日常管理工作。参见肖燕:《加拿大调解制度述评》,载齐树洁主编:《东南司法评论》2015年卷,厦门大学出版社2015年版。

④ 参见[加]艾伦·普卢吉纳:《加拿大调解制度的最新发展》,载[澳]娜嘉·亚历山大主编:《全球调解趋势》(第2版),王福华等译,中国法制出版社2011年版,第95页。

⑤ 参见刘小飞、李振国:《加拿大法院案件管理的规则、实践与启示》,载《法律适用》2008年第11期。

⑥ 参见[加]艾伦·普卢吉纳:《加拿大调解制度的最新发展》,载[澳]娜嘉·亚历山大主编:《全球调解趋势》(第2版),王福华等译,中国法制出版社2011年版,第95页。

⑦ 参见加拿大《联邦法院规则》第387(a)条。

⑧ 参见加拿大《联邦法院规则》第386(2)条。

⑨ 参见加拿大《联邦法院规则》第389条。

在安大略省,根据安大略省 1999 年《民事诉讼规则》的要求,民事强制调解以调解会议的方式进行,该调解会议应在审判开始阶段后的 90 日答辩期内召开。① 当事人务必在第一次调解会议举行前,提交一份书面声明,载明本人已经清楚本案所涉及的事实和法律问题,知悉自己的地位和利益所在。声明还必须载明其已经与对方当事人达成一致意见,如果因为一方当事人没有合法履行声明的义务而导致调解无法继续,调解员有权取消调解,起草一份当事人不遵守义务的书面文件提交调解协调人。调解中,当事人和代理人必须亲自参加调解会议,如果一方当事人在约定的调解开始时间 30 分钟内尚未到达调解地点,调解员有权取消调解会议,起草一份当事人违反义务的文件提交调解协调人。在这种情况下由该方当事人承担调解费用,并由法院予以制裁。强制调解必须在被告答辩后 180 日内结束,但是如果出现一方当事人人数众多,或案件需要更长的时间收集证据等情形,法院有权延长期限。此外,经双方同意,调解期间可以延长 60 日。延长期间超过 60 日或需要再次延长的,则需申请召开案件管理会议来决定。据统计,在该阶段大约有一半的案件因达成和解而终结。② 调解一般进行 3 个小时,3 个小时之后如果当事人双方和调解员一致同意继续调解,且双方当事人对调解员的费用或额外时薪达成一致,调解可能继续进行。③ 如果调解成功或者部分成功,具体的解决方案必须制作成书面调解协议,并且经当事人和代理人签名。如果调解彻底解决了纠纷,被告需要在签署调解协议之日起 10 日内,向法院提交一份书面文件。达成的调解协议具有法律约束力,如果一方违反,对方可以选择根据调解书的内容直接向法院提起诉讼,或者继续原来的诉讼程序。④ 调解程序终结 10 日内,调解员必须根据调解的基本情况制作一份报告提交调解协调人。在调解费用方面,除了第一次调解会议的费用按照安大略省《调解费用规

---

① 参见[加]艾伦·普卢吉纳:《加拿大调解制度的最新发展》,载[澳]娜嘉·亚历山大主编:《全球调解趋势》(第 2 版),王福华等译,中国法制出版社 2011 年版,第 90 ~ 91 页。

② 参见刘小飞、李振国:《加拿大法院案件管理的规则、实践与启示》,载《法律适用》2008 年第 11 期。

③ 参见[加]艾伦·普卢吉纳:《加拿大调解制度的最新发展》,载[澳]娜嘉·亚历山大主编:《全球调解趋势》(第 2 版),王福华等译,中国法制出版社 2011 年版,第 94 页。

④ 对于一方违反调解协议时,对方享有何种救济途径,国内翻译上存在不同看法:刘小飞、李振国认为,对方可以选择申请法院按照协议制作判决或继续诉讼;肖燕认为,对方可以选择根据调解协议的内容直接向法院提起诉讼或继续诉讼。从安大略省 1999 年《民事诉讼规则》原文的内容看,笔者赞同后者。参见刘小飞、李振国:《加拿大法院案件管理的规则、实践与启示》,载《法律适用》2008 年第 11 期;肖燕:《加拿大调解制度述评》,载齐树洁主编:《东南司法评论》2015 年卷,厦门大学出版社 2015 年版。

则》规定外，此后所有调解会议的费用均由当事人与调解员协商确定，并由当事人平等承担。

（三）澳大利亚的民事强制调解

澳大利亚作为英联邦的成员，同时又是英国前殖民地，其司法理念深受英国的影响，民事诉讼程序也效仿英国采取当事人对抗主义。① 20世纪80年代，为了矫治诉讼程序冗长、低效和昂贵的缺点，澳大利亚法院尝试引进在美国迅速发展的ADR。② 作为ADR的表现方式之一，民事强制调解的兴起与20世纪90年代澳大利亚众多法院引入的个案管理制度直接相关。1991年，澳大利亚《联邦法院（调解和仲裁）法》对澳大利亚1975年《家庭法》和澳大利亚1976年《联邦法院法》作出了修订，使联邦、州和地方的各级别法院都有权决定把案件交付调解或者仲裁。③ 以此为基础，澳大利亚2011年《联邦法院规则》从法院对诉讼程序监督的层面，规定法院可以签发命令适用调解等多元纠纷解决程序，或者命令向调解员等合适的个人转移程序，或者根据程序产生的特定事项，通过多元纠纷解决程序加以解决。④ 由于案件被随机分配给法官，该法官从始至终对案件负责，为此调解和其他一些争议解决程序成为案件管理的工具。⑤ 因此，有学者指出，对民事案件强制实施调解正是联邦法院发展的个案管理制度的一个重要特征。⑥ 在现今的澳大利亚诉讼制度中，无论在法院和法庭阶段，还是在诉讼开始前的阶段，都有很多启动调解程序的强制性规定。⑦

1997年4月，澳大利亚1976年《联邦法院法》第53A条作出更改，法官可以在当事人双方不同意的情况下命令调解，规定"根据第1小款所作出的调解介绍无须经过涉案各方的同意，但是仲裁的介绍必须经过涉案各

---

① 参见齐树洁主编：《英国民事司法制度》，厦门大学出版社2011年版，第200页。

② 参见范愉、李浩：《纠纷解决——理论、制度与技能》，清华大学出版社2010年版，第67页。

③ 参见林广华：《澳大利亚调解制度的经验与启示》，载《中国发展观察》2010年第12期。

④ 参见《澳大利亚联邦法院规则　澳大利亚联邦证据法》，胡铭、冯姣译，知识产权出版社2021年版，第2、35～36页。

⑤ See Laurence Boulle, *Alternative Dispute Resolution Advisory Council Mediation and the Rule of Law: Australian Perspectices*, in Gongyi Wang and Roman Tomasic, *Collection of Papers of Sino-Australian Seminar on Alternative Dispute Resolution and Modern Rule on Law*, Law Press, 2003, p. 13.

⑥ See Mark Weinberg, *Case Management and Alternative Dispute Resolution in the Federal Court of Australia*, in Gongyi Wang and Roman Tomasic, *Collection of Papers of Sino-Australian Seminar on Alternative Dispute Resolution and Modern Rule on Law*, Law Press, 2003, p. 254.

⑦ 参见［澳］塔尼娅·韶丁：《澳大利亚调解制度：对诉讼的影响》，载［澳］娜嘉·亚历山大主编：《全球调解趋势》（第2版），王福华等译，中国法制出版社2011年版，第37页。

方的同意”。[①] 在全国土著土地所有权法庭，澳大利亚 1993 年《土著土地所有权法》提供了一种“商谈权利”的机制，其主要目的就是对土著土地所有权的争议进行调解，而且这种对争议中的土著土地所有权以及补偿申请的调解是强制性的，在当事人脱离联邦法院之前，是不允许规避调解的。[②] 此外，澳大利亚 1975 年《家庭法》规定了针对家事纠纷的强制调解制度。[③] 该法第 5 章第 44 条规定，对于当事人结婚不满两年的离婚诉讼，除非法官确有理由相信可以受理申请，否则当事人在申请离婚令时，必须同时提交由法定的专人或组织[④]签署的证明，以证明当事人已经参加了该法定的专人或组织提供的帮助和解程序。同时，该法第 7 章 E 小节“家庭纠纷调解”（family dispute resolution）[⑤]第 60I、60J 条规定，除特定情形外，根据本法行使管辖权的法院不得受理与子女有关的第 7 部分命令的申请，除非申请人向法院提交家庭纠纷调解员出具的下列证明：(1) 当事人不参加家庭纠纷调解，是由于对方当事人或与命令所涉事项有关的当事人拒绝参加或不能参加调解；(2) 当事人不参加家庭纠纷调解，是由于家庭纠纷调解员认为不适合调解；(3) 所有当事人都已经尽力，但仍未达成调解协议；(4) 当事人、对方当事人或与命令所涉事项有关的当事人未尽到实际努力；(5) 对于当事人正在参与的家庭纠纷调解，家庭纠纷调解员认为继续调解已不适合。可以发现，澳大利亚 1975 年《家庭法》的上述规定实际上分别确立了与离婚诉讼和子女养育令诉讼有关的诉前强制调解制度。除此之外，澳大利亚 1975 年《家庭法》第 3B 章第 13C、13D 条还从法院在家事纠纷诉讼和非讼服务的权力之角度，规定了家事纠纷的诉中强制调解。据此，法院可以在诉讼的任何阶段，依职权指令双方当事人参加家庭纠纷调解等家庭服务。如果当事人没有遵守法院的指令，可能要面临不利后

---

① ［澳］伊尔·欧文：《澳大利亚联邦法院应用其他解决争端方法》，载中国法院网，http://www.chinacourt.org/article/detail/2011/12/id/1002.shtml；《澳大利亚联邦法院规则　澳大利亚联邦证据法》，胡铭、冯姣译，知识产权出版社 2021 年版，第 143 页。

② 参见［澳］塔尼娅·韶丁：《澳大利亚调解制度：对诉讼的影响》，载［澳］娜嘉·亚历山大主编：《全球调解趋势》（第 2 版），王福华等译，中国法制出版社 2011 年版，第 57～58 页。

③ 需要说明的是，2022 年 4 月 1 日澳大利亚 1975 年《家庭法》最新修正版生效，以下对其中民事强制调解内容的介绍，均依据该最新修正版。

④ 法定的专人或组织包括家庭咨询员；澳大利亚联邦巡回和家事法院或州家事法院的家庭顾问指定的人或组织；澳大利亚联邦巡回和家事法院或州家事法院之外的其他法院有相应资格的官员指定的个人或组织。参见澳大利亚 1975 年《家庭法》第 44 条 1B(a)。

⑤ 澳大利亚的《家庭法》历经修改，其中，调解于 2006 年已成为家事纠纷解决程序。因此，“family dispute resolution”译为“家庭纠纷调解”。参见来文彬：《家事调解制度研究》，群众出版社 2014 年版，第 118 页；陈苇（项目负责人）：《澳大利亚家庭法》（2008 年修正），群众出版社 2009 年版，第 124 页。

果,受到承担诉讼费用以及罚款等形式的处罚。①

众所周知,澳大利亚作为联邦制国家实行联邦与州并行的二元司法体制。除了上述联邦层面的民事强制调解之外,在澳大利亚州法院层面也存在强制启动民事调解的做法。昆士兰州 1991 年《最高法院法》建立了"事实上强迫当事人参与"的纠纷解决程序,允许法院单方面决定适用调解,而且规定当事人必须参加调解。昆士兰州 1999 年《统一民事诉讼规则》同样允许法院在适用调解时,无须经过当事人的同意。② 新南威尔士州 2000 年《高等法院修正(提交程序)法案》修正了新南威尔士州 1970 年《高等法院法案》,规定如果情况合适,法院可以下令将任何诉讼案件或其部分(任何刑事诉讼或刑事诉讼的部分除外)提交调解,可以经过或不经过诉讼相关当事人的同意。③ 新南威尔士州 2005 年《民事诉讼法》第 26 条也规定了同样内容。④ 此外,在澳大利亚的其他州如维多利亚、⑤南澳大利亚、⑥塔斯马尼亚,⑦都存在民事强制调解的规定。

1. 调解的适用范围

在澳大利亚联邦层面,澳大利亚 1976 年《联邦法院法》在规定法官可依职权强制启动调解的同时,对法院在介绍调解的案件种类上没有任何法律限制。实践中,法官会考虑涉案各方的意见、争论的焦点、诉讼的目的、双方是否有律师等,然后决定是否介绍调解。⑧ 通常涉及知识产权、工业

---

① 参见来文彬:《家事调解制度研究》,群众出版社 2014 年版,第 119 页。

② 参见[澳]塔尼娅·韶丁:《澳大利亚调解制度:对诉讼的影响》,载[澳]娜嘉·亚历山大主编:《全球调解趋势》(第 2 版),王福华等译,中国法制出版社 2011 年版,第 51~52 页。

③ 参见新南威尔士州 1970 年《高等法院法案》第 110K 条。

④ 参见[澳]P. A. Bergin:《澳大利亚法院之调解现状——以新南威尔士州为中心》,载《法律适用》2011 年第 6 期。

⑤ 维多利亚最高法院规则规定,调解无须经过当事人双方同意即可进行。参见维多利亚州 1996 年《最高法院(一般民事诉讼程序)规则》第 50.07 节。转引自[澳]塔尼娅·韶丁:《澳大利亚调解制度:对诉讼的影响》,载[澳]娜嘉·亚历山大主编:《全球调解趋势》(第 2 版),王福华等译,中国法制出版社 2011 年版,第 53 页。

⑥ 南澳大利亚州最高法院、联邦地方法院和地方法院在不经当事人同意的情况下,可以自己或任命调解员进行调解。参见南澳大利亚州 1935 年《最高法院条例》第 65 条、南澳大利亚州 1991 年《联邦地方法院条例》第 32(1)条、南澳大利亚州 1991 年《地方法院条例》第 27(1)条。转引自[澳]塔尼娅·韶丁:《澳大利亚调解制度:对诉讼的影响》,载[澳]娜嘉·亚历山大主编:《全球调解趋势》(第 2 版),王福华等译,中国法制出版社 2011 年版,第 54 页。

⑦ 在塔斯纳尼亚州,法院认为解决问题的前景很好或者经过调解获得的解决更加可取时,便会适用调解。参见塔斯马尼亚 2000 年《最高法院条例》第 20 部分,转引自[澳]塔尼娅·韶丁:《澳大利亚调解制度:对诉讼的影响》,载[澳]娜嘉·亚历山大主编:《全球调解趋势》(第 2 版),王福华等译,中国法制出版社 2011 年版,第 54 页。

⑧ 参见[澳]伊尔·欧文:《澳大利亚联邦法院应用其他解决争端方法》,载中国法院网,http://www.chinacourt.org/article/detail/2011/12/id/1002.shtml。

纠纷和其他一些案件的紧急安排等会被介绍给调解人进行调解。① 澳大利亚1993年《土著土地所有权法》规定,针对土著土地所有权争议以及补偿申请适用民事强制调解,因为这类案件被认为特别适合调解,经常涉及申请人的身份、信仰、文化和历史,由法院强行裁决的结果对这类案件既不能被接受,也不能维持长久。② 此外,在澳大利亚1975年《家庭法》规定的民事强制调解上,诉前民事强制调解和诉中民事强制调解的适用范围并不一致。其中,诉前民事强制调解适用于两类案件,即当事人结婚不满两年的离婚案件,以及申请子女养育令的案件。③ 对此,澳大利亚1975年《家庭法》明确列出了适用范围的负面清单:前者应排除"法院确信有特殊原因可以受理离婚案件"④的情况,后者则排除以下六种情形:(1)申请是在征得所有当事人同意后提出的或系回应另一方当事人已经提出的申请。(2)法院有合理理由认为一方当事人虐待子女或实施家庭暴力,或者有虐待子女或实施家庭暴力的危险。(3)申请符合特定的条件(申请与特定事项有关;申请提出之前的12个月内,与该事项有关的第7章命令已作出;申请的提出与当事人违反命令有关;法院认为当事人已经严重漠视其本人依命令所产生的义务。以上四个条件同时满足)。(4)申请是在情况紧急下提出的。(5)诉讼一方或多方当事人不能有效参加家庭纠纷调解。(6)存在条例中指定的其他情形。⑤

在澳大利亚州层面,新南威尔士州1994年《零售租赁法》、1994年《农业税务调解法》、1996年《分层计划管理法》以及2004年《法律执业者法》,分别对零售租赁纠纷、农业抵押贷款纠纷、分层大厦业权纠纷、当事人和法律执业者之间的纠纷规定了强制调解。⑥ 除了由立法明确规定民事强制调解的适用范围外,有些州也允许法官依据立法授权酌定适用范围。维多利亚州1996年《高等法院规则》第1章50.07(1)规定,"在诉讼的任何阶段,法院均得在取得或没有取得任何当事人同意的情况下,命令将诉讼事项或任何诉讼事项的任何部分提交给调解人调解",而知识产权、贸易实

① 参见[澳]伊尔·欧文:《澳大利亚联邦法院应用其他解决争端方法》,载中国法院网,http://www.chinacourt.org/article/detail/2011/12/id/1002.shtml。

② 参见[澳]伊尔·欧文:《澳大利亚联邦法院应用其他解决争端方法》,载中国法院网,http://www.chinacourt.org/article/detail/2011/12/id/1002.shtml。

③ 参见汤鸣:《比较与借鉴:家事纠纷法院调解机制研究》,法律出版社2016年版,第78~79页。

④ 参见澳大利亚1975年《家庭法》第44条1C。

⑤ 参见澳大利亚1975年《家庭法》第60I(9)条。

⑥ 参见唐荣曼:《可选择的商事纠纷解决机制:澳大利亚兼并委员会的角色》,载王公义主编:《中国·澳大利亚"纠纷解决替代机制与现代法治"研讨会论文集》,法律出版社2003年版,第96页。

践、行业纠纷是法官们总结的更容易通过调解解决的纠纷类型，而且大多数法官认为，金钱纠纷几乎都可以通过调解解决。① 塔斯纳尼亚州2000年《最高法院条例》第20部分允许法院在认为解决问题的前景很好，或者经过调解获得的解决更加可取时适用调解，而没有具体案件类型的限制。②

2. 调解的组织和人选

在澳大利亚的联邦层面，尽管澳大利亚2011年《联邦法院规则》本意在于让法官作为调解人进行调解，但实际上联邦法院的法官普遍认为，不应该由法官进行调解工作。实践中，大多数法院要求的调解是由法院的司法人员③来担任调解员的，并且尽量满足双方当事人的意愿。一般来说，法官只是将案件中的部分争端转交给调解员调解。但是，这并不意味着法官不能担任调解员。例如，澳大利亚全国土著土地所有权法庭对土著土地所有权争议以及补偿申请实施强制调解时，可以由法官进行。④ 在澳大利亚1975年《家庭法》规定的家事纠纷强制调解中，家事法官不能主持调解，但可以为当事人提供调解指南，而且家事调解的专业性备受重视。自20世纪90年代以来，家事调解的有关事宜由具有法律或社会科学背景的登记官和调解员主持。其中登记官是法院的专职律师，有权从事离婚、赡养等家事纠纷的调解，调解员则是合格的社会工作者和心理学家，擅长调解有关未成年子女的纠纷案件。根据案件性质是仅涉及财产问题、子女问题抑或同时涉及这两个问题，分别由不同的人员主持：对于仅涉财产问题的争议，由登记官主持；涉及子女问题的争议，由调解员主持；而对于同时涉及上述两类争议的案件，则委派一名男性和一名女性担任登记官和调解

---

① See Mark Weinberg, *Case Management and Alternative Dispute Resolution in the Federal Court of Australia*, in Gongyi Wang and Roman Tomasic, *Collection of Papers of Sino-Australian Seminar on Alternative Dispute Resolution and Modern Rule on Law*, Law Press, 2003, p. 262.

② 参见[澳]塔尼娅·韶丁：《澳大利亚调解制度：对诉讼的影响》，载[澳]娜嘉·亚历山大主编：《全球调解趋势》(第2版)，王福华等译，中国法制出版社2011年版，第54页。

③ 学者们认为，由法院司法人员担任调解员的理由在于：对法院作为介绍人有信心；由法院司法人员做调解员，比请外面的人更省费用；法院有责任培训自己的调解员，可以保证调解员的质量；法院司法人员对法院的规程和实践有丰富的经验，而且法院的人员和设施使调解工作可以及时开展。参见[澳]伊尔·欧文：《澳大利亚联邦法院应用其他解决争端方法》，载中国法院网，http://www.chinacourt.org/article/detail/2011/12/id/1002.shtml。

④ 参见[澳]塔尼娅·韶丁：《澳大利亚调解制度：对诉讼的影响》，载[澳]娜嘉·亚历山大主编：《全球调解趋势》(第2版)，王福华等译，中国法制出版社2011年版，第58页；[澳]伊尔·欧文：《澳大利亚联邦法院应用其他解决争端方法》，载中国法院网，http://www.chinacourt.org/article/detail/2011/12/id/1002.shtml。

员,共同主持联合调解会议,以兼顾性别平衡。① 此外,调解员往往与家事法官组成调解委员会共同实施调解事务。为了提高调解实效,法院还设立了家庭顾问作为特别辅助机构(非调解主持者),负责调查事宜。② 对于家庭调解员的任职资格,澳大利亚1984年《家庭法条例》明确作出了规定。澳大利亚2008年《家庭法(家事纠纷解决从业者)条例》在《国家调解员资质认定标准》(NMAS)的基础上,又部分修正了家庭调解员的资格要求,包括学历、学位、适当资质等具体要求,同时还应具备诸如未被州或地方法律禁止从事儿童工作等条件。③ 从澳大利亚1975年《家庭法》的规定看,家庭调解员的来源非常广泛,包括经委任规则委任而担任家庭纠纷调解员的人;经授权以代表部长委任的组织的名义进行调解活动的人;经授权依照澳大利亚2021年《联邦巡回和家庭法院法》第281条规定担任家庭纠纷调解员的人;根据澳大利亚1976年《联邦法院法》第18ZI(2)条而从事家庭纠纷调解的人;经州家事法院授权担任家庭纠纷调解员的人。④ 需要注意的是,在离婚案件的诉前强制调解中,澳大利亚1975年《家庭法》特别规定,家庭咨询员、澳大利亚联邦巡回和家事法院或州家事法院的家庭顾问指定的人或组织、澳大利亚联邦巡回和家事法院或州家事法院之外的其他法院有相应资格的官员指定的个人或组织,为离婚案件的当事人提供诉前调解服务。⑤

在澳大利亚州层面,某些州法院确定了一系列将当事人交付给调解员进行调解的机构,并在法院设立调解中心,为调解提供场所。调解员可以由退休法官、律师,以及法官之外的法院职员,如司法事务官、注册员⑥来担任。当事人可以合意选择调解员,为此法院备有调解员名册,提供关于收费、专家领域、从业者职业等相关信息。⑦ 如果双方当事人不能就此达成一致,则由法院指定的调解员进行调解。⑧

3. 调解的程序

对联邦法院调解命令作出后的程序运行规则,澳大利亚2011年《联邦

① 参见林芳雅:《澳大利亚家事法院调解制度》,载《人民法院报》2013年7月26日,第8版。

② 参见林芳雅:《澳大利亚家事法院调解制度》,载《人民法院报》2013年7月26日,第8版。

③ 参见林芳雅:《澳大利亚家事法院调解制度》,载《人民法院报》2013年7月26日,第8版。

④ 参见澳大利亚1975年《家庭法》第10G条。

⑤ 参见澳大利亚1975年《家庭法》第44条1B之规定。

⑥ 参见[澳]塔尼娅·韶丁:《澳大利亚调解制度:对诉讼的影响》,载[澳]娜嘉·亚历山大主编:《全球调解趋势》(第2版),王福华等译,中国法制出版社2011年版,第58页。

⑦ 参见昆士兰州1999年《统一民事诉讼规则》第9章第4部分。

⑧ 参见新南威尔士州1937年《地方法院法案》第164A(2)条。

法院规则》仅仅提供了一个粗线条的框架。① 尽管法院可以签发关于调解必须开始和结束时间的命令，②但究竟何时启动调解，澳大利亚 1976 年《联邦法院法》和澳大利亚 2011 年《联邦法院规则》都没有明确。实践中，调解会议根据法院或法官的指示而实施，是一个结构完善的程序，借此使调解人帮助涉案双方，鼓励他们进行讨论，以便双方当事人可以就有关争议问题进行有效的探讨，而且如果需要，经双方同意，双方的协议书可以以法院的裁决形式固定下来。③ 如果调解没有成功，调解人会暂时停止调解，等程序进行到一定程度时再恢复调解。一般情况下，调解人阅读卷宗，并分别与双方开会，查清争辩的要点以及之前双方为什么没有达成共识，问题出在哪里。调解人还会和有关法官一起讨论，征求法官的处理意见以及如果调解失败，法官将如何裁判、如何准备听证等。④ 调解人确定调解会议的时间，通常在法院指定的会议室举行调解会议。⑤ 此外，澳大利亚《土著土地所有权法》对于土地土著所有权及补偿申请强制调解中还明确了调解的期限，一方当事人可以在调解开始 3 个月后随时向法院申请终止调解。⑥

考虑到调解在澳大利亚家庭法院中的适用最为广泛，⑦因此关于家事纠纷的强制调解程序也有必要专门加以探讨。如前所述，根据澳大利亚 1975 年《家庭法》的规定，对于结婚不到两年的离婚案件以及申请子女养育令的案件，当事人在向法院起诉之前，必须先尝试通过调解解决争议。其中，申请子女养育令的案件如果是基于例外情况而没有先行尝试调解，法院应当考虑作出指示：要求当事人与家庭纠纷调解员和对方当事人或与

① 布莱克首席大法官指出，《联邦法院规则》的目的是提供一个粗线条的框架，在此框架内，调解和仲裁得以开展，也力图在此框架内提供大幅度的灵活性。参见[澳]伊尔·欧文：《澳大利亚联邦法院应用其他解决争端方法》，载中国法院网，http://www. chinacourt. org/article/detail/2011/12/id/1002. shtml。

② 参见澳大利亚 2011 年《联邦法院规则》第 28. 03 条注释。转引自《澳大利亚联邦法院规则 澳大利亚联邦证据法》，胡铭、冯姣译，知识产权出版社 2021 年版，第 143 页。

③ 参见[澳]伊尔·欧文：《澳大利亚联邦法院应用其他解决争端方法》，载中国法院网，http://www. chinacourt. org/article/detail/2011/12/id/1002. shtml。

④ 参见[澳]伊尔·欧文：《澳大利亚联邦法院应用其他解决争端方法》，载中国法院网，http://www. chinacourt. org/article/detail/2011/12/id/1002. shtml。

⑤ 参见[澳]伊尔·欧文：《澳大利亚联邦法院应用其他解决争端方法》，载中国法院网，http://www. chinacourt. org/article/detail/2011/12/id/1002. shtml。

⑥ 参见澳大利亚《土著土地所有权法》（首都特别区）第 86C(2)节。转引自[澳]塔尼娅·韶丁：《澳大利亚调解制度：对诉讼的影响》，载[澳]娜嘉·亚历山大主编：《全球调解趋势》（第 2 版），王福华等译，中国法制出版社 2011 年版，第 58 页。

⑦ 参见[澳]塔尼娅·韶丁：《澳大利亚调解制度：对诉讼的影响》，载[澳]娜嘉·亚历山大主编：《全球调解趋势》（第 2 版），王福华等译，中国法制出版社 2011 年版，第 35 页。

命令所涉及的事项有关的诉讼当事人，一起参加家庭纠纷调解。由此可见，在家事纠纷诉前强制调解的启动环节，澳大利亚 1975 年《家庭法》规定以当事人主动申请为主，但也允许法院在特定情况下依职权启动。在家事纠纷的诉中强制调解上，澳大利亚 1975 年《家庭法》规定在家事诉讼的任何阶段，法院有权在考虑征询家庭顾问①意见的基础上，命令当事人双方参加家庭纠纷调解。② 因此，家事纠纷诉中强制调解的启动完全基于法院的命令。而且，如果当事人没有遵守法院的该项指令，家庭咨询员、家庭纠纷调解员以及其他家庭服务的提供者应当将此情况报告给法院，法院在收到报告后可以作出其认为适当的进一步命令。③ 据此，当事人可能要面临不利后果，受到承担诉讼费用以及罚款等形式的处罚。④ 此外，在实务中，经常存在当事人对法院强制调解命令提出异议的情况，但当事人的异议是否成立须由法院来决定。⑤ 在调解启动之后，家庭法院召开庭前信息会议，该会议为必经程序，由家庭纠纷调解员初步了解案件争点，介绍相关司法程序，使当事人充分了解可利用的调解服务及未成年子女利益的重要性。接下来举行案件评估会议，由家庭纠纷调解员、登记官分别或共同主持，答复当事人关于调解程序的疑问，评估个人意愿以便提供更有针对性的服务。如果评估结果表明该案不适合调解，则转介其他服务。⑥ 如果达成调解，一般会签署一份协议表明调解结果，此结果作为法院许可的主体内容。

三、我国台湾地区、澳门特区的民事强制调解

(一)我国台湾地区的民事强制调解

在我国台湾地区，“民事诉讼法”“家事事件法”“劳动事件法”“商业事件审理法”“医疗事故预防及争议处理法”等，都确立了适用于特定民事纠纷的强制调解制度。其中，台湾地区“民事诉讼法”规定了“强制调解之

① 家庭顾问，是指被依法任命的在家事诉讼中向当事人提供帮助和建议、向法院提供帮助和建议以及提供证据等服务的人。家庭顾问履行职责时，与家事法院法官履行职责时一样受相同保护和免责。参见澳大利亚 1975 年《家庭法》第 3 章。

② 参见澳大利亚 1975 年《家庭法》第 13C 条。

③ 参见澳大利亚 1975 年《家庭法》第 13D 条。

④ 参见来文彬：《家事调解制度研究》，群众出版社 2014 年版，第 119 页。

⑤ See Laurence Boulle, *Alternative Dispute Resolution Advisory Council Mediation and the Rule of Law: Australian Perspectices*, in Gongyi Wang and Roman Tomasic, *Collection of Papers of Sino-Australian Seminar on Alternative Dispute Resolution and Modern Rule on Law*, Law Press, 2003, p. 13.

⑥ 参见林芳雅：《澳大利亚家事法院调解制度》，载《人民法院报》2013 年 7 月 26 日，第 8 版。

事件”,[①]要求对某些特定纠纷,在当事人向法院起诉之前,必须先经过法院调解,否则即视当事人起诉为调解的声请。我国台湾地区学者陈计男先生认为,台湾地区“民事诉讼法”的这种规定与民国时期颁布的《民事诉讼律草案》中的诉前和解实质相类,是在起诉之前和解解决纷争的一种程序。在家事调解方面,台湾地区“家事事件法”将家事调解、诉讼、非讼及执行程序合并的同时,于第 2 编专门规定了家事事件的强制调解制度,除原本由台湾地区“民事诉讼法”规定的离婚、夫妻同居以及解除收养关系事件外,还广泛适用于甲、乙、丙、丁、戊类家事事件。[②] 2020 年 1 月生效的台湾地区“劳动事件法”建立了备受瞩目的“劳动调解前置制度”,规定“劳动事件,除有下列情形之一者,于起诉前,应经法院行劳动调解程序……前项事件当事人迳向法院起诉者,视为调解之声请”,[③]从而确立了劳动事件的诉前强制调解制度。与之相似,2020 年 1 月颁布的台湾地区“商业事件审理法”也设立针对商业诉讼事件的诉前强制调解制度,规定“商业诉讼事件于起诉前,应经商业法院行调解程序……前项事件,当事人迳向商业法院起诉或经裁定移送商业法院者,视为调解之声请”。[④] 而在 2022 年 6 月新近公布的台湾地区“医疗事故预防及争议处理法”中,根据“医疗争议调解先行”的原则确立了医疗民事争议的强制调解制度,规定当事人就医疗争议提起民事诉讼前,应向医疗争议调解会申请调解;如果当事人未申请调解而径行起诉,第一审法院应移付有管辖权的调解会先行调解。[⑤]

1. 台湾地区“民事诉讼法”规定的民事强制调解

台湾地区“民事诉讼法”以民国时期国民政府颁布的《民事诉讼法》为基础,至今已经历了 20 余次修订。其中的法院调解制度包括了依调解程序的诉前调解和依和解之规定的诉讼中的调解。[⑥] 尽管在台湾地区调解与和解有严格区分,但二者都存在不经当事人同意,即可由法院介入并调停排解争议的情形:前者即被称为“强制调解”,体现为台湾地区“民事诉讼法”第 403 条之规定“下列事件,除有第 406 条第 1 项各款所定情形之一者外,于起诉前,应经法院调解……”;后者则被称为“试行和解”,依台湾

---

① 参见我国台湾地区“民事诉讼法”第 403 条。

② 台湾地区“家事事件法”将家事事件规定为甲、乙、丙、丁、戊五种类型,对此下文将作具体阐述。

③ 参见台湾地区“劳动事件法”第 16 条。

④ 参见台湾地区“商业事件审理法”第 20 条。

⑤ 参见台湾地区“医疗事故预防及争议处理法”第 15 条。

⑥ 参见齐树洁主编:《台港澳民事诉讼制度》(第 2 版),厦门大学出版社 2014 年版,第 115 页。

地区“民事诉讼法”第377条,法院不问诉讼程度如何,得随时试行和解。不难发现,台湾地区的“民事诉讼法”其实包含了诉前民事强制调解和诉中民事强制调解两种类型。

(1)调解的适用范围

在诉前民事强制调解上,台湾地区“民事诉讼法”第403条从正面列举了民事强制调解的适用范围:①不动产所有人或地上权人或其他利用不动产之人相互间因相邻关系发生的争执;②因设置不动产之界限或界标发生的争执;③不动产共有人间因共有物之管理、处分或分割发生的争执;④建筑物区分所有人或利用人相互间因建筑物或其共同部分之管理发生的争执;⑤因增加或减免不动产之租金或地租发生的争执;⑥因地上权之期间、范围、地租发生的争执;⑦因道路交通事故或医疗纠纷发生的争执;⑧雇用人与受雇人间因雇佣契约发生的争执;⑨合伙人间或隐名合伙人与出名营业人间因合伙发生的争执;⑩配偶、直系亲属、四亲等内之旁系血亲、三亲等内之旁系姻亲、家长或家属相互间财产权发生的争执;⑪其他因财产权发生争执,标的金额或价额在新台币50万元以下的。[①] 此外,台湾地区“民事诉讼法”第406条第1项从反面排除了不适用于诉前民事强制调解的纠纷类型:①以法律关系之性质,当事人之状况或其他情事可认为不能调解或显无调解之必要或调解无成立之望者;②经其他法定调解机构调解未成立者;③因票据发生争执者;④仅提起反诉者;⑤送达于他造之通知书,应为公示送达或于外国为送达者;⑥金融机构因消费借贷契约或信用卡契约有所请求者。

在诉中民事强制调解上,台湾地区“民事诉讼法”第377条规定,“法院不问诉讼程度如何,得随时试行和解”,可以发现立法对诉中民事强制调解的适用范围并没有明确要求,而是交给法院自由裁量。因此,可以认为,无论处于何种诉讼阶段和审级,凡是法律允许当事人处分的事项,法院都可以依职权试行和解。

(2)调解的组织和人选

在诉前民事强制调解上,调解由法官选任的1至3个调解委员先行实施,等待调解达到相当程度有成立之望或其他必要情形时,再报请法官到场。如果两造当事人合意或法官认为适当,亦得径由法官主持调解。如果当事人对于前项调解委员人选有异议或两造合意选任其他适当人者,法官

---

① 根据台湾地区“民事诉讼法”第403条第2项的规定,台湾地区司法管理机构出于情势需要,可以命令将此数额减至25万元或增至75万元。

得另行选任或依其合意选任之。为方便当事人选任调解人，地方法院必须将其管辖区域内适于为调解委员之人选列册，以供选任。法官于调解事件认为有必要时，亦得选任前项名册以外之人为调解委员。① 调解委员的人数、资格、任期及其聘任、解任等事项，具体由“地方法院设置调解委员会办法”加以确定。②

在诉中民事强制调解上，试行和解的实施主体不限于受诉法院，还可以是受命法官和受托法官。③

(3)调解的程序

在诉前民事强制调解上，调解主要依当事人声请而启动。如果当事人未提出调解声请而直接向法院起诉，除非于诉状内表明具有法定例外情形，并添具相关证据，否则产生拟制声请调解的效果，即视起诉为调解之声请，④由法院依职权启动诉前强制调解程序。在调解的实施环节，台湾地区“民事诉讼法”第2章“调解程序”作出了非常详尽的要求：调解主要在法院进行，地方法院设有调解室供调解之用，必要时调解也可以在其他适当处所进行⑤；调解中，调解委员或法官应倾听当事人陈述，了解问题所在，以便能提出方案解决争议；调查证据应由法官实施，调解委员无权进行。⑥ 调解成立的，当事人可以于调解成立之日起3个月内，声请退还其于该审级所缴纳声请费的2/3，⑦如果调解不成立案件进入诉讼程序，调解费用则作为诉讼费用的一部分。⑧ 此外，为防止当事人虚应诉前强制调解

---

① 参见吴光陆：《台湾地区民事诉讼调解制度概述》，载张卫平、齐树洁主编：《司法改革论评》第14辑，厦门大学出版社2012年版。

② 台湾地区“地方法院设置调解委员会办法”是地方法院选任调解委员的依据。其中第4条规定，担任调解委员需要具备下列资格：(1)品行端正、著有信誉；(2)对调解工作富有热忱；(3)生活安定且有充裕时间；(4)身心健康有说服力；(5)对解决民事或家事纷争具有专门经验；(6)具有丰富社会知识经验；(7)其他经认为适当者。同时，该办法第5条也明确了不得担任调解委员的情形。参见吴光陆：《台湾地区民事诉讼调解制度概述》，载张卫平、齐树洁主编：《司法改革论评》第14辑，厦门大学出版社2012年版。

③ 参见台湾地区“民事诉讼法”第377条。

④ 参见台湾地区“民事诉讼法”第403条、第424条第1项。

⑤ 台湾地区“民事诉讼法”第410条规定：“调解程序于法院行之，于必要时，亦得于其他适当处所行之。调解委员会于其他适当处所行调解者，应经法官之许可。”

⑥ 但事实上，调解委员为解决纷争难免会进行调查，例如，对于损害赔偿事件中调查医药费支出、损害金额等。参见吴光陆：《台湾地区民事诉讼调解制度概述》，载张卫平、齐树洁主编：《司法改革论评》第14辑，厦门大学出版社2012年版。

⑦ 根据台湾地区“民事诉讼法”第77条之二十的规定，诉前民事强制调解需要缴纳声请费。

⑧ 参见台湾地区“民事诉讼法”第423条。对于台湾地区“民事诉讼法”规定的“视起诉为调解之声请”的情形，当事人则可以声请法院裁定返还裁判费与调解声请费之间的差额部分。参见吴明轩：《调解不成立后之诉讼程序》，载《月旦法学教室》2004年第25期。

程序,[1]立法规定了相应的制裁措施,在调解期日当事人无正当理由不到场的,可处新台币3000元以下的罚款;即使有代理人到场,但当事人本人无正当理由不到场的,法院也可以采取同样的行政处罚。[2] 在调解的终结环节,根据台湾地区"民事诉讼法"第416条之规定,诉前民事强制调解成立的,产生与诉讼上和解同一的效力,亦即与确定判决同一的效力。[3] 如果不成立,则应向当事人发送调解不成立证明书,并产生调解与诉讼的衔接问题。对此,我国台湾地区学者吴明轩先生将其概括为三种情形:①如果当事人双方均于调解期日到场而调解不成立,法院可以依一方当事人的申请,按照该案件应适用的诉讼程序——调解事件如径行起诉原应适用的通常、简易或小额诉讼程序,命令双方立即进行诉讼辩论。如果当事人仅为调解声请,并无起诉行为,法院无从命令双方即为诉讼之辩论,根据台湾地区"民事诉讼法"第419条第2项的规定,将视当事人声请调解时已经起诉,从而使诉讼程序继续进行。②如果当事人在调解不成立证明书送达后10日之不变期间起诉,视为其自声请时已经起诉。如果当事人在调解不成立证明书送达前就起诉,同样视其自声请时起诉。在此种情况下,诉讼程序的启动仍须调解声请人另为起诉行为,不过认为其此前的调解声请即产生诉讼系属的效力。但如果调解声请人超过前述不变期间始为起诉行为,其起诉行为虽然合法,并不产生溯及于声请调解时发生诉讼系属的效力。③如果当事人径行向法院起诉而以起诉视为调解之声请,或者因为债务人对支付令提出异议而视为调解声请,若调解不成立,除了调解当事人声请延期外,法院应按照该案件原本应适用的诉讼程序,命令当事人立即为诉讼之辩论,并仍自原起诉或支付命令声请时发生诉讼系属的效力。但如果当事人一方于调解期日不到场,法院仍然应当延展期日,而不能命令即为诉讼之辩论。因为不到场的当事人所迟误的是调解期日,而非言词辩论期日,不应使其蒙受迟误言词辩论期日的不利益。此外,为保证前后程序的一贯,仍适宜由原法官继续审理。[4]

在诉中民事强制调解上,根据台湾地区"民事诉讼法"第377条的规定,调解由受诉法院依职权启动。但是对于诉中民事强制调解的实施环

---

① 我国台湾地区司法实践中存在虚应诉前民事强制调解,而使其流于形式,功能无法充分发挥的现象。

② 参见台湾地区"民事诉讼法"第409条第1项。

③ 根据台湾地区"民事诉讼法"第380条第1项的规定,"和解成立者,与确定判决有同一之效力",因此调解成立的,也具有和确定判决同一的效力。

④ 参见吴明轩:《调解不成立后之诉讼程序》,载《月旦法学教室》2004年第25期。

节,台湾地区“民事诉讼法”缺乏明确的规定,比如,尽管要求试行和解时,可以命令当事人或法定代理人本人到场,但是对于无正当理由不到场的情形并未设置任何制裁措施。在调解的终结环节,根据台湾地区“民事诉讼法”第380条的规定,如果调解成立,则产生与确定判决同一的效力;如果和解无效或有可撤销的原因,则当事人可以请求受诉法院继续审判。

2. 台湾地区“家事事件法”规定的民事强制调解

台湾地区“家事事件法”于2012年1月11日公布,“将向来之家事调解程序、人事诉讼程序、家事非讼程序及家事强制执行程序合并统整立法,使程序一元化,并由专业法院处理”。① 特别是台湾地区“家事事件法”将家事事件分为甲、乙、丙、丁、戊五类,分款细列具体内容,并吸收了台湾地区“民事诉讼法”中关于离婚、夫妻同居以及解除收养关系纠纷的强制调解制度,规定“家事事件,除第3条所定丁类事件外,于请求法院裁判前应经法院调解,当事人迳向法院请求裁判的,视为调解的声请”。② 此外,台湾地区“家事事件法”还允许法官在家事事件程序中依职权启动调解,该法第29条第1款规定:“法院得于家事事件程序进行中依职权移付调解;除两造合意或法律另有规定外,以一次为限。”可以看出,台湾地区“家事事件法”既包括诉前民事强制调解,也包括诉中民事强制调解。

(1)调解的适用范围

在诉前民事强制调解上,根据台湾地区“家事事件法”第23条第1款的规定,其适用于除丁类案件之外的甲、乙、丙、戊四类案件。其中甲类事件有4种,涉及确认婚姻、生父子女、亲子以及收养关系的案件。乙类事件有4种,涉及撤销婚姻、子女以及收养关系的案件和离婚案件。丙类事件有6种,涉及与婚姻家庭有关的财产性案件。丁类事件有13种,属于非讼事件。戊类事件也有13种,包括因婚姻无效、撤销或离婚之给予赡养费、夫妻同居等。③ 此外,第23条第2款还规定了诉前强制调解适用的除外情况:如果“当事人应为公示送达或于外国为送达者”,则不产生“拟制为声请调解的效果”,也就是说,此时若“当事人迳向法院请求裁判的”,不能“视为调解的声请”。在诉中民事强制调解上,从台湾地区“家事事件法”第29条第1款的规定来看,其适用范围并无明确要求,由法官根据案件具体情况自由裁量。

---

① 台湾地区“家事事件法”第23条。

② 台湾地区“家事事件法”第23条第1款。

③ 参见台湾地区“家事事件法”第3条。

(2)调解的组织和人选

台湾地区“家事事件法”第25条明确了家事事件的调解机构为管辖家事事件的法院,①但法律另有规定的除外。在此基础上,台湾地区“家事事件法”第27条规定家事事件的调解程序由法官实施,并得商请其他机构或团体志愿予以协助。从实务情况看,有的法院将调解交由司法事务官②处理,或指派调解委员进行调解。也有的法院将家事调解案件统归于某庭长处理,指派调解委员调解时,由司法事务官在场提供咨询。其中,家事调解委员由具有性别平权意识、尊重多元文化者,并有法律、医疗、心理、社会工作或其他相关专业,或社会经验者担任。③ 家事调解委员的资格、聘任、考核、训练、解任及报酬等事项,具体由司法管理机构制定。台湾地区“法院设置家事调解委员办法”列出了多达12项内容,对家事调解委员的资格进行明确。④ 在具体案件中,由法官根据事件性质,并斟酌家事调解委员的能力,进行家事调解委员的选任。如果当事人对于法院选任的家事调解委员有异议,或者双方合意选任其他适当人选,法院可以另行选任,或依照当事人的合意进行选任。⑤

(3)调解的程序

台湾地区“家事事件法”第32条第3款规定,家事事件调解程序,除另有规定外,准用“民事诉讼法”第2编第2章调解程序的规定,故而此处仅对台湾地区“家事事件法”作出特别规定的内容加以介绍。根据台湾地区“家事事件审理细则”的规定,调解期日由法官依职权确定。续行的调解期日,可以委任给主任调解员确定;没有主任调解员的,则委任给调解委员确定。⑥ 在关于未成年子女权利义务行使负担事件的调解中,法官于必要时,可以命令家事调查官先进行特定事项的调查。监护或辅助宣告事件

---

① 台湾地区“家事事件法”第25条规定,处理家事事件的法院是少年及家事法院,在没有设立少年及家事法院的地区,则由地方法院的家事法庭来处理。

② 根据台湾地区“法院组织法”第17条规定,地方法院设司法事务官,办理包括调解程序事件在内的多种事务。在实务上,家事调解及收养事件不少都交给司法事务官处理。

③ 参见台湾地区“家事事件法”第32条。

④ 台湾地区“法院设置家事调解委员办法”第4条规定:家事调解委员应具有性别平权意识、尊重多元文化及下列资格之一:(1)品行端正、著有信誉;(2)对调解工作富有热忱;(3)生活安定且有充裕时间;(4)身心健康有说服力;(5)具有丰富社会知识经验;(6)曾任法官;(7)心理师;(8)社会工作师;(9)医师;(10)律师;(11)具有心理咨询或心理咨商之学经历;(12)具有家事调解专业经验。

⑤ 参见台湾地区“法院设置家事调解委员办法”第8条。

⑥ 参见台湾地区“家事事件审理细则”第49条。

中,经关系人依法申请裁定的亦然。① 另根据台湾地区"法院设置家事调解委员办法"的规定,家事调解事件应在事件系属后4个月内完成,调解逾期仍未能成立的,除双方当事人书面同意续行调解外,应立即终结调解程序。此外,在当事人陈明无调解意愿、有事实足以认定当事人无调解意愿或调解无成立希望时,法院也应当立即终结调解程序。根据台湾地区"家事事件法"规定,离婚、终止收养、分割遗产或其他当事人可以处分的事项,经调解达成合意并记载于调解笔录时,调解成立。若系法官依职权交付的调解,除双方当事人合意或法律另有规定的,应以一次为限,②而且调解成立时诉讼程序终结,产生与确定判决同等的效力,当事人则可以自调解成立之日起3个月内,请求法院退还已经缴纳的裁判费的2/3。③ 如果调解不能成立,则视不同的情况发生与诉讼衔接的问题:对于当事人声请调解的,若当事人于调解不成立证明书送达后的法定期限内请求裁判的,视为自声请调解时已经请求裁判,于送达前请求裁判的亦同;对于以裁判的声请视为调解声请的,除当事人声请延展期日外,法院应按该事件应当适用的程序,命令进行裁判程序,并仍然自原裁判声请时发生诉讼系属的效力;对于法官依职权交付调解的,原诉讼程序继续进行。④

3. 台湾地区"劳动事件法"规定的民事强制调解

为解决劳工不易于接近法院诉讼程序的缺点,台湾地区"劳动事件法"将劳动调解作为诉讼的必要前置程序,希望加强调解人员专业性,解决现行法院调解程序成效低落的问题,以迅速解决争议,提高调解达成率,减少进入诉讼程序的案件数量。根据台湾地区"劳动事件法"第16条,"劳动事件,除有下列情形之一者,于起诉前,应经法院行劳动调解程序……前项事件当事人迳向法院起诉者,视为调解之声请"。可见,劳动调解程序被规定为当事人起诉的法定前置程序,"劳动事件法"显然创设了劳动争议诉前强制调解制度。结合该法的具体规定,对其基本内容分析如下。

(1)调解的适用范围

根据台湾地区"劳动事件法"第16条,除有"民事诉讼法"第406条第1项第2款、第4款、第5款所定情形之一者,以及因"性别工作平等法"第12条所生争议外,于起诉前,应经法院行劳动调解程序。据此,可以将劳动争议诉前强制调解的适用范围从正反两个方面加以界定。从正面讲,劳

---

① 参见台湾地区"家事事件审理细则"第46条。
② 参见台湾地区"家事事件法"第29条。
③ 参见台湾地区"家事事件法"第30条。
④ 参见台湾地区"家事事件法"第29、31条。

动争议诉前强制调解适用于以下劳动争议：①基于劳工法令、团体协约、工作规则、劳资会议决议、劳动契约、劳动习惯及其他劳动关系所产生的民事争议；②建教生与建教合作机构基于高级中等学校建教合作实施及“建教生权益保障法”、建教训练契约及其他建教合作关系所产生的民事争议；③因性别工作平等之违反、就业歧视、职业灾害、工会活动与争议行为、竞业禁止及其他因劳动关系所产生的侵权争议。[①] 从反面看，劳动争议诉前强制调解不适用于具有下列情形的争议：①依法律关系的性质，当事人之状况或者其他情事可认为不能调解或显无调解必要或调解显无成立之望者；②经其他法定调解机关调解未成立者；③因票据发生争执者；④系提起反诉者；⑤送达于他造之通知书，应为公示送达或于外国为送达者；⑥金融机构因消费借贷契约或信用卡契约有所请求者；⑦因性骚扰所产生的争议。[②]

（2）调解的组织和人选

劳动争议诉前强制调解由劳动法庭[③]的法官一人和劳动调解委员二人共同组成的劳动调解委员会实施。调解中，程序指挥权由该委员会的法官行使。劳动调解委员[④]由法院斟酌调解委员的学识经验、劳动调解委员会的妥适组成及其他情事等因素，从具有劳动关系或劳资事务方面专门学识、经验者中遴聘，且委员中任一性别比例不得少于遴聘总人数的1/3。

（3）调解的程序

劳动争议诉前强制调解依当事人向有管辖权的法院[⑤]提出书面声请而启动，调解标的额较小的，可以口头提出声请。如果当事人径行向法院起诉，则视该起诉为调解之声请。调解期日由劳动调解委员会的法官依职

---

① 参见台湾地区“劳动事件法”第2条第1项。

② 参见台湾地区“民事诉讼法”第406条第1项第2、4、5款，以及台湾地区“劳动事件法”第16条第1项第2款。

③ 根据台湾地区“劳动事件法”第4条的规定，为了处理劳动争议，各级法院应设立劳动专业法庭（以下简称劳动法庭）。在法官员额较少的法院，可以仅设专股以劳动法庭名义办理。

④ 至于劳动调解委员的资格、遴聘、考核、训练、解任及报酬等事项，由我国台湾地区司法管理机构确定。

⑤ 原则上，管辖劳动争议诉前强制调解的法院与劳动诉讼的管辖法院相同。不过，根据台湾地区“劳动事件法”的规定，为了保障经济弱势当事人的权益，并且便利劳工寻求权利救济，管辖法院的确定因声请人身份的不同而有不同。如果劳工提出声请，由雇主住所、居所、主营业所、主事务所所在地或劳工之劳务提供地法院管辖；如果以雇主作为声请人，由劳工住所、居所、现在或最后之劳务提供地法院管辖。在后一种情况下，劳工可以在第一次调解期日前，声请将纠纷移送至其所选定的有管辖权的法院。在劳动争议双方事先以合意方式确定管辖法院的情况下，如果据此对劳工一方显失公平，劳工可以径行向其他有管辖权法院提出声请；如果劳工作为被声请方，可以在第一次调解期日前，声请将纠纷移送至其所选定的有管辖权的法院。参见台湾地区“劳动事件法”第6、7、17条的规定。

权确定。除调解声请不合法而需要在一定期间补正,以及需要就审判权或管辖权进行裁定等特别事由外,劳动调解委员会的法官应在劳动调解声请之日起30日内,指定第一次调解期日。为提高调解的效率,除特别情事外,劳动调解应在3个月内以三次期日内终结,并要求当事人尽早提出事实及证据,除不可规责于自己的事由外,应当于第二次期日终结前提出。劳动调解委员会应尽快听取当事人的陈述、整理相关争点和证据,适时向当事人晓谕诉讼的可能结果,并可依当事人声请或依职权进行事实及证据调查。调解程序的进行原则上不公开,但劳动调解委员会认为适当时可允许就案件无妨碍之人旁听。调解的成立可以分为三种情形:①当事人经调解达成纠纷解决合意并记载于调解笔录的,调解即为成立。[①] ②如果当事人双方虽有成立调解的意愿,但是无法立即就具体调解内容获得结论,当愿意由劳动调解委员会酌定解决争议的调解条款时,则基于对当事人程序选择权的尊重,可以由劳动调解委员会酌定调解条款。该调解条款应制作成书面形式,或者由书记官记载于调解程序笔录,经劳动调解委员会的法官及劳动调解委员全体签名的,视为调解成立。[②] ③如果当事人不能合意成立调解,劳动调解委员会应依职权斟酌一切情形,本着对双方利益的平衡,在不违反双方主要意思的范围内,提出解决纠纷的适当方案。该方案送达或告知[③]给当事人或参加调解的利害关系人后,如果后者未于10日内提出异议,视为依方案成立调解。[④] 根据台湾地区"劳动事件法"的规定,调解一旦成立即与确定判决具有同一效力。[⑤] 如果劳动调解委员会参酌纠纷的性质,认为进行劳动调解不利于纠纷的迅速与妥适解决,或者不能依职权提出适当方案的,视为调解不成立。此外,即使劳动调解委员会提出了解决纠纷的适当方案,但是当事人或参加调解的利害关系人于送达或告知后10日内提出异议的,也视为调解不成立。在前述两种情形下,法院应告知或通知当事人及参加调解的利害关系人。除调解声请人于受告知或通知后10日内向法院作出反对续行诉讼程序的意思外,调解不成立的情况下,应当续行诉讼程序,并视为自调解声请时已经起诉。在以起诉为调解声请的情况下,仍然自起诉时发生诉讼系属的效力。续行的诉讼程

---

① 参见台湾地区"劳动事件法"第26条。

② 参见台湾地区"劳动事件法"第27条。

③ 根据台湾地区"劳动事件法"第28条,劳动调解委员会认为适当时,可以于全体当事人均到场的调解期日,以言词方式告知该方案的内容及理由,并由书记官记载于调解笔录,而不再进行送达。

④ 参见台湾地区"劳动事件法"第28、29条。

⑤ 参见台湾地区"劳动事件法"第26条。

序由参与劳动调解委员会的法官实施，但是调解中参与劳动调解委员会的法官或劳动调解委员的劝导，以及当事人所为的不利于己的陈述或让步，在调解不成立而续行的诉讼中，不得作为裁判的依据。

4. 台湾地区“商业事件审理法”规定的民事强制调解

鉴于重大商业纷争不仅影响公司股东或债权人之权益，亦可能波及投资大众市场，如未即时处理，甚或影响整体经商环境，降低经济竞争力。2017 年 5 月，台湾地区司法管理机构推动设置商业法院，将重大商业案件交由统一审理商业事件之法院。在此基础上，2018 年台湾地区司法管理机构组成“商业事件审理法”研究制定委员会，本着迅速、妥适、专业处理商业纷争，协助企业管理运作、提供有效监督机制、落实企业经营者责任等公司治理原则，以收案件专业、效率审理之效，并期商业法院之判决具有一致性与可预测性，以促进经商环境、提升国际竞争力为目的展开研议，并最终于 2020 年 1 月形成台湾地区“商业事件审理法”。其中第 2 章“商业调解程序”确立了针对商业诉讼事件的诉前强制调解制度，规定商业诉讼事件于起诉前应经商业法院行调解程序。① 结合台湾地区“商业事件审理法”的具体条文，可以将其确立的诉前民事强制调解制度的主要内容分析如下。

(1) 调解的适用范围

根据台湾地区“商业事件审理法”的规定，商业事件分为商业诉讼事件及商业非讼事件两类，其中只有商业诉讼事件实行诉前民事强制调解。商业诉讼事件具体包括②：①公司负责人因执行业务，与公司所生民事上权利义务之争议；②因“证券交易法”“期货交易法”等所生民事上权利义务之争议；③公开发行股票之公司股东基于股东身份行使股东权利，对公司、公司负责人所生民事上权利义务之争议事件；④证券投资人及期货交易人保护机构诉请法院裁判解任公司之董事或监察人事件；⑤公开发行股票之公司股东会或董事会决议效力之争议事件；⑥与公开发行股票公司具有控制或从属关系之非公开发行股票公司股东会或董事会决议效力之争议事件；⑦因“公司法”“证券交易法”等经双方当事人以书面合意由商业法院管辖之民事事件；⑧其他依相关规定或经司法管理机构指定由商业法院管辖之商业诉讼事件。此外，台湾地区“商业事件审理法”第 20 条参考

① 台湾地区“商业事件审理法”第 20 条规定：“商业诉讼事件于起诉前，应经商业法院行调解程序。但提起反诉或送达于他造之通知书应为公示送达者，不在此限。前项事件，当事人迳向商业法院起诉或经裁定移送商业法院者，视为调解之声请。”

② 参见台湾地区“商业事件审理法”第 2 条第 2 项。

台湾地区“民事诉讼法”第406条的规定,列出了诉前强制调解适用范围的负面清单,以但书形式排除“提起反诉或送达于他造之通知书应为公示送达”之情形的适用。

(2)调解的组织和人选

台湾地区“商业事件审理法”规定,商业事件由商业法院①专属管辖,商业调解程序由商业法院的法官行之。② 不过,结合“商业事件审理法”第24条第2款之规定:“法官得斟酌商业调解委员之学识、经验、个别商业事件性质或其他情事,选任商业调解委员一人至三人先行调解。”可以看出,调解程序虽然由商业法院的法官指挥,但调解活动本身主要是由商业调解委员组织实施。台湾地区相关说明进一步指出,个案进行调解程序时,法官指定适当之商业调解委员先行调解,至相当程度有成立之望或其他必要情形时,再报请法官到场。上述关于调解程序中法官和调解委员的关系定位,显然延续了台湾地区“民事诉讼法”第406条之一的规定,申明了商业调解委员会实施调解的主体地位。在商业调解委员的人选方面,台湾地区“商业事件审理法”参考了台湾地区“劳动事件法”第20条的规定,由对商业事件具有专门学识经验者担任调解委员,借由其丰沛之专业知识及经验,迅速解明案情、分析利弊得失,协助当事人达成互利之解决协议。此外,台湾地区“商业事件审理法”还融入域外专家参审制度之精神,由学术机构、职业团体、商业团体、工业团体或其他机关团体等推荐就商业事件有学识经验之专门人士,以利商业法院遴聘为商业调解委员。此外,为尊重当事人之程序主体地位及合意行使程序选择权,且促成调解成立的考虑,台湾地区“商业事件审理法”规定如果当事人合意选任商业调解委员,则法官应根据当事人的合意进行选任。③

(3)调解的程序

在调解的启动环节,台湾地区“商业事件审理法”的设置与台湾地区“民事诉讼法”相似,也要求当事人应在起诉前向商业法院声请调解,如果当事人径行向商业法院起诉或经裁定移送商业法院者,④视为调解之声请。不过,台湾地区“商业事件审理法”为了加速文书送达,提高审理效率,并促进程序之进行和节省耗费,特别构建了电子书状传送系统,要求当

① “商业法院”即智慧财产及商业法院,系商业法院与原智慧财产法院合并设立,并更名为智慧财产及商业法院。参见台湾地区“商业事件审理法”第2条。

② 参见台湾地区“商业事件审理法”第24条第1项。

③ 参见台湾地区“商业事件审理法”第24条第2、3项。

④ 当事人以刑事附带民事诉讼起诉的,由他法院经裁定移送商业法院。

事人等向法院提出书状时应使用电子书状传送系统。因此，当事人提出的调解声请也必须使用电子书状传送系统，未以电子书状传送系统传送者，不发生提出之效力。①

在调解的实施方面，由于台湾地区"商业事件审理法"规定商业法院处理商业事件，依"商业事件审理法"之规定；"商业事件审理法"未规定者，商业诉讼事件适用"民事诉讼法"之规定。② 据此，商业诉讼事件诉前强制调解的运行需首先依据台湾地区"商业事件审理法"的规定，"商业事件审理法"没有规定的，则适用台湾地区"民事诉讼法"关于诉前民事强制调解的规定。从台湾地区"商业事件审理法"的规定来看，商业诉讼事件诉前强制调解在运行上的特殊之处在于：①实施律师强制代理。由于商业事件具技术性及专业性，无律师资格者实不易胜任，因此从保护当事人或关系人权益，并使诉讼或非讼程序得以顺利进行之目的出发，台湾地区"商业事件审理法"确立了律师强制代理制度，强制当事人等应委任律师为程序代理人，并应由程序代理人为程序行为。③ 故而在商业诉讼事件诉前强制调解程序中，也应由律师担任程序代理人。根据台湾地区"商业事件审理法"的规定，程序代理人所为之程序行为，直接对本人发生效力。如当事人等未委任律师为程序代理人，或委任之程序代理人未到场者，视为当事人等不到场。④ ②提高对无正当理由不到场行为的惩罚力度。为强化调解解决纷争之功能，台湾地区"商业事件审理法"规定，当事人、法定代理人及程序代理人应于调解期日到场，⑤如果当事人、法定代理人或程序代理人经合法通知，在调解期日无正当理由不到场者，法院得以裁定处新台币 30 万元以下之罚款。⑥ 相较于台湾地区"民事诉讼法"对无正当理由不到场者予以 3000 元罚款的规定而言，台湾地区"商业事件审理法"显然大幅度提升了处罚力度。③要求调解不公开进行。台湾地区"商业事件审理法"明确规定"商业调解程序不公开"，⑦与台湾地区"民事诉讼法"规定的"调解得不公开"相比，台湾地区"商业事件审理法"显然不允许法官在调

① 参见台湾地区"商业事件审理法"第 14、15、16 条。

② 参见台湾地区"商业事件审理法"第 19 条。

③ 但当事人、关系人或其法定代理人具有律师资格者，不在此限。如果当事人或关系人无资力委任程序代理人者，得依诉讼救助之规定，声请法院为之选任律师为其程序代理人。参见台湾地区"商业事件审理法"第 6、7 条。

④ 参见台湾地区"商业事件审理法"第 11、12 条。

⑤ 但是经法官或商业调解委员同意，当事人、法定代理人也可以书面指派有权决定调解方案之人代为到场。参见台湾地区"商业事件审理法"第 26 条。

⑥ 参见台湾地区"商业事件审理法"第 27 条。

⑦ 参见台湾地区"商业事件审理法"第 25 条。

解是否公开进行这一问题上行使裁量权。之所以如此,旨在使当事人于调解程序中充分表达意见,不受他人干扰,且避免因程序公开影响当事人间的和谐,因而调解程序宜秘密进行。

在调解的终结方面,台湾地区"商业事件审理法"没有就调解成立的具体情形及效力作出专门规定,因此仍然适用"民事诉讼法"中的相关规定。但值得注意的是,调解成立时退还声请费的比例方面,台湾地区"商业事件审理法"作出新的规定,提高了退还的比例。① 基于商业诉讼事件之诉讼标的金额及价额颇高,声请人缴纳之声请费较多,②而商业诉讼事件调解成立时,可节省大量司法资源,加之为鼓励当事人自主解决纷争,积极达成调解,台湾地区"商业事件审理法"规定调解成立者,声请人得于调解成立之日起 3 个月内,声请退还所缴声请费 3/4,高于台湾地区"民事诉讼法"规定的退还 2/3 的比例。③ 由于商业调解程序贵在迅速、经济解决当事人之间的商业纠纷,台湾地区"商业事件审理法"明确规定了调解终结的期限,要求商业调解程序应于商业调解委员选任后 60 日内终结。但经当事人同意者,不在此限。④ 在调解不成立而产生的与诉讼相衔接问题方面,台湾地区"商业事件审理法"借鉴了台湾地区"劳动事件法"的规定,原则上要求调解程序中调解委员或法官所为之劝导及当事人所为不利于己之陈述或让步,于调解不成立后之本案诉讼中不得采为裁判之基础。考虑到商业调解委员或调解法官乃对商业事件具有专门学识经验者,纵然不能促成调解,但对两造间不争执事项之协商及争点简化限缩协议等亦能发挥功能,故当事人于商业调解程序如就诉讼标的、事实、证据或其他可处分事项已达成合意,且以书面为之者,两造即应受其拘束,以利纷争解决及后续诉讼审理。因此,台湾地区"商业事件审理法"规定,前项陈述或让步,系

① 参见台湾地区"商业事件审理法"第 32 条。

② 台湾地区"商业事件审理法"第 31 条对商业诉讼事件声请调解的费用有详细规定:因财产权商业诉讼事件而声请调解者,其调解声请费之征收准用"民事诉讼法"第 77 条之十三的规定;应征收之声请费,逾新台币 25 万元者,超过部分免予征收。非因财产权事件而声请调解者,征收声请费新台币 3000 元。对此,台湾地区相关说明指出,商业诉讼事件均属涉及商业、金融纠纷之重大事件,具高度专业性,如依台湾地区"民事诉讼法"第 77 条之二十之规定,诉讼标的金额或价额在新台币 1000 万元以上者,均仅征收最高 5000 元之调解声请费,则费用过低。因而该法参酌台湾地区"公司法"第 214 条第 3 项规定,在股东提起董事解任诉讼中,其裁判费超过 60 万元部分暂免征收,及台湾地区"证券投资人及期货交易人保护法"第 35 条第 2 项规定,就保护机构应负担诉讼标的金额或价额超过 3000 万元部分之裁判费(27.6 万元)免予征收,乃调高应征收调解声请费数额,以减免声请人因调解不成立而起诉时应补缴裁判费之行政程序,并防止滥诉。

③ 参见台湾地区"民事诉讼法"第 423 条第 2 项。

④ 参见台湾地区"商业事件审理法"第 28 条。

就诉讼标的、事实、证据或其他可处分事项成立书面协议者，当事人应受其拘束。但经两造同意变更，或因不可归责于当事人之事由致协议显失公平者，不在此限。①

5. 台湾地区“医疗事故预防及争议处理法”规定的民事强制调解

在我国台湾地区，长期以来医疗纠纷动辄以业务过失致死或重伤害提起诉讼，而冗长的诉讼过程使医病双方饱受煎熬，不仅病人及其家属得不到及时的情绪疏解与赔（补）偿，医师为避免发生医疗纠纷，也可能采取防御性医疗措施，甚至规避投入高风险科别或服务。这种局面既有导致急重症等高风险科别人才流失之虞，亦可能使医疗服务效率与品质恶化，对医疗体系的长远发展产生不良影响，并最终损及民众的健康及权益。② 在这种背景下，2000 年台湾地区行政管理机构形成“医疗纠纷处理法草案”，但直至 2018 年才形成台湾地区“医疗事故预防及争议处理法草案”。台湾地区“医疗事故预防及争议处理法”最终于 2022 年 5 月 30 日形成。“医疗事故预防及争议处理法”确立了“医疗事故即时关怀”“医疗争议调解先行”“医疗事故预防提升品质”三大原则，旨在“保障医病双方权益、促进医病和谐关系、改善医疗执业环境、确保病人安全、提升医疗品质，并建立妥速医疗争议处理机制”。③ 其中第 3 章“医疗争议调解”确立了民事医疗争议的强制调解制度，规定当事人就医疗争议提起民事诉讼前，应向医疗争议调解会申请调解；如果当事人未申请调解而径行起诉，第一审法院应移付有管辖权的调解会先行调解。调解期间，诉讼程序停止进行。④

（1）调解的适用范围

在明确将医疗争议界定为“病人方之当事人认为医疗不良结果应由医事人员、医事机构负责所生之争议”的基础上，台湾地区“医疗事故预防及争议处理法”规定无论民事、刑事医疗争议事件，均应先行调解，⑤因此，台湾地区“医疗事故预防及争议处理法”不仅确立了民事医疗争议的强制调解制度，也设立了刑事医疗争议的强制调解制度。⑥ 从“民事强制调解”这

① 参见台湾地区“商业事件审理法”第 29 条。

② 参见台湾地区“医疗事故预防及争议处理法草案”。

③ 台湾地区“医疗事故预防及争议处理法”第 1 条。

④ 台湾地区“医疗事故预防及争议处理法”第 15 条。

⑤ 参见台湾地区“医疗事故预防及争议处理法”第 16、17 条。

⑥ 不过，民事医疗争议和刑事医疗争议的强制调解在制度设计上不同。台湾地区“医疗事故预防及争议处理法”第 16 条第 1 项规定，“检察官侦查或法院审理之医疗争议刑事案件，应移付管辖之调解会先行调解。调解期间停止侦查、审判”。可见，刑事医疗争议强制调解是在刑事诉讼程序已经开启之后的侦查或审判中适用的，因此与民事医疗争议强制调解制度的设计不同，不具有阻断诉讼程序启动的功效。

一特定研究对象出发，民事医疗争议强制调解制度的适用范围可以概括为病人接受医疗专业服务后发生不良结果，病人方认为该不良结果应由医事人员或医事机构负责所生的民事争议。值得注意的是，根据台湾地区“医疗事故预防及争议处理法草案”的说明，单纯就有关医疗费用收取、医疗服务态度或双方认知差距等未造成重大伤害或死亡结果事件的争执，不属于该法处理的范围，应根据台湾地区“医疗法”第 99 条第 1 项第 3 款及其他民事法律途径处理。① 因此，单纯就有关医疗费用收取、医疗服务态度或双方认知差距等未造成重大伤害或死亡结果事件的争执，应排除在民事医疗争议强制调解制度的适用范围之外。

(2)调解的组织和人选

根据台湾地区“医疗事故预防及争议处理法”的规定，民事医疗争议强制调解由台湾地区相关卫生机构成立的医疗争议调解会办理，医疗争议调解会的调解委员应由具有医学、法律或其他具专业知识及信望素孚之公正人士组成。“医疗事故预防及争议处理法”规定医疗争议调解会的人数为 9 至 45 人，其中要求医学以外之委员，或任一性别之委员，各不得少于委员总数的 1/3。调解委员聘期为 3 年，并得连任。调解委员聘期中出缺时可以补聘，期间至原聘期届满为止。②

(3)调解的程序

台湾地区“医疗事故预防及争议处理法”第 15 条规定，当事人因医疗争议提起民事诉讼前，应依规定申请调解，不适用“医疗法”第 99 条第 1 项第 3 款及“乡镇市调解条例”之规定。当事人未依前项规定申请调解而径行起诉，第一审法院应移付管辖之调解会先行调解。调解期间，诉讼程序停止进行。结合第 13 条“当事人申请调解，应向有管辖权的医疗争议调解会③检具申请书”之规定，可以认为台湾地区“医疗事故预防及争议处理法”中规定的民事医疗争议强制调解制度，应包含了诉前强制调解和诉中强制调解两种类型，即台湾地区“医疗事故预防及争议处理法”第 15 条第 1 项规定的“当事人因医疗争议提起民事诉讼前，应依本法申请调解”，意在设立民事医疗争议的诉前强制调解制度，因为调解启动时尚未发生诉讼

① 参见台湾地区“医疗事故预防及争议处理法草案”。

② 参见台湾地区“医疗事故预防及争议处理法”第 12 条。

③ 关于医疗争议调解会的管辖划分，参见台湾地区“医疗事故预防及争议处理法”第 13 条第 2 项的规定，具体包括病人住(居)所及医事机构所在地均在台湾地区同一市(县)者，由该市(县)调解会调解；病人住(居)所及医事机构所在地不在同一市(县)者，由该医事机构所在地市(县)调解会调解；经当事人均同意，并经接受申请之市(县)调解会同意者，得由该市(县)调解会调解，不受前两种情形的限制。

系属。但是依台湾地区“医疗事故预防及争议处理法”第 15 条第 2 项的规定,“当事人未依前项规定申请调解而迳行起诉,第一审法院应移付管辖之调解会先行调解。调解期间,诉讼程序停止进行”,则应理解为如果当事人未申请调解而径行起诉,法院应当在依法受理后依职权移付至管辖之调解会先行调解,属于诉中民事强制调解的类型。因为“调解期间,诉讼程序停止进行”,以及台湾地区“医疗事故预防及争议处理法”第 25 条法院移付调解之事件,相关机构应于调解不成立时,陈报该管辖法院,并检还所送卷证。属法院移付调解者,应续行诉讼程序①的规定,已经明确揭示第一审法院移付医疗争议调解会之先行调解,是在发生诉讼系属之后启动的,否则又何来诉讼程序的停止进行和续行?综上所述,台湾地区“医疗事故预防及争议处理法”既包含了民事医疗争议的诉前强制调解制度,也包含了民事医疗争议的诉中强制调解制度。而调解类型不同,其各自的程序运行自然也有差异。

在调解的启动环节,民事医疗争议的诉前强制调解依当事人申请而启动。但是有别于以台湾地区“民事诉讼法”为代表的诉前民事强制调解的启动模式,②台湾地区“医疗事故预防及争议处理法”要求当事人在提起民事诉讼前直接向医疗争议调解会声请调解,而非向法院声请调解。由于医疗争议调解会由台湾地区相关机构成立,运作经费编入相关机构预算之内,③因此民事医疗争议诉前强制调解在启动环节的这一设计表明,其本质上应属于法院外的诉前民事强制调解。与之不同,民事医疗争议诉中强制调解则依受诉法院的移付调解而启动。台湾地区“医疗事故预防及争议处理法”第 15 条第 2 项规定,“当事人未依前项规定申请调解而迳行起诉,第一审法院应移付管辖之调解会先行调解”,故而受诉法院应将争议移付有管辖权的医疗争议调解会而启动民事医疗争议的诉中强制调解。

在调解的运行环节,台湾地区“医疗事故预防及争议处理法”的特别之处在于:①明确了调解的时间期限。医疗争议调解会“应于受理申请文件、资料齐备之日起算 45 日内召开调解会议,并于 3 个月内完成;必要时,得延长 3 个月,并以一次为限”。④ 同时允许经当事人合意,调解期限可以

① 参见台湾地区“医疗事故预防及争议处理法”第 25 条。

② 就诉前民事强制调解启动环节的设计而言,台湾地区“民事诉讼法”“家事事件法”“劳动事件法”“商业事件审理法”是一致的,均要求当事人于起诉前,应向法院声请调解。如果未声请调解而径行向法院起诉,视为调解之声请。

③ 参见台湾地区“医疗事故预防及争议处理法”第 12 条第 4 项。

④ 台湾地区“医疗事故预防及争议处理法”第 14 条。

再延长一次。如果未于前项规定期间内完成调解者，则视为调解不成立。②对当事人实质性参与调解提出要求。台湾地区“医疗事故预防及争议处理法”规定，当事人应亲自或委托代理人到场，并得各推举 1 人至 3 人列席协同调解；如果当事人无正当理由于调解期日不到场且未委托代理人到场者，除视为调解不成立外，并由市（县）相关机构处新台币 3000 元以上 1.5 万元以下罚款。[①] 同时，为保证调解的顺利开展，促进调解协议的达成，台湾地区“医疗事故预防及争议处理法”单独对医事机构参与调解提出特别要求：医事机构应指派具调解决策权之代表，出席调解会议；无正当理由不得有禁止或妨碍其所属人员进行或成立调解之行为或措施；不得因其所属人员申请或同意调解，或因调解成立或不成立，予以不利之处置。[②] ③医疗争议调解会调解时，得邀请医学、法律、心理、社会工作或其他相关专业人员列席陈述意见，或就医疗争议之争点向财团法人申请医疗争议评析。④调解不公开进行。台湾地区“医疗事故预防及争议处理法”第 18 条明确规定，“调解程序不公开之”，但“当事人另有约定的，不在此限”。与台湾地区“民事诉讼法”规定的“调解得不公开”相比，显然不允许法院就调解是否公开进行予以自由裁量。

在调解的终结环节，如果调解成立，医疗争议调解会应于成立当日作成调解书，由当事人、代理人及出席调解委员签名或盖章。台湾地区市（县）相关机构应于调解成立之日起 7 个工作日内，将调解书及卷证送请移付或管辖之法院核定。对此，法院视不同情形分别处理。如果法院认为调解内容抵触法令、违背公共秩序或善良风俗，或不能强制执行，则不予核定，并视为调解不成立，将其理由通知台湾地区市（县）相关机构。如果法院认为调解书应予核定，除抽存一份外，其他材料与调解事件卷证发还台湾地区市（县）相关机构，相关机构应于收受调解事件卷证之翌日起 3 个工作日内，将核定之调解书寄送当事人。经法院核定的调解书具有如下效力：①与民事确定判决有同一之效力。②当事人就同一民事事件不得再行起诉或于刑事诉讼程序附带提起民事诉讼；其已系属法院者，诉讼终结。[③] ③当事人径行就同一医疗争议案件向调解会再申请调解者，调解会不予受理。[④] 如果调解不成立（包括视为调解不成立），医疗争议调解会应制作调解不成立证明书，台湾地区市（县）相关机构仍然于调解不成立之日起 7 个

---

① 该罚款数额显然高于台湾地区“民事诉讼法”规定的新台币 3000 元以下之标准。

② 参见台湾地区“医疗事故预防及争议处理法”第 19 条第 2、3、4 项。

③ 参见台湾地区“医疗事故预防及争议处理法”第 28 条。

④ 参见台湾地区“医疗事故预防及争议处理法”第 29 条。

工作日内,将该证明书发给当事人。若系民事医疗争议诉前强制调解不成立的,当事人于调解不成立证明书送达之翌日起6个月内起诉者,视为自申请调解时,已经起诉;若属于民事医疗争议诉中强制调解不成立的,台湾地区市(县)相关机构应于调解不成立时,陈报该管辖法院,并检还所送卷证,法院应续行诉讼程序。

(二)我国澳门特区的民事强制调解

在我国澳门特区,民事强制调解的适用范围较广,不仅劳动争议、离婚纠纷,乃至任何双方当事人有权处分的事宜都可能被纳入民事强制调解的范畴。此外,澳门特区民事强制调解的主体也非常富有特色,除澳门特区法院外,澳门特区检察院也可以适用民事强制调解,二者在适用对象上也存在某种交叉,都可以针对劳动争议实施强制调解。因此,基于澳门民事强制调解这一与众不同的特点,从方便介绍的需要出发,以下将根据民事强制调解适用主体的不同,分别从澳门特区法院实施的民事强制调解和澳门特区检察院实施的民事强制调解两个方面进行介绍。

1. 澳门特区法院实施的民事强制调解

澳门特区《民事诉讼法典》第428条规定,如案件所涉及之事宜系双方当事人有权处分者,而双方当事人共同声请试行调解该案件,或法官认为宜试行调解者,得于提交诉辩书状之阶段结束后15日内,或如有采取按上条第1款之规定①而进行之措施,于该措施结束后15日内,试行调解有关案件。澳门特区《民事诉讼法典》第555条也规定:如案件所涉及之事宜系双方当事人有权处分者,主持听证之法官须试行调解双方当事人。澳门特区《劳动诉讼法典》中继续贯彻了听证阶段的强制性试行调解的要求,于第39条第1款规定,"法院在召唤已被传唤之人并组成审判庭后,须随即宣告听证开始,而在听证中首先试行调解双方当事人"。澳门特区《劳动诉讼法典》第28条进一步明确了"听证中首先试行调解"的性质为强制试行调解。此外,澳门特区《民法典》规定夫妻双方同意离婚的,可以向澳门特区法院申请两愿离婚;如果夫妻双方达不成离婚共识,则必须采用诉讼离婚的方式。而无论是向澳门特区法院申请两愿离婚还是诉讼离婚,调解均属于必经程序,因为根据澳门特区《民法典》第1629条,在离婚程序中法院必须试行调解夫妻双方。综上,可以将澳门特区法院实施的民事强制调解的基本内容概括如下。

---

① 澳门特区《民事诉讼法典》第427条第1款规定:"提交诉辩书状之阶段结束后,如有需要,法官作出旨在进行下列行为之批示:a. 依据第六条第二款之规定,就延诉抗辩采取弥补措施;b. 依据以下各款之规定,请当事人对起诉后所提交之诉辩书状作出补正。"

(1)调解的适用范围

根据澳门特区《民事诉讼法典》、《劳动诉讼法典》和《民法典》的规定,由澳门特区法院实施的民事强制调解包括案件“所涉及之事宜系双方当事人有权处分者”、一般劳动争议和离婚案件,可以说适用范围相当宽泛。不过,值得一提的是,由于澳门特区《民事诉讼法典》对民事强制调解规定了两种形态——当事人提交诉辩书状后的强制试行调解和听证程序开始后的强制试行调解,二者虽然都属于诉中民事强制调解类型,①但是在适用范围上存有细微差异。根据澳门特区《民事诉讼法典》第428条的规定,当事人提交诉辩书状后的强制试行调解,系法官认为“宜行调解”而依职权启动,所以在适用范围上体现法官的自由裁量;根据澳门特区《民事诉讼法典》第555条的规定,审判听证开始前的强制试行调解不允许法官自由裁量,凡是案件所涉及之事宜系双方当事人有权处分者,必须试行调解。在澳门特区法院实施的一般劳动争议的强制调解上,根据澳门特区《劳动诉讼法典》第2条的规定,其适用范围包括:①由具从属性的劳动关系而生的问题,以及与建立该劳动关系的合同有关的问题。②由为提供一项具体订定的劳务而订立的合同所生的问题,只要该劳务是在经济上依赖他方当事人的情况下提供,即使该劳务应由一组人提供而有关合同并非与每一人直接订立亦然。③由学徒培训合同而生的问题。④为同一雇主实体提供劳务的劳工间出现的涉及劳工个人权利及义务的问题,而该等问题是由执行工作时共同作出的行为所引致,又或由其中一名劳工执行工作时或因执行工作而作出的不法行为所引致,只要有关民事责任不应在普通刑事诉讼程序中与刑事责任一并确定。⑤由在职业介绍所业务范围内建立的关系而生的问题,尤其是关于挑选劳工及安排劳工就业的问题,以及关于职业介绍所及劳工的权利与义务的问题。② 在澳门特区法院实施的离婚案件民事强制调解上,根据澳门特区《民法典》第1629条的规定,无论是两愿离婚还是诉讼离婚,都属于其适用范围。

(2)调解的组织和人选

从澳门特区《民事诉讼法典》、《劳动诉讼法典》和《民法典》的规定看,

---

① 前者处于诉讼程序的准备阶段,后者处于听证程序,但都发生在诉讼程序启动之后。澳门特区民事诉讼程序的准备阶段是指,法院对当事人的诉讼行为作出适当处理,为诉讼程序顺利进入正式审判程序或终结诉讼程序的阶段,类似于美国民事诉讼的审前程序。澳门特区民事诉讼的听证程序,是指法院受理案件后,在审判人员主持下,双方当事人及其他诉讼参加人参加的,在法庭上对案件事实进行调查、辩论和裁判,以及对法律问题进行辩论的过程。参见齐树洁主编:《台港澳民事诉讼制度》(第2版),厦门大学出版社2014年版,第467~469页。

② 参见澳门特区《劳动诉讼法典》第2条第2款第1~5项。

无论是针对案件中"所涉及之事宜系双方当事人有权处分者"还是离婚案件，抑或劳动争议，澳门特区法院实施的民事强制调解均由审理案件的法官主持进行。

(3)调解的程序

前已述及，澳门特区法院实施的民事强制调解在适用范围上既包括"所涉及之事宜系双方当事人有权处分者"，也包括劳动争议和离婚案件。而在不同的适用对象上，澳门特区法院实施民事强制调解的程序也各有不同。

对于案件中"所涉及之事宜系双方当事人有权处分者"，如果属于当事人提交诉辩书状后的强制试行调解，则根据澳门特区《民事诉讼法典》第428条的规定，由法官在当事人提交诉辩书状之阶段结束后15日内，或在法官指定的弥补或补正有关材料的期间届满后15日内依职权试行调解。法院须通知当事人亲自到场，或由具有和解特别权限的诉讼代理人代表到场。如果试行调解成功，诉讼程序终结；如果调解不成功，则诉讼程序继续进行。① 对于听证程序中的强制试行调解，根据澳门特区《民事诉讼法典》第555条的规定，由主持听证之法官在听证开始后依职权试行调解。如果调解不成，则进行证据调查，包括当事人作陈述、展示机械复制品、受命到场的鉴定人作口头解释、询问证人、就事实进行辩论。② 需要说明的是，根据澳门特区《民事诉讼法典》的规定，即使在简易诉讼程序中，听证程序中的强制试行和解仍然需要实施。如果调解不成，则由法官命令采取调查措施。③

在一般劳动争议的强制调解上，存在比较特殊的启动前置程序，即法院在收到并分发起诉状后须将诉状送交检察院试行调解，只有当案件调解失败被送回法院，且诉讼程序进行至审判听证时才由法官首先试行该强制性调解。④ 在法官主持的调解听证中，当事人舍弃请求、认诺或和解，无须认可即产生裁判已确定的案件的效力，但是法官应确定当事人具备实施能力且调解的结果合法，并将其记载于笔录。⑤ 如果经调解无法达成协议，

① 参见黄双全：《民事诉讼法比较研究》，澳门基金会1999年版，第141页。转引自齐树洁主编：《台港澳民事诉讼制度》(第2版)，厦门大学出版社2014年版，第468页。

② 参见齐树洁主编：《台港澳民事诉讼制度》(第2版)，厦门大学出版社2014年版，第469页。

③ 参见齐树洁主编：《台港澳民事诉讼制度》(第2版)，厦门大学出版社2014年版，第475页。

④ 参见张颖彤、简静霞、何伟宁：《调解在澳门法律制度中的适用——司法调解》，载最高人民法院港澳台司法事务办公室编：《现代司法制度下调解之应用——首届海峡两岸暨香港澳门司法高层论坛文集》，人民法院出版社2012年版，第428页。

⑤ 参见澳门特区《劳动诉讼法典》第39条。

则法院继续听证程序,对案件事实进行调查、辩论和裁判。

对于离婚案件而言,尽管两愿离婚和诉讼离婚中的强制调解从启动时间来看,都属于诉前民事强制调解,①但各自的程序运行存在差异。如果属于两愿离婚,②当法官接获离婚的声请后,应当指定试行调解的期日,召集夫妻双方举行一次会议试行调解。③ 如果第一次会议调解未果或者协议未能审查通过,则进行第二次会议调解,④力图使双方和好。如果不能和好,则就相关事宜达成协议。对于诉讼离婚,当澳门特区法院接收提出离婚诉讼的夫妻一方的起诉状且无初端驳回⑤该起诉状的理由时,法官便会指定试行调解的日期,并通知原、被告双方亲自到场。如果当事人不在澳门特区,则由其特别授权的委任人代理。⑥ 试行调解时如果双方均到场但不能达成调解,法官应在会议上就最终以及离婚程序待决期间一方提供扶养、未成年子女行使亲权以及家庭居所之归属等事宜达成的协议进行审查,尽力促使诉讼离婚转化为夫妻两愿离婚,并达成两愿离婚协议。⑦ 如果一方或双方当事人不到场,或者达不成调解协议,则法官应命令被告于30日内提出答辩意见,诉讼继续进行。⑧

---

① 有学者认为,在澳门特区无论是两愿离婚还是诉讼离婚,都试行强制诉前调解。参见来文彬:《家事调解制度研究》,群众出版社2014年版,第156页。笔者对此持赞同态度。在澳门特区,诉状被接受时,诉讼仅视为被提起及处于待决状态,只有经依法审查后,符合法定要求的诉状才能具备继续获得处理的效力——由法院传唤被告作出答辩。参见齐树洁主编:《台港澳民事诉讼制度》(第2版),厦门大学出版社2014年版,第462页。而综观离婚诉讼,无论是两愿离婚还是诉讼离婚,由于其中的强制调解都发生在诉状被接受后,但尚未传唤被告答辩之前,所以此时诉讼仍然处于待决状态。故而,二者都应属于诉前民事强制调解。

② 参见澳门特区《民事诉讼法典》第1243~1246条。

③ 需要特别说明的是,在澳门特区"调解"被界定为"调解和好",即夫妻双方和好撤诉。参见来文彬:《家事调解制度研究》,群众出版社2014年版,第156页。

④ 第二次会议并非两愿离婚的必经程序,其存在的前提是第一次调解未果或协议未能审查通过。参见来文彬:《家事调解制度研究》,群众出版社2014年版,第157页。

⑤ 初端驳回是指法院审查起诉状之后,认为其不符合法定要求而驳回起诉。应初端驳回起诉状的情况包括:(1)起诉状属不当;(2)依据澳门法院管辖权的规定,有关诉讼明显不得向澳门法院提起;(3)原告或被告明显无当事人能力或不具正当性,或明显无诉的利益;(4)诉讼逾期提起,且有关诉权的失效须依职权审理,或因其他理由,原告的主张明显不能成立。转引自齐树洁主编:《台港澳民事诉讼制度》(第2版),厦门大学出版社2014年版,第462页。

⑥ 参见齐树洁主编:《台港澳民事诉讼制度》(第2版),厦门大学出版社2014年版,第512页。

⑦ 参见张颖彤、简静霞、何伟宁:《调解在澳门法律制度中的适用——司法调解》,载最高人民法院港澳台司法事务办公室编:《现代司法制度下调解之应用——首届海峡两岸暨香港澳门司法高层论坛文集》,人民法院出版社2012年版,第426页;来文彬:《家事调解制度研究》,群众出版社2014年版,第157页。

⑧ 参见齐树洁主编:《台港澳民事诉讼制度》(第2版),厦门大学出版社2014年版,第512页。

2. 澳门特区检察院实施的民事强制调解

澳门特区回归后,澳门特区检察院第一次以独立的司法机关的地位出现。但是与内地检察院不同,除刑事案件外,澳门特区检察院在民事纠纷解决上也扮演重要的角色。依照法律规定,澳门特区检察院可以参与或介入民事诉讼程序,以维护集体或大众的利益。① 由澳门特区检察院对劳动争议实施民事强制调解,就是这种角色扮演的表现之一。根据澳门特区《劳动诉讼法典》第 47 条的规定,“为实现因工作意外或职业病所生的权利而提起的诉讼程序,始于检察院主持的调解阶段”。因此工作意外或职业病发生权利争议而提起诉讼之前,必须由澳门特区检察院先行对当事人试行调解,使双方当事人就损害补偿事宜进行协商,只有当调解不成时,才可以进行后续的诉讼程序。② 此外,澳门特区《劳动诉讼法典》第 27 条③还针对一般劳动争议案件,规定了检察机关主持的审判听证开始前的初步试行调解。从实践运行情况看,澳门特区检察院的此种调解颇有成效。据统计,2001 ~ 2009 年澳门特区检察院调解的各类劳动案件已从 105 件增长至 400 件。④

(1)调解的适用范围

根据澳门特区《劳动诉讼法典》的规定,检察院主持的民事强制调解既包括诉前民事强制调解,也包括诉中民事强制调解。前者体现为澳门特区《劳动诉讼法典》第 47 条之规定,后者则体现为第 27 条之规定。从中可以看出,两种类型的民事强制调解各有自己的适用范围。其中,检察院主持的诉前民事强制调解适用于因工作意外或职业病所生的权利争议,具体包括实现遭受工作意外或患职业病劳工的权利的案件、实现因该意外或疾病引致死亡而生的损害赔偿法定受益人权利的案件⑤。检察院主持的诉

---

① 参见齐树洁主编:《台港澳民事诉讼制度》(第 2 版),厦门大学出版社 2014 年版,第 392 ~ 393 页。

② 参见张颖彤、简静霞、何伟宁:《调解在澳门法律制度中的适用——司法调解》,载最高人民法院港澳台司法事务办公室编:《现代司法制度下调解之应用——首届海峡两岸暨香港澳门司法高层论坛文集》,人民法院出版社 2012 年版,第 423 ~ 424 页。

③ 澳门特区《劳动诉讼法典》第 27 条规定:在未由检察院主持对当事人的试行调解前或按以下数款的规定证实无法调解前,任何涉及第 2 条第 2 款第 1 至 5 项所指问题的诉讼,均不得继续进行。

④ 参见孙德强:《澳门劳动争议处理制度及其借鉴》,载《中国人力资源开发》2011 年第 6 期。

⑤ 根据澳门特区《劳动诉讼法典》第 44 条的规定,适用工作意外及职业病诉讼程序的案件包括四类:实现遭受工作意外或患职业病劳工的权利的案件、实现因该意外或疾病引致死亡而生的损害赔偿法定受益人权利的案件、宣告该等权利消灭的案件以及实现与工作意外或职业病有关的第三人权利的案件。但根据该条第 2 款,只有前两类案件适用于调解。

中民事强制调解适则用于特定的一般劳动争议案件，根据澳门特区《劳动诉讼法典》第2条的规定，其具体范围包括：①由具从属性的劳动关系而生的问题，以及与建立该劳动关系的合同有关的问题。②由为提供一项具体订定的劳务而订立的合同所生的问题，只要该劳务是在经济上依赖他方当事人的情况下提供，即使该劳务应由一组人提供而有关合同并非与每一人直接订立亦然。③由学徒培训合同而生的问题。④为同一雇主实体提供劳务的劳工间出现的涉及劳工个人权利及义务的问题，而该等问题是由执行工作时共同作出的行为所引致，又或由其中一名劳工执行工作时或因执行工作而作出的不法行为所引致，只要有关民事责任不应在普通刑事诉讼程序中与刑事责任一并确定。⑤由在职业介绍所业务范围内建立的关系而生的问题，尤其是关于挑选劳工及安排劳工就业的问题，以及关于职业介绍所及劳工的权利与义务的问题。[①]

（2）调解的组织和人选

根据澳门特区《劳动诉讼法典》和澳门特区《司法组织纲要法》的规定，澳门特区检察院在劳动诉讼中实施的民事强制调解，均由代表澳门特区检察院参与诉讼的检察官[②]主持。

（3）调解的程序

前已述及，澳门特区检察院主持的民事强制调解包括工作意外或职业病发生权利争议的诉前强制调解，也包括特定的一般劳动争议案件的诉中强制调解。二者不仅在适用范围上存在较大差异，各种的程序运行也并不相同。

在诉前民事强制调解方面，自澳门特区检察院收到保险公司或雇主作出的发生工作意外或职业病的"通知书"时正式开始，调解日期由澳门特区检察院指定，除传召劳工或法定受益人参与调解外，也需要传召责任主体（例如，雇主或保险公司）共同参与。在法定情况下，还应传召社会保障基金参与。调解时，澳门特区检察院需要根据卷宗所载资料，尤其是根据劳工身体检查结果及影响劳工谋生能力的情节，促使试行调解的参与方达成符合法规所定权利的协议。如果劳工或法定受益人能够就难以出席调解作出合理解释，则可以免予到场。但是对于责任主体而言，如果试行调解时没有出席，则澳门特区检察院须取得劳工或法定受益人就意外发生时的情况及对确定有关权利所需的其他材料所作的声明，并指定再次试行调

① 参见澳门特区《劳动诉讼法典》第2条第2款第1至5项。

② 在民事诉讼中，澳门特区的检察官代表检察院出庭，并且有明确的组织方式。参见齐树洁主编：《台港澳民事诉讼制度》（第2版），厦门大学出版社2014年版，第396页。

解的日期。倘若责任主体再次缺席,澳门特区检察院不再试行调解。如果责任主体不能合理解释缺席的理由,那么在作出完全反证之前,推定劳工或法定受益人就意外发生时的情况及对确定有关权利所需的其他材料所作的声明属实。经调解达成协议的,澳门特区检察院须就协议内容制作一份笔录并立即送交法官认可。该笔录经法官认可才能发生法律效力并可以作为执行依据;如果调解无法达成协议或协议未获得法官认可,则劳工或法定受益人与责任主体的争议就须通过诉讼来解决,由澳门特区检察院代表劳工或法定受益人在法定期间内提交起诉状,并由法官作出裁决。①

在诉中民事强制调解方面,根据澳门特区《劳动诉讼法典》第 27 条的规定,澳门特区法院在收到并分发起诉状后,须将起诉状送交澳门特区检察院,由检察院指定试行调解的日期。澳门特区检察院须将试行调解的日期通知各当事人,且该试行调解须在 20 日内进行。试行调解只进行一次,但双方当事人共同申请再次试行调解,且有充分理由令人相信调解仍有可能成功的除外。此时澳门特区检察院须指定再次试行调解的日期,该次调解应在 10 日内进行。如果经调解达成协议,应将其制作成笔录,该笔录须经法官认可。如因任何理由无法在 30 日内试行调解或达成任何协议,则检察院须将有关事实作成笔录,详细说明调解不成的理由,并将笔录附入诉讼卷宗送回法院。②

四、总结——基于民事强制调解模式分析的视角

借助前番考察,域外民事强制调解的基本内容得到了较为清晰的展示。可以发现,两大法系中有代表性的国家或地区都不同程度地适用了民事强制调解制度,并在制度设计上表现出若干共性。比如,在民事强制调解的类型上,普遍都存在诉前民事强制调解和诉中民事强制调解两种形态;在民事强制调解的适用范围上,都主要集中在家事纠纷、劳资纠纷等方面,同时赋予法官一定的自由裁量权;在民事强制调解的程序运行上,普遍强调调解与审判的分离,重视调解效力的提升,以及调解失败时的诉调衔接问题;在民事强制调解的保障机制方面,普遍对当事人无正当理由拒不参加调解的行为规定了相应的制裁措施,同时对调解成立给予诉讼费用上的激励,等等。

---

① 参见澳门特区《劳动诉讼法典》第 2 编第 3 章“工作意外及职业病的诉讼程序”之规定。

② 参见张颖彤、简静霞、何伟宁:《调解在澳门法律制度中的适用——司法调解》,载最高人民法院港澳台司法事务办公室编:《现代司法制度下调解之应用——首届海峡两岸暨香港澳门司法高层论坛文集》,人民法院出版社 2012 年版,第 428 页。

然而在具体的制度设计方面，各个国家或地区的民事强制调解又不尽相同，甚至存在较大差异。因篇幅所限，这里仅以德国、法国、日本以及我国台湾地区、澳门特区的诉前民事强制调解为例，虽然这些国家或地区都秉持大陆法系传统，但在诉前民事强制调解的设计上形态迥异。主要表现在以下几个方面：

首先，适用范围不同。德国《民事诉讼法施行法》第15a条规定的诉前民事强制调解适用于地方法院受理的诉讼标的额不超过750欧元的财产纠纷、邻地争议和没有经过媒体、广播报道的个人名誉损害纠纷，但排除请求权已经在督促程序中主张过以及当事人的住所、公司所在地或营业地不在同一个州等情形。此外，德国《劳动法院法》规定了适用于职业培训者和受培训者之间争议的诉前民事强制调解，德国《雇员发明法》规定了适用于雇员与雇主之间因职务发明产生争议的诉前民事强制调解，德国《支付不能法》规定了适用于自然人债务免除的诉前民事强制调解。法国《民法典》第251条规定的诉前民事强制调解适用于接受离婚、夫妻关系破裂至无可挽回的离婚以及因过错而离婚。日本《民事调解法》规定的诉前民事强制调解适用于增减地租或增减土地、建筑物使用费的请求，日本《家事案件程序法》规定的诉前民事强制调解适用于人事诉讼事项和其他家庭事项（但是附表一所列的事项除外），同时排除诉讼法院认为将案件交付调解不适当的情形。在我国台湾地区，“民事诉讼法”、“家事事件法”、“劳动事件法”、“商业事件审理法”和“医疗事故预防及争议处理法”中，均确立了诉前民事强制调解制度。其中“民事诉讼法”规定的诉前民事强制调解适用于相邻关系纠纷等11类纠纷。台湾地区“家事事件法”、“劳动事件法”、“商业事件审理法”和“医疗事故预防及争议处理法”则分别从程序特别法的角度，对特定类型的家事纠纷、劳动争议、商业纠纷以及医疗纠纷规定了诉前强制调解制度。我国澳门特区《民法典》规定了离婚案件的诉前强制调解制度，《劳动诉讼法典》规定了适用于因工作意外或职业病所生的权利争议的诉前强制调解制度。

其次，调解人选不同。在德国，诉前民事强制调解的调解人由法官之外的人士担任。法国、日本以及我国台湾地区、澳门特区则允许法官担任调解人，表现为法官单独实施调解，或作为调解委员会的成员之一与其他调解委员共同实施调解，其中在由法官作为调解委员会成员的日本以及我国台湾地区，还存在调解委员资质要求上的差异。尤为特别的是，我国澳门特区存在由检察院实施的诉前民事强制调解，对于特定的一般劳动争议案件，在提前诉讼之前必须由检察院先行对当事人试行调解，只有调解不成时才可以进行后续的诉讼程序。

最后，程序运作不同。诉前民事强制调解的程序运行实际上包含了调解的启动、调解的实施和结束环节在内的完整的过程，因篇幅所限，这里仅以调解的启动环节为例来说明不同国家或地区在诉前民事强制调解程序运行上的不同。德国《民事诉讼法施行法》规定，诉前强制调解由当事人申请而启动；法国《民法典》规定，离婚纠纷诉前强制调解由大审法院的家事法官依职权开启；日本《民事调解法》规定的与《借地借家法》使用费有关的诉前强制调解，既可以由当事人向法院提出调解申请而启动，也可以由法院依职权交付调解而启动，①日本《家事案件程序法》规定的家事纠纷诉前强制调解也采取了同样的启动方式。我国台湾地区“民事诉讼法”、“家事事件法”、“劳动事件法”、“商业事件审理法”和“医疗事故预防及争议处理法”规定，诉前民事强制调解的启动遵循“以当事人向法院申请为主”的原则，即使当事人没有申请调解而径行向法院起诉的，也往往产生“视起诉为调解之声请”的效果；②我国澳门特区《民法典》规定，离婚案件的诉前强制调解由法官依职权开启，法官在接获离婚声请后指定试行调解的期日并召集夫妻双方试行调解。而澳门特区《劳动诉讼法典》则规定诉前民事强制调解由检察院依职权启动，检察院自收到保险公司或雇主作出的发生工作意外或职业病的“通知书”时正式开启诉前民事强制调解，指定调解期日并传召劳工和责任主体参与调解。

毋庸置疑，上述区别只不过是域外民事强制调解之间差异性表现的“冰山一角”，但也足以令人慨叹民事强制调解形态的纷繁多样，并油然生起必欲条分缕析而后快的冲动。因为在各种民事强制调解形态的种种共性与差异背后，必然存在一些本质或规律性的东西，它们宛若数条看不见的红线，规划乃至操控民事强制调解的制度王国，成为衡量各个国家或地区民事强制调解个性体征的基本参照系。如果说比较的力量在于展示多样化从而增强对事物的感性认识，那么在比较之后继之以理性思辨而追寻本源，由“乱花迷眼”的假象步入“照真达俗”的圣境，实乃学术研究的必然使命。故而，以下本书拟采取模式分析的方法，力图在模式框架的透视下，

---

① 法院依职权交付调解的前提是当事人未申请调解而直接起诉，可以视为对当事人申请而启动调解的补充。

② 作为例外，台湾地区“医疗事故预防及争议处理法”的规定不同，如果当事人没有申请调解而径行向法院起诉，不产生“视起诉为调解之声请”的效果，而是由第一审法院移付有管辖权的医疗争议调解会先行调解。

破译域外民事强制调解的"生命密码"。①

（一）一个简单的模式框架

为便于对域外民事强制调解展开模式分析，本书尝试从调解人的身份和调解的适用范围两个维度建构一个简单的民事强制调解模式框架。②具体而言，一个维度是调解主持人的身份。根据调解的主持人是否可以由法官担任，可以将民事强制调解分为法官主持的民事强制调解（下列模式分析图中简称法官主持）和非法官主持的民事强制调解（下列模式分析图中简称非法官主持）。另一个维度是调解的适用范围。根据调解的适用范围是否允许酌定，可以将民事强制调解分为绝对适用的民事强制调解（下列模式分析图中简称绝对适用）和选择适用的民事强制调解（下列模式分析图中简称适用选择）。③ 在此基础上，将这两个维度加以组合，可以得出如图1所示的基于调解人身份和调解适用范围的民事强制调解模式分析框架。

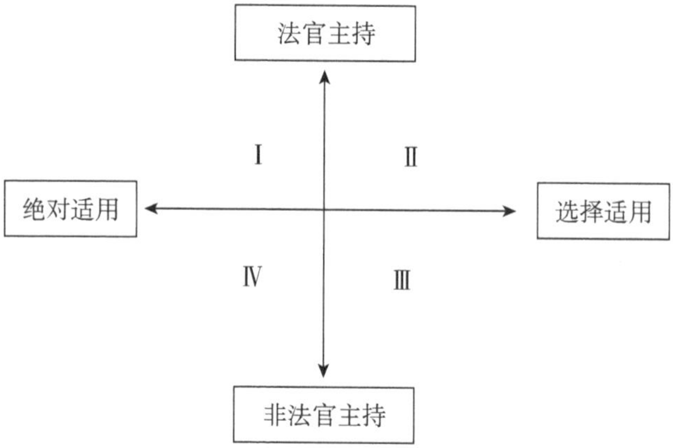

图1　民事强制调解模式分析框架

---

① 生命密码，本意是指构成和决定生命体气机和活性运动的生命信息元的编码结构程序和调控系统。参见陆伶编著：《生命密码》，中国华侨出版社2010年版，序言。此处借用，意在表征决定域外民事强制调解不同个性体征的基本要素。

② 这里所谓的"模式"本质上是一种韦伯意义上的"理想类型"，现实中的民事强制调解自然更为生动鲜活，因而也更加复杂。关于"理想类型"的深入探讨，参见 Weber，*The Methodology of the Social Sciences*，Free Press，1949。

③ 美国的 Frank Sander 教授对法院强制调解有一套有效的分析方法，将其区分为绝对适用和自由适用。本书此处的维度考量正是从 Frank Sander 教授的分析方法中获得了重大启发。关于 Frank Sander 教授对法院强制调解分析方法的详细介绍，参见 Dorcas Quek，*Mandatory Mediation：An Oxymoron？Examining the Feasibility of Implementing a Court-mandated Mediation Program*，11 Cardozo J. Conflict Resol. 2010，479。

在图1中,横轴以上为法官担任调解主持人的民事强制调解,横轴以下为非法官担任调解主持人的民事强制调解;纵轴以左为绝对适用的民事强制调解,纵轴以右为选择适用的民事强制调解。在横轴和纵轴的交叉作用下,民事强制调解被分为四种模式,分别位于四个象限。第Ⅰ象限是法官主持的绝对适用型民事强制调解,第Ⅱ象限是法官主持的选择适用型民事强制调解,第Ⅲ象限是非法官主持的选择适用型民事强制调解,第Ⅳ象限是非法官主持的绝对适用型民事强制调解。需要说明的两点是:(1)由于民事强制调解根据启动时间的不同,有诉前民事强制调解和诉中民事强制调解之分,因此在具体分析某个国家或地区的民事强制调解模式时,必须将这一因素考虑在内;(2)法官担任调解主持人的民事强制调解,实际上包括了法官单独担任调解主持人的民事强制调解以及法官与他人共同担任调解主持人的民事强制调解,某个国家或地区的民事强制调解具体属于哪种情形,还需要进一步分析。

(二)域外民事强制调解的模式定位

借助上述模式分析框架,存在于德国、法国、日本、美国、加拿大、澳大利亚以及我国台湾地区和澳门特区的民事强制调解,均可以从中找到属于自己的模式定位。

1. 诉前民事强制调解的模式定位

如图2所示,除位于第Ⅱ象限的法官主持的选择适用型民事强制调解“无人问津”外,其余三种诉前民事强制调解模式在除加拿大①之外的前述几个国家或地区都有适用,但第Ⅲ象限所代表的非法官主持的选择适用型诉前民事强制调解模式仅在美国适用。此外,作为英美法系国家代表的美国、澳大利亚始终处于横轴以下的区域,其诉前民事强制调解要么属于非法官主持的选择适用型模式,要么属于非法官主持的绝对适用型模式,但一直强调了主持人身份的非司法性,要求由法官之外的人士来担任调解主持人。与之相反,作为大陆法系国家或地区典型代表的法国、日本则始终处于横轴以上的区域,体现出对法官担任调解主持人的坚守。而且除美国外,前述几个国家或地区诉前民事强制调解的模式定位都处于纵轴以左的区域,都强调对适用诉前民事强制调解的纠纷类型作出明确规定,为诉前民事强制调解的适用范围划定清晰的边界。

---

① 从笔者目前掌握的资料看,在除了加拿大魁北克省之外的秉持英美法系传统的加拿大大部分地区尚无诉前民事强制调解制度。

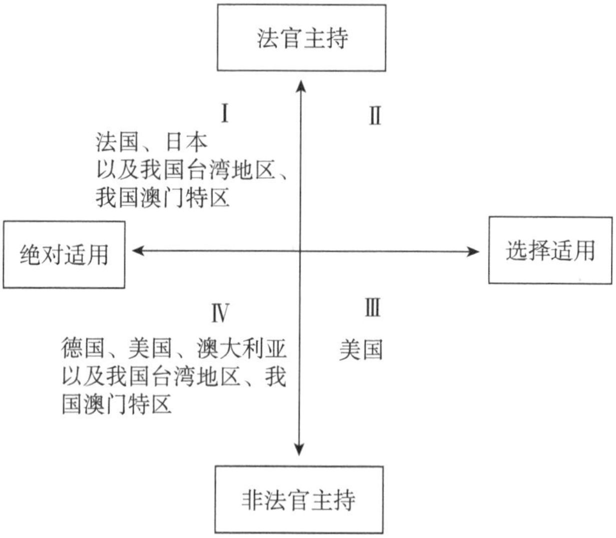

图 2　域外诉前民事强制调解模式分析定位

2. 诉中民事强制调解的模式定位

如图 3 所示，上述国家或地区在诉中民事强制调解上的模式定位与诉前民事强制调解上的模式定位明显不同，四个象限均有不同国家或地区占据，也就是说诉中民事强制调解的四种模式在作为研究对象的国家或地区中均有适用。不仅如此，上述国家或地区在四个象限的分布比较均衡，与图 2 反映的在诉前民事强制调解模式定位上几乎一边倒集中在纵轴以左区域的情况差异甚大。而且，总的来讲，占据在横轴以上区域的主要是秉持大陆法系传统的德国、法国、日本以及我国的台湾地区和澳门特区，体现出这些国家或地区对法官担任调解主持人的明显偏好，而占据在横轴以下区域的则主要是秉持英美法系传统的美国、加拿大和澳大利亚。此外，美国在诉中民事强制调解上的模式定位特色鲜明，与其在诉前民事强制调解上的态度相似，继续坚守在横轴以下的区域，体现出一以贯之的由法官之外的人士担任调解主持人的坚守。

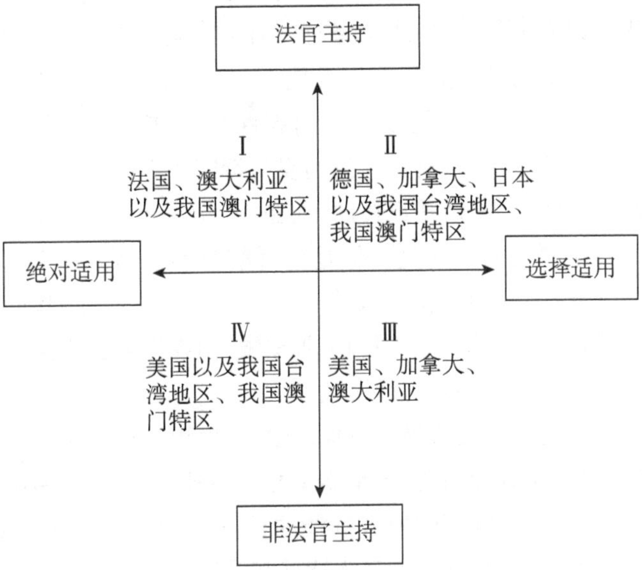

图 3　域外诉中民事强制调解模式分析定位

不难看出，通过图 2、图 3 所展示的域外民事强制调解的模式定位，有以下几个值得关注的现象。

(1)民事强制调解模式选择上的取舍判断。如图 2、图 3 所示，无论是在诉前民事强制调解的模式选择上，还是在诉中民事强制调解的模式选择上，这些国家或地区没有哪一个会同时占据四个象限。即使在图 3 所示的诉中民事强制调解模式分析定位中我国澳门特区高频出现，占据了三个但仍然对第Ⅲ象限所代表的非法官主持的选择适用型诉中民事强制调解无动于衷。此外，美国无论在诉前民事强制调解还是诉中民事强制调解的模式定位上，始终选择占据横轴以下的区域，体现出对非法官担任调解主持人的强烈偏好。而德国和法国则无论在诉前还是在诉中都选择仅仅占据某一个象限，法国更是始终如一坚守在第Ⅰ象限，对法官主持的绝对适用型民事强制调解的青睐有加。这些现象似乎表明，一个国家或地区在民事强制调解的模式选择上绝非任意妄为，而是遵循某种规律或原则，有明确的取舍标准。

(2)诉前民事强制调解模式选择上的审慎态度。如图 2 所示，在域外诉前民事强制调解的模式定位上第Ⅱ象限一片空白，这表明不同国家或地区均未选择法官主持的选择适用型诉前民事强制调解，而视其为不可涉足的“禁区”。此外,除美国“独守”第Ⅲ象限外,其他国家或地区①“一边倒”地集中在纵轴以左的区域,纷纷选择对诉前民事强制调解的适用范围作出明确限定。而且对比图2、图3可以发现,与有些国家或地区在诉中民事强制调解模式选择上表现出的多元性和跨越性相比,其在诉前民事强制调解模式上的选择则趋于保守。比如,我国澳门特区在诉中民事强制调解模式分析定位图中高频出现,模式选择的“足迹”涉及三个象限,而且存在从第Ⅱ象限到第Ⅳ象限的180°跨越。但是对诉前民事强制调解模式选择限缩至两个象限,坚守在纵轴以左的区域。澳大利亚亦是如此,其诉中民事强制调解的模式定位处于第Ⅰ象限和第Ⅲ象限,但在诉前民事强制调解上则仅仅选择了非法官主持的绝对适用型模式。综上可见,不同国家或地区在诉前民事强制调解模式的选择上更加谨慎,态度更加保守。

(3)绝对适用型民事强制调解模式的优势地位。如果将图2、图3进行叠加,对域外民事强制调解模式选择的整体进行观察,可以发现在横轴划分的上下两个区域中,选择法官主持型和非法官主持型民事强制调解模式的国家或地区在数量上几乎相当。但是在纵轴划分的左右两个区域内,选择绝对适用型和选择适用型民事强制调解模式的国家或地区的数量则差异明显,这是因为在诉前民事强制调解上,不同国家或地区几乎“一边倒”地选择了绝对适用型模式。这表明在民事强制调解尤其是诉前民事强制调解上,对适用范围作出明确限定已经成为不同国家或地区共通的做法。故而,绝对适用型民事强制调解模式不仅在诉前民事强制调解的模式选择上表现出压倒性的优势,而且就民事强制调解的整体而言也处于明显的优势地位。

(三)域外民事强制调解模式背后的分析

辩证唯物主义认为,事物表面的、多变的、丰富多彩的现象背后,是事物内在的、相对稳定和深刻的本质,现象与本质的对立统一关系,既说明了科学研究的必要性,也决定了科学研究的可能性。② 从图2、图3域外民事强制调解模式分析定位中所观察到的上述现象,在反映域外民事强制调解实践样态的丰富多彩的同时,也为探索其背后蕴含的规律开辟了可能的路径。而循着这条路径,可以发现在民事强制调解模式背后存在的,影响甚至决定某个国家或地区民事强制调解模式选择的若干重要因素。

---

① 当然,这里并不包括加拿大。

② 参见吴倬主编:《马克思主义哲学导论》,当代中国出版社2002年版,第132页。

1. 法律程序特点对民事强制调解模式的影响

前已述及，无论在诉前民事强制调解上还是在诉中民事强制调解上，美国的民事强制调解模式定位始终占据横轴以下的区域，表现出鲜明的非法官主持调解的风格。其实从图2、图3所展示的域外民事强制调解模式分析定位中可以发现，非法官主持调解并不仅仅是美国民事强制调解模式独有的风格，在澳大利亚民事强制调解的模式定位上也有明显的体现。如图2所示，澳大利亚诉前民事强制调解的模式定位出现在横轴以下的第Ⅳ象限，属于非法官主持的绝对适用型模式。在图3展示的诉中民事强制调解模式分析定位中，澳大利亚的模式定位除了处于第Ⅰ象限外，还出现在位于横轴以下的第Ⅲ象限继续贯彻了非法官主持调解的风格。而与美国和澳大利亚的非法官主持调解的风格不同，法官主持调解则成为法国、日本民事强制调解模式的基本特征。无论在诉前民事强制调解上还是在诉中民事强制调解上，法国和日本都仅仅占据在横轴以上的区域。可以发现，如果以横轴为分界线，作为英美法系国家代表的美国、澳大利亚与作为大陆法系国家代表的法国、日本，无疑成了平分民事强制调解“天下”的格局。

本书认为，之所以产生如此格局，应该与两大法系法律程序的不同特点有关。英美法系国家的法律程序具有显著的协作式风格，表现之一就是“私人程序行动具有合法性”，法律程序中可以穿插非官方的活动，权利机构很愿意将程序活动委托给私人来进行。美国、澳大利亚的民事强制调解模式之所以贯彻非法官主持调解，将调解解决纠纷的权利赋予法官之外的私人调解员来实施，正是英美法系法律程序所具有的协作风格的体现。而大陆法系国家或地区则不同，其法律程序具有科层式的风格，官僚系统倾向于扩张自己的活动，试图垄断程序性措施，私人推进的程序活动受到抑制，因此法官或者亲自履行，或者至少在他们在场以及在他们的直接监督下推进程序活动。① 受这种法律程序特点的影响，由法官参与主持调解，而不是交给法官之外的私人来实施调解，就成为法国、日本民事强制调解模式的必然选择。

2. 民事诉讼基本模式对民事强制调解模式的影响

如图2、图3所示，域外民事强制调解的四种模式虽然各据一方，但始终处于以纵横坐标轴交汇点为圆心的圆周之内。于是不免让人产生一个

---

① 参见米尔伊安·R. 达马斯卡：《司法和国家权力的多种面孔——比较视野中的法律程序》，郑戈译，中国政法大学出版社2004年版，第72～105页。

追问:既然四种模式同处一个圆周之内,那么这个向心力来自何方?要回答这个问题,或许可以从两大法系民事诉讼的共性中寻找答案。尽管英美法系和大陆法系国家或地区的民事诉讼体制分属于“对抗制”和“询问制”,有其各自不同的体制特征,但是英美法系和大陆法系国家或地区的民事诉讼同属于“当事人主导型”诉讼模式。①

共同的民事诉讼诉讼模式正是凝聚四种民事强制调解模式的向心力,并且外化为这样一种现象:尽管不同国家或地区的民事强制调解模式定位不同,但无一例外坚持调解与审判的分离,将民事强制调解作为法院审判之外的独立程序。就诉前民事强制调解而言,由于其在民事诉讼系属之前启动,调解不成方进入诉讼程序,调解和诉讼是两个相续但截然独立的程序,自然体现了彻底的调审分离。对于诉中民事强制调解而言,虽然调解是在诉讼程序启动之后适用,但调审分离的理念依然贯彻其中。如图 3 所示,美国诉中民事强制调解的模式定位处于横轴以下,所以调解的主持人由法官之外的人士担任,由此确保了调解与审判的分离。加拿大、澳大利亚的诉中民事强制调解虽然在模式定位上同时处于横轴上下的不同象限,除了选择非法官主持的诉中民事强制调解模式之外,还分别选择了法官主持的选择适用型和法官主持的绝对适用型诉中民事强制调解模式,允许法官担任调解的主持人,因此乍一看,加拿大、澳大利亚的诉中民事强制调解中调审分离的程度似乎不及美国,但仔细分析并非如此。在域外民事强制调解的考察中可以发现,尽管加拿大和澳大利亚都存在法官主持型诉中民事强制调解,允许法官担任调解的主持人,但是主持调解的法官不能再对案件进行后续的审理和裁判。换句话讲,调解法官与审判法官是截然分开的,故而仍然贯彻了调审分离的理念。同样,德国、法国、日本以及我国台湾地区和澳门特区虽然也存在法官主持的诉中民事强制调解模式,但无不要求调解法官与审判法官的分离,因此也仍然贯彻了调审分离的理念。

3. 程序正义理念对民事强制调解模式的影响

如果说以横轴为分界线,会出现作为英美法系国家代表的美国、澳大利亚与作为大陆法系国家代表的法国、日本平分民事强制调解“天下”的格局,那么对比图 2、图 3 可以发现,在纵轴所划分的左右两个区域中,图 2 的左侧区域内除了加拿大之外,德国、法国、日本、美国、澳大利亚以及我国台湾地区和澳门特区都占据了一席之地,也就是说,在诉前民事强制调解

① 参见张卫平:《转化的逻辑:民事诉讼体制转型分析》,法律出版社 2007 年版,第 21 ~ 50 页。

上由立法明确规定适用范围的做法，即选择绝对适用型民事强制调解，① 几乎被不同国家或地区不约而同地采用。毋庸置疑，与诉中民事强制调解相比，诉前民事强制调解的正当性面临更大挑战——如果说在诉讼系属后才启动的民事强制调解并不直接侵犯当事人诉诸法院的权利，那么诉前民事强制调解似乎是“临时冻结”了纠纷当事人的裁判请求权。因此，诉前民事强制调解必须满足程序正义的要求，通过提供相应的程序保障，使因为裁判请求权的“临时冻结”而被转移的程序正义能够在调解的实施过程中得到实现。② 特别是在普遍采取当事人主导型民事诉讼模式的国家或地区，保障当事人权利更成为程序正义实现的重点。③ 而裁判请求权系当事人的基本程序权，所以对限制当事人裁判请求权的诉前民事强制调解提供相应的程序保障，便显得格外重要。图2反映的上述国家或地区在诉前民事强制调解上几乎“一边倒”地采用“绝对适用型”模式，通过立法明确规定适用的纠纷类型，正是按照程序正义要求采取的必要程序保障措施。因为只有通过立法明晰适用范围，将适用诉前民事强制调解的纠纷类型限制在合理范围内，才不致给当事人裁判请求权的行使造成太大影响，④以实现诉前民事强制调解在限制当事人裁判请求权和实现其他公共利益上的平衡，确保其正当性的成立。⑤

其实，程序正义理念并非仅仅影响诉前民事强制调解模式在“绝对适用型”和“选择适用型”上的选择。在上述国家或地区，无论适用何种诉前民事强制调解模式，都会与法院司法之间存在或多或少的联系。如图2所示，法国、日本以及我国台湾地区、澳门特区都选择了法官主持型诉前民事强制调解，强调由法官担任调解主持人，从而与法院司法存在紧密联系。即使是在采用非法官主持型诉前民事强制调解的德国、美国、澳大利亚，以及同时采用该诉前民事强制调解模式的我国台湾地区和澳门特区，虽然诉前民事强制调解交给法官之外的组织或个人来主持，但法院对调解的实施仍然负有管理之职，包括负责将纠纷交付给调解组织或调解员；提供调解

---

① 有学者将诉前强制调解的这种适用方法称为“静态的调解优先”，参见王福华：《论诉前强制调解》，载《上海交通大学学报（哲学社会科学版）》2010年第2期。

② 参见肖建国、黄忠顺：《诉前强制调解论纲》，载《法学论坛》2010年第6期。

③ 参见［日］谷口安平：《程序的正义和诉讼》，王亚新、刘荣军译，中国政法大学出版社2002年版，代译序第11～12页。

④ 参见江伟、谢俊：《德国巴伐利亚州强制诉前调解法及其对我国的启示》，载《公民与法（法学版）》2009年第3期。

⑤ 当然，诉前民事强制调解正当性之成立并非凭借“明确界定适用范围”一个方面就能实现，但毫无疑问是非常重要的一个方面。

员名册供当事人选择,或者指定调解人;为调解的举行指定地点;指定调解的期日;审查调解达成的协议;等等。可以说,法院司法在诉前民事强制调解中扮演不可或缺的角色,并使诉前民事强制调解成为法院司法"荫影"下的调解活动。而这种状况的形成,仍然与现代法治的程序正义理念紧密相关。前已述及,由于诉前民事强制调解推迟了裁判请求权实现的时间,对裁判请求权构成了某种限制,而基于裁判请求权的基本程序权地位,诉前民事强制调解必须通过提供相应的程序保障,使因为裁判请求权受限而被转移的程序正义能够在调解的实施过程中得到实现。由于司法在法治秩序中发挥"正统性再生产功能",能够形成和维持独立、自律的"法的空间",而这正是实现程序正义不可缺少的前提和基础。因此,允许法院司法在诉前民事强制调解中扮演重要角色,使诉前民事强制调解成为法院司法"荫影"下的调解,是诉前民事强制调解实现程序正义并进而确保其正当性的重要举措。特别是诉前民事强制调解在案件尚未发生诉讼系属之前启动,其程序保障措施的适用必须更为谨慎,否则法院就有拒绝裁判之嫌。而根据程序保障"就高不就低"的原则,赋予诉前民事强制调解以司法性,使之在司法的参与、监督或管理之下运行,才能确保其正当性不受质疑。①

① 参见肖建国、黄忠顺:《诉前强制调解论纲》,载《法学论坛》2010年第6期。

第三章　民事强制调解之中国篇(上)

一、我国民事强制调解的历史谱系

“如果没有一种对于过去的重新整合,那么,既不能回溯我们过去的足迹,也不能找到未来的指导路线。”①因此,在民事强制调解的研究上,除了从横向的地域维度展开探讨外,也有必要从纵向的历史维度加以关照。尽管在中国漫长的封建时代里,调解从来没有成为正式的法律程序,②但这丝毫不能掩盖其在我国传统社会纠纷解决中的重要地位,也并不意味着民事强制调解就不存在。借助留存于今的司法档案、官员箴言、宗族族规等珍贵史料,我们会赫然发现在这些白纸黑字之间演绎的民事强制调解场景。当然,借助史料的探寻路径注定了针对传统中国民事强制调解研究的时间刻度只能是在有客观真实史料所支撑的年代之内。诚如那思陆先生所言:“史学关注的是真假的问题,法学关注的则是善恶的问题。真善美三者之中,真为第一,善为第二,美为第三,此一排序,并非无因。”③但是在漫长的历史长河中,有多少史料都消失在朝代更迭的战火之中。而相较之下,明清时期的资料能够较好地保存至今,为我们认识这一时期的民事强制调解提供了较为完整的资料链条。因此,以下对我国民事强制调解历史的分析,将围绕作为传统中国④社会终点的明清时期展开。

(一)明清时期的民事强制调解

对明清时期民事调解的分类,学者们普遍认为有三种:民间调解、官府

---

① [美]哈罗德·J.伯尔曼:《法律与革命——西方法律传统的形成》,中国大百科全书出版社1993年版,序第Ⅴ页。

② 清末《刑事民事诉讼法草案》第一次以法律形式对调解作出规定:“凡两造争讼,如有可以和平解释之处,承审官宜尽力劝谕,务使两造和解。”

③ 那思陆:《中国审判制度史》,上海三联书店2009年版,自序。

④ 通常认为,1840年鸦片战争以后至1911年辛亥革命推倒清朝统治之前的晚清是中国传统社会发生转型的时期,因此,传统中国即是指直到1911年清朝被推翻之前的不断更替的封建王朝统治的中国。参见张晋藩:《中国古代民事诉讼制度通论》,载《法制与社会发展》1996年第3期;[美]陆思礼:《毛泽东与调解:共产主义中国的政治和纠纷解决》,载强世功编:《调解、法制与现代性:中国调解制度研究》,中国法制出版社2001年版,第120页。

调解①和官批民调。② 借助现存的明清司法档案、地方规则、宗族族规等文献资料,可以发现这三类调解中均存在强制启动的情形。

明洪武三十一年(1398)三月,明太祖朱元璋钦定的《教民榜文》颁行。序文中论道,官吏人材难得,不能公正处理诉讼,向京师越诉者络绎不绝,因此对于民间户婚、田地等诉讼,应先由各里老人、里甲进行裁决。③《教民榜文》第1条便规定:"民间户婚、田土、斗打、相争一切小事,不许辄赴告官,务要经由本官里甲老人理断。若不经由者,不问虚实,先将告人杖断六十,仍发里甲老人理断。"④显然,这里把民间里甲老人的调解规定为当事人向官府起诉的前置程序。因此但凡户婚、田土等民事案件,里甲老人的调解是必经程序,只有当调解不成时,当事人才可以向官府起诉。如果直接告官,不仅对违背这一程序要求的当事人施以处罚,而且纠纷仍旧要发回里甲老人处进行调解。至明朝中期,这种由里甲老人实施的民事强制调解逐渐松动,虽然《教民榜文》确立的老人制度开始出现衰退,⑤但是由官府批令里甲老人、宗族、中人等进行调解的情况日渐增多。⑥ 由于成化年间里甲老人调解的诸多弊端被屡屡批评,一些官员建言,户婚、田土等民事案件不再委托里甲老人调解,应由地方官亲自审理。但由于官吏诉讼处理能力相当有限,由官府委托里甲老人处理纠纷的方式依然盛行。

至清代,除了明代的里甲制继续被沿用之外,地方上还有专门负责治安保卫的保甲,如果发生民事纠纷往往要先经过保甲长调解,调解不成时才能上告官府。此外,一些宗族内部的家法族规也往往要求族内成员在发生某些民事纠纷时,必须先通过族长、房长调解,禁止擅自起诉到官府。江西南昌《豫章黄城魏氏宗谱》中规定:"族中有口角小忿及田土差役账目等项,必须

---

① 就明清时期州县官在诉讼中是否采取调解的方式来解决纠纷,即"是否存在官府调解"是有争议的。这些争议主要来自日本学者滋贺秀三和美籍华裔学者黄宗智的研究。本书此处无意参与这样的讨论,而是采取目前国内通说——明清时期存在官府调解——来作为论述强制调解的基础背景。关于这一争论更为详细的介绍,参见[美]黄宗智:《清代的法律、社会与文化:民法的表达与实践》,上海书店出版社2007年版,第354~355页。

② 参见辛国清:《法院附设替代性纠纷解决机制研究》,中国社会科学出版社2008年版,第204页;春杨:《晚清乡土社会民事纠纷调解制度研究》,北京大学出版社2009年版,第68页。

③ 参见[日]中岛乐章:《明代乡村纠纷与秩序》,郭万平、高飞译,江苏人民出版社2010年版,第75页。

④ 《皇明制书》卷八《教民榜文》。

⑤ 参见[日]中岛乐章:《明代乡村纠纷与秩序》,郭万平、高飞译,江苏人民出版社2010年版,第87页。

⑥ 参见[日]中岛乐章:《明代乡村纠纷与秩序》,郭万平、高飞译,江苏人民出版社2010年版,第100、112、115页。

先经投族众剖决是非,不得径往府县诳告滋蔓。"[1]再如《严氏族谱》中规定:"各支如有田土、钱债细故争执,不得遽行兴讼,先应禀达族长支长,相约谒祠理讲,毋得偏袒。如理讲不服,始可到官告理。"[2]为了确保族内强制调解的实施,家法族规往往还规定了制裁措施,如"不得径往府县诳告滋蔓,如不经投族而妄告官府者,先罚银一两入祠,方依理公断",[3]"本宗事故不由房长理处,辄行兴讼者,责二十。仍按本事虚实发落,公同禀覆销案"。[4]

除以上民间调解中的民事强制调解外,官府调解和官批民调由于完全是官府依职权启动,因此其中的民事强制调解形态更为常见。清代学者包世臣曾在《说保甲事宜·安吴四种》中描述过官府批令乡保调处民间纠纷的大致流程,从中可以清楚地看到,官批民调由官府依职权发动,并不考虑当事人双方的意愿:"凡赴讼者……系田土界址、雀角短长、户婚牵割、气性斗争等事,批副用印,仰原告持批投该保长协同里正至公所,唤集被告及证应人,详加研讯,保贰录两造口词。"[5]即使是在官批民调中民间力量调解失败,当事人再次诉至公堂,官府依然会依职权批令民间力量继续进行调解。清代巴县档案中就记载这样的案例:乾隆三十八年,巴县杨启元将瓦房出典给严光大,严光大给付典价钱五十千。十七年后,杨启元按照此时每千钱折合白银六钱的兑换标准,凑足三十两白银向严光大回赎房屋,但严光大之子严彪拒不容赎。杨启元告到官府,县令批令:由原中理楚。原中人晏述庵、雷信丰、张兴武等随即进行调处,但调解未获成功。无奈之下,杨启元再次诉至公堂。然而县令依旧责令中人继续调处。[6] 值得注意的是,明清时期官府调解和官批民调的法律地位并不明确,官批民调甚至被立法明令禁止。如《大清律例》规定,"民间词讼细事,如田亩之界址沟洫,亲属之远近亲疏,许令乡保查明呈报。该州、县官务即亲加剖断,不得批令乡地处理完结",[7]但在实践中,"经由调解而讼清狱结,是州县官治绩的突出表现也是大计考官的一项重要指标。因此,州县官对于自理案件,

---

① 江西南昌《豫章黄城魏氏宗谱》卷十一《宗式》。转引自朱勇:《中国法律的艰辛历程》,黑龙江人民出版社 2002 年版,第 141 页。

② 《严氏族谱》卷十二《族规》。转引自朱勇:《中国法律的艰辛历程》,黑龙江人民出版社 2002 年版,第 231 页。

③ 江西南昌《豫章黄城魏氏宗谱》卷十一《宗式》。转引自朱勇:《中国法律的艰辛历程》,黑龙江人民出版社 2002 年版,第 141 页。

④ 宁乡《熊氏续修族谱·祠规》。转引自朱勇:《中国法律的艰辛历程》,黑龙江人民出版社 2002 年版,第 219 页。

⑤ (清)包世臣:《说保甲事宜·安吴四种》卷二十八。

⑥ 参见四川省档案馆编:《清代巴县档案汇编》(乾隆卷),中国档案出版社 1991 年版,第 225 页。

⑦ 《大清律例》卷三十《刑律·诉讼·告状不受理》。

首先着眼于调解,调解不成时,才予以审决”。① 所以,用调解方式解决民间细故事实上处于被优先考虑的地位。

(二)民国政府时期的民事强制调解

1912 年中华民国成立之后,由于并未形成统一的政权国家,出现了北京政府与广州军政府南北对峙的局面。北京政府编订了《民事诉讼法草案》,后改称为《民事诉讼条例》,适用于其所辖各省。同时,广州军政府制定颁布了《民事诉讼律》,适用于西南各省。前述两部法律并行,其中关于民事调解的内容相差无几,②均未规定民事强制调解。此后,1930 年 1 月 20 日,南京国民政府公布了旨在“杜息争端,减少诉讼”③的《民事调解法》,该法首次确立了民事强制调解制度,规定“第一审法院附设民事调解处,以推事为调解主任,当事人双方各推一人作为助理;初级管辖及人事诉讼事件,非经调解仍不和息的,不得起诉;当事人经通知无正当理由不到场的,科以罚款。调解和息结果与法院判决具有同等效力”。④ 根据该条规定,调解成为人事诉讼事件和初级管辖民事事件进入诉讼的前置程序,非经调解不成立,不能进行诉讼。有学者在分析 1934 ~ 1936 年统计报告的基础上指出,“经历调解的民事案件数与终结于常规法庭的民事案件数相差无几,表明法院收到的民事案件几乎全部例行先经过‘调解处’,然后再交给法庭继续裁决”。⑤

根据《民事调解法》的规定,这一时期的民事强制调解由民事调解处负责实施,该调解处是附设在第一审法院的专门机构。调解处在人员组成上分为两部分:一是调解主任,由法院推事担任;二是调解人,由双方当事人各自推选出一名。民事强制调解的适用范围限于人事诉讼案件和初级管辖民事案件。⑥ “调解由书记官做成笔录,经当事人、调解主任和调解人签名后成立,与法院判决具有同等效力。当事人双方均到场而调解不成立

---

① 张晋藩主编:《中国民事诉讼制度史》,巴蜀书社 1999 年版,第 199 页。

② 两者均脱胎于清政府 1911 年制定的《民事诉讼律草案》,所不同的是,《民事诉讼律》完全继承了《民事诉讼律草案》中对民事调解的规定,而《民事诉讼条例》却稍加修改与完善。

③ [美]黄宗智:《经验与理论:中国社会、经济与法律的实践历史研究》,中国人民大学出版社 2007 年版,第 358 页。

④ 程维荣:《中国审判制度史》,上海教育出版社 2001 年版,第 230 页。

⑤ [美]黄宗智:《经验与理论:中国社会、经济与法律的实践历史研究》,中国人民大学出版社 2007 年版,第 358 页。

⑥ 至于何为“初级管辖民事案件”,有论者认为,初级管辖民事案件是指《民事诉讼律草案》与《民事诉讼条例》中所规定的应由初级审判厅管辖的“应速结案和事属轻微”从而适用简易办法办理的案件,参见赵建蕊:《民国时期的民事调解制度》,中国政法大学 2007 年硕士学位论文,第 17 页。

的,任何一方当事人可当即以言辞起诉,开启诉讼程序。如果因为当事人不到场而在再次确定的调解日期,仍有当事人不到场的,则视为调解不成立。"①

1935年7月1日南京国民政府修订后的《民事诉讼法》施行,《民事调解法》被废止。尽管《民事调解法》实施时间不过四年有余,但它确立的民事强制调解制度被《民事诉讼法》继承并得到进一步修改。首先,在适用范围上,修订后的《民事诉讼法》规定适用简易诉讼程序的案件,除有特别情形外均须先经调解,调解不成立才能起诉。其次,修订后的《民事诉讼法》规定的人事诉讼案件仅包括离婚之诉、夫妻同居之诉和终止收养关系之诉,与《民事调解法》相比有所限制。最后,修订后的《民事诉讼法》规定调解由一审法庭负责实施,原有的民事调解处被取消。② 虽然南京国民政府《民事诉讼法》于1945年又经再次修订,但是其中关于民事强制调解的内容并无变动。

南京国民政府之所以在立法中明确设置民事强制调解制度,原因有多个方面:(1)对我国重调解传统的继承。《民事调解法》的提议人胡汉民在提案中这样写道,"我国夙重礼让,以涉讼公庭为耻,牙角细故,辄就乡里耆老,评其曲直,片言解纷,流为美谈",言辞之间明显传递出对我国重礼让传统的赞誉和向往。(2)对近代西方国家民事强制调解理念的借鉴。国民政府时期有学者开始有意识地了解西方诸国的民事强制调解制度,指出德国在1924年确立了强制调解制度,挪威在1797年设立了强制调解,施行效果甚好,在所受理的案件中,调解成功率达80%。③ (3)对既存民事调解制度的完善。彼时民事调解制度本身的不足,是导致《民事调解法》迅速制定完成的直接因素。早在《民事诉讼条例》刚刚颁行之际,一位叫季手文的学界人士即设想建立一定范围内的强制调解制度,他的主张是针对当时修订法律馆的朱文伯总纂提出的设立城乡谳局以代替管辖轻微民事案件的设想而提出的。季氏认为,设立城乡谳局不仅难以解决设立初级审判厅所带来的经费、人才等困难,而且其制度本体上是否适宜尚未可知,所以不如仿照挪威民事调处的制度,将轻微民事案件强制调处。具体来说,可以将《民事公断暂行条例》加以修正,规定某种案件非经公断人公断后有不服者,不得起诉。在季氏看来,此举一方面不会产生过多花费,引起司法制度的大

① 赵建蕊:《民国时期的民事调解制度》,中国政法大学2007年硕士学位论文,第18页。
② 赵建蕊:《民国时期的民事调解制度》,中国政法大学2007年硕士学位论文,第19页。
③ 参见石志泉:《民事调解制度》,载《法学专刊》1935年第5期。转引自赵建蕊:《民国时期的民事调解制度》,中国政法大学2007年硕士学位论文,第6页。

幅变动,另一方面又能减轻地方审判厅的工作负担。① 总而言之,在当时中西方因素交织的大背景下,民国时期的民事强制调解制度应运而生。

对这一时期的民事强制调解,当时学界主要持反对意见。玉斯曾经对《民事调解法》的施行效果如此评价,“争端未必能息,讼累较前益深”,并认为“人民与法院,均为调解法所限制,明知无济于事,亦必奉行故事。在法院则事务日繁,人民则不徒无益,反增加调解程序,而更受拖累”。② 客观地讲,国民政府所处的特定历史背景的确对民事强制调解功能的发挥起到了很大的制约。尽管南京国民政府在县以下建立了地方政府机构,但在乡村,“国家政权未能实质上改变地方政府传统的、分权化的模式。在这种模式之中,村庄的政治生活大多由自己的地方权力结构所操纵,只是在很弱的意义上被整合进中央政权系统之内”。③ 此外,“军阀混战、外敌入侵的动荡局势也使法律很难在实践中真正运行,国民政府学习、移植西方先进法律体制的良好愿望也被战争击得粉碎”。④ 因此,南京国民政府建立的现代法院系统从未发挥有效功能,法庭实施的强制调解所起的作用十分有限,传统、非正式的社区及宗族调解仍然是主要的纠纷解决方式。⑤ 此外,国民政府对民事强制调解的尝试比较马虎草率,这也在很大程度上制约了其功能的发挥。黄宗智通过对民国时期顺义县调解处案件记录的分析得出判断,在强制调解中“法庭调解的机构设置和程序规定都只允许法庭在时间和精力上作最低限度的投入”,⑥因此他认为立法所规定的强制

---

① 参见季手文:《与修订法律馆朱文伯总纂论改革司法制度书》,载《法学会杂志》1922 年第 8 期。转引自赵建蕊:《民国时期的民事调解制度》,中国政法大学 2007 年硕士学位论文,第 16 页。

② 玉斯:《民事调解法亟应废止之我见》,载《法治周报》1933 年第 1 卷第 31 期。转引自赵建蕊:《民国时期的民事调解制度》,中国政法大学 2007 年硕士学位论文,第 32 页。

③ 强世功编:《调解、法制与现代性:中国调解制度研究》,中国法制出版社 2001 年版,第 135 页。

④ 田平安主编:《民事诉讼法 · 原则制度篇》,厦门大学出版社 2006 年版,第 289 页。

⑤ 参见[美]黄宗智:《经验与理论:中国社会、经济与法律的实践历史研究》,中国人民大学出版社 2007 年版,第 360 页。

⑥ 比如,1931 年 5 月刘某祥诉张某宗欠款一案,根据速记笔录可以得知,在 5 月 21 日举行的调解听证中,法官首先询问刘某祥的代理人徐某为什么刘某祥本人没有到场,确认了刘某祥因病委托徐某全权代理;然后法官又要求代理人徐某解释刘某祥提起诉讼的原因,徐某只简单地回答了三句话。接着法官转问张某宗为什么不还钱,张某宗虽然承认欠款但声明自己无钱,须等到下次收获庄稼之后才能偿还。法官再次转向徐某,要求其同意宽限还款时间,徐某称如果张某宗在法官面前保证于第 6 个月的第 15 天之前还清,他就同意宽限。张某宗同意到期偿还,于是法官让书记员大声念出笔录,让双方当事人正式确认,接着宣布案件调解成功。整个调解问答笔录仅 17 行文字。不难看出,这起调解成功的案件中听证相当简短。转引自[美]黄宗智:《经验与理论:中国社会、经济与法律的实践历史研究》,中国人民大学出版社 2007 年版,第 358 ~ 359 页。

调解可能只是走走过场。况且,绝大多数情况下当事人都不愿意和解,法官一般很少或完全不做工作帮助双方达成妥协,而是仅仅宣布调解无效,案件移交常规法庭审理,因此民事强制调解成功的比例并不高。对此,黄宗智进一步举出1936年全国范围的统计报告加以佐证,"在这一年,经调解处调解成功的案件有12,409宗,仅占调解收案总数的15%,相对的有68,106宗调解不成功"。①

(三)革命根据地时期的民事强制调解

革命根据地是对新民主主义革命时期中国共产党所创建的各根据地政权的总称。从时间上讲,分为苏维埃时期、抗战时期、解放战争时期三个阶段。② 自1942年到1949年,广大革命根据地纷纷颁布了调解法规,如陕甘宁边区人民政府发布的《陕甘宁边区民刑事件调解条例》、苏中区行政公署发布的《苏中区人民纠纷调解暂行办法》,以及晋绥边区发布的《晋绥边区民、刑事调解办法》,等等。从这些条例可看出,"革命根据地的调解制度得到了大力发展,在类型上包括人民调解与法院调解"。③

抗日战争爆发后,陕甘宁边区成为中共中央所在地,在当时国家政治格局中发挥重要的影响力。由于纠纷的多发,陕甘宁边区爆发了一场轰轰烈烈的调解运动,希望借此快速解决纠纷,获得群众的满意。1943年,陕甘宁边区政府发布《关于普及调解的指示》,边区高等法院也于同年6月11日颁布了《陕甘宁边区民刑事调解条例》,明确规定各级审判机关新的工作方针是"调解为主,审判为辅",并将调解率作为考核司法人员工作成效的硬性指标,即将审判人员的个人利益和调解的数量挂钩。在这种方针指导下,陕甘宁边区审判机关所受理的民事案件调解率逐年上升,数据不断被刷新。④ 陕甘宁边区还规定,"凡以后上诉的案件与呈报的案件,应调解而不予调解,原卷内未有和解记录与调解审前调解方案时,即证明司法人员未劝导当事人和解,违背政策,仍应发回重新处理,进行调解"。⑤ 在这样的方针指导下,以"调解作为司法解决纠纷的基本手段""调解成为诉

① [美]黄宗智:《经验与理论:中国社会、经济与法律的实践历史研究》,中国人民大学出版社2007年版,第359页。

② 参见侯欣一:《试论革命根据地法律制度研究》,载《法学家》2008年第3期。

③ 田平安主编:《民事诉讼法·原则制度篇》,厦门大学出版社2006年版,第289页。

④ 1942年,民事案件调解结案的占18%,1943年上升到40%,1944年则上升到48%;在曲子县天子区,1945年1至8月全区发案21件,调解解决了19件,转司法处的只有2件。参见马锡五:《新民主主义革命阶段中陕甘宁边区的人民司法工作》,载《政法研究》1955年第1期。转引自侯欣一:《试论革命根据地法律制度研究》,载《法学家》2008年第3期。

⑤ 杨永华等:《陕甘宁边区法制史稿(诉讼狱政篇)》,法律出版社1987年版,第204页。

讼的必经阶段"便成为陕甘宁边区调解制度最大的特点之一。① 除陕甘宁边区外,将调解作为纠纷解决必经程序的做法在其他解放区也有存在。② 此外,多数地区强调逐级调解,即先由民间自行调解,再由村、区调解委员会调解,调解不成而起诉的案件,司法机关仍可进行法庭调解或庭外调解。如冀南区《民刑事调解条例》对逐级调解的程序进行详细规定,"调解之进行,先在所在村进行"——先经民间自行调解或申请村公所调解,调解不成,申请区公所调解;如仍调解不成,当事人可向县政府起诉,由县政府主持进行法庭调解或庭外调解;再调解不成,可依法判决;当事人不服县政府判决,可上诉到所属的专员公署,专署调解不成再判决;当事人仍不服,可上诉到冀南行署,行署如仍调解不成,则依法判决。③ 于是,这一时期法庭处理案件的做法就是:先调解后判决,调解不通,然后再判决。有的司法人员为了实现调解的成立,强迫当事人调解或者向当事人央告乞怜。④ 这种不良现象导致纠纷的解决既失公正,又失效率,引发了群众的不满。⑤ 故而,在陕甘宁边区调解运动的热情消解之后,"高等法院经过充分准备于1945年召开了边区司法工作会议,对此前的作法进行了全面、深刻的检讨,最终形成了一项共识:调解必须自愿,不得强迫,并将其作为一项基本原则确定下来"⑥。

客观来讲,在革命战争的艰苦年代里推行民事强制调解具有特别的意义。一方面,它增强了人民内部的和睦团结,使广大民众能同心同德,搞好生产,全力支援民族解放事业。另一方面,民事强制调解大大减少了讼争,使司法机关的案件数量大为减少,缓解了当时司法力量薄弱、办案力量严重不足的现状。当然,由于历史条件所限,这一时期关于民事强制调解的

---

① 参见侯欣一:《陕甘宁边区司法制度的大众化特点》,载《法学研究》2007年第4期。

② 比如,冀南区《民刑事调解条例》第2条规定,"凡民事一切纠纷(土地、婚姻、债务、继承、劳工……)均应厉行调解";再如,冀鲁豫区《区调解委员会组织大纲》第2条规定:"凡住在各该区之公民有关民事及有期徒刑二年以下之轻微刑事(如斗殴轻伤者)诉讼,均得声请区调解委员会调解之。"参见孙丕志、王玮:《人民调解知识》,黑龙江人民出版社1985年版,第30页。

③ 参见孙丕志、王玮:《人民调解知识》,黑龙江人民出版社1985年版,第30页。

④ 参见《在陕甘宁边区第二届司法工作会议上的讲话》,陕西省档案馆馆藏档案,全宗号一五。转引自侯欣一:《对陕甘宁边区人民调解制度的几点共识——来自抗战时期陕甘宁边区的实践》,载《法学杂志》2011年第1期。

⑤ 当时的群众这样来评价法官的调解,"不怕硬赃官,单怕缠青天""你们不打不骂是好,就是把事情给窝住了"。参见《在陕甘宁边区第二届司法工作会议上的总结》(1945年12月29日),陕西省档案馆馆藏档案,全宗号一五。转引自侯欣一:《对陕甘宁边区人民调解制度的几点共识——来自抗战时期陕甘宁边区的实践》,载《法学杂志》2011年第1期。

⑥ 参见《在陕甘宁边区第二届司法工作会议上的总结》(1945年12月29日),陕西省档案馆馆藏档案,全宗号一五。转引自侯欣一:《对陕甘宁边区人民调解制度的几点共识——来自抗战时期陕甘宁边区的实践》,载《法学杂志》2011年第1期。

立法远非完善,有的甚至存在严重的认识上的偏差,比如,过分夸大调解的作用,不限定民事强制调解的适用范围,而笼统地规定"凡民事案件,无论大小,一律先由区调解委员会进行调解",等等。再如,对违反民事强制调解的当事人,有的地方甚至还规定了刑事制裁措施。不可否认,这些极端做法最终成为我国民事调解发展的"逆增上缘",①并催生了"调解不是诉讼的必经程序""调解必须自愿"等调解理念的树立。但是也必须看到,这些极端做法在之后很长时间甚至直到今天,都在中国民众心底埋下了对民事强制调解难以彻底抹去的抵触情绪。

(四)新中国成立以来民事强制调解的发展

自1949年中华人民共和国成立以来,民事强制调解的命运便始终和我国民事调解制度的演变紧密联系在一起。因此,在探讨新中国成立以来民事强制调解的发展情况之前,有必要首先回顾一下我国民事调解在这一时期的基本演变历程。

1963年,全国第一次民事审判工作会议确定了"调查研究、调解为主、就地解决"十二字方针。到1964年,这十二字方针发展为"依靠群众、调查研究、调解为主、就地解决"的十六字方针。1979年,最高人民法院发布的《人民法院审判民事案件程序制度的规定(试行)》(已失效)在延续前面"调解为主"方针的基础上,更明确了调解的先行性,即"凡可以调解解决的,就不要用判决,需要判决的,一般也要先经过调解"。之后,在总结40多年来人民法院调解经验的基础上,我国1982年颁行的《民事诉讼法(试行)》(已失效,下文不再说明)明确规定:"人民法院审理民事案件,应当着重进行调解……"至此,法院调解被正式确定为我国民事诉讼的一项制度。1991年我国《民事诉讼法》正式颁布,删去了"着重调解"一词,规定人民法院应当根据"自愿和合法的原则进行调解"。然而,到了2003年,最高人民法院在《虚假陈述民事赔偿规定》中又重申"着重调解",②并于同年发布的《简易程序规定》中明确要求,某些案件必须在开庭审理之前先行调解。③

---

① 佛学中把促使修行者进步的外缘称为"增上缘",增上缘分为两类,即顺增上缘和逆增上缘。一切合情合理的,是顺增上缘;一切烦恼恶劣的,是逆增上缘。

② 《虚假陈述民事赔偿规定》第4条规定:"人民法院审理虚假陈述证券民事赔偿案件,应当着重调解,鼓励当事人和解。"

③ 《简易程序规定》第14条规定:"下列民事案件,人民法院在开庭审理时应当先行调解:(一)婚姻家庭纠纷和继承纠纷;(二)劳务合同纠纷;(三)交通事故和工伤事故引起的权利义务关系较为明确的损害赔偿纠纷;(四)宅基地和相邻关系纠纷;(五)合伙协议纠纷;(六)诉讼标的额较小的纠纷。但是根据案件的性质和当事人的实际情况不能调解或者显然没有调解必要的除外。"《简易程序规定》于2020年修正。

2012 年我国《民事诉讼法》再次修正，其中与民事调解相关的内容之多、之新都达到了前所未有的程度，包括增设先行调解制度、调解协议的司法确认制度以及完善调解的再审程序等八个方面。① 在 2021 年《民事诉讼法》的最新修正中，完善调解协议的司法确认制度成为修法的主要内容之一，经特邀调解组织调解达成的协议也被纳入司法确认的范围，同时司法确认的管辖规则得以明确。

与我国民事调解制度的前述演变相关，民事强制调解的命运也随之发生起伏沉降，可以用下述三个阶段勾画出新中国成立以来我国民事强制调解的发展轨迹。

1. 第一个阶段：民事强制调解的冰冻期

从新中国成立至 1991 年《道路交通事故处理办法》颁行之前，这是我国民事强制调解的冰冻期。

1954 年，原政务院颁布《人民调解委员会暂行组织通则》，其中第 6 条规定了人民调解必须遵循的三大原则：依法、自愿及调解的非前置性，由此明确了人民调解必须自愿启动，以及人民调解并非当事人向法院起诉的前置程序的基本理念。在法院调解上，1950 年的《诉讼程序试行通则（草案）》也规定："起诉的民事或轻微的刑事案件，法院亦应视具体情况，先行调解，调解如不成立，应即进行审判。但调解非诉讼必经程序。"②1982 年，全国人大常委会颁布《民事诉讼法（试行）》，其中第 97 至 102 条对法院调解作出规定。从这些条文的内容看，调解应依何种方式启动似乎并未被明确，但强调了调解协议的达成应基于双方当事人的同意。③ 到 1991 年《民事诉讼法》正式颁布，立法已明确规定，人民法院调解民事案件，必须遵循当事人自愿的原则。

但值得一提的是，1950 年 5 月 1 日颁布实施的我国第一部《婚姻法》明确规定了离婚案件的强制调解，这成为民事强制调解被冰封沉寂之下的一丝悄然涌动。该法第 17 条规定：男女一方坚决要求离婚的，得由区人民政府进行调解；如调解无效时，应即转报县或市人民法院处理。县或市人民法院对离婚案件，也应首先进行调解；如调解无效时，即行判决。之后，

① 具体包括 2012 年修正后的《民事诉讼法》第 122、133、194、195、198、202、208、212 条。

② 中国社会科学院法学研究所民法研究室民诉组、北京政法学院诉讼教研室民诉组合编：《民事诉讼法参考资料》（第二辑·第一分册），法律出版社 1981 年版，第 112 页。

③ 参见《民事诉讼法（试行）》第 97 条规定："人民法院受理的民事案件，能够调解的，应当在查明事实、分清是非的基础上进行调解，促使当事人互相谅解，达成协议。"第 100 条规定："调解达成协议，必须双方自愿，不得强迫。"

1980 年公布的《婚姻法》进一步坚持了离婚案件的强制调解,于第 25 条第 2 款规定:"人民法院审理离婚案件,应当进行调解;如感情确已破裂,调解无效,应准予离婚。"可以看到,这一时期虽然立法对离婚案件调解的规定有所变动,但离婚案件"先调解、后判决"的基调已经被确立下来。因此,总体来讲,这一时期民事强制调解基本上处于冰冻状态,只有离婚案件的强制调解"一枝独秀"。

2. 第二个阶段:民事强制调解的解冻期

从 1991 年《道路交通事故处理办法》颁行至 2003 年《简易程序规定》出台,这是我国民事强制调解的解冻期。

1991 年国务院颁布《道路交通事故处理办法》,规定道路交通事故发生后,公安机关经现场勘查、调查取证,根据当事人违反交通管理的行为在交通事故中的作用大小作出责任认定后,须召集各方就损害赔偿进行调解。据此,公安交通管理部门在作出事故认定后有义务进行调解。申言之,公安机关的先行调解成为提起道路交通事故损害赔偿诉讼的必经程序。此后,最高人民法院和公安部于 1992 年 12 月 1 日联合发布的《关于处理道路交通事故案件有关问题的通知》中也作出了类似的规定,即当事人因道路交通事故损害赔偿问题提起民事诉讼时,除诉状外,还应提交公安机关制作的调解书、调解终结书或者该事故不属于任何一方当事人违章行为造成的结论,从而进一步明确了在交通事故损害赔偿纠纷的解决上,公安机关的先行调解属于必经前置程序,只有对公安机关调解不服或通过调解达不成协议的,当事人才能向法院提起诉讼。至此,我国民事强制调解突破了新中国成立以来长期仅适用于离婚案件的局限,扩展至道路交通事故损害赔偿纠纷,显示立法者对民事强制调解的态度开始出现了松动。

2003 年最高人民法院发布《简易程序规定》,要求人民法院开庭审理时对六类案件应当先行调解。① 该司法解释在继续保留离婚纠纷法院强制启动调解的同时,又将民事强制调解的适用范围扩展至继承纠纷、劳务合同纠纷、工伤事故引起的损害赔偿纠纷、交通事故损害赔偿纠纷、宅基地和相邻关系纠纷、合伙协议纠纷、诉讼标的额较小的纠纷,使我国民事强制调解的适用范围空前增大。如果说 1991 年的《道路交通事故处理办法》只是表明民事强制调解开始被解禁,那么 2003 年《简易程序规定》的出台,则标志着我国民事强制调解领域的大面积解冻,已经透露出春江水暖的意境。

---

① 参见《简易程序规定》第 14 条。

3. 第三个阶段：民事强制调解的涨潮期

2003 年《简易程序规定》施行至今，可称为我国民事强制调解的涨潮期。

这期间有关民事强制调解的立法并无进展。不仅没有进展，而且 2004 年施行的《道路交通安全法》还取消了之前公安机关对交通事故损害赔偿纠纷的先行调解，使公安机关的调解不再成为当事人提起道路交通事故损害赔偿诉讼的必经前置程序，依《简易程序规定》由法院在开庭审理时先行调解。尽管 2012 年《民事诉讼法修正案(草案)》第一稿曾出现了立案前法院强制启动先行调解的内容，但最终通过的《民事诉讼法》修正案对此并未采纳，仍然秉持了启动调解须当事人自愿的理念。此外，2020 年颁布的《民法典》只是再次申明了《婚姻法》确立的离婚案件强制调解制度，即人民法院审理离婚案件，应当进行调解；如果感情确已破裂，调解无效的，应当准予离婚。① 之所以将这一时期称为民事强制调解的涨潮期，则是因为在民事强制调解立法领域波澜不惊的表象之下，无论是民事强制调解的实践探索还是理论研究实则已暗流涌动，并逐渐掀起一股不容忽视的浪潮。

在实践探索层面，不少法院开始尝试将调解作为民事审判的前置程序，②以此达到减少诉讼案件数量之目的。比如，2008 年年初北京市西城区人民法院成立便民速裁庭，实行庭前调解前置，规定除案件性质不宜调解或者明显没有调解必要的案件外，一律进行庭前调解。③ 再如，2003 年深圳市中级人民法院曾明确规定，13 类案件在进入审判程序之前必须经过调解解决，而无论当事人是否同意。④ 2010 年深圳市中级人民法院又推行审前调解制度，规定"审前调解为案件处理流程的必经环节，民商事案件除不能适用调解的外，原则上均应导入审前调解程序先行调解，发挥审前调解的'过滤器'作用"。⑤ 除法院系统外，人民调解前置的相关实践探索也在积极展开。比如，上海市司法局曾于 2005 年 3 月形成专门调研报告，提出"对法律规定的特定类型的民事纠纷，当事人欲通过民事诉讼程

---

① 参见《民法典》第 1079 条第 2 款。

② 参见张康林等：《多元化纠纷解决机制研究——以北京市西城区人民法院"四点一线"多元化纠纷解决机制为中心》，人民法院出版社 2010 年版，第 220～224 页；谢米纳：《玉环：细数速裁法庭三宗"最"》，载《人民法院报》2012 年 11 月 3 日，第 8 版。

③ 参见张康林等：《多元化纠纷解决机制研究——以北京市西城区人民法院"四点一线"多元化纠纷解决机制为中心》，人民法院出版社 2010 年版，第 220～224 页。

④ 参见闫庆霞：《法院调解制度研究》，中国人民公安大学出版社 2008 年版，第 119 页。

⑤ 本书附录三第 9 条。

序解决,人民调解是必经程序,即这些类型案件的解决施行‘先调后诉’,人民调解是民事诉讼的前置程序”。[①] 时隔16年,2021年9月上海市司法局与上海市高级人民法院联合决定,在上海市徐汇区、普陀区、杨浦区、松江区开展为期半年的调解程序前置试点,对当事人起诉至基层人民法院的符合调解程序前置探索范围内的纠纷,由区非诉讼争议解决中心(人民调解中心)或其他具有调解职能的非诉解纷组织进行前置调解。未经前置调解的,由人民法院委派区非诉讼争议解决中心(人民调解中心)或其他具有调解职能的非诉解纷组织进行调解。[②] 很显然,与上海市司法局于2005年提出的人民调解前置不同,在2021年上海市高级人民法院和上海市司法局共同开展的调解前置试点中,调解组织已扩展至人民调解之外的其他具有调解职能的非诉解纷组织。除上海市开展的人民调解前置探索外,浙江省开展了行业性人民调解前置的探索。2015年经最高人民法院批准,杭州市余杭区正式试点道路交通事故纠纷“网上数据一体化处理”,内容之一就是实施保险行业人民调解前置的改革试点工作。在此基础上,2016年浙江省高级人民法院、浙江省司法厅和原中国保险业监督管理委员会浙江监管局,共同在浙江省发起道路交通事故纠纷“网上数据一体化处理”试点工作,其中仍然要求道路交通事故损害赔偿纠纷实行人民调解前置,即道路交通事故损害赔偿纠纷进入诉讼程序前,必须经保险行业人民调解组织先行调解,否则法院一般不予受理。[③]

在理论研究领域,与之前普遍对民事强制调解持反对意见的“一边倒”状况不同,这一阶段从正面研究民事强制调解的学术成果开始增多。有的学者在介绍域外民事强制调解制度的基础上,试图为我国民事强制调解的建构提供借鉴;[④]有的学者对我国既存的民事强制调解进行了反思和

① 本书附录四第1条。

② 参见邱悦:《上海高院、市司法局印发〈关于探索实行调解程序前置试点的实施办法〉》,载微信公众号“浦江天平”,https://xw.qq.com/cmsid/20211008A059X400? f=newdc。

③ 参见胡铁旦、蒋志军:《道交纠纷网上处理　浙江“余杭经验”获进一步推广》,载中保网,http://xw.cbimc.cn/2016-12/01/content_215047.htm。

④ 参见章武生、张大海:《论德国的起诉前强制调解制度》,载《法商研究》2004年第6期;宋志明:《论法院调解的强制性——以我国台湾地区民事强制调解程序为比较》,载《政法论丛》2008年第1期;江伟、谢俊:《德国巴伐利亚州强制诉前调解法及其对我国的启示》,载《公民与法(法学版)》2009年第3期;刘敏:《论民事诉讼前置程序》,载《中国法学》2011年第6期;张艳丽:《法院调解前置模式选择:民事审前调解》,载《法学杂志》2011年第10期。

评判；①有的学者对民事强制调解的法理依据、制度价值进行剖析，并就我国民事强制调解的建构提出大胆设想；②还有的学者借助实证研究方法，论证了我国民事强制调解的可行性及建构设想。③ 尽管相较于同时期民事调解的总体研究，民事强制调解方面的研究无论在数量上还是深度上都不能与之相提并论，但毕竟理论界已开始向这一曾被冰封多年的领域迈出了令人鼓舞的步伐。

二、我国民事强制调解的发展背景

任何制度的形成与发展都是多种因素作用的结果，我国民事强制调解作为一种由来已久并在当前继续发挥作用的法律制度，其形成和发展与以下几个方面密不可分。

（一）国家诉讼处理能力的不足

无论是在以明清为代表的传统中国，抑或之后的国民政府、革命根据地时期，还是新中国成立以来的当代中国，民事强制调解之所以能获得官方认可并上升为一种法律制度，与国家有限的诉讼处理能力不无关系。

在传统中国社会，国家对地方的控制并未触及广大基层乡村，"国权不

---

① 参见闫庆霞：《人民调解前置制度之反思——以民事程序选择权为讨论的出发点》，载《法学家》2007 年第 3 期；肖建国、黄忠顺：《诉前强制调解论纲》，载《法学论坛》2010 年第 6 期；张嘉军：《法院调解强制化走向与我国法院调解强制化机制之重塑》，载《郑州大学学报（哲学社会科学版）》2011 年第 6 期。

② 参见范愉：《调解的重构（下）——以法院调解的改革为重点》，载《法制与社会发展》2004 年第 3 期；史长青：《调解制度中的强制性因素》，载《烟台大学学报（哲学社会科学版）》2007 年第 4 期；李德恩：《强制调解之法理与实践》，载《江西财经大学学报》2009 年第 4 期；王福华：《论诉前强制调解》，载《上海交通大学学报（哲学社会科学版）》2010 年第 2 期；肖建国、黄忠顺：《诉前强制调解论》，载《法学论坛》2010 年第 6 期；唐力：《在"强制"与"合意"之间：我国诉讼调解制度的困境与出路》，载《现代法学》2012 年第 3 期；王阁：《强制调解模式研究》，载《政法论丛》2014 年第 6 期；徐淑琳：《论民事诉讼中的强制调解制度》，载《华北电力大学学报（社会科学版）》2014 年第 6 期；王阁：《论小额诉讼中诉前强制调解的建构》，载《郑州大学学报（哲学社会科学版）》2015 年第 5 期；刘加良：《非诉调解前置主义的反思与走向》，载《政法论丛》2020 年第 5 期。

③ 参见孔令章：《强制调解：消费纠纷解决的制度选择——基于实证视角的分析》，载《河北法学》2010 年第 9 期；左为民：《通过诉前调解控制"诉讼爆炸"——区域经验的实证研究》，载《清华法学》2020 年第 4 期；徐哲、陈忠生、张娟娟：《道交纠纷诉前调解机制实证研究和制度完善——以 903 件 P 市 H 区道交纠纷诉前调解案件为样本》，载马世忠主编：《司法体制综合配套改革中重大风险的防范与化解——全国法院第 31 届学术讨论会获奖论文集》（上），人民法院出版社 2020 年版，第 773 ~ 782 页。

下县”可以看作对这一现象的典型概括。① 而众多民事纠纷恰恰发生在基层社会,因此在这样的社会治理结构下,统治者将“癣疥之疾”的户婚田土等民事纠纷交给民间力量,由后者在诉讼之前强制调解就成为一种必然选择。明洪武三十一年,明太祖朱元璋钦定的《教民榜文》序文中就论及,官吏人才难得,不能公正处理诉讼,因此面对络绎不绝的京师越诉者,不得不规定里甲老人理断是民间户婚、田土等诉讼的必经前置程序。到了军阀混战、局势动荡的民国政府时期,尽管南京国民政府在县以下建立了地方政府机构,但基层乡村的政治生活仍然是在很弱的意义上被整合到国家政权系统之内,国民政府建立的现代法院系统从未发挥有效功能。② 文献记载也揭示,南京国民政府时期全国法院系统所面对的重大课题之一,就是民事诉讼案件爆炸式增长,居高不下的增长率为法院系统的审判能力和审判容量带来极限般的挑战和压力。1912 年,全国各级法院及法庭总计 343 所,到 1926 年这一数字减少至 139 所。③ 所以,1929 年胡汉民提出为“杜息争端、减少讼累”而制定民事调解法,正是基于对民事案件现状深刻的反思和对未来明智的预测。④ 到了革命根据地时期,司法力量薄弱、办案力量严重不足的状况依然存在。陕甘宁边区正是基于纠纷多发,政府所能提供的公共服务质量较差而爆发了轰轰烈烈的调解运动。先调解后判决,调解不通,然后再判决成为陕甘宁边区这一时期法庭处理案件的做法,因此,“调解成为诉讼的必经阶段”是陕甘宁边区调解制度最大的特点之一。⑤

新中国成立以后,国家不断推进司法队伍建设,但是与纠纷的增长相比,国家诉讼处理能力不足的状况依然存在。当前,我国已经进入新时代,社会主要矛盾发生了变化。在民商事领域,除了传统的婚姻家庭、医疗、就业等民生类案件外,人民法院受理的新类型案件不断增多。2021 年,全国法院除审结 154 万件涉及教育、就业、医疗、养老、消费、社会保障等民生案

---

① 参见秦晖:《传统中华帝国的乡村基层控制:汉唐间的乡村组织》,载《中国乡村研究》2003 年第 1 期。转引自[美]黄宗智主编:《中国乡村研究》(第 1 辑),商务印书馆 2003 年版,第 2 页。

② 参见[美]黄宗智:《经验与理论:中国社会、经济与法律的实践历史研究》,中国人民大学出版社 2007 年版,第 360 页。

③ 参见[美]黄宗智:《经验与理论:中国社会、经济与法律的实践历史研究》,中国人民大学出版社 2007 年版,第 359 页。

④ 参见王春子:《中国近代民事调解制度的发展演变——以 1930 年〈民事调解法〉为重点》,载杨松主编:《盛京法律评论》2016 年第 2 辑,法律出版社 2016 年版。

⑤ 参见侯欣一:《陕甘宁边区司法制度的大众化特点》,载《法学研究》2007 年第 4 期。

件外，还审结劳资用工、购销合同、商铺租赁等民商事案件14.2万件。① 此外，人们维权意识日益提高，也导致大量纠纷以案件形式涌向法院，近年来法院受理案件数量一直处于高位运行状态。数据显示，2019年全国法院受理案件数量突破3000万，达到3160.54万件；②2020年全国法院受理案件数量虽然出现了自2004年以来的首次下降趋势，但仍然达到了3084.43万件；③2021年这一数据又继续上升，全国法院受理案件数量达3354.96万件。④ 与此同时，登记立案制的全面实施和法官员额制改革的全面完成，也使法院的办案压力陡然增加，案多人少的矛盾日益突出。2017年7月，我国法官员额制改革全面落实，⑤改革后全国法官人数减少四成，共计约有12万名员额法官。⑥ 从近三年最高人民法院工作报告中可以看到，2019年全国法官人均办案228件，2020年全国法官人均办案数量虽然略有下降，为225件，但是进入2021年又马上出现反弹，升至238件。⑦ 很明显，我国法院的诉讼压力居高不下，人均办案数量总体呈持续上升态势，而员额法官的增长速度远不及案件数量的增长速度。面对国家诉讼处理能力的明显不足，在2019年年初的中央政法工作会议上，习近平总书记提出"把非诉讼纠纷解决机制挺在前面"的国家治理新理念，对大力发挥替代性解纷机制，实现矛盾纠纷在诉讼前端化解提出明确要求。2021年2月中央全面深化改革委员会第十八次会议审议通过了《关于加强诉源治理　推动矛盾纠纷源头化解的意见》，要求进一步明确把非诉讼纠纷解决机制挺在前面，推动更多法治力量向引导和疏导端用力，加强矛盾纠纷源头预防、前端化解、关口把控，完善预防性法律制度，从源头上减

① 参见《2022年最高人民法院工作报告》，载腾讯网，https://xw.qq.com/amphtml/20220315A06TPB00。

② 参见《2020年最高人民法院工作报告》，载经济形势报告网，http://www.china-cer.com.cn/guwen/202006025549.html。

③ 参见刘峻凌：《最高人民法院工作报告（摘要）》，载中国网，http://www.china.com.cn/lianghui/news/2021-03/09/content_77288602.shtml。

④ 参见《2022年最高人民法院工作报告》，载腾讯网，https://xw.qq.com/amphtml/20220315A06TPB00。

⑤ 参见马学玲、张尼：《中国法官员额制改革全面完成　12万余名法官入额》，载中国新闻网，https://www.chinanews.com.cn/gn/2017/07-03/8267471.shtml。

⑥ 参见乔雷华：《最高法：全国法官人数少4成，今年上半年结案量同比升近1成》，载新浪网，http://news.sina.com.cn/2017-07-31/doc-ifyinvyk2831642.shtml。

⑦ 2019年至2021年的全国法官人均办案数量，分别源于《2020年最高人民法院工作报告》，载经济形势报告网，http://www.china-cer.com.cn/guwen/202006025549.html；刘峻凌：《最高人民法院工作报告（摘要）》，载中国网，http://www.china.com.cn/lianghui/news/2021-03/09/content_77288602.shtml；《2022年最高人民法院工作报告》，载腾讯网，https://xw.qq.com/amphtml/20220315A06TPB00。

少诉讼增量。很显然,通过构建诉前民事强制调解,在诉讼程序启动之前就事先过滤掉一部分纠纷,正是落实“把非诉讼纠纷解决机制挺在前面”这一国家治理新理念,应对国家诉讼处理能力不足的必要举措。当前,不少法院在实践中探索调解前置,把经过委派调解作为法院立案的条件,有的基层法院在网上立案过程中省去“征求当事人意愿”而启动立案前非诉调解。这些做法有效减少了进入诉讼的案件数量,疏减了法院办案压力,同时也已经事实上使诉前调解的启动具有了强制性。① 最高人民法院司法改革办公室主任胡仕浩也曾指出,未来确有必要在调研总结地方探索基础上,由立法机关作出授权决定,对调解程序前置的案件类型、调解和诉讼程序、诉调衔接机制等作出规定,在部分地区开展调解前置程序试点。然后,抓紧推动修改民事诉讼法等相关法律,建立中国特色的调解前置程序。②

(二)特定民事纠纷解决的需要

长期以来,自给自足的自然经济在我国占据主导地位,这样的经济形态决定了民事纠纷的性质主要是限于共同生活范围之内的简单民事纠纷,内容多为户婚、田土、邻里之争。而这类纠纷并不能简单地归结为权利义务关系之争,更多的是利益之间的平衡和熟人关系的恢复,因此由纠纷双方协商解决才是最佳选择。通过梳理我国民事强制调解的历史谱系不难发现,婚姻、简单民事纠纷等所谓“民间细故”在不同时期都被官方纳入强制调解的适用范围。明太祖朱元璋钦定的《教民榜文》第1条规定:“民间户婚、田土、斗打、相争一切小事,不许辄赴告官,务要经由本官里甲老人理断。若不经由者,不问虚实,先将告人杖断六十,仍发里甲老人理断。”南京国民政府颁布的《民事调解法》第16条规定:“初级管辖及人事诉讼事件,非经调解仍不和息的,不得起诉。”革命根据地时期,冀南区《民刑事调解条例》第2条规定:“凡民事一切纠纷(土地、婚姻、债务、继承、劳工……)均应厉行调解。”冀鲁豫区《区调解委员会组织大纲》第2条规定:“凡住在各该区之公民有关民事及有期徒刑二年以下之轻微刑事(如斗殴轻伤者)诉讼,均得声请区调解委员会调解之。”③新中国成立后,从1950年颁布实施的第一部《婚姻法》到2020年的《民法典》,均规定了离婚案件的强制调解,要求离婚案件必须先调解、后判决。2003年最高人民法院发布的《简易程序规定》中,也对婚姻家庭纠纷和继承纠纷等六类案件,规定法院在开

---

① 参见刘加良:《非诉调解前置主义的反思与走向》,载《政法论丛》2020年第5期。

② 参见胡仕浩等:《多元化纠纷解决机制的中国趋势》,载《人民司法(应用)》2018年第1期。

③ 孙丕志、王玮:《人民调解知识》,黑龙江人民出版社1985年版,第30页。

庭审理时应当先行调解。

20 世纪 70 年代后期,随着我国改革开放的深入和市场经济的发展,一些新类型的民事纠纷不断涌现。劳务合同纠纷、交通事故和工伤事故引起的权利义务关系较为明确的损害赔偿纠纷等,虽然不同于发生在熟人社会中的户婚、田土纠纷,但就其性质而言,与调解具有天然的相适性。要么需要通过性质缓和的调解途径加以化解,维护社会秩序的稳定,便于当事人在未来合作与生活中和睦相处(比如,劳务合同纠纷);要么通过调解可以不必走正常的诉讼程序,实现纠纷解决效率的提高和当事人诉讼成本的降低,使受害人尽快获得赔偿(比如,交通事故和工伤事故引起的权利义务关系较为明确的损害赔偿纠纷)。① 由于调解在这些纠纷解决上存在比较优势,因此从纠纷类型与解纷机制相适应的角度出发,这类纠纷也适宜被纳入民事强制调解的范畴,使调解的优势得到有效发挥。正是基于这样的考虑,2003 年最高人民法院发布的《简易程序规定》针对劳务合同纠纷、交通事故和工伤事故引起的权利义务关系较为明确的损害赔偿纠纷,确立了诉中民事强制调解制度,规定这些案件在开庭审理时应当先行调解。

(三)域外法律制度的借鉴

鸦片战争以前,源远流长的中华法系独树一帜。但是清朝末年,前所未有的内外交困使清政府被迫向西方学习政治和法律,开始修改立法并借鉴西方法律制度。清末立法者经反复权衡最终选择"中体西用"为指导思想,"参考各国成法,体察中国礼教民情"。这一时期制定的部分法典成为后来政权的立法基础,使我国传统法律文化在中西法律文化激烈的对抗中获得新生,开启了向近代法律制度的演进。在这种背景下,学界也开始研究借鉴近代西方国家民事强制调解的经验。比如,民国法学家石志泉曾论及德国 1924 年确立的强制调解制度,并对西方近代调解制度的发轫国——挪威的强制调解制度给予赞赏。② 季手文则设想建立一定范围内的强制调解制度,认为可以仿照挪威的做法,将轻微民事案件强制调处,规定某种案件非经公断人公断后有不服者,不得起诉。此外,南京国民政府 1930 年《民事调解法》的提议人胡汉民也指出,该法是通过"近采欧美良规,略予变通,以推事主持其事,正名为调解,并确定其效力,著之法令,推

---

① 参见贺小荣:《论民事简易程序司法解释的法理基础及其价值取向》,载《法律适用》2003 年第 11 期。

② 参见石志泉:《民事调解制度》,载《法学专刊》1935 年第 5 期。转引自赵建蕊:《民国时期的民事调解制度》,中国政法大学 2007 年硕士学位论文,第 6 页。

行全国”。[1] 由于近代西方国家以调解前置为主流,挪威、丹麦和德国都在立法中规定了强制调解,南京国民政府1930年《民事调解法》体现了对德国1924年《民事诉讼法》修改之后的继受,[2]民事强制调解的确立正是借鉴域外立法的结果。南京国民政府1935年修订的《民事诉讼法》将1930年《民事调解法》中的民事强制调解制度加以吸收,并进一步作出修改,添加了民事强制调解适用的例外条款。通过对比可以发现,例外条款实际上也是对1924年德国《民事诉讼法》略加修改的一个翻版。[3]

进入21世纪以后,随着我国对外开放步伐的不断加大,与其他国家之间的政治文化交流日益深入。在法学领域,对世界上法治发达国家的研究借鉴也成为一个重要方向。此外,由于这一时期随着经济的迅速发展,世界各国都面临案件数量大幅增长,法院诉讼压力增大的现实问题,如何实现民事纠纷解决的公正和效率,成为各国法律界积极探讨的一个话题。在这种背景下,同时期域外民事强制调解制度的发展自然受到我国研究者的关注,介绍、评析国外民事强制调解制度的成果逐渐增多。2003年最高人民法院出台的《简易程序规定》要求,人民法院对婚姻家庭和继承纠纷、诉讼标的额较小的纠纷等六大类案件,在开庭审理时应当先行调解,从而在我国规定了广泛意义上的民事强制调解制度。如果对比同时期世界其他国家民事强制调解的发展,实际上可以发现彼此之间的内在关联。以小额财产纠纷的强制调解为例,2000年生效的德国《民事诉讼法施行法》,将诉讼标的额在750欧元以下的小额财产纠纷纳入诉前强制调解的范畴。在美国,一些小额法院设置独立的调解程序,采取调解前置主义。比如,美国克里夫兰小额法院要求在裁断人正式审理案件之前,当事人必须先经过司法助理员的调停。毫无疑问,域外小额财产纠纷的强制调解制度,势必会对我国《简易程序规定》将诉讼标的额较小的纠纷纳入先行调解[4]产生一定的影响。

(四)世界ADR运动的影响

在当今世界,随着民众诉讼需求的大幅度上升,传统的法院审判机制力不从心,诉讼耗费和诉讼迟延已成为世界性难题。因此,全球范围内掀

---

① 谢振民:《中华民国立法史》,中国政法大学出版社2000年版,第1033页。

② 参见王春子:《中国近代民事调解制度的发展演变——以1930年〈民事调解法〉为重点》,载杨松主编:《盛京法律评论》2016年第2辑,法律出版社2016年版。

③ 参见王春子:《中国近代民事调解制度的发展演变——以1930年〈民事调解法〉为重点》,载杨松主编:《盛京法律评论》2016年第2辑,法律出版社2016年版。

④ 参见《简易程序规定》第14条。

起了旨在保障民众接近和利用司法,为实现个案正义创造更好条件的司法改革运动。在这场被称为"接近正义"的司法改革运动中,诉讼外纠纷解决机制——ADR 成为最令人瞩目的内容。而在当前司法改革的第三次浪潮中,强制调解制度得到大力推进,被誉为当代真正代表时代潮流的制度设计,①不少国家或地区纷纷通过立法确立了民事强制调解制度。除本书第二章"民事强制调解之域外篇"介绍的德国、法国、日本、美国、加拿大、澳大利亚等国家和我国台湾地区、澳门特区外,还有很多国家或地区在立法中对此加以规定。

爱尔兰 2004 年《民事责任与法院法》规定了调解会议制度的强制适用,如果一方当事人申请举行调解会议,法院经合议后认为该会议有助于纠纷的解决,则可以强制另一方当事人参与。② 意大利于 2010 年 3 月通过第 28 号法令,引入了强制调解的规定。对于包括不动产物权纠纷、遗产继承纠纷、医疗事故纠纷等在内的多种纠纷,要求法官必须引导当事人进行调解,只有在调解失败时,当事人才可以提起诉讼。③ 同年 10 月,意大利司法部颁布第 180 号命令,对强制调解费用等进行了补充规定。比利时在 2005 年修订《司法法》时增设了"调解"专章,并规定劳动争议、房屋租金纠纷、某些环境纠纷等案件适用强制调解制度。④ 挪威是最早建立调解制度的西方国家之一,2008 年 1 月施行的挪威《纠纷解决法》将调解作为绝大多数诉讼案件的前置程序,规定除婚姻家庭、监护及公民起诉政府外的所有民事纠纷,都应在向法院起诉之前经调解委员会调解。⑤ 在南非,1990 年 10 月生效的南非《离婚纠纷调解法》设置了职责为离婚纠纷调解的家事辩护人办公室。根据该法规定,若家事辩护人认为存在对子女利益实施特殊保护的必要,可以提议并事先征得法院同意而启动调解,或者直接依据法院的命令开始调解,因而是非基于当事人自愿性质的调解。⑥ 2015 年修

---

① 参见范愉:《当代世界多元化纠纷解决机制的发展与启示》,载《中国应用法学》2017 年第 3 期。

② 参见齐树洁主编:《外国 ADR 制度新发展》(第 2 版),厦门大学出版社 2017 年版,第 271 页。

③ 尽管在 2011 年,意大利宪法法院的一份判决表明,该法令与意大利宪法相违背,应属无效。但是在该法令颁布之前,意大利《民事诉讼法》规定,法官应当在处理婚姻家庭纠纷和劳动纠纷时首先进行调解。而且此前意大利一系列的调解立法中,强制调解是立法的重点。参见齐树洁主编:《外国 ADR 制度新发展》(第 2 版),厦门大学出版社 2017 年版,第 128 ~ 130 页。

④ 参见齐树洁主编:《外国 ADR 制度新发展》(第 2 版),厦门大学出版社 2017 年版,第 279 ~ 282 页。

⑤ 参见齐树洁主编:《外国 ADR 制度新发展》(第 2 版),厦门大学出版社 2017 年版,第 356 ~ 358 页。

⑥ 参见齐树洁主编:《外国调解制度》,厦门大学出版社 2018 年版,第 434 ~ 435 页。

订的巴西《新民事诉讼法》规定,如果当事人享有正当的诉讼权利,法官必须在诉讼中以强制调解或调解听证作为初始行为,其在诉讼中的第一项行为是安排调解会议或举行调解听证会,当事人必须参加。只有当双方当事人宣布他们没有解决利益冲突时,法官才会解散调解会议或调解听证会。对无正当理由而缺席听证会的当事人,必须支付相当于最高值2%的罚金。① 西班牙2011年《社会管辖权法》将劳动争议调解或和解作为诉讼的前置程序,规定劳动争议当事人在将案件付诸诉讼前,必须先行调解或和解;当事人一方无正当理由缺席的,须承担诉讼费用。② 奥地利于2003年颁布了欧洲第一部调解法——奥地利《调解法》,专门规范民事纠纷领域的调解活动。该法对社区纠纷和劳工纠纷实行强制性调解前置,规定当事人在将纠纷诉至法院之前,必须先经过调解。此外,由于业主纷纷起诉转基因生物对其财产造成的巨大损害,奥地利《基因工程法》也规定此类纠纷适用调解前置规则,以缓解诉讼压力。③ 2011年1月1日生效的瑞士《联邦民事诉讼法》,对民事程序中的调解制度进行统一规范,要求民事纠纷当事人在诉前必须参加治安法官组织的和解会议。如果在和解过程中双方协商未果,当事人可以向法院起诉。此外,根据瑞士《联邦民事诉讼法》第297条的规定,法官在审理涉及孩子抚养权的离婚案件时,应要求当事人先行调解。④ 俄罗斯《家事法》规定了离婚纠纷的强制调解,规定在离婚诉讼中一方配偶不同意离婚的,审理该案件的法官有权采取措施调解夫妻关系,并决定延期开庭和暂缓案件审查。⑤ 越南《民事诉讼法》将一审审前准备阶段的法院附设调解设置为必经的强制性程序,该法第180条规定,“在一审审前准备阶段,法院必须为促使当事人达成调解协议而组织调解”,只有在调解失败的情况下,法官才能继续开庭审理。越南《劳动法》也规定,由基层劳动委员会负责的行政调解是强制性诉前程序,个体劳动争议在调解不成功的情况下,双方当事人才有权向基层法院起诉。⑥

囿于笔者资料收集能力的有限,肯定还有其他确立了民事强制调解制度的国家或者地区的立法未被涉及。但毋庸置疑,通过日益频繁的国际和区域交流,世界上不同国家或地区的民事强制调解制度自然会潜移默化地

---

① 参见齐树洁主编:《外国调解制度》,厦门大学出版社2018年版,第108页。
② 参见齐树洁主编:《外国调解制度》,厦门大学出版社2018年版,第133页。
③ 参见齐树洁主编:《外国调解制度》,厦门大学出版社2018年版,第186~188、194页。
④ 参见齐树洁主编:《外国调解制度》,厦门大学出版社2018年版,第201~203页。
⑤ 参见齐树洁主编:《外国调解制度》,厦门大学出版社2018年版,第316、321页。
⑥ 参见齐树洁主编:《外国调解制度》,厦门大学出版社2018年版,第376、379~381页。

影响我国,并对当前我国民事强制调解的理论和实践产生巨大的推动作用。

三、我国民事强制调解的主要特色

综观明清以来我国民事强制调解的发展脉络,可以发现有一些贯穿始终或者长期以来被遵循的做法,使我们在从历史维度获得关于我国民事强制调解概貌的同时,也对其主要特色留下了清晰印象。

(一)制度延续的稳定性

自明清以来,民事强制调解在我国不同历史时期显示出稳定的延续性和强大的生命力。在清代民事调解的三种形态——民间调解、官府调解和官批民调中,均有强制调解的适用,其中后两种形态由于完全依官府职权启动,强制调解的适用更为常见。① 尽管《大清律例》明令禁止官批民调,规定“民间词讼细事,如田亩之界址沟洫,亲属之远近亲疏,许令乡保查明呈报。该州、县官务即亲加剖断,不得批令乡地处理完结”,②但实践中“经由调解而讼清狱结,是州县官治绩的突出表现也是大计考官的一项重要指标。因此,州县官对于自理案件,首先着眼于调解,调解不成时,才予以审决”。③ 很显然,清政府虽然对官批民调不予认可,但官批民调在实践中并未缺席。国民政府时期,虽然北京政府和广州政府时期的立法中都没有规定民事强制调解,但南京国民政府公布的《民事调解法》对此加以确立,并被新《民事诉讼法》予以吸收。④ 在革命根据地时期,为了增强人民内部的团结,全力支援民族解放事业,调解更是在相当长的时期内成为广大革命根据地解决民事纠纷的必经程序。新中国成立以来,1950 年第一部《婚姻法》确立了离婚案件诉中强制调解制度,1991 年《道路交通事故处理办法》确立了道路交通事故损害赔偿纠纷诉前强制调解制度,2003 年《简易程序规定》确立了适用于六类民事案件的诉中强制调解制度,2020 年我国第一部《民法典》对离婚案件诉中强制调解制度予以吸收。可以说,尽管 20 世纪 80 年代末随着我国民事司法改革的推进和现代民事诉讼理念的深入,调解自愿原则、当事人程序主体地位和公民的司法裁判请求权得到强化,但是我国立法中依然确立了民事强制调解制度。由此可见,民事强制调解

---

① 参见田平安、王阁:《论清代官批民调及其对现行委托调解的启示》,载《现代法学》2012 年第 4 期。

② 《大清律例》卷三十《刑律·诉讼·告状不受理》。

③ 张晋藩主编:《中国民事诉讼制度史》,巴蜀书社 1999 年版,第 199 页。

④ 参见本章第一节“(二)民国政府时期的民事强制调解”。

制度在我国不同历史阶段都得到了稳定地延续,显示出其自身蕴含的强大生命力、包容性和适应性,已经成为我国民事调解制度不可或缺的一个组成部分。

(二)适用范围的侧重性

通过对我国民事强制调解历史谱系的考察,可以发现不同历史时期的民事强制调解在适用范围上表现出某种重叠,都主要集中于婚姻家庭纠纷以及简单民事案件,反映出我国民事强制调解在适用对象上的选择性和侧重性。明太祖朱元璋钦定的《教民榜文》中规定:“民间户婚、田土、斗打、相争一切小事,不许辄赴告官,务要经由本官里甲老人理断。若不经由者,不问虚实,先将告人杖断六十,仍发里甲老人理断。”可见,明代里甲老人主持的诉前民事强制调解适用于包括民间户婚以及田土、斗打、相争等简单民事纠纷。到了国民政府时期,南京国民政府颁布的《民事调解法》规定:“初级管辖及人事诉讼事件,非经调解仍不和息的,不得起诉。”在此基础上,1935 年南京国民政府施行的新《民事诉讼法》对民事强制调解的适用范围重新予以界定:首先包括适用于简易诉讼程序的案件,这类案件除有特别情形外均须先经调解,调解不成立后才能起诉;其次包括人事诉讼案件,但将其限定为离婚之诉、夫妻同居之诉和终止收养关系之诉。可见,南京国民政府时期诉前民事强制调解的适用范围仍然主要是简单民事案件和婚姻家庭案件。在革命根据地时期,民事强制调解的适用范围似乎空前扩大,延伸至所有民事纠纷,比如,冀南区《民刑事调解条例》第 2 条规定:“凡民事一切纠纷(土地、婚姻、债务、继承、劳工……)均应厉行调解。”冀鲁豫区《区调解委员会组织大纲》第 2 条规定:“凡住在各该区之公民有关民事及有期徒刑二年以下之轻微刑事(如斗殴轻伤者)诉讼,均得声请区调解委员会调解之。”①但毋庸置疑,婚姻家庭纠纷和简单民事纠纷仍然属于民事强制调解的适用范围。新中国成立以来,从 1950 年第一部《婚姻法》到 2020 年颁布的《民法典》,均确立了离婚案件的民事强制调解制度。此外,2003 年最高人民法院发布的《简易程序规定》要求人民法院在开庭审理时,对婚姻家庭纠纷、诉讼标的额较小的纠纷等六类案件应当先行调解,依然体现出民事强制调解制度对婚姻家庭纠纷和简单民事纠纷的侧重。而不同历史时期民事强制调解在适用范围上所体现出的共同侧重,既反映了该制度在解决某些类型民事纠纷上所具有的价值和优势,也体现出我国立法者对该制度适用边界的规律性认知。

---

① 孙丕志、王玮:《人民调解知识》,黑龙江人民出版社 1985 年版,第 30 页。

(三)类型选择的偏好性

不同历史时期的民事强制调解除了在适用范围上表现出相同的侧重性外,在类型选择上也表现出相似的偏好——都更倾向于选择诉前民事强制调解,将调解作为民事诉讼的必经前置程序,要求某些民事纠纷必须先经过调解解决,调解不成方可启动诉讼程序。明太祖朱元璋钦定的《教民榜文》中规定:"民间户婚、田土、斗打、相争一切小事,不许辄赴告官,务要经由本官里甲老人理断。若不经由者,不问虚实,先将告人杖断六十,仍发里甲老人理断。"清代《严氏族谱》中规定:"各支如有田土、钱债细故争执,不得遽行兴讼,先应禀达族长支长,相约谒祠理讲,毋得偏袒。如理讲不服,始可到官告理。"①清代学者包世臣也曾在《安吴四种》中写道:"凡赴讼者……系田土界址、雀角短长、户婚牵割、气性斗争等事,批副用印,仰原告持批投该保长协同里正至公所,唤集被告及证应人,详加研讯,保贰录两造口词。"②可见,在明清时期,里甲老人、族长、乡保等主持的诉前调解是户婚、田土和简单民事纠纷进入诉讼的必经前置程序。国民政府时期,南京国民政府1930年颁布的《民事调解法》第2条规定,"人事诉讼事件及初级管辖民事事件,除经其他调解机关调解不成立或调解主任认为不能调解者外,非经民事调解处调解不成立后不得起诉。其他民事诉讼事件当事人亦得请求调解"。③ 该条款实际上将附设在法院的民事调解处的调解,规定为当事人提起民事诉讼的必经前置程序。革命根据地时期,多数解放区强调民事纠纷在起诉前先经法院之外的调解机构进行调解。比如,冀鲁豫区《区调解委员会组织大纲》第2条规定:"凡住在各该区之公民有关民事及有期徒刑二年以下之轻微刑事(如斗殴轻伤者)诉讼,均得声请区调解委员会调解之。"再如,冀南区《民刑事调解条例》规定,民事纠纷先经民间自行调解或申请村公所调解,调解不成,申请区公所调解;如仍调解不成,当事人可向县政府起诉,由县政府主持进行法庭调解或庭外调解;再调解不成,可依法判决。④ 新中国成立后,虽然第一部《婚姻法》直至《民法典》都将离婚案件强制调解定位于诉中民事强制调解,《简易程序规定》也是从诉中民事强制调解的类型出发,规定了适用于六类纠纷的先行调解制度,

---

① 《严氏族谱》卷十二《族规》。转引自朱勇:《中国法律的艰辛历程》,黑龙江人民出版社2002年版,第231页。

② (清)包世臣:《安吴四种》卷二十八《说保甲事宜》。

③ 王春子:《中国近代民事调解制度的发展演变——以1930年〈民事调解法〉为重点》,载杨松主编:《盛京法律评论》2016年第2辑,法律出版社2016年版。

④ 参见孙丕志、王玮:《人民调解知识》,黑龙江人民出版社1985年版,第30页。

但是1991年国务院颁布的《道路交通事故处理办法》规定了道路交通事故损害赔偿纠纷的诉前民事强制调解,使公安机关的先行调解成为解决道路交通事故损害赔偿的必经程序,当事人只有对公安机关调解不服或通过调解达不成协议的,才能向法院提起民事诉讼。而且值得注意的是,在2012年《民事诉讼法》的修正中曾一度出现了创设诉前民事强制调解的倾向。2012年《民事诉讼法修正案(草案)》第一稿第25项规定:当事人起诉到人民法院的民事纠纷,适宜调解的,先行调解。据此,在民事诉讼程序启动之前,法院可以不经当事人同意,依职权对适宜调解的民事纠纷进行调解,显然意在引入一种普遍意义上的诉前民事强制调解制度。当然,最终通过的《民事诉讼法》中有关先行调解的条款因为增加了对当事人选择权的规定,仍然属于自愿调解的范畴,但无可否认,这一演变历程折射出立法者对引入诉前民事强制调解的内在冲动。这种状况不仅与此前我国在不同历史阶段对民事强制调解类型上的偏好相契合,也显示出诉前民事强制调解所蕴含的制度优势及强大吸引力。

(四)调解主体的多元性

回望我国各个历史时期的民事强制调解制度,可以说很难将调解的主体归结为某一类人或某一种组织,既有社会个体或组织独立实施的民事强制调解,也有国家审判机关实施的民事强制调解,还有包含了国家与社会、官方与民间交接互动的民事强制调解。① 在明清时期,除了里甲老人、族长、房长等民间力量可以实施民事强制调解外,官府在审理案件过程中也可以进行民事强制调解,还可以将受理的案件批令给里甲老人、中人等进行民事强制调解,②体现了国家与社会、官方与民间在民事强制调解上的交接互动。国民政府时期,南京国民政府1930年颁布的《民事调解法》规定,民事强制调解由附设在法院的民事调解处实施。虽然后来1935年南京国民政府施行的新《民事诉讼法》取消了民事调解处,规定民事强制调解由一审法庭实施。但总体来讲,这一时期民事强制调解的主体表现出鲜明的司法属性。到了革命根据地时期,民事强制调解不仅可以由审判机关实施,而且可以先由民间自行调解,再由村、区调解委员会调解,如果仍然调解不成,当事人可以向县政府起诉,由县政府主持进行调解,调解不成可

① 关于国家与社会、官方与民间在民事纠纷调解上的交接与互动,参见辛国清:《法院附设替代性纠纷解决机制研究》,中国社会科学出版社2008年版,第211~213页;徐胜萍:《民事纠纷解决的第三领域——委托调解》,载《东北师大学报(哲学社会科学版)》2010年第1期;田平安、王阁:《论清代官批民调及其对现行委托调解的启示》,载《现代法学》2012年第4期。

② 参见本章第一节"(一)明清时期的民事强制调解"。

依法判决。① 所以,革命根据地时期民事强制调解的主体也相当多元,不仅包括民间力量,也包括调解委员会这类社会组织以及彼时兼具行政机关和司法机关属性的县政府。新中国成立后,从第一部《婚姻法》直至2020年颁布的《民法典》,都规定离婚案件的强制调解由法院来实施。此外,1991年国务院颁布的《道路交通事故处理办法》规定,公安机关主持道路交通事故损害赔偿纠纷的诉前强制调解,由此出现了行政机关作为民事强制调解主体的情形。在最高人民法院发布的《简易程序规定》中,婚姻家庭纠纷和继承纠纷等六类案件的民事强制调解仍然由法院来组织实施。但是,随着最高人民法院一系列有关民事调解的司法解释和司法文件的出台,邀请协助调解、特邀调解等新型调解形式被引入法院内部。② 在这种背景下,行政机关、社会团体、企事业单位、人民调解组织、行业调解组织和律师以及有专门知识、特定社会经验、与当事人有特定关系并有利于促成调解的个人等,借助法院的邀请协助调解或委托调解形式,也可以成为调解主体,从而使民事强制调解的主体类型得到了丰富和发展,调解主体更趋多元。

四、我国民事强制调解的当代挑战

尽管我国存在对民事纠纷进行强制调解的历史传统,《民法典》和《简易程序规定》也分别从法律和司法解释的层面认可了适用于特定民事纠纷的强制调解制度,但是应该看到,随着现代法治理念的深入、我国司法改革的不断推进和法学研究方法的转型,民事强制调解在当代也面临不少挑战。

(一)民事强制调解合理性的论证

《民法典》和《简易程序规定》对民事强制调解的认可,显然只是解决了民事强制调解制度的合法性问题,而一项制度是否正当,还需要就其合理性作出论证。当前民事强制调解所面临的重大理论挑战,就在于如何解释其与调解自愿原则、司法裁判请求权、民事纠纷解决程序的效益追求以及当事人程序选择权之间的"冲突",③从而确立其制度理性。

---

① 参见孙丕志、王玮:《人民调解知识》,黑龙江人民出版社1985年版,第30页。

② 主要包括最高人民法院发布的《关于人民法院民事调解工作若干问题的规定》、《关于人民法院特邀调解的规定》、《诉讼与非诉衔接意见》和《关于人民法院进一步深化多元化纠纷解决机制改革的意见》等。

③ 所谓的"冲突"只不过是从表象观察的结果,但实际上并不真正存在。关于民事强制调解与调解自愿原则、民事纠纷解决程序的效益追求、司法裁判请求权以及当事人程序选择权之间关系的论证,参见第一章第二节"民事强制调解的正当性论证——由民事强制调解与相关基本理论的关系展开"。

1. 民事强制调解与调解自愿原则之间的“冲突”。现代法治要求给予社会主体充分的自由和独立地位,张扬主体权利,①调解作为一种通过当事人双方互谅互让、协商一致从而解决民事纠纷的方法,决定了当事人双方意愿表达必须自由和充分,因此,在我国的调解理论中自愿原则一直被认为是调解的基本原则。通常认为,调解自愿原则包含两层含义:一是调解启动上的自愿,即用调解方式解决纠纷必须出于当事人双方自愿;二是调解协议达成上的自愿,即调解协议的内容必须是当事人双方自愿协商的结果。② 而民事强制调解则意味着启动调解无须考虑当事人意愿,即使当事人不同意也能够适用调解程序。因此,民事强制调解显然有违调解自愿原则所要求的启动上的自愿。有学者指出,调解的启动、进行及结果的达成是一个动态、连续的过程,都建立在双方当事人合意的基础上,如果当事人确有调解的愿望,那他自然会申请调解或同意法院的调解建议而启动调解程序;如果他不愿意调解,即便法院强制启动调解程序,那么也会很快因为当事人的反对而无法进行下去,调解结果自然也无法达成。因此,强制调解不仅与调解自愿原则相悖,而且也不甚明智。③ 可见,民事强制调解欲在我国筑牢其制度理性,取得充分发展,就必须直面并妥善处理其与我国传统的调解自愿原则之间的关系。

2. 民事强制调解与裁判请求权之间的“冲突”。民事强制调解与裁判请求权之间的紧张关系主要体现在诉前民事强制调解类型上。众所周知,在《国际人权公约》和许多国家的宪法中,裁判请求权都被作为基本人权加以保障,并成为各国设立和运作民事诉讼制度的最高理念。④ 而裁判请求权的实在化就是诉权,申言之,裁判请求权需要通过当事人诉权的行使得到实现。⑤ 然而诉前民事强制调解要求当事人在特定民事纠纷的解决上必须先经过调解,只有调解不成时才能向法院提起诉讼,因此诉前民事强制调解似乎推迟了当事人诉权的行使,并进而构成对裁判请求权的限制和侵害,⑥与作为基本人权的裁判请求权之间产生“紧张”关系。

---

① 参见章武生等:《司法现代化与民事诉讼制度的建构》,法律出版社 2003 年版,导论。

② 参见常怡主编:《中国调解制度》,法律出版社 2013 年版,第 53 ~ 54 页。

③ 参见肖建华、杨兵:《论我国诉讼调解原则体系之重构——兼评〈关于人民法院民事调解工作若干问题的规定〉相关规定》,载《政法论丛》2005 年第 2 期。

④ 参见刘敏:《裁判请求权研究——民事诉讼的宪法理念》,中国人民大学出版社 2003 年版,前言。

⑤ 参见刘敏:《裁判请求权研究——民事诉讼的宪法理念》,中国人民大学出版社 2003 年版,第 38 页。

⑥ 刘敏教授认为,我国古代强调调解,尤其是有些案件只有在调解无效时,才能由当事人向司法机关起诉的现象,就是当事人司法裁判请求权受到极大限制的具体表现。此外,他指出日本在战后初期也存在以强制民事调解侵害当事人接受审判的权利而被宣告违宪的判决。参见刘敏:《裁判请求权研究——民事诉讼的宪法理念》,中国人民大学出版社 2003 年版,第 95 页。

3. 民事强制调解与民事纠纷解决程序的效益追求之间的“冲突”。诉讼基本权除了起诉和应诉基本权之外，还包括请求国家为迅速裁判之权利，即适时裁判请求权。作为一项受益权，当事人可以请求国家提供有效率的司法制度、审判体系及组织。尤其是现代各国都不同程度地面临诉讼案件激增、司法资源不足的现实问题，因此，如何提高纠纷解决程序的效益，不仅反映了民事纠纷解决程序的内在要求，更是成为各国普遍关注的一个重大问题。根据现代诉讼理念，适时裁判请求权是当事人的一项诉讼基本权，据此国家必须提供有效率的司法制度、审判体系和组织。① 当前，随着登记立案制的全面实施和法官员额制改革的基本完成，我国面临诉讼案件激增、司法资源短缺的现实状况，如何提高纠纷解决程序的效益尤其受到关注。然而，对于适用诉前民事强制调解的纠纷，当事人必须在寻求纠纷的诉讼解决之前先经过调解；对于适用诉中民事强制调解的案件，法院必须在作出裁判之前先进行调解。因此，在通常诉讼程序上“多”出来的这道调解程序，似乎增加了当事人的耗费，加大了法院诉讼资源的投入，拖延了诉讼程序的进程，从而与纠纷解决程序的效益目标产生冲突。

4. 民事强制调解与当事人的程序选择权之间的“冲突”。程序主体性原则是建构民事程序法及运作审判实务的指导原理。② 当事人一方面可以基于实体法上的处分权，处分系争的实体利益或权利；另一方面可基于程序处分权，在一定范围内决定如何取舍程序利益，包括选择适合自己需要的纠纷解决程序，这被称为“当事人的程序选择权”。而民事强制调解在启动上不考虑当事人的意愿，在诉前民事强制调解上表现为，当事人的民事纠纷必须先经过调解，调解不成才能提起民事诉讼；在诉中民事强制调解上表现为，法院必须先对案件调解，调解不成再进行审判。因此民事强制调解排除了当事人在某些纠纷发生后对诉讼程序和诉讼外纠纷处理程序，以及在诉讼中对调解和审判加以取舍的权利。故而有学者认为民事强制调解是对当事人程序选择权的限制，③有违程序主体性原则。

（二）民事强制调解探索经验的提炼推广

我国民事调解制度在经历了20世纪90年代的曲折发展之后，面对当前社会治理和纠纷解决的需求，又获得了不断发展的契机。在这一过程

---

① 参见肖建国：《民事诉讼程序价值论》，中国人民大学出版社2000年版，第212～213页。

② 参见邱联恭：《程序选择权论》，台北，三民书局2000年版，第30～39页。

③ 参见闫庆霞：《法院调解制度研究》，中国人民公安大学出版社2008年版，第120页。

中,法院成为推动调解大力发展的核心力量。进入21世纪以来,最高人民法院相继发布了一系列强化和完善民事调解的司法解释和司法文件。在这种背景下,各地法院纷纷开展了与民事调解相关的改革与探索。有些法院大胆尝试民事强制调解,希望借此实现过滤纠纷、分流案件、缓解法院审判压力的效果。比如,2003年深圳市中级人民法院为加强民商事案件调解工作,规定13类案件在进入审判程序之前必须经过调解解决,而无论当事人是否同意。① 2010年深圳市中级人民法院又在全市法院推行审前调解,规定"审前调解为案件处理流程的必经环节,民商事案件除不能适用调解的外,原则上均应导入审前调解程序先行调解,发挥审前调解的'过滤器'作用"。② 针对一些法院借立案前调解实现民事纠纷诉前分流的有益探索,《民事诉讼法》2012年的修正中也及时将其总结提炼为法律规则,确立了先行调解制度。虽然该先行调解属于自愿调解,但基于《民事诉讼法》的这一顶层设计,先行调解制度已经在实践中产生了推动各地法院开展立案前调解的导向作用,这其中就包含构建诉前民事强制调解的相关探索。比如,2015年经最高人民法院批准,杭州市余杭区正式试点道路交通事故纠纷"网上数据一体化处理",内容之一就是实施保险行业人民调解前置的改革试点工作。之后,2016年浙江省高级人民法院、浙江省司法厅和原中国保险业监督管理委员会浙江监管局,共同发起浙江省的道路交通事故纠纷"网上数据一体化处理"试点工作,其中仍然要求道路交通事故损害赔偿纠纷实行人民调解前置,③即在道路交通事故损害赔偿纠纷进入诉讼程序前,必须经保险行业人民调解组织先行调解,否则法院一般不予受理。为了进一步推广道路交通事故纠纷"网上数据一体化处理"的经验,2017年最高人民法院、公安部等专门发布《关于在全国部分地区开展道路交通事故损害赔偿纠纷"网上数据一体化处理"改革试点工作的通知》,开始了在全国范围内的推广试点工作。由此,各试点法院积极进行探索,并提出了不少真知灼见。比如,有的法院通过为期两年的试点工作,认为道路交通事故损害赔偿纠纷进行诉前调解前置条件较好,不仅赔偿标准相对统一,当事人对保险行业调解的接受度也较高,因此,建议通过立法形式确立道路交通事故纠纷调解前置程序,认为目前全面调解前置制度改革

---

① 参见闫庆霞:《法院调解制度研究》,中国人民公安大学出版社2008年版,第119页。

② 本书附录三第9条。

③ 参见胡铁旦、蒋志军:《道交纠纷网上处理　浙江"余杭经验"获进一步推广》,载中保网,http://xw.cbimc.cn/2016-12/01/content_215047.htm。

的条件已经成熟,赋予其较高的法律位阶势在必行。[①]

然而,由于民事强制调解的实践探索尚缺乏法律依据,所以尽管已经取得了明显成效,其中的经验却难以大面积推广,改革的红利无法有效释放,甚至还导致了实践探索的倒退。为落实中央"坚持把非诉讼纠纷解决机制挺在前面,从源头上减少诉讼增量"的治国新理念,2021 年上海市司法局与上海市高级人民法院共同开展了调解程序前置试点工作,对当事人起诉至基层人民法院的符合调解程序前置探索范围内的纠纷,由区非诉讼争议解决中心(人民调解中心)或其他具有调解职能的非诉解纷组织进行前置调解。未经前置调解的,由人民法院委派区非诉讼争议解决中心(人民调解中心)或其他具有调解职能的非诉解纷组织进行调解。[②] 很显然,上海市司法局与上海市高级人民法院共同开展的调解程序前置本质上意在创设诉前民事强制调解,将非诉调解作为特定民事纠纷进入民事诉讼的必经前置程序,以此来实现诉讼的源头预防和前端化解。对于突破长期以来调解前置须以当事人自愿适用为前提的限制而言,上海市司法局与上海市高级人民法院共同开展的调解程序前置试点,无疑具有重大的开创性意义。但令人遗憾的是,在经历了半年的试点工作之后,2022 年 6 月,上海市高级人民法院和上海市司法局再次联合发文,在将调解程序前置的探索推广至整个上海市的同时,却把调解前置的强制适用改为当事人的自愿适用,使调解前置在启动方式上的突破又退回到原地。不可否认,长期以来调解前置的自愿适用正是制约多元化纠纷解决机制效果发挥的"瓶颈"。中央有关文件和最高人民法院制定的司法文件虽然都提出要积极探索调解前置程序,但均未突破以当事人自愿为调解适用的前提条件的规定。在这种情况下,很多法院为分流纠纷建立了很多专门的引导机制,开展了大量的分流引导工作,但由于缺乏法律层面对调解前置强制适用的支持,收效并不明显。[③] 最高人民法院司法改革办公室主任胡仕浩曾指出,调解前置程序试点只有获得法律授权,才能有效突破改革瓶颈。他认为未来确有必要在调研总结地方探索的基础上,由立法机关作出授权决定,对调解程序前置的案件类型、调解和诉讼程序、诉调衔接机制等作出规定,在部分地

① 参见徐哲、陈忠生、张娟娟:《道交纠纷诉前调解机制实证研究和制度完善——以 903 件 P 市 H 区道交纠纷诉前调解案件为样本》,载马世忠主编:《司法体制综合配套改革中重大风险的防范与化解——全国法院第 31 届学术讨论会获奖论文集》(上),人民法院出版社 2020 年版,第 773 ~ 775、782 页。

② 参见本书附录五第 6 条。

③ 参见邹乐:《北京市高院院长杨万明建议试点设立调解前置程序》,载中新网,https://www.chinanews.com.cn/gn/2018/03-11/8464848.shtml。

区开展调解前置程序试点,然后抓紧推动修改民事诉讼法等相关法律,建立中国特色的调解前置程序。① 胡仕浩主任的这番话虽然是针对调解前置方面的实践探索,但就当前我国民事强制调解实践探索面临的主要制约和关键问题而言同样适用。因此,如何将民事强制调解实践探索的经验及时总结提炼为法律规则和制度,在国家顶层设计中加以体现,是推广民事强制调解实践探索的效果,并使我国多元化纠纷解决机制突破发展瓶颈所面对的最大挑战。

(三)民事强制调解建构路径的选择

在全球范围内掀起的司法改革运动的第三次浪潮中,强制调解制度得到大力推进,成为当代 ADR 发展中的一项重要制度创新,②并引领我国学界相关研究的展开,相应的理论成果也日益增多。此外,当前我国正处于社会转型期,调解作为国家治理体系和治理能力现代化的重要方式之一,也从中获得了不断创新发展的契机,与民事强制调解相关的实践探索已在我国部分地区有序展开。但是,无论学界的研究还是实务界的探索,在未来我国民事强制调解建构路径的选择上并未达成共识,主要问题集中在以下五个方面。

1. 我国应建构何种类型的民事强制调解。前已述及,根据适用阶段的不同,民事强制调解可以被划分为诉前民事强制调解和诉中民事强制调解。或许是因为我国立法已经确立了诉中民事强制调解,因此从整体来看,目前我国学界围绕诉前民事强制调解的研究居多。③ 学者们普遍倡议在我国构建诉前民事强制调解,借此实现部分民事纠纷在立案之前的分流,以达到缓解"诉讼爆炸"和提升诉源治理的效果。④ 与之形成鲜明对比的是,实务界围绕诉前民事强制调解展开的探索则谨慎保守,诉中民事强制调解反而成为主流。不得不说,我国立法在诉前民事强制调解上的阙如,似乎成为相关实践探索的掣肘。

---

① 参见胡仕浩:《多元化纠纷解决机制的中国趋势》,载《人民司法(应用)》2018 年第 1 期。

② 参见范愉:《当代世界多元化纠纷解决机制的发展与启示》,载《中国应用法学》2017 年第 3 期。

③ 也有个别学者认为可以建立先置于审判程序的"强制调解程序",这实际上属于诉中民事强制调解。参见唐力:《诉讼调解合意诱导机制研究》,载《法商研究》2016 年第 4 期。

④ 参见刘敏:《论民事诉讼诉前调解制度的建构》,载《中南大学学报(社会科学版)》2007 年第 5 期;肖建国、黄忠顺:《诉前强制调解论纲》,载《法学论坛》2010 年第 6 期;王福华:《论诉前强制调解》,载《上海交通大学学报(哲学社会科学版)》2010 年第 2 期;王阁:《论小额诉讼中诉前强制调解的建构》,载《郑州大学学报(哲学社会科学版)》2015 年第 5 期;刘加良:《调解前置主义的反思与走向》,载《政法论丛》2020 年第 5 期;左为民:《通过诉前调解控制"诉讼爆炸"——区域经验的实证研究》,载《清华法学》2020 年第 4 期。

2. 我国民事强制调解的适用范围如何划定。目前《民法典》确立了离婚案件的强制调解,《简易程序规定》确立了包括婚姻家庭纠纷在内的六类案件的强制调解,那么未来在我国诉中民事强制调解的适用范围上有无调整的必要,是进一步扩大还是限缩?如果扩大,适宜吸收哪些民事案件;如果限缩,又该剔除何种情形。就现阶段我国诉中民事强制调解的实践探索情况看,不同法院对适用范围的界定存在一定差异。此外,如果我国引入诉前民事强制调解,那么何种民事纠纷适合纳入其适用范围?是否列出负面清单,哪些情形应当列入负面清单?对此理论研究和实务探索不仅关注有限,而且也存在较大差异。

3. 我国民事强制调解应该如何选择调解人。由于目前既有研究主要围绕诉前民事强制调解展开,因此关于调解人的探讨也主要以此为背景。基本的共识是,在构建法院附设调解的前提下,采取一种专业化调解的模式,突出对调解人专业知识的要求。① 但是,在诉前民事强制调解中如何才能发挥广大的人民调解力量,是否要实行调解员资格的准入或认证等制度?此外,诉中民事强制调解如何实现对法院外调解力量的运用,法院内的调解法官如何确定或遴选?目前学界和实务界对这些问题的关注还不够,或者虽有关注却尚未达成一定的共识。

4. 我国民事强制调解的程序如何设计。我国立法已经确立了诉中民事强制调解,由法院在民事诉讼中对特定案件强制启动调解,因此,除了强调法院职权之外,诉中民事强制调解的其他程序运行遵循法院调解的一般流程即可。但问题是如果未来我国增设诉前民事强制调解类型,规定某些民事纠纷在进入诉讼之前必须先经过调解,那么与之相关的一系列程序问题应如何设置?比如,从前文考察域外民事强制调解的情况来看,仅诉前民事强制调解的启动就存在三种方式:由纠纷主体向法院申请调解;由纠纷主体向法院外的调解机构申请调解;视起诉为调解的申请,而由法院依职权交付调解。如果我国增设诉前民事强制调解,在启动环节上应该作何选择?再者,启动环节仅仅是诉前民事强制调解运行程序的一个点而已,调解的实施、调解的终结、调解的期限、诉调对接等也都是程序运行中必须

① 参见徐哲、陈忠生、张娟娟:《道交纠纷诉前调解机制实证研究和制度完善——以 903 件 P 市 H 区道交纠纷诉前调解案件为样本》,载马世忠主编:《司法体制综合配套改革中重大风险的防范与化解——全国法院第 31 届学术讨论会获奖论文集》(上),人民法院出版社 2020 年版,第 775 ~ 778 页;刘加良:《非诉调解前置主义的反思与走向》,载《政法论丛》2020 年第 5 期;左为民:《通过诉前调解控制"诉讼爆炸"——区域经验的实证研究》,载《清华法学》2020 年第 4 期;李丹:《大连中院细化知产案诉前委派调解》,载《人民法院报》2021 年 4 月 26 日,第 4 版。

考虑的内容,那么对此又该如何规划?然而或许与诉前民事强制调解方面的理论研究及实践探索都相对不足有关,在是否设立诉前民事强制调解,对哪些民事纠纷设置诉前民事强制调解这些问题尚未解决之前,探讨其程序建构似乎就显得更加遥远了。

5. 我国民事强制调解配套机制的搭建。在社会有机体中,任何一项制度都不能单凭一己之力而发挥预期功效,民事强制调解也同样如此。为促使当事人实效性参与调解,避免当事人虚应敷衍而导致民事强制调解程序空转,同时为鼓励社会力量参与调解,实现调解协议的达成,世界上很多确立民事强制调解制度的国家或地区都搭建了相应的配套机制。目前我国立法确立的调解协议司法确认制度,调解结案时减半缴纳案件受理费以及对妨碍民事诉讼行为采取强制措施的规定,都可以视为民事强制调解的配套机制。但问题是现有的配套设置不够全面,无法应对未来引入诉前民事强制调解的需要,比如,调解结案时减半缴纳案件受理费以及对妨碍民事诉讼行为采取强制措施,都显然仅能适用于诉中民事强制调解。此外,现有配套机制作用的发挥也比较乏力,比如,司法确认制度虽然有助于实现诉前民事强制调解的效力升级,但要求必须经双方当事人共同申请才能适用,因此制约性因素非常明显。故而,如何搭建适宜的配套性机制,也是未来我国民事强制调解建构上面临的一个重要命题。

第四章　民事强制调解之中国篇（下）

一、现阶段我国民事强制调解实践探索的典型模式

如前所述，现阶段我国立法认可的民事强制调解仅限于《民法典》规定的离婚案件的诉中强制调解，以及《简易程序规定》确立的婚姻家庭纠纷和继承纠纷等六类案件的诉中强制调解。但实际上，自进入 21 世纪以来，不少法院已在司法实践中积极开展了民事强制调解的相关探索。有的法院不仅在开庭审理之前强制启动调解，而且在开庭审理时、法庭调查结束时、法庭辩论终结时也依职权进行调解；有的法院在《简易程序规定》确立的六类案件之上，又将民事强制调解的适用扩展至新的案件类型；有的法院将涉军案件、集团诉讼案件等敏感、重大、复杂的案件也纳入民事强制调解的范围。值得注意的是，在民事强制调解的实践探索中法院往往就此出台专门的规范性文件，以此促进民事强制调解运行的制度化和规范化。除法院系统的积极探索外，一些地方的政府机关、人民调解委员会也积极参与其中。比如，有的地方由司法行政机关主导试行人民调解前置，要求在特定类型的民事纠纷上施行“先调后诉”，当事人欲提起民事诉讼的，人民调解是必经程序。有的地方则由主管行政职能部门与法院共同联手，推动行业性纠纷的人民调解前置工作。面对五花八门的民事强制调解实践样态，流水账式的平铺直叙显然无法实现对现阶段我国民事强制调解实践探索的整体面相及个性特点的凸显。故而，本书以下将采取“有限而完整”的研究进路，从现阶段我国民事强制调解的实践探索中，抽取若干典型模式进行重点分析，同时对个别特殊做法加以回应。

（一）北京市西城区人民法院庭前调解前置模式

2008 年年初，北京市西城区人民法院在原有便民法庭的基础上，成立了便民速裁庭，①其宗旨之一就是在充分保障当事人诉讼权利，确保公正

① 参见索宏钢：《北京市西城区人民法院工作报告——2009 年 1 月 8 日在北京市西城区第十四届人民代表大会第四次会议上》，载西城区人大门户网，http://www.bjxch.gov.cn/pub/xch_renda/C/C8/200902/t20090223_1135869.html。

裁判的前提下,加大调解力度,提高审判效率。[①] 为规范便民速裁庭的运行,法院为此制定了《西城区人民法院便民速裁庭审判管理规程(试行)》(以下简称《西城法院管理规程》),其中第五节"关于诉讼调解的规定"[②]就庭前调解前置作出明确要求。依据《西城法院管理规程》的内容,可以将北京市西城区人民法院庭前调解前置模式(以下简称北京西城法院模式)的主要特征概括如下。

1. 庭前调解前置在性质上属于诉中民事强制调解。《西城法院管理规程》第 27 条规定,便民速裁法庭实行庭前调解前置。除案件性质不宜调解或显然没有调解必要的案件外,一律进行庭前调解。此外,北京市西城区人民法院针对调解前置设计的简便填充式裁判文书[③]表明,庭前调解前置是在法院立案受理之后启动,依托《简易程序规定》第 14 条关于先行调解的规定实施的强制调解。因此可以判定,庭前调解前置实际上属于诉中民事强制调解。

2. 庭前调解前置的适用范围宽泛。《西城法院管理规程》在界定庭前调解前置的适用范围时,采取了正面概括加反面排除的方法,同时强调了应当"着重调解"的纠纷类型。如"集团诉讼""敏感案件""无法律明文规定或法律规定不明确"等通常被认为属于重大、复杂、敏感的案件,也被纳入庭前调解前置的视野,可见其适用范围相当宽泛。

3. 庭前调解前置以便民速裁法庭为依托,引入社会力量参与调解。根据《西城法院管理规程》的要求,庭前调解前置由便民速裁法庭负责实施。该便民速裁法庭由两个速裁庭构成:一是在原有便民法庭的基础上,成立简易案件便民速裁庭;二是在商事审判方面,将民三庭、民四庭重新分工,确定由民三庭按照速裁模式审理简易程序案件。此外,《西城法院管理规程》第 30 条规定,可以邀请人民调解员,与当事人有特定关系或与案件有一定联系的有关单位和个人,具有专门知识、特定社会经验的有利于促成调解的个人协助调解。经各方当事人同意,可以委托前述协助调解人主持调解。可见,北京市西城区人民法院在庭前调解前置上也运用了协助调解和委托调解的方式,借助社会力量化解纠纷。

4. 庭前调解前置重视对调解程序的规范。《西城法院管理规程》用若

---

① 参见张康林等:《多元化纠纷解决机制研究——以北京市西城区人民法院"四点一线"多元化纠纷解决机制为中心》,人民法院出版社 2010 年版,第 200 页。

② 参见本书附录一。

③ 即北京市西城区人民法院专门针对调解前置设计的简便填充式裁判文书样式,参见本书附录二。

干条文对调解的运行程序加以规范,包括调解启动前应做好哪些准备工作,调解可以采取哪些具体形式,调解效力如何认定等,从而为法官实施庭前调解前置提供了具体的操作指引。

5. 庭前调解前置确立了诉讼费用激励机制。《西城法院管理规程》第48条规定,便民速裁法庭可以根据当事人的申请,对调解结案的案件受理费和财产保全费,在50%的幅度内酌定减收。很显然,相比于国务院颁布的《诉讼费用缴纳办法》,《西城法院管理规程》规定的诉讼费用减免力度更大,还包括对财产保全申请费的减半收取。这些举措对促进当事人积极、充分参与庭前调解,实现纠纷的庭前化解,无疑会产生一定的激励作用。

据统计,从2008年1月至12月,北京市西城区人民法院便民速裁庭共结案5545件,其中以调解方式结案2090件,调解结案率为37.7%;通过对当事人引导、劝说,以撤诉方式结案2045件,撤诉结案率为36.8%,调解、撤诉结案率达到74.5%。① 可见便民速裁庭的庭前调解前置在实践运行中产生了积极效果,达到了较高的调撤结案率。

(二)深圳市中级人民法院审前调解前置模式

2003年深圳市中级人民法院制定了《关于加强民商事案件调解工作的指导意见》(以下简称《民商事调解意见》),规定13类案件在开庭审理前必须进行调解,即便当事人未表示调解的意愿。② 2010年9月深圳市中级人民法院印发《关于在全市法院推行“审前调解”制度的方案》(以下简称《审前调解方案》),规定审前调解为案件处理流程的必经环节,民商事案件除不能适用调解的案件外,原则上均应导入审前调解程序先行调解。③ 结合上述两个规范性文件,深圳市中级人民法院审前调解前置模式(以下简称深圳中院模式)的主要特点可概括如下。

1. 审前调解前置在性质上属于诉中民事强制调解。根据《审前调解方案》的要求,审前调解是指民商事案件立案后、移送民商事审判庭前,对可能经过调解结案的案件,由专门的审前调解机构和人员组织当事人在规定的期限内进行调解的诉讼活动。④《审前调解方案》第9条同时明确,审前调解为案件处理流程的必经环节,民商事案件除不能适用调解的案件外,原则上均应导入审前调解程序先行调解,切实发挥审前调解程序的“过滤

① 参见张康林等:《多元化纠纷解决机制研究——以北京市西城区人民法院“四点一线”多元化纠纷解决机制为中心》,人民法院出版社2010年版,第228页。

② 参见闫庆霞:《法院调解制度研究》,中国人民公安大学出版社2008年版,第119页。

③ 本书附录三第9条。

④ 参见本书附录三第1条。

器"作用。据此可知,审前调解前置应当属于诉中民事强制调解。

2. 审前调解前置的适用范围广泛,富有地方特色。从《民商事调解意见》第22条对审前调解适用范围的规定来看,深圳中院模式的适用范围是以2003年《简易程序规定》中"先行调解"的适用范围为基调划定的,同时又体现了深圳作为国家经济发展前沿的地方性需求,比如,物业管理纠纷、房地产租赁纠纷、建筑工程承包纠纷等也被纳入其中。至2010年《审前调解方案》出台,审前调解前置的适用范围则被扩大表述为"凡可能经过调解结案的民商事案件"。因此,深圳中院模式的适用范围实际上进一步扩大了。此外,与北京西城法院模式相似,《审前调解方案》也列出了审前调解前置的负面清单,明确排除6类案件的适用。

3. 审前调解前置依托法院专门调解机构,调解人以法官为主并兼具多元化。深圳中院模式要求建立专门的调解机构实施审前调解前置——在市中院和各区法院立案部门设立的专门调解机构是"审前调解中心",在派出人民法庭设立的专门调解机构是"审前调解组"。其中,具备条件的区法院,审前调解中心可以作为编制机构单独设置。① 在调解人的身份构成上,除法官外,还包括法官助理、书记员、人民陪审员,同时注重运用委托调解、邀请协助调解形式。值得注意的是,与2003年《民商事调解意见》相比,2010年《审前调解方案》在调解人选方面的规定更为具体:(1)明确了法官的比例及来源,强化审前调解前置的司法性。审前调解中心或审前调解组可以根据实际情况配备由法官、法官助理、人民陪审员组成的调解队伍,但要求其中法官的数量不得少于一定比例,并且必须是来自不同审判领域且调解经验丰富的民商事法官。② (2)要求调解人的专业化。在知识产权、建筑工程、公司治理等专业性、技术性较强的纠纷中,要求选聘具有较高专业知识的专家型人才担任审前调解前置的特邀调解员。(3)纠纷类型不同,选择邀请调解、协助调解中调解人选的标准也不同。比如,针对专业性、技术性较强的纠纷,选聘具有较高专业知识的专家型人才担任特邀调解员;对简单民事案件以及婚姻家庭、相邻关系等常见民间纠纷,委托法院附设的人民调解室进行;对征地拆迁、旧城改造等涉及面广、政策性强的复杂群体性纠纷,则要求人大代表、政协委员等协助法院进行调解。

4. 审前调解前置重视对调解程序的规范。《审前调解方案》第五部分用8个条文对审前调解的程序运行作出规定,包括从调解启动前的立案引

---

① 参见本书附录三第4条。

② 参见本书附录三第5~6条。

导、案件移送、案件分流,到调解启动后的调解组织设立、调解方式以及调解期限等,都分别作出规范,为法院实施审前调解提供了具体指引。

5. 审前调解前置建立有激励机制和保障机制。《审前调解方案》第一部分第3条确立了“费用经济原则”,规定审前调解的案件,按照低于一般实施调解案件的标准减收或免收诉讼费用。此外,第七部分“工作保障和配套措施”还专门就配合审前调解的有效开展,规定了相应的激励机制和保障措施,包括要求建立信息共享、工作联动等诉调对接机制,扩大人民陪审员队伍,明确审前调解案件诉讼费收费标准,设立审前调解专项经费和专项考核机制。

从实践情况看,深圳中院模式取得了明显效果。据报道,2010年全年,全市法院一审民商事案件调撤结案66,993件,调撤率达到66.25%,同比上升13.01%。[①] 其中,作为审前调解前置典型代表的深圳市宝安区人民法院,从2009年3月至2010年11月底共有31,113宗案件导入审前调解程序,找到双方当事人、正式启动审前调解程序19,645宗,成功调解12,402宗,调解撤诉率达63.13%,每宗案件平均结案周期只有6.1个工作日。[②] 可见,审前调解前置在实践中取得了良好的效果。

(三)上海市人民调解前置模式

在经历了非强制性人民调解前置实践的基础上,上海市司法局受司法部委托对强制规定部分民事案件“先调后审”进行了可行性研究,认为值得在立法上确立部分案件人民调解前置制度,[③]并于2005年3月形成《关于建立人民调解前置制度的立法调研报告》(以下简称《人民调解前置调研报告》)。与北京西城法院模式和深圳中院模式所代表的诉中民事强制调解不同,上海市司法局提出的“人民调解前置”代表了另一类民事强制调解——诉前民事强制调解的实践探索。《人民调解前置调研报告》第1条“定义”中开宗明义指出,人民调解前置就是指对法律规定的特定类型的民事纠纷,当事人欲通过民事诉讼程序解决的,人民调解是必经程序,即这些类型案件的解决施行“先调后诉”,人民调解是民事诉讼的前置程序。第1条中还进一步强调,如当事人未提出调解申请而直接向人民法院起诉

---

① 参见《市两级法院着力建构调解工作新格局 坚持调解优先 有效化解矛盾》,载深圳中级法院网,http://www.szcourt.gov.cn/ArticleInfo.aspx? id=3313。

② 参见袁江斌:《民商事案件限时七天只调不判》,载《深圳晚报》2010年12月22日,第A26版。

③ 参见高国垒:《本市司法行政部门完成立法调研 提出“家事、邻里案件应先调后审”》,载《上海法治报》,http://old.jfdaily.com/gb/jfxww/xlbk/shfzb/node17066/node17070/userobject1ai1598816.html。

的,人民法院不予受理,同时告知当事人向人民调解机构申请调解,或者依据职权将案件移送相关人民调解机构调解。在此情形下,当事人的起诉书视同调解申请。时隔16年,2021年上海市司法局再度出手,并与上海市高级人民法院共同制定了《关于探索实行调解程序前置试点的实施办法》(以下简称《调解前置试点办法》),决定自2021年10月1日起,在上海市徐汇区、普陀区、杨浦区、松江区开展为期半年的调解程序前置试点工作。① 根据《调解前置试点办法》的规定,当事人起诉至基层人民法院的符合调解程序前置探索范围内的民商事纠纷,由区非诉讼争议解决中心(人民调解中心)或其他具有调解职能的非诉解纷组织进行前置调解。未经前置调解的,由人民法院委派区非诉讼争议解决中心(人民调解中心)或其他具有调解职能的非诉解纷组织进行调解。前置调解成功的,当事人可以依法向基层人民法院申请司法确认。前置调解不成的,基层人民法院应当依法及时转入诉讼程序。② 可以发现,《调解前置试点办法》规定的"调解程序前置"仍然意在探索诉前民事强制调解模式,就此而言,与2005年由上海市司法局提出的"人民调解前置"之间明显存在一脉相承的关系。结合《人民调解前置调研报告》和《调解前置试点办法》,可以将上海市人民调解前置模式(以下简称上海模式)的主要特点概括如下。

1. 人民调解前置在性质上属于诉前民事强制调解。从《人民调解前置调研报告》第1条"定义"的内容来看,对法律规定的特定类型的民事纠纷,当事人欲通过民事诉讼程序解决的,人民调解是必经程序,即这些类型案件的解决施行"先调后诉"。如果当事人未提出调解申请而直接向人民法院起诉,人民法院不予受理,同时告知当事人向人民调解机构申请调解,或者依职权将案件移送相关人民调解机构。很显然,所谓的人民调解前置其实就是在某些纠纷上,将人民调解作为当事人提起民事诉讼的必经前置程序,因此本质上意在设立诉前民事强制调解。《调解前置试点办法》第6、7条也有类似的规定,即当事人起诉至基层人民法院的符合调解程序前置探索范围内的民商事纠纷,由区非诉讼争议解决中心(人民调解中心)或其他具有调解职能的非诉解纷组织进行前置调解。未经前置调解的,由人民法院委派区非诉讼争议解决中心(人民调解中心)或其他具有调解职能的非诉解纷组织进行调解。前置调解成功的,当事人可以依法向基层人民法院申请司法确认,调解员应当予以协助。前置调解不成的,基层人民

① 参见本书附录六第8条。
② 参见本书附录六第4~7条。

法院应当依法及时转入诉讼程序。可见，无论是《人民调解前置调研报告》还是《调解前置试点办法》，都将以人民调解为主的非诉调解视为特定纠纷进入民事诉讼的必经前置程序，即实行“先调后诉”；如果当事人没有经过该前置调解程序，则法院可依职权将纠纷移交给人民调解等非诉调解组织进行调解。因此，上海模式下的调解前置都属于诉前民事强制调解。

2. 人民调解前置的适用范围总体比较明确。《人民调解前置调研报告》并没有明确列举哪些民事纠纷适用人民调解前置，哪些纠纷应排除适用，只是指出婚姻家庭等家事纠纷、小额债务及小额损害赔偿纠纷、邻里纠纷是受案比例最大，而且通过人民调解和法院调解处理得到最大程度解决的案件类型。同时，《人民调解前置调研报告》建议人民调解前置程序的适用范围保持开放式结构，为各地结合具体情况探索更大范围的调解前置留下空间，将更多的已经成熟的纠纷处理经验纳入调解前置程序。① 与之相比，《调解前置试点办法》则分别从正反两个方面明确划定了调解前置的适用范围。其中，适用调解程序前置的纠纷包括家事纠纷、相邻关系纠纷、小额债务纠纷、消费者权益纠纷、交通事故纠纷、劳动纠纷、其他法律关系简单适宜调解的民商事案件。应排除适用的纠纷包括婚姻效力、身份关系确认案件；适用特别程序、督促程序、公示催告程序、破产还债程序的案件；起诉时一方当事人无法联系，必须公告送达的案件；起诉时当事人向法院提供证据证明纠纷已经非诉解纷组织先行调解的，但当事人书面同意由人民法院委派调解的除外；其他依照案件性质或当事人的实际情况不能调解的纠纷。②

3. 人民调解前置以人民调解委员会为依托，并注重对其他非诉解纷组织的整合。《人民调解前置调研报告》认为，应将乡镇、街道人民调解委员会设置为法定的调解机构，同时考虑到如果一些专业性、行业性纠纷一旦纳入人民调解前置，则相应的一些行业性、区域性调解组织也应被认可为法定适格调解组织。③《调解前置试点办法》规定，前置调解由区非诉讼争议解决中心（人民调解中心）或其他具有调解职能的非诉解纷组织进行。而从上海市各区非诉讼争议解决中心（人民调解中心）的建设情况来看，其本质上是以人民调解为基础，整合和引入公证、仲裁、行政裁决、行政复

---

① 参见本书附录四第 6 条。

② 参见本书附录六第 4 ~ 5 条。

③ 参见本书附录四第 7 条。

议等资源，调解各类矛盾纠纷的枢纽型实体平台。① 由于2019年5月司法部在全国调解工作会议中提出，构建以人民调解为基础，人民调解、行政调解、行业性专业性调解、司法调解优势互补、有机衔接、协调联动的“大调解工作格局”，上海16个区的人民调解中心在2019年11月底之前增挂了“非诉讼争议解决中心”标识。因此，非诉讼争议解决中心在表明上海“大调解工作格局”敲定落地的同时，其实已经成为以各区人民调解中心为基础的枢纽性工作平台。② 所以，综观《人民调解前置调研报告》和《调解前置试点办法》，都毫无例外凸显了人民调解的基础性地位。同时，二者都体现了对人民调解委员会之外的其他具有调解职能的非诉解纷组织的整合、利用。

4. 人民调解前置重视对调解程序的规范。《人民调解前置调研报告》第1条“定义”中规定，对法律规定的特定类型的民事纠纷，当事人在起诉前需要提出调解申请；未提出调解申请而直接向人民法院起诉的，人民法院不予受理，同时告知当事人向人民调解机构申请调解，或者依据职权将案件移送相关人民调解机构调解。如果说该规定是对人民调解前置程序规则的纲领性规划，那么《人民调解前置调研报告》第10条“作为民事诉讼前置程序的人民调解程序规则”，又进一步对人民调解前置的启动以及实施等具体程序事项提出了要求。《调解前置试点办法》也非常重视调解程序的规范，将“诉调衔接原则”确立为调解程序前置的基本原则之一，而且对诉调衔接的程序运行作出详细规定：前置调解成功的，当事人可以依法向基层人民法院申请司法确认，调解员应当予以协助。符合确认条件的，人民法院应当提供便利，并通过在线司法确认等方式，提高司法确认效率。前置调解不成的，基层人民法院应当依法及时转入诉讼程序。③ 在实践探索中，试点法院还进一步就调解前置的具体流程作出详细规划，比如，调解的期限、调解申请的线上线下受理途径、调解的期日等。④ 而毫无疑问，对调解程序的细致刻画不仅有助于为调解前置的实践操作提供指引，也能增强调解前置的规范性，并最终提升调解前置的适用效果。

5. 人民调解前置强调司法行政机关与法院的合作。《人民调解前置调

---

① 参见贾楠：《有纠纷不打官司也能解，上海16区均建立非诉讼争议解决中心》，载新浪网，https://news.sina.com.cn/c/2021-04-25/doc-ikmyaawc1751669.shtml。

② 参见刘素楠：《非诉解决中心背后的上海“大调解”格局》，载搜狐网2019年11月27日，https://www.sohu.com/a/356767527_313745。

③ 参见本书附录六第7条。

④ 参见程辉：《找法官先见“老娘舅”！杨浦区有何底气率先试点调解前置?》，载凤凰网2021年6月7日，https://finance.ifeng.com/c/86sWcI0bQOK。

研报告》对人民调解前置的规划可谓是上海模式的最初形态，该报告虽然由上海市司法局单方形成，但是在实践探索中，人民调解前置的具体指导和协调工作是由法院和司法局共同负责的。2005 年上半年上海市部分区人民法院、司法局开始共同试行人民调解前置，其中杨浦区人民法院和杨浦区司法局还专门为试行人民调解前置联合下发了《关于开展民事纠纷人民调解前置工作的若干意见（试行）》（以下简称《人民调解前置工作意见》）。① 而代表上海模式当前最新发展的《调解前置试点办法》，本身就是上海市司法局与上海市高级人民法院共同制定的，同时明确规定对于实施过程中存在的问题，由上海市高级人民法院立案庭、上海市司法局人民参与和促进法治处共同负责。此外，《调解前置试点办法》第 9 条对司法行政机关和人民法院在宣传引导方面的责任提出了共同要求，第 10 条则对司法行政机关和人民法院各自的职责作出明确分工，均体现对司法行政机关和法院合作的重视。

（四）浙江省保险行业人民调解前置模式

针对交通事故责任纠纷案件数量大、法律关系相对确定等特点，2015 年 6 月，经最高人民法院批准，浙江省杭州市中级人民法院和杭州市余杭区人民法院成为全国唯一的道路交通事故纠纷“网上数据一体化处理”综合改革试点法院。改革试点工作的一个基本原则就是实行保险行业人民调解前置，充分发挥保险行业人民调解委员会专业特长及其诉前化解纠纷的作用。② 为更好地推广杭州市余杭区“网上数据一体化处理”经验，充分发挥行业人民调解在化解纠纷中的作用，2016 年 9 月 8 日，浙江省高级人民法院、浙江省司法厅、原中国保险业监督管理委员会浙江监管局就共同推进本省保险业人民调解及道路交通事故纠纷“网上数据一体化处理”综合改革工作进行座谈协商，并形成了《关于推进我省保险业人民调解及道路交通事故纠纷“网上数据一体化处理”综合改革试点工作专题协调会纪要》（以下简称《道交事故一体化处理纪要》）和《道路交通事故纠纷“网上数据一体化处理”流程操作细则》（以下简称《道交事故一体化处理细则》），③并将保险行业人民调解前置规定为道路交通事故纠纷“网上数据一体化处理”综合改革的一个重点。概括来讲，浙江省保险行业人民调解

---

① 参见本书附录六。

② 参见李雪红、梁峰：《三方联动　畅通道交事故纠纷化解：余杭法院“网上数据一体化处理”综合改革试点见成果》，载《余杭晨报》2015 年 11 月 27 日，第 4 版。

③ 参见胡铁旦、蒋志军：《道交纠纷网上处理　浙江“余杭经验”获进一步推广》，载中保网，http://xw.cbimc.cn/2016-12/01/content_215047.htm。

前置模式(以下简称浙江模式)的主要特点如下。

1. 保险行业人民调解前置在性质上属于诉前民事强制调解。《道交事故一体化处理纪要》第 4 部分规定,准备通过诉讼方式解决的道路交通事故纠纷,除被告涉嫌刑事犯罪,被告无明确联系方式、下落不明,涉案机动车未投保交强险或商业险以及重大伤亡交通事故按规定启动重大伤亡快处机制等特殊情况外,均实行保险行业人民调解前置程序,即道路交通事故损害赔偿纠纷进入诉讼程序前,必须经保险行业人民调解组织先行调解,否则,人民法院一般不予受理。① 由此可以判定,保险行业人民调解前置实际上属于诉前民事强制调解。

2. 保险行业人民调解前置的适用范围具体、明确。根据《道交事故一体化处理细则》的规定,保险行业人民调解前置适用于除特定情形之外的所有道路交通事故纠纷,这些例外情况包括被告涉嫌刑事犯罪的;被告无明确联系方式,下落不明的;涉案机动车未投保交强险或商业险的;重大伤亡交通事故按规定启动重大伤亡快处机制的四类纠纷。②

3. 保险行业人民调解前置以法院附设人民调解工作室为依托。根据《道交事故一体化处理纪要》的规定,保险行业人民调解前置由保险行业人民调解委员会实施,在形式上采取向法院派驻保险行业人民调解工作室的方式。保险行业人民调解工作室一般设在人民法院诉讼服务中心,保险行业人民调解员的选聘及日常管理由各地市保险行业协会具体负责,调解员候选名单由保险行业协会提出,保险行业人民调解员的选任须符合司法行政机关的统一要求。③

4. 保险行业人民调解前置的程序设计较为完善,并突出对网络科技的运用。《道交事故一体化处理细则》对保险行业人民调解前置的调解期限、调解协议的司法确认、诉调衔接等环节的内容都有明确规定。④ 此外,调解协议的司法确认、调解与诉讼程序的衔接以及理赔款的赔付完全借助道路交通事故纠纷网上管理系统实现在线解决,当事人也可以通过交通事故网上法庭案件管理平台在线查询案款理赔进度。⑤

5. 保险行业人民调解前置重视激励机制的建立。《道交事故一体化处理纪要》第 3 部分第 3 条呼吁,争取将保险行业人民调解纳入"以奖代补"

---

① 参见本书附录七第 4 部分第 2 条。
② 参见本书附录八第 2 条。
③ 参见本书附录七第 3 部分第 3 条。
④ 参见本书附录八第 3、5、6 条。
⑤ 参见本书附录八第 6、8、9 条。

考核,或把保险行业人民调解作为社会管理性服务内容纳入政府购买服务指导性目录,从而提高保险行业人民调解工作经费保障的水平。

从试点运行情况来看,以"网上数据一体化处理"为依托的保险行业人民调解前置取得了显著成效。据报道,杭州市余杭区人民法院于2015年11月正式上线"网上数据一体化处理"平台,至2016年12月,该院在数据一体化处理平台共处置交通事故纠纷2334件,其中2028件在前置的保险行业调解中化解并申请司法确认,占交通事故纠纷总数的86.9%。①

可以肯定,除了上述北京西城法院模式、深圳中院模式、上海模式和浙江模式外,在我国现阶段民事强制调解的实践探索中必定还存在其他一些典型做法,但是囿于本书篇幅所限,不可能对其一一顾及。必须看到,2012年《民事诉讼法》修正时引入先行调解制度,尤其是在2016年5月最高人民法院出台《关于人民法院特邀调解的规定》(以下简称《特邀调解规定》),从司法解释的层面上确立了诉前委派调解之后,不少地方法院都在积极探索强制性的诉前调解,以减少涌入法院的案件数量,充分发挥非诉讼纠纷解决机制的作用,缓解法院的诉讼压力。从实证调研的情况看,强制性的诉前调解也的确发挥了预期功效。② 不过,考虑到这些强制性诉前调解的探索虽然在内容、形式上各有特色,但与前述上海模式和浙江模式一样,在类型上都属于诉前民事强制调解,因而不再一一介绍。此外,需要说明的是,对于实践中存在的一些与民事强制调解容易产生混淆的实践样态,也必须明确予以区分。比如,2010年9月江苏省高级人民法院出台的《关于诉前调解工作的若干意见》第5条明确要求,对于婚姻家庭等民事纠纷在立案之前"应当先行调解"。乍一看,该条规定似乎意在推行诉前民事强制调解。然而通读该条款则会发现,该诉前调解的启动不能排除当事人的意愿,如果当事人不同意调解,法院不能强制启动。③ 换句话讲,《关

① 参见陈国猛:《大力推进在线纠纷解决机制建设》,载《人民法院报》2016年12月28日,第5版。

② 参见左为民:《通过诉前调解控制"诉讼爆炸"——区域经验的实证研究》,载《清华法学》2020年第4期;徐哲、陈忠生、张娟娟:《道交纠纷诉前调解机制实证研究和制度完善——以903件P市H区道交纠纷诉前调解案件为样本》,载马世忠主编:《司法体制综合配套改革中重大风险的防范与化解——全国法院第31届学术讨论会获奖论文集》(上),人民法院出版社2020年版,第772~783页。

③ 参见江苏省高级人民法院《关于诉前调解工作的若干意见》第5条规定:"下列纠纷立案之前应当先行调解:(一)婚姻家庭、继承、变更抚养、收养关系、追索抚养费、扶养费、赡养费纠纷;(二)……上述纠纷,当事人书面表示不同意进行调解的,人民法院应当进行引导和释明。经释明后当事人仍不同意调解的,应当及时审查立案。"转引自汇法网2010年9月21日,https://www.lawxp.com/statute/s1221345.html。

于诉前调解工作的若干意见》第 5 条规定的“应当先行调解”仍然属于自愿调解,不应理解为诉前民事强制调解。再如,2019 年 11 月上海市高级人民法院和上海市司法局联合印发《关于进一步加强诉调对接工作的若干意见》,规定家事、邻里、劳动争议、交通事故赔偿、医疗、物业、消费者权益、供水电气、小额债务、行政赔偿等 12 项纠纷,法院应当引导当事人选择立案前委派调解。可以发现,虽然引导当事人选择委派调解成为法院在立案之前的必经前置性程序,但是法院引导后是否能现实启动委派调解,仍然要根据当事人的自愿,由当事人自己选择。简言之,诉前引导旨在要求当事人考虑诉前委派调解的适用,而最终是否适用则依然由当事人来决定。因而,《关于进一步加强诉调对接工作的若干意见》规定的立案前委派调解,显然也不属于诉前民事强制调解。

二、现阶段我国民事强制调解实践探索的有益经验

借助前番实证考察可以发现,现阶段我国民事强制调解的实践探索中存在不少值得称道的举措,这对提升我国民事强制调解的运行效果、拓展民事强制调解的作用空间起到了重要的推动作用。以下结合我国民事强制调解实践探索的四种典型模式,将现阶段我国民事强制调解实践探索中的有益经验总结如下。

(一)突出民事强制调解中法院的主导作用

《民法典》规定的离婚案件的强制调解由法院在诉讼中依职权启动,《简易程序规定》中适用于六类民事纠纷的强制调解也是由法院在开庭审理时依职权启动,可见在诉中民事强制调解上,我国立法已经明确了法院的主导作用。从现阶段我国诉中民事强制调解的实践探索来看,法院主导作用的发挥也十分明显。如前所述,北京西城法院模式、深圳中院模式都属于法院依职权发动的诉中民事强制调解,其中在北京西城法院模式下,调解机构由法院的便民速裁法庭“扮演”,调解人主要是从相应审判业务庭抽调的法官;在深圳中院模式下,调解机构就设在法院的立案部门,调解主要由法官主持。因此,无论是北京西城法院模式,还是深圳中院模式,法官都在诉中民事强制调解上发挥明显的主导地位。在诉前民事强制调解上,我国现阶段实践探索中的上海模式和浙江模式都强调法院与司法行政机关的合作,并由法院具体实施诉前强制调解的探索。此外,尽管在上海模式和浙江模式中调解由人民调解等非诉讼解纷组织主持,但调解的启动仍然是通过人民法院的调解窗口、调解平台或调解工作室来实现的,纠纷的“移送”和调解的“告知”环节也需要通过法院来完成,而且在调解达成

协议之后,还涉及法院的审查和司法确认,因此,法院在其中仍居于显而易见的主导地位。

(二)拓展民事强制调解的类型

《民法典》《简易程序规定》确立的民事强制调解在类型上都属于诉中民事强制调解,实践中的北京西城法院模式、深圳中院模式也属于诉中民事强制调解方面的探索。不过,在我国民事诉讼理论与实践上,诉中调解因启动时间阶段不同而存在"审前调解"和"审中调解"之分。其中"审前调解"是指在法院立案之后,开庭审理之前启动的调解,"审中调解"是指在法院开庭审理过程中启动的调解。① 故而如果依此为标准可以发现,《民法典》和《简易程序规定》中的诉中民事强制调解都应属于"审中调解"的范畴。《民法典》关于"人民法院审理离婚案件,应当进行调解"的立法表述,很明显将离婚案件诉中强制调解的启动定格于开庭审理之后的程序阶段,因此自然属于"审中调解"。《简易程序规定》中对六类案件强制调解适用时间的表述——"在开庭审理时应当先行调解",也将其归入了"审中调解"之列。因为"开庭审理时"就表明开庭审理期日已经界临,开庭审理活动已经启动,故而《简易程序规定》的诉中民事强制调解仍然是在开庭审理之后的程序阶段启动的,也属于"审中调解"。在实践中,尽管北京西城法院模式、深圳中院模式都属于诉中民事强制调解的类型,却已经对单纯的"审中调解"有所突破,使诉中民事强制调解的启动时间更加丰富多样。比如,以北京西城法院模式为例,根据北京市西城区人民法院针对调解前置设计的简便填充式裁判文书模板②来看,庭前调解是在法院立案之后启动的。因此,北京西城法院的庭前调解前置实际上不仅仅限于"审中调解",还包含了"审前调解",即法院立案之后,开庭审理之前启动的调解。而且从北京西城法院模式的实际运行来看,除开庭审理之前的时间点外,还包括开庭审理时、法庭调查结束后、法庭辩论终结后。因此,庭前调解前置实际上使诉中民事强制调解的启动时间延展至法院审判活动的全程,用"审前调解 + 审中调解"才足以对其启动时间表现形式的多样性进行准确概括。

除诉中民事强制调解在适用时间上向审前阶段拓展外,诉前民事强制调解的相关探索也在积极推进。2009 年最高人民法院印发《诉讼与非诉衔接意见》,允许人民法院在立案之前依职权委派调解。2016 年最高人民

---

① 参见李浩:《先行调解性质的理解与认识》,载《人民法院报》2012 年 10 月 17 日,第 7 版。

② 参见本书附录二。

法院发布的《关于人民法院进一步深化多元化纠纷解决机制改革的意见》,明确提出要探索建立调解前置程序,要求有条件的基层人民法院对适宜调解的纠纷,在征求当事人意愿的基础上,引导当事人在登记立案前由特邀调解组织或者特邀调解员先行调解。据此,实践中将以委派调解方式实施的调解前置作为立案条件的做法十分普遍,“强制性调解前置”或者说“强制性诉前委派调解”其实已经变相存在。很显然,这种做法已经属于诉前民事强制调解范畴的实践探索形态。对此,有学者认为“虽然面临不少合法性危机与正当性质疑,但孕育着实行有限立法强制的可能与契机”。① 当前,继2019年中央政法工作会议提出“坚持把非诉讼纠纷解决机制挺在前面”的国家治理新理念之后,2021年9月最高人民法院发布的《关于深化人民法院一站式多元解纷机制建设推动矛盾纠纷源头化解的实施意见》中也要求,各级法院认真把好案件“入口关”,重塑人民法院前端纠纷解决格局,完善诉讼与非诉讼衔接机制,发挥司法在多元化纠纷解决机制中的引领、推动和保障作用。在这种背景下,各地纷纷掀起了探索诉前调解前置的热潮,上海模式推行的强制性诉前调解前置即其中的典型代表。上海模式主张将人民调解为主的非诉调解作为特定纠纷进入民事诉讼的必经前置程序,实行“先调后诉”,本质上就是对诉前民事强调解类型的探索。可以预见,在“坚持把非诉讼纠纷解决机制挺在前面”这一国家治理新理念的影响下,诉前调解前置的实践探索必将不断发展、创新,并对突破我国民事强制调解的单一类型,推动诉前民事强制调解的创设,提供强大的动力和契机。

(三)整合各种调解资源在民事强制调解中的运用

现阶段我国民事强制调解的实践探索在突出法院主导作用的同时,也非常重视对各种调解资源的整合利用。根据最高人民法院发布的《关于人民法院民事调解工作若干问题的规定》(以下简称《民事调解规定》),法院调解可以采用邀请协助调解和委托调解的方式,借此有效实现对各种调解资源的利用。从北京西城法院模式和深圳中院模式中可以发现,诉中民事强制调解的实践探索经各方当事人同意,就非常注重通过邀请协助调解和委托调解的方式利用各种调解资源。北京西城法院模式规定,庭前调解可以邀请人民调解员、与当事人有特定关系或与案件有一定联系的有关单位和个人以及具有专门知识、特定社会经验的有利于促成调解的个人。经各方当事人同意,可以委托前款规定的协助调解人主持调解。深圳中院模式

① 刘加良:《非诉调解前置主义的反思与走向》,载《政法论丛》2020年第5期。

规定，在知识产权、建筑工程、公司治理等专业性、技术性较强的纠纷中，选聘具有较高专业知识的专家型人才担任特邀调解员。而且纠纷类型不同，邀请调解、协助调解中调解人选的标准也不同。此外，之前我国在“大调解体系”下形成的以人民调解为基础，以行政调解为依托，以司法调解为主导的“三位一体”调解资源，①在现阶段民事强制调解的实践探索中也得到了进一步发展和应用。在上海模式中，实施调解的上海市各区非诉讼争议解决中心（人民调解中心），即根据2019年5月司法部在全国调解工作会议中提出的“大调解工作格局”的要求，构建的以人民调解为基础，人民调解、行政调解、行业性专业性调解、司法调解优势互补、有机衔接、协调联动，整合和引入公证、仲裁、行政裁决、行政复议等资源，调解各类矛盾纠纷的枢纽型实体平台。在浙江模式中，除了作为主力军的行业性人民调解组织外，人民法院、司法局、保险监管部门和保险行业协会等调解力量也被纳入其中，实现了多种调解资源的整合与联动。

（四）充实民事强制调解的内容

《民法典》《简易程序规定》对民事强制调解的规范性要求非常简单，仅仅指出了民事强制调解适用于哪些案件。与之不同，现阶段我国民事强制调解的实践探索更为注重通过建章立制，细化民事强制调解的具体内容。

首先，民事强制调解的适用范围得到进一步细化。比如，北京西城法院模式列出了7类“应当着重调解”的案件，②同时还明确了4类“应当排除适用”的案件。③ 深圳中院模式规定6类案件④应排除在审前调解之外。上海模式和浙江模式同样分别从正反两个方面明确了就诉前民事强制调

---

① 罗干：《政法机关在构建和谐社会中担负重大历史使命和政治责任》，载《求是》2007年第3期。

② “应着重调解”的案件是指：（1）当事人情绪对立、矛盾易激化的案件；（2）涉及面广、可能引起社会连锁反应的敏感案件；（3）集团诉讼及其他群体纠纷案件；（4）当事人平时在一起工作、生活的案件；（5）无法律明文规定或法律规定不明确的案件；（6）涉军案件；（7）其他不宜径行判决的案件。参见本书附录一第27条。

③ “应当排除适用”的案件是指：（1）身份关系确认案件；（2）民事行为无效确认案件；（3）适用特别程序、督促程序、公示催告程序、破产还债程序的案件；（4）其他性质不能进行调解的案件。参见本书附录一第28条。

④ 这六类案件分别是：（1）经初步审查，可能损害国家利益、社会公共利益或案外人利益，违反法律或行政法规禁止性规定的案件；（2）婚姻关系、身份关系确认案件以及所有权及其他财产权确权案件；（3）以物抵债案件；（4）被告人下落不明，需要公告送达的案件；（5）适用特别程序、督促程序、公示催告程序、公司强制清算程序、仲裁司法审查程序的案件；（6）其他依案件性质不适宜审前调解的案件。参见本书附录三第8条。

解的适用范围。[①] 可以说,“有明确适用边界的限定”已经成为现阶段我国民事强制调解实践探索遵循的一项基本原则。

其次,民事强制调解的程序性内容得到完善。具体表现在:(1)对民事强制调解的期限加以明确。综观现阶段民事强制调解实践探索中的四个典型模式,无一例外都对调解期限作出要求,基本上都限定在15日这个相对较短的期限之内。而且除北京西城法院模式外,普遍允许当事人申请延长调解期限,体现了对当事人程序处分权的尊重。比如,深圳中院模式要求审前调解的期限不超过立案后15个工作日,但是经双方当事人书面同意,审前调解期限可延长10个工作日。[②] 在上海模式中,2008年上海市杨浦区人民法院和杨浦区司法局联合下发的《人民调解前置工作意见》中规定,人民调解组织主持调解应当在受理纠纷后15日内完成,经当事人申请,人民调解组织可以将调解期限适当延长,但延长期限不得超过15日。[③] 在浙江模式中,符合保险行业前置调解条件的道路交通事故纠纷案件的调解期限一般为15日,经当事人申请或当事人因客观原因无法在约定时间参与调解的,调解期限可以适当延长,但延长期限一般不得超过7日,特殊情况最长不得超过15日。[④] (2)对民事强制调解的运行流程有较为具体的安排。在现阶段民事强制调解实践探索中的四个典型模式中,普遍重视对调解流程的设计和规范,为民事强制调解的运行提供具体的指引。在北京西城法院模式中,《西城法院管理规程》对调解启动前应做好哪些准备工作,调解可以采取哪些具体形式,调解效力如何认定等作出明确规定。在深圳中院模式中,《审前调解方案》用8个条文对审前调解启动前的立案引导、案件移送、案件分流,以及调解启动后的调解组织设立、调解方式等都分别作出规范。在上海模式中,无论是《人民调解前置调研报告》,还是《调解前置试点办法》,都对人民调解前置的程序运行作出专门的规定,《调解前置试点办法》还特别将“诉调衔接原则”确立为调解程序前置的基本原则之一。而在浙江模式中,保险行业人民调解前置的运行流程更是被精心设计,浙江省高级人民法院、浙江省司法厅、原中国保险业监督管理委员会浙江监管局专门出台了《道交事故一体化处理细则》,对调解协议的司法确认、诉调衔接等细节内容都作出明确规定。

---

① 参见本书附录四第4~5条;附录八第2条。

② 参见本书附录三第24条。

③ 参见本书附录六第7条。

④ 参见本书附录八第3条。

（五）增强民事强制调解的效力

就现阶段我国民事强制调解实践探索的四种典型模式而言，既包括诉前民事强制调解也包括诉中民事强制调解。其中诉前民事强制调解由于在民事纠纷尚未发生诉讼系属时启动，因此一旦调解达成协议，该如何巩固调解成果、提升调解效力，并进而实现诉前民事强制调解分流纠纷、疏减讼压的功效，就显得至关重要。诉中民事强制调解尽管在诉讼中启动，但由于可能因委托调解方式而由法官之外的社会力量主持调解，因此，经过调解达成的协议要想获得强制执行力也必须严格其效力认定。令人欣慰的是，现阶段我国民事强制调解的实践探索普遍注重增强调解的效力。

在上海模式中，虽然《人民调解前置调研报告》形成时我国立法尚未确立司法确认制度，但其中已经蕴含增强调解效力，巩固调解成果的观念。《人民调解前置调研报告》指出，人民调解协议通过司法审核程序，由法院以裁定的形式确认其效力。对适用人民调解前置程序解决的纠纷，生效的人民调解协议与民事确定判决具有同等法律效力。① 代表上海模式最新发展阶段的《调解前置试点办法》则明确规定，前置调解成功的，当事人可以依法向基层人民法院申请司法确认，调解员应当予以协助。符合确认条件的，人民法院应当提供便利，并通过在线司法确认等方式，提高司法确认效率。② 浙江模式也规定经保险行业人民调解委员会调解成功的案件，由当事人自主选择是否共同申请司法确认，按照司法确认程序使调解协议获得强制执行力。③ 北京西城法院模式不仅要求由独任法官或合议庭负责调解协议的审查，而且对法院不予认定调解协议的情形作出明确列举，比如，违反法律、行政法规的禁止性规定，侵害案外人利益等。④ 深圳模式确立了主动司法确认制度，要求审前调解中心对委托诉外调解的案件跟踪进度，及时引导司法确认。对依法审查予以司法确认的案件，应及时移交执行部门主动执行。⑤

（六）搭建民事强制调解的激励机制

现阶段民事强制调解的实践探索普遍注重激励措施的配套制定，以提升民事强制调解的运行效果，维护民事强制调解的稳定运行。在北京西城法院模式中，对调解结案的案件，经当事人申请可以在50%的幅度内酌定

---

① 参见本书附录四第1.3条。
② 参见本书附录六第7条。
③ 参见本书附录八第5条。
④ 参见本书附录一第43条。
⑤ 参见本书附录三第18条。

减收案件受理费和财产保全费。[①] 在深圳中院模式中,审前调解遵循“费用经济原则”,对审前调解成功(包括调解和经调解申请撤诉)的案件,其诉讼费用按照《诉讼费交纳办法》规定的标准减半收取。[②] 作为上海模式最初代表的《人民调解前置调研报告》曾规定,经人民调解组织调解已达成协议,但需要法院出具相关法律文书的,可酌情减免案件受理费。[③] 除上述诉讼费用方面的激励机制外,现阶段民事强制调解的实践探索也非常注重搭建社会力量参与方面的激励机制,为调解队伍建设提供保障。深圳中院模式明确提出要设立审前调解专项经费,积极争取政府支持,为特邀调解、委托调解、协助调解人员发放专项补贴,以强化审前调解的工作激励。[④] 上海模式要求试点地区司法行政机关应当加强工作考核,完善工作机制,优化人财物保障,提升纠纷化解工作实效。[⑤] 浙江模式鼓励有条件的地方要争取将保险行业人民调解纳入“以奖代补”考核或把保险行业人民调解作为社会管理性服务内容纳入政府购买服务指导性目录,提高保险行业人民调解工作经费保障水平。[⑥]

三、现阶段我国民事强制调解实践探索存在的突出问题

毋庸置疑,现阶段我国民事强制调解实践探索积累的上述经验反映出我国实务界对民事强制调解规律性认知的把握,以及对变革发展传统民事调解制度所持的积极进取态度,这对推动整个社会正确认识民事强制调解,增强民事强制调解的运行效果,必定大有裨益。但是,也应该看到现阶段我国民事强制调解的实践探索中尚存一些问题,影响了我国民事强制调解的进一步发展完善。

(一)思想观念保守

在我国的调解制度研究领域,针对民事强制调解的研究可谓寥寥无几。以在“中国知网”期刊论文的检索结果为例,先后以“调解”和“强制调解”为关键词检索,得到的期刊论文数量分别是 5372 篇和 51 篇。在此基础上,如果进一步以“民事调解”和“民事强制调解”为主题检索,得到的期刊论文数量则分别是 853 篇和 3 篇。[⑦] 与强制调解尤其是民事强制调解相

---

① 参见本书附录一。

② 参见本书附录三第 3、33 条。

③ 参见本书附录四。

④ 参见本书附录三第 34 条。

⑤ 参见本书附录六第 10 条。

⑥ 参见本书附录七第 3 部分。

⑦ 上述检索数据均截至 2022 年 7 月 22 日。

关的研究成果之少,由此可见一斑。但即便如此,与实务界在民事强制调解上的探索相比,学界的研究已经称得上"开放、前瞻"了。如前所述,针对民事强制调解研究的主流观点已经打破了民事调解不能强制启动的禁忌,有部分学者还进一步就诉前能否实施民事强制调解、我国应否确立诉前民事强制调解,以及我国如何建构诉前民事强制调解展开了相关研究。而反观现阶段我国民事强制调解的实践,则罕有出现以"强制调解"名义展开的相关探索,更多采用"调解前置""先行调解""必经环节"等含蓄表达。北京西城法院模式和深圳中院模式都是我国现阶段由法院主导的诉中民事强制调解实践探索的典型模式,但是从北京市西城区人民法院和深圳市中级人民法院发布的相关规范性文件来看,均未出现"强制调解"的字样。北京市西城区人民法院的《西城法院管理规程》第27条规定:便民速裁法庭实行庭前调解前置。除案件性质不宜调解或显然没有调解必要的案件外,一律进行庭前调解。深圳市中级人民法院的《审前调解方案》第9条规定:审前调解前置模式。明确审前调解为案件处理流程的必经环节,民商事案件除不能适用调解的案件外,原则上均应导入审前调解程序先行调解,切实发挥审前调解程序的"过滤器"作用。

不仅如此,当前民事强制调解实践探索的类型主要集中于诉中民事强制调解,与我国《民法典》对离婚案件的强制调解以及《简易程序规定》对六类案件的强制调解保持类型上的一致。即使有个别诉前民事强制调解类型的探索倾向,要么仅停留在构想阶段,要么浅尝辄止且出现反复、倒退。前面谈及的上海模式就是一个典型例子。2005年上海市司法局经过可行性调研形成了《人民调解前置调研报告》,提出对法律规定的特定类型的民事纠纷,当事人欲通过民事诉讼程序解决的,人民调解是必经程序,即这些类型案件的解决施行"先调后诉",人民调解是民事诉讼的前置程序。当事人在起诉前需要提出调解申请;如未提出调解申请而直接向人民法院起诉的,人民法院不予受理,同时告知当事人向人民调解机构申请调解,或者依职权将案件移送相关人民调解机构。在此情形下,当事人的起诉书视同调解申请①。从中可以看出,《人民调解前置调研报告》清晰地表达了建构诉前民事强制调解的大胆设想。然而,从之后的试行情况来看,人民调解前置的强制适用转变为考虑当事人意愿的引导适用。2008年,上海市杨浦区人民法院和上海市杨浦区司法局联合下发《人民调解前置工作意见》,其中第4条"调解引导"、第5条"人民调解组织的确定",要求人

① 参见本书附录四第1.1条。

民调解前置由立案庭法官、社区法官引导当事人申请适用。很显然,《人民调解前置调研报告》设想的强制性诉前调解在实践中异化为引导当事人申请适用的诉前调解,因此不得不说《人民调解前置调研报告》大胆创设的诉前强制调解又退回到自愿调解的状态。而令人唏嘘的是,十余年之后,这一幕又在上海重演。作为上海模式的延续,2021 年上海市司法局与上海市高级人民法院共同制定《调解前置试点办法》,在上海市四个区开展为期半年的调解程序前置试点工作。根据《调解前置试点办法》的规定,"调解程序前置"仍然意在探索诉前民事强制调解模式,与 2005 年由上海市司法局提出的"人民调解前置"实际上一脉相承。至此,上海模式似乎给人以诉前民事强制调解将重整旗鼓、阔步迈进的憧憬。但令人遗憾的是,在经历了半年的试点工作之后,2022 年,上海市高级人民法院和上海市司法局联合发布的《关于深化探索实行调解程序前置工作的若干意见》(以下简称《深化调解前置的意见》),又将调解前置的强制性适用改为当事人自愿适用。《深化调解前置的意见》第 6 条规定,对属于探索实行调解前置范围内的纠纷,当事人起诉至基层人民法院的,人民法院应当做好释明工作,引导当事人至所在区非诉讼争议解决中心(包括非诉讼争议解决中心设立在法院的先行调解窗口)进行前置调解,或者通过上海法院一站式多元解纷平台、司法局智慧调解平台直接申请调解。很显然,"引导当事人……进行前置调解,或者……直接申请调解"的表述,已清楚表明法院既无权强制启动调解前置,也不能要求当事人必须先申请调解。对于调解前置,法院只能引导而非决定。经法院引导后,究竟是否启动调解前置,还要由当事人自己来决定。由此可见,前置调解的强制性启动又倒回至自愿启动的状态。

上述情形均暴露我国司法实务部门在民事强制调解探索上观念的保守,拘泥于传统民事调解理论和固有的民事强制调解类型,对理论界的相关研究缺乏关注和互动。当然,这种情形也同样反映出我国在调解制度的顶层设计上观念守旧、创新不足,而且正是由于缺乏立法的支撑,才导致实务部门在改革探索中谨小慎微,无法突破传统理论和既有制度的"瓶颈"。

(二)适用范围比较混乱

综观当前民事强制调解实践探索的四种典型模式,除上海模式、浙江模式对民事强制调解的适用范围作出明确的界定外,北京西城法院模式和深圳中院模式在民事强制调解适用范围的规定上均存在一定程度的模糊性,而且有不尽合理之处。在北京西城法院模式中,虽然《西城法院管理规程》对诉中民事强制调解适用范围的规定采取了正面概括和反面排除相结合的方式，但是由于该诉中民事强制调解是建立在简易程序的基础之上，而相较于《民事诉讼法》对简易程序受案范围的规定，《西城法院管理规程》并没有作出更为细化的要求。不仅如此，根据《民事诉讼法》的规定，简易程序的适用范围应限于事实清楚、权利义务关系明确、争议不大的简单的民事案件，而《西城法院管理规程》规定，应当在庭前调解前置中着重调解的纠纷类型还包含了“当事人情绪对立、矛盾易激化的案件”“涉及面广、可能引发社会连锁反应的敏感案件”“集团诉讼及其他群体纠纷案件”“无法律明文规定或法律规定不明确的案件”。① 显然，上述案件不仅不属于事实清楚、权利义务关系明确、争议不大的简单案件，反而应被划入重大、复杂、疑难案件之列，因此明显超出了简易程序的适用范围。在深圳中院模式中，深圳市中级人民法院出台的《审前调解方案》对民事强制调解适用范围的界定仅仅采取了反面排除的方法，规定凡可能经过调解结案的民商事案件，均属于审前调解的案件范围，但六类案件除外。② 不难看出，深圳中院模式对强制调解适用范围的规定相当笼统。“可能经过调解结案”其实是一个因人而异的标准，不同法官自然会产生不同的判断结果，故而难以避免适用上的随意性。

此外，虽然代表上海模式最新延续的《调解前置试点办法》对人民调解前置的适用范围作出明确的界定，但是在上海模式的最初体现中，《人民调解前置调研报告》并没有清晰界定人民调解前置的适用范围，只是指出某些纠纷类型受案比例最大，通过人民调解和法院调解处理能得到最大限度解决，而且认为人民调解制度以解决纠纷为导向，原则上可以被用来解决任何纠纷，无论该纠纷是否涉及法律争议。③ 很显然，《人民调解前置调研报告》存在将人民调解前置适用范围无限放大的倾向，而这极易导致适用上的随意性和不可预测性。因此，上海市杨浦区随后试行人民调解前置时就适用范围作出了清晰规范。在2008年上海市杨浦区人民法院和上海市杨浦区司法局联合下发的《人民调解前置工作意见》中，明确人民调解前置适用于婚姻家庭纠纷；赡养费、扶养费、抚育费纠纷；继承纠纷；收养纠纷；相邻纠纷；小额民间借贷纠纷；争议不大的人身及财产损害赔偿纠纷；

---

① 参见本书附录一第27条。

② 具体包括：(1)经初步审查，可能损害国家利益、社会公共利益或案外人利益，违反法律和行政法规禁止性规定的案件；(2)婚姻关系、身份关系确认案件以及所有权及其他财产权确权案件；(3)以物抵债案件；(4)被告人下落不明需要公告送达的案件；(5)适用特别程序、督促程序、公示催告程序、公司强制清算程序、仲裁司法审查程序的案件；(6)其他依案件性质不适宜审前调解的案件。参见本书附录三第8条。

③ 参见本书附录四第6条。

物业纠纷;法院认为有必要适用调解前置的纠纷。不难看出,该规定是对之前《人民调解前置调研报告》的一种修正。

(三)诉调衔接不畅

前已述及,前置性是民事强制调解的特征之一,这意味着民事强制调解要么是民事诉讼的前置程序(诉前民事强制调解),要么是民事审判的前置阶段(诉中民事强制调解)。因此,民事强制调解就不可避免地面临若调解不成,如何与随后的诉讼程序相衔接的问题。具体而言,在诉前民事强制调解上就表现为如果调解不成,当事人如何启动诉讼程序;在诉中民事强制调解上则表现为如果调解不成,法院如何将案件转入审判阶段。合理设计民事强制调解的诉调衔接机制,保持诉调衔接的通畅,对于及时保障当事人诉权的行使,提高诉讼效率,降低诉讼耗费都有十分重要的意义。但是,从现阶段我国民事强制调解实践探索的情况来看,无论是诉前民事强制调解,还是诉中民事强制调解,在诉调衔接机制的设计方面都存在一些不足。

1. 诉前民事强制调解在诉调衔接机制上的不足。反映上海模式最初形态的《人民调解前置调研报告》虽然创设了属于诉前民事强制调解的人民调解前置,但对于诉调衔接问题未予明确。不过在随后上海市杨浦区试行人民调解前置过程中,上海市杨浦区人民法院和上海市杨浦区司法局曾于2008年联合下发《人民调解前置工作意见》,对诉调衔接机制作出设计:如果调解未达成协议,当事人凭《反馈函》,可选择到法院立案庭立案或通过社会法官预立案进入诉讼程序。① 此外,浙江模式中的保险行业人民调解前置也属于诉前民事强制调解,其中的诉调衔接问题在浙江省高级人民法院、浙江省司法厅、原中国保险业监督管理委员会浙江监管局共同形成的《道交事故一体化处理纪要》和《道交事故一体化处理细则》中有所体现,即当调解未达成协议时,由调解员在调解期限届满后,登录道路交通事故纠纷网上管理系统,对案件当事人的身份信息、调解信息进行登记。然后根据各方当事人的技术条件和意愿,调解员在管理系统的相应页面勾选"线上开庭"或"线下开庭"。其中勾选"线上开庭"的案件,系统将自动发送案件流水号给当事人,作为当事人在诉讼阶段发起诉讼、提取案件信息的依据。而对于当事人不同意或客观上无法"线上开庭"审理的,调解员应向当事人出具调解终结书,并加盖保险行业人民调解委员会印章,作为

① 参见本书附录五第8条。

其向法院线下申请立案的凭据。① 可见，无论是早期的上海模式还是浙江模式，均规定如果经前置的人民调解达不成协议，则当事人需要到法院申请立案。换句话讲，即使在当事人未申请调解而径行起诉的情况下，调解达不成协议时，当事人仍然要向法院再次提出立案申请。这表明，调解达不成协议不能直接导致诉讼程序的启动，调解和诉讼并非无缝对接。而这种诉调衔接机制产生的后果就是，纠纷发生诉讼系属的时间是从法院立案时算起，而非从当事人起诉时算起，此前调解的时间也不能从法院的审理期限中加以扣除。就当事人诉权的行使和保障而言，这种设计显然不利。不过，这种情况在上海模式的最新延续中得到了较大修正。由上海市高级人民法院和上海市司法局联合制定的《调解前置试点办法》规定，前置调解不成的，基层人民法院应当依法及时转入诉讼程序。② 由此调解与诉讼实现了无缝衔接，当事人无须再次起诉即可引发后续的诉讼程序。不过美中不足的是，此时发生诉讼系属的时间究竟是从法院立案时起算，还是从当事人申请调解时或起诉时起算，《调解前置试点办法》未作进一步明确。

2. 诉中民事强制调解在诉调衔接机制上的不足。前已述及，北京西城法院模式的庭前调解前置和深圳中院模式的审前调解前置都属于诉中民事强制调解实践探索中的典型代表。其中北京市西城区人民法院出台的《西城法院管理规程》第30条规定，不能达成调解协议的，将庭前调解转化为证据交换，固定证据和当事人的争点。由此可见，如果庭前调解达不成协议，案件将自动进入法庭调查阶段，继续进行审理裁判。但问题是，《西城法院管理规程》规定，庭前调解除了可以由便民速裁法庭的法官主持外，还可以委托给人民调解员、与当事人有特定关系或与案件有一定联系的有关单位和个人、具有专门知识或特定社会经验的有利于促成调解的个人主持。③ 因此，在委托调解的情形下，将会产生案件如何被移回便民速裁庭，由后者继续审理裁判的问题。然而北京市西城区人民法院出台的《西城法院管理规程》对此没有加以明确，不免使庭前调解前置的诉调衔接环节陷入模糊地带。此外，《西城法院管理规程》没有规定庭前调解的时间期限，无法有效督促庭前调解的迅速实施，因此难免使便民速裁法庭追求的快捷高效打了折扣，而且对诉调衔接产生不利影响。相比之下，深圳中院模式确定的审前调解快捷高效原则值得称道。深圳市中级人民法院出台的《审

① 参见本书附录八第6条。
② 参见本书附录六第7条。
③ 参见本书附录一第30条。

前调解方案》明确规定,审前调解的期限为“不超过立案后15个工作日”,只有经双方当事人书面同意,审前调解的期限方可延长10个工作日,但延长的调解时间不计入案件审限。① 这一规定显然对保障诉调衔接环节的顺畅运转具有积极意义。但令人遗憾的是,深圳中院模式对于调解不成功时如何与后续审判程序相衔接的规定付之阙如。深圳市中级人民法院出台的《审前调解方案》仅仅在审前调解的管理方面笼统提及,审前调解的案件要严格纳入流程管理,规范程序衔接,确保案件在不同阶段高效顺畅流转,②至于如何才能规范程序衔接,则缺乏详细说明和具体要求。

(四)配套机制乏力

在社会有机体中,任何一项制度都不能单凭一己之力而发挥预期功效,都离不开配套机制的支撑,民事强制调解也同样如此。由其前置性特征决定,民事强制调解的外观表现为在通常的民事诉讼程序之外附加的一个环节——在诉前民事强制调解上,表现为在当事人发动民事诉讼之前附加的一个前置性调解程序;在诉中民事强制调解上,表现为在法院审判之前附加的一个前置性调解阶段。因此,为促使当事人实效性参与调解,避免因当事人走过场、简单应付而导致民事强制调解程序空转,同时为促进调解协议的达成,并引导、鼓励社会力量参与调解,实现对诉讼外纠纷解决资源的充分利用,缓解法院的诉讼压力,世界上很多确立了民事强制调解制度的国家或地区都为此搭建了相应的保障机制。从现阶段我国民事强制调解的实践探索来看,虽然已经具备了某些保障机制的雏形,但是设置不够全面,而且作用发挥也比较乏力。

1. 诉讼费用激励机制不充分。在民事强制调解中,诉讼费用所发挥的激励作用体现为对诉中民事强制调解成功的案件,酌定减免案件受理费以及其他诉讼费用,以此促使当事人双方达成调解协议。在这个方面,国务院发布的《诉讼费用交纳办法》提供了基本法律依据,规定“以调解方式结案或者当事人申请撤诉的,减半交纳案件受理费”。据此,如果经过诉中民事强制调解当事人双方达成调解协议而结案或撤诉,法院应主动且明确减半收取案件受理费。申言之,法院在适用案件受理费上的激励机制时,既没有自由裁量的余地,也不能要求当事人提出申请才适用。但是从当前民事强制调解的实践探索来看,诉讼费用的激励机制并未得到充分落实。以北京西城法院模式为例,根据北京市西城区人民法院出台的《西城法院管

---

① 参见本书附录三第24条。

② 参见本书附录三第28条。

理规程》，便民速裁法庭可以根据当事人的申请，对调解结案的案件受理费和财产保全费，在50%的幅度内酌定减收。[①] 由此可见，调解结案并不能当然获得《诉讼费用交纳办法》给予的优惠，还需要由当事人提出申请。言外之意，如果当事人对《诉讼费用交纳办法》规定的优惠措施不了解，或因为疏忽没有申请，是不是就意味着即使达成调解协议而结案，也需要全额支付案件受理费和财产保全费？此外，《西城法院管理规程》规定应由便民速裁法庭在50%的幅度内酌定减收，调解结案所获得的诉讼费用优惠力度究竟有多大，当事人无法事先准确预测，因此难以充分发挥激励当事人达成调解协议的作用。

2. 社会参与激励机制匮乏。现阶段我国民事强制调解的实践普遍重视对社会调解资源的整合利用，在前面介绍的四种典型模式中，除上海模式和浙江模式因本身属诉前民事强制调解，必须由社会力量主持调解外，北京西城法院模式和深圳中院模式也非常注重利用各种法院外的调解资源。在北京西城法院模式中，庭前调解可以邀请人民调解员，与当事人有特定关系或与案件有一定联系的有关单位和个人，具有专门知识、特定社会经验的有利于促成调解的个人协助调解，或者经各方当事人同意，由上述人员主持调解。在深圳中院模式中，审前调解前置的工作制度包括人民调解制度、人民调解室制度、委托调解制度、联合调解制度、特邀调解员制度、协助调解制度、支持调解制度等。[②] 毋庸置疑，要激发社会力量参与民事强制调解，提高其工作积极性和工作成效，设置相应的激励机制显有必要。但是，综观当前民事强制调解实践探索的四种典型模式，要么缺乏设置社会参与的激励机制，要么虽然有所规定也仅仅停留于倡导层面，尚未落到实处。北京市西城区人民法院制定的《西城法院管理规程》、上海市杨浦区法院与杨浦区司法局联合下发的《人民调解前置工作意见》以及上海市高级人民和上海市司法局共同规定的《调解前置试点办法》均未提及如何激励社会力量参与的问题。深圳市中级人民法院出台的《审前调解方案》和浙江省高级人民法院、浙江省司法厅、原中国保险业监督管理委员会和浙江监管局共同形成的《交通事故网上一体化处理纪要》虽然对社会参与的激励机制均有所涉及，但前者是一种倡导性的规定，尚未形成具体措施，[③]后者虽然提出了激励社会参与的具体思路，但只是针对有条件的地

① 参见本书附录一第48条。
② 参见本书附录三第4部分。
③ 参见本书附录三第7部分。

区,无法产生普遍效力。①

3. 经济制裁措施缺失。在域外民事强制调解的考察中可以看到,对当事人无正当理由拒不参加调解,或虽然参加调解但虚应调解的行为实施经济制裁,已经成为避免民事强制调解程序空转的一种普遍性做法。但是,无论我国民事强制调解的立法,还是现阶段的实践探索,均未对此作出正面回应。虽然我国《民事诉讼法》第113条规定,诉讼参与人和其他人应当遵守法庭规则。人民法院对违反法庭规则的人,可以予以训诫,责令退出法庭或者予以罚款、拘留。从中似乎可以推导出,如果诉中民事强制调解由法官主持,对不遵守法庭调解纪律,无正当理由拒不到庭参加调解或敷衍虚应调解的当事人,可以比照该条规定,按照妨碍民事诉讼的行为给予罚款。但即便如此,这一类推也显然只能适用于法官主持的诉中民事强制调解。对于诉前民事强制调解以及以委托调解方式实施的诉中民事强制调解,如果出现当事人无正当理由拒不参加调解,或虽然参加调解但虚应调解的行为,则该规定并不能当然适用,因此仍然存在相应制裁措施缺乏的问题。

① 参见本书附录七第3部分第4条。

第五章　民事强制调解之建构篇

在我国,民事强制调解的历史悠远,从史料可资探寻的明清直至当下,民事强制调解在不同历史时期都有适用,显示出强大的生命力和稳定的延续性。现阶段,我国民事强制调解多种形式的实践探索也层出不穷,并逐渐走向深化。但是,就整个民事调解的舞台而言,不得不说民事强制调解只能算是一名新晋选手,无论其理论积淀、立法位阶还是制度内容,都有待进一步强化。尤其是站在新时代的起点上,根据国家"坚持把非诉讼纠纷解决机制挺在前面"的治国新理念,从突出纠纷的前端化解,重塑人民法院前端纠纷解决格局,完善诉讼与非诉讼衔接机制的需要出发,对我国民事强制调解进行整体建构已势在必行。当然,同任何纠纷解决手段一样,民事强制调解绝非包治百病的"仙丹",其作用的发挥受到特定环境的制约,也离不开相关制度的配合,对此必须在建构和完善我国民事强制调解之初有一个清醒的认识。考虑到民事强制调解启动环节的强制性构成对调解自愿原则,以及当事人程序选择权和裁判请求权的限制,因此,若我国民事强制调解设置不慎,不仅可能导致强迫调解再度泛滥,使审判方式改革积淀形成的司法理性遭到侵蚀,更会使多年苦心经营的法治理念和当事人主义的民事诉讼模式付之东流。在 2012 年《民事诉讼法》修正时,先行调解制度所经历的由强制适用到自愿适用的转变已经表明,如果不对强制调解的适用边界作出合理限制,贸然将启动调解的辨识和判断权交给法官来行使,必然会引发法官误用、滥用判断权而导致立法的非理性。正是基于这样的担心,全国律师协会就民事诉讼法修改向全国人大法工委提出的修改建议中,要求删除这一可能导致强迫调解并使立案更加困难的规定。而或许正是考虑到律师界的批评和反对,①2012 年 4 月提交审议的《民事诉讼法修正案(草案)》第二稿在第一稿"先行调解"条款上增加了"但当事人拒绝调解的除外",并保留在最终通过的文本中。因此,精巧而理性地构建我国民事强制调解制度的确是一项意义重大且富有挑战的事业,故而,本书之于我国民事强制调解的建构,只能是一种抛砖引玉、求教方家的个人设想。

---

① 参见李浩:《先行调解性质的理解与认识》,载《人民法院报》2012 年 10 月 17 日,第 7 版。

一、建构我国民事强制调解的重要意义

(一)促进我国调解制度从传统向现代转型

传统中国在经济上是典型的自给自足的农业经济,农业人口占人口的绝对优势,而长期实行的重农抑商政策,也使以自由和平等交换为前提的商品经济无从而生。在思想上,儒家文化自西汉初期被官方确认为正统思想后一直延续至清末,已渗透至传统中国社会的政治体制、思维模式和生活方式之中,再加上“和为贵”“重义轻利”“反求内省”等儒家道义,在传统调解中,不但作为调解人的地方官或宗族长处于绝对权威的地位,调解人和争议双方在道德价值取向上也基本趋同,注重息事宁人,不追求个人权利的表达。在这种情况下,调解人单方面启动调解和要求当事人接受某种调解协议,并不会引发调解人与当事人之间的紧张关系,相反这成为民事纠纷调解的常态。即使到了新中国成立初期,我国广大基层乡土社会的性质并未改变,人们的思想大都停留在传统的伦理道德中,当事人双方在法官的调解下很容易对纠纷的处理达成一致,调解比较容易进行。与之相适应,传统调解依然被民众所接受。①

然而,随着改革开放政策的实施以及市场经济体制的确立,我国社会开始了从传统向现代的转型,调解也面临前所未有的挑战。一方面,中华文明与世界各国文明频繁地交流、碰撞,不断重塑着人们的思想意识和价值观念,使人们的价值观念由单一走向多元。另一方面,市场经济所要求的独立、平等、自由、权利等因素也深刻影响人们的思想意识和精神世界,推动着民众权利意识的勃兴。在这种情况下,民事纠纷的当事人都有较强的权利意识和利益诉求,持有各自的见解和想法。这种状况无疑加大了调解的难度。申请调解会被视为向对方当事人示弱的表现,而非“和为贵”观念之下的礼让智慧之举,当事人也不再像传统调解中那样轻易依从调解人的建议,甚至对调解人产生抵触情绪。因此,调解的使用率降低,合意出现贫困化趋势。这种局面不仅使调解制度的发展遇到了前所未有的障碍,也与当前社会的实际需要背道而驰。众所周知,转型期的中国面临矛盾多发和复杂的局面,纠纷解决绝非单靠权利义务截然分明的判决即能够实现的,还必须施以发挥当事人互谅互让、和谐化解矛盾之功效的调解手段。为此,调解的适用率被期望维持在一个较高的水平,能够发挥纠纷解决的

① 参见王庆社:《中国传统法律文化的现代转型——以当前我国法院“强制调解”现象为切入点》,西南政法大学2009年硕士学位论文,第10~12页。

主力军作用。但如前所述,权利意识和利益诉求勃兴的当事人已对调解的态度发生了重大改变,调解必须基于当事人自愿才能启动的条件要求,恰恰成为限制调解作用发挥的“樊笼”。长此以往,这些因固守“调解必须自愿启动”而诱发的不良反应,不但使调解制度面临当事人及社会的厌弃,而且其本有的价值也将陷入“明珠蒙尘”的境地,岂不哀哉!因此,为了使调解这项历史悠久的解纷法器①能跟上时代发展的步伐,并在当下焕发勃勃生机,就必须保有“苟日新,日日新,又日新”②的信念,对现存的调解制度实施“大胆构想、理性求证”的改革,途径之一便是打破调解必须基于当事人自愿才能启动的条件约束,使调解从“绝对自愿”的桎梏中解放出来,以适应转型期社会发展的需要,充分彰显其制度优势,实现制度本身由传统向现代的转型。当然,哪些类型的纠纷适合民事强制调解,则是一个必须谨慎论证的话题。对此,本书将在下文作专门的论述。

(二)缓解法院案多人少的矛盾

调解自愿原则的内涵之一就是,启动调解必须以双方当事人自愿为前提,不得强迫当事人适用调解。这就意味着,如果在民事诉讼中适用调解解决纠纷,必须符合下列情形之一:(1)双方当事人共同申请调解;(2)一方当事人提出调解申请,另一方表示同意;(3)法院提议调解,并征得双方当事人同意。但问题在于,第一种情况发生的可能性极小,③当事人一般情况下不会共同提出调解申请,因为如果双方能轻松达成一致,也就不至于诉至法院寻求司法救济,故而通过这种方式启动调解不太可能。至于后两种情况,如果只有一方当事人申请调解,而对方当事人不同意调解,或者法院虽然提议调解但一方或双方当事人不同意,调解都将无法启动。因此可以发现,要求调解在发动上必须遵循“自愿”,显然将是否启动调解的权利完全交给当事人来行使,而这样无形中就阻断了调解在相当一部分纠纷上发挥作用的机会。对于一个拥有悠久的调解传统,并需要借助调解的解纷优势来化解矛盾的当下中国社会来讲,这种状况难免招致以劝压调、以判压调、以拖压调、以诱压调等种种调解上的异化现象。由此产生的不良结果是,一方面,当事人越发不信任调解,拒绝适用调解,并因此使部分纠纷与调解的非对抗、便捷、低成本等优势失之交臂;另一方面,法院只能任

---

① “法器”本义指供养诸佛、庄严道场、修证佛法,以实践圆成佛道的资具。此处“法器”指法度、制度之义。参见(唐)陈子昂:《申州司马王府君墓志》,“摹其法器无不驯,从其事政无不理”。

② 《礼记·大学》。

③ 当然,当事人双方共同提出申请的情况并不是没有。在离婚案件中,如果双方都想离婚,则可能共同提出调解申请。

凭诉讼大潮汹涌而来,无法借助调解来疏减讼压,缓解案多人少的矛盾。众所周知,我国立案登记制的全面实施在确保"有案必立、有诉必理"的同时,也使进入法院的案件数量呈现爆发式增长。数据显示,2019 年全国法院受理案件数量首次突破 3000 万,达到 3160.54 万件;[①]2020 年全国法院受理案件数量虽然出现了自 2004 年以来的首次下降趋势,但仍然达到了 3084.43 万件;[②]2021 年这一数据又继续上升,全国法院受理案件数量已达 3354.96 万件。[③] 与此同时,法官员额制改革的全面完成,也使法院的办案压力陡然增加,案多人少的矛盾愈加突出。2017 年 7 月,我国法官员额制改革全面落实,[④]改革后全国法官人数减少 4 成,共计约有 12 万名员额法官,[⑤]真正在一线办案的法官数量进一步精减。从近三年最高人民法院工作报告中可以看到,2019 年全国法官人均办案 228 件,2020 年全国法官人均办案数量虽然略有下降,为 225 件,但是进入 2021 年又马上出现反弹,升至 238 件。很明显,我国法院的诉讼压力居高不下,人均办案数量总体呈持续上升态势。因此,面对立案登记制背景下案件大幅增加而法官数量减少的紧张局面,极有必要通过调解等多元化纠纷解决机制的充分应用,以缓解一线办案法官的"透支感"。而若调解仍然古板遵循"启动自愿",则必然无助于法院上述困境的解决。反之,如果能够改造民事调解启动环节的设计,规定在某些案件上当事人起诉之前必须先经过调解,或者由法院在审判中先行调解,无疑将使调解获得功能施展的机会,从而在疏减法院诉讼压力、缓解法院案多人少的矛盾方面发挥应有的作用。此外,由于调解的最大特点是当事人双方在他人的劝说下自愿和解,彼此容易接受,而审判则是通过公权力的介入来保护争议双方中一方的权利,其结果是败诉方有可能将不满发泄到政府的头上,即所谓的"审判是强人服从,调解是自愿服从"。[⑥] 因此,对民事调解启动环节的这一改造,对于那些很多法院不立案,或者即使立了也结不了,结了效果也不好的群体性、复杂性案

---

① 参见《2020 年最高人民法院工作报告》,载经济形势报告网,http://www.china-cer.com.cn/guwen/202006025549.html。

② 参见刘峻凌:《最高人民法院工作报告(摘要)》,载中国网,http://www.china.com.cn/lianghui/news/2021-03/09/content_77288602.shtml。

③ 参见《2022 年最高人民法院工作报告》,载腾讯网,https://xw.qq.com/amphtml/20220315A06TPB00。

④ 参见马学玲、张尼:《中国法官员额制改革全面完成　12 万余名法官入额》,载中国新闻网,https://www.chinanews.com.cn/gn/2017/07-03/8267471.shtml。

⑤ 参见乔雷华:《最高法:全国法官人数少 4 成,今年上半年结案量同比升近 1 成》,载新浪网,http://news.sina.com.cn/2017-07-31/doc-ifyinvyk2831642.shtml。

⑥ 谢觉哉:《谢觉哉日记》(上),人民出版社 1984 年版,第 622 页。

件，如果能通过调解方式帮助当事人解决问题，能够实现比判决更好的效果。

（三）满足特定当事人对纠纷解决的需要

民事强制调解不仅可以使法院从中获益，缓解案多人少的矛盾，更重要的是特定类型的当事人也将成为该制度的受益者。

首先，民事强制调解为弱势当事人提供了纠纷解决的工具。作为社会分化的必然结果，弱势群体的经济地位和经济收入低，政治地位和政治影响力低，在经济、文化、体能、智能、社会环境等方面都处于相对不利地位。国外动用法律理论①及相关实践研究显示，低收入人群和其他弱势群体没有能力处理日常法律问题，更不用说复杂的法律问题。他们与民事司法系统接触的机会更少，所能运用的人力和物力也更为有限。因此，动用法律理论对民事纠纷解决政策产生的重要启示就是，应当考虑低收入者及其他弱势群体在处理纠纷上的资源短期问题。而民事强制调解作为一种解纷方式，很大程度上即与其社会福利属性紧密相关，实际上是发挥为弱势群体提供纠纷解决工具的作用。② 对此，可以从民事强制调解的适用范围上反映出来。在域外民事强制调解的考察中可以发现，将劳动纠纷、与未成年子女有关的家事纠纷纳入民事强制调解几乎是一种普遍的做法。德国《劳动法院法》不仅规定了劳动争议的诉中强制调解，还规定了适用于解决职业培训者和受培训者之间争议的诉前民事强制调解；法国《劳动法典》设置了针对劳资纠纷的诉中强制调解；日本《家事案件程序法》规定了家事纠纷强制调解，适用于包括胎儿的认领、有关子女监护处分在内的家事纠纷；在美国，有些州法院主要针对离婚案件中涉及子女监护或探视问题规定了诉前强制调解；澳大利亚 1975 年《家庭法》确立了和子女养育令诉讼有关的诉前强制调解。很显然，上述国家或地区都不约而同将劳动纠纷和与未成年子女有关的家事纠纷吸收进民事强制调解的适用范围，这正是体现了为弱势群体提供救济的价值取向。由于一般调解的启动必须以当事人双方的合意为前提，而处于强势一方当事人因为并不担心没有足够的财力支付诉讼费用，没有足够的知识和经验去应对法院审理——而这恰

---

① 动用法律理论试图解释人们“为何”和“如何”使用或动用法律的问题。参见 Francis Regan, *Dispute Resolution in Australia: Theory, Evidence and Dilemmas*, in Gongyi Wang and Roman Tomasic, *Collection of Papers of Sino-Australian Seminar on Alternative Dispute Resolution and Modern Rule on Law*, Law Press, 2003, p. 50。

② 参见王福华：《论诉前强制调解》，载《上海交通大学学报（哲学社会科学版）》2010 年第 2 期。

恰是弱势一方当事人所忧虑的,①加之同意调解会被视为示弱的心态,所以双方当事人在是否适用调解上存在的分歧会使调解之路被阻滞,进而导致弱势群体接近正义的成本增加。由于普通调解制度不足以保护弱者的权益,所以强制调解就以国家提供服务的角色出现,对某些民事纠纷强制要求适用调解,以实现对弱势群体程序上的增权。

其次,民事强制调解为有调解愿望的当事人提供了机会。不可否认,对于完全没有和解、合作意愿的当事人而言,民事强制调解只能徒留限制当事人程序选择权之弊端。但是,对那些从内心深处有调解欲望,但因为担心参与调解被认为示弱的当事人,民事强制调解恰恰为其提供了一个以强制为理由而半推半就与对方当事人对话的机会,有论者将其形象地比喻为"类似于恋爱中的少女出于羞涩的一种欲迎还拒的姿态"。② 因此,一旦进入调解,持这种愿望的当事人自然会在对抗的表象下流露出潜在的合作因素,积极捕捉对方当事人的和解苗头并假以精心培育,由此双方矛盾的消融也就不难实现。况且,调解的有效性不能仅仅从是否达成调解协议上衡量,③即使有些民事纠纷经过强制调解没有最终达成协议,但成功地帮助争议双方发现问题所在,并使随后卓有成效地展开对话成为可能,这仍然是一种有效的调解。因此,可以说民事强制调解貌似古板冰冷的面孔背后正隐藏着善解人意、洞察他心的智慧,体现出对纠纷当事人终极利益的关怀。

(四)平衡特定民事纠纷解决与司法资源的合理配置

"诉讼是实现正义的最后一道屏障"——这句法谚并不意味着诉讼对所有纠纷而言都是最好的解决方式。"有一些种类的纠纷发生在国家并未通过立法进行调整或一般认为是国家不宜介入的日常生活领域,往往表现为缺乏明确的有关实体法律规定,或者通过现有法律规范的解释虽有可能进行调整,但达到纠纷妥善解决的难度却极大。"④因此,就这些纠纷而言,从避免法院不得拒绝裁判但是裁判难度又很大的两难困境出发,通过调解来解决不失为一种两全之策。除此之外,一些纠纷因为其性质特殊,调解成为更适宜的解决途径。我国台湾地区学者陈计男认为,"凡当事人间因事件之性质、居住环境或一定亲谊特别需要维持彼此间之和谐关系;或标

---

① 参见[美]欧文·费斯:《如法所能》,帅帅译,中国政法大学出版社2008年版,第123页。

② 参见李德恩:《强制调解之法理与实践》,载《江西财经大学学报》2009年第4期。

③ See Laurence Boulle, *Alternative Dispute Resolution Advisory Council Mediation and the Rule of Law: Australian Perspectices*, in Gongyi Wang and Roman Tomasic, *Collection of Papers of Sino-Australian Seminar on Alternative Dispute Resolution and Modern Rule on Law*, Law Press, 2003, p. 20.

④ 王亚新:《对抗与判定——日本民事诉讼的基本结构》,清华大学出版社2002年版,第254页。

的额太小;或调查证据认定事实特别烦琐困难,进行诉讼程序显然违反费用相当性原则;或事件具有浓厚之非诉色彩,裁判主要在于斟酌两造日后权利义务,而非论断当事人是非者,其事件即适合以调解程序解决之”。美国法学家富勒曾举出了一些更适宜调解解决的特殊情形:(1)双方当事人的利益是交叉重叠的,所以他们有在调解中相互合作和包容对方的动机;(2)它不适宜由一些对事(针对有关行为)而不是对人的规则予以调节(富勒指出,调解是针对人的,法律规则是针对行为的)或以正式的权利或过错的概念予以分析;(3)涉及在自发的、非正式的合作的基础上建立的共同体。① 总之,对某些特定类型的民事纠纷而言,调解而非审判才是更适宜的解决方式。而由于司法资源的有限性与纠纷解决需要的无限性之间存在的紧张关系,故而实现司法资源在不同纠纷上的合理分配,已经上升为一个涉及公共利益的命题。并引发下列思考:既然某些民事纠纷更适合用调解的方式加以解决,直接诉至法院或直接进入审判程序反而效果不佳,那么如果将有限的司法资源分配到这些类型纠纷上,将不仅浪费司法资源,还会给整个司法体制带来“灾难”。因为如果真正需要通过诉讼解决的纠纷无法获取充分的司法资源,那么司法为纠纷解决提供标准的角色也将不再。因此,通过确立民事强制调解制度,限制某些民事纠纷直接诉至法院或直接进入审判程序,实施“先调后诉”或“先调后审”,正是在权衡某些纠纷最佳解决效果与司法资源合理配置之后的理性抉择。

(五)提高我国调解资源的利用效率

与调解作为一种历史悠久的纠纷解决方式有关,我国调解种类众多,调解资源丰富。2019 年,司法部召开首次全国调解工作会议,明确提出,到 2022 年基本形成以人民调解为基础,人民调解、行政调解、行业性专业性调解、司法调解优势互补、有机衔接、协调联动的大调解工作格局。② 在这种构建新时代大调解格局的背景下,我国调解资源的组织形式不仅更加多元,分类更加合理,而且调解组织及人员的数量也大大增加,调解纠纷的效果显著。以人民调解为例,随着 1982 年人民调解作为基层群众自治的重要内容被写入《宪法》,特别是 2011 年专门的《人民调解法》生

---

① Lon L. Fuller, *Mediation-its Forms and Functions*, Southern California Law Review, Vol. 44. 1971.

② 参见周斌:《构建新时代大调解工作格局——新时代“东风之花”绚烂绽放》,载微信公众号“宁津公共法律服务”2021 年 1 月 4 日,https://mp.weixin.qq.com/s?__biz=MzI1MDIwNTkwNQ==&mid=2651569962&idx=2&sn=b1c5129f61875cc11e627e1339e5ed6e&chksm=f27adc94c50d5582baffd213345055ff771a4ca9712db0f75f4b34e337622bc35d5255d76930#rd。

效实施，在立法的推动下，各地的人民调解组织建设不断加快。至2021年年初，全国有人民调解委员会70多万个，人民调解员320多万人，其中，专职人民调解员30多万人；每年调解矛盾纠纷900多万件。① 在2021年国务院新闻办公室举行的新闻发布会上，司法部副部长刘志强指出，党的十八大以来，全国人民调解组织共开展矛盾纠纷排查3000多万次，调解矛盾纠纷7700多万件。② 为了提高人民调解工作的规范化水平，2020年12月司法部专门发布《全国人民调解工作规范》，对人民调解组织的类型及设置、调解程序、调解制度、工作保障等方面规定了行业标准，以推动人民调解在构建新时代大调解工作格局中发挥基础性作用。③

面对如此丰富的调解资源，如何有效利用以发挥其化解民事纠纷的作用，是一个发人深思的问题。就此而言，传统观念下调解必须自愿适用的要求，不得不说是对实效性利用调解资源的一个障碍，会导致部分调解资源被闲置，使调解资源的利用率受到影响。以江苏省高级人民法院推行的诉前调解为例，根据2010年江苏省高级人民出台的《关于诉前调解工作的若干意见》的要求，基层人民法院及其人民法庭应专门设立调解工作室，组成包括人民调解、行政调解、司法调解在内的联合调解机构。调解工作室除配备2名以上专职人民调解员外，根据需要配备若干名兼职人民调解员或者特邀调解员。④ 调解室对于婚姻家庭、劳动争议、医疗损害赔偿等民事纠纷，在立案前应当先行调解。如果当事人书面表示不同意调解，人民法院应当进行引导和释明。经释明后当事人仍不同意调解的，应当及时审查立案。⑤ 从江苏省2012年1月至3月诉前调解的统计情况看，其适用情况并不理想。一方面，诉前调解在江苏省各地的利用率很不平衡。在利用率最高的扬州，诉前调解成功的案件数量占新收一审民事案件的比例达到62.51%，几乎是利用率最低的宿迁（只有23.38%）的3倍。另一方面，诉

---

① 参见周斌：《构建新时代大调解工作格局——新时代“东风之花”绚烂绽放》，载微信公众号“宁津公共法律服务”2021年1月4日，https://mp.weixin.qq.com/s?__biz=MzI1MDIwNTkwNQ==&mid=2651569962&idx=2&sn=b1c5129f61875cc11e627e1339e5ed6e&chksm=f27adc94c50d5582baffd213345055ff771a4ca9712db0f75f4b34e337622bc35d5255d76930#rd。

② 参见吴佳潼：《司法部：十八大以来全国人民调解组织调解矛盾纠纷7700多万件》，载中国网，http://news.china.com.cn/2021-09/24/content_77772183.html。

③ 参见《2021年中华全国人民调解员协会工作要点》，载中华全国人民调解员协会网2021年3月18日，https://www.zhqgtjxh.com/content.php?id=1125。

④ 参见江苏省高级人民法院《关于诉前调解工作的若干意见》第12、13、14条。转引自汇法网2010年9月21日，https://www.lawxp.com/statute/s1221345.html。

⑤ 参见江苏省高级人民法院《关于诉前调解工作的若干意见》第5条。转引自汇法网2010年9月21日，https://www.lawxp.com/statute/s1221345.html。

前调解的总体利用率偏低。如表1① 所示,在江苏省的13个地级市中,绝大多数诉前调解的利用率都不足50%,全省诉前调解的平均利用率为43.47%,其中利用率在30%以下的地级市有3个。当然,导致江苏省诉前调解利用率偏低的因素是多个方面的,比如,允许法官自行主持易导致诉前调解流于形式,诉前调解的考核指标不尽科学,等等。② 但是不可否认,诉前调解的自愿启动无疑是最重要的限制性因素。从诉前调解适用的纠纷类型看,基本上属于用调解解决效果更好的纠纷类型,但由于是否启动调解的权利交给当事人行使,而当事人出于对法院审判权的推崇,势必过度依赖诉讼而拒绝选择诉前调解。一旦当事人拒绝选择诉前调解,那么包括人民调解在内的联合调解机构也好,专职、兼职人民调解员和特邀调解员也罢,都会因为诉前调解的启动不能而成为闲置资源,更遑论实现其分流纠纷、疏减讼压的功能。即使前面提及的影响诉前调解利用率偏低的其他因素,如法官自行主持易导致诉前调解流于形式,诉前调解的考核指标不尽科学等问题都得到解决,如果不对诉前调解的自愿适用进行突破,那么纵使再丰富、高效的调解资源,也无法在纠纷的化解上发挥用武之地。因此,确立民事强制调解制度,在某些民事纠纷上对当事人启动调解环节的自愿性进行限制,也是充分调动新时代大调解工作格局下的各种调解力量,实现整个社会调解资源高效利用的需要。

表1　2012年1月至3月江苏省诉前调解成功数与一审诉讼案件收案数

法院所在地区	诉前调解成功数占新收一审民事案件的比例/%	法院所在地区	诉前调解成功数占新收一审民事案件的比例/%
扬州	62.51	南通	60.08
淮安	56.54	常州	52.64
苏州	47.70	南京	47.61
盐城	47.31	无锡	41.71
徐州	41.47	泰州	32.23
连云港	28.55	镇江	26.55
宿迁	23.38	合计	43.47

① 参见殷桂宏、杨婷:《明确职能定位　走出被动漩涡——以江苏法院现阶段诉前调解工作的困境及出路为蓝本》,载北大法律网,http://article.chinalawinfo.com/ArticleHtml/Article_70412.shtml。

② 参见殷桂宏、杨婷:《明确职能定位　走出被动漩涡——以江苏法院现阶段诉前调解工作的困境及出路为蓝本》,载北大法律网,http://article.chinalawinfo.com/ArticleHtml/Article_70412.shtml。

（六）促进我国律师角色的转变

传统观念对律师这一职业对抗性的需求，以及大众维权意识的增强，直接促使一种普遍观念的生成——只有在法院、在诉讼过程中才能真正体现律师及所支付律师费的价值，因此，律师参与调解不仅被当事人视为律师缺乏水平的表现，而且也是律师成为调解中“绊脚石”的重要原因之一。[①] 然而与传统的社会调解、行政调解等非司法调解相比，律师参与调解无疑会在实现纠纷的非诉讼解决方面发挥独特的优势和效果。当今很多国家都非常重视律师在推动纠纷多元化解中的地位和作用，纷纷创设律师参与调解的举措。美国 800 家最重要的企业和律师事务所共同设立了公共资源中心纠纷解决协会，美国部分州的律师职业道德规范也要求律师向当事人建议调解，或者在诉辩程序中确认他们已经开展了促进调解的行为。[②] 此外，在美国的法院附设调解中，调解员的主要来源之一就是在法律界具有一定地位的律师。[③] 英国于 1989 年创建了全国律师 ADR 网络，采用包括调解在内的替代性纠纷解决方式解决保险公司、会计师以及产业界委托处理的纠纷。全国律师 ADR 网络还与国际性的 ADR 组织保持密切合作关系，在海事、破产、消费者保护等方面发挥了不可替代的作用。[④] 加拿大《离婚法》要求离婚案件的代理律师应努力促成当事人和解。根据加拿大《离婚法》第 9 条的规定，离婚案件的代理律师有义务告知当事人调解的合理性。离婚律师在呈交给法院启动诉讼程序的正式文件之前，必须保障其已经严格按照《离婚法》的规定履行了告知义务。[⑤] 法国立法者在 2012 年创设了律师调解，当事人在律师帮助下就纠纷的协商解决，共同达成一个参与程序协议，并根据协议约定的内容交换材料、进行沟通，以寻求纠纷的解决。如果协商成功，可以就达成的协议向法院申请赋予该协议强制执行的效力。[⑥] 日本《民事调解法》规定，民事调解官应从具有 5 年执业经验的律师中任命。[⑦] 根据日本《民事调停委员及家事调停委员规则》，非专业调解员任职资格的首要条件就是

---

① 参见袁江华、杨婷：《调解前置程序——对人民法院案件纠纷分流与化解的制度之思》，载江苏法院网，http://www.jsfy.gov.cn/yzlt/2012/11/13143055230.html。

② 参见范愉：《非诉讼程序（ADR）教程》，中国人民大学出版社 2016 年版，第 73 页。

③ 参见齐树洁主编：《外国调解制度》，厦门大学出版社 2018 年版，第 83 页。

④ 参见齐树洁主编：《外国调解制度》，厦门大学出版社 2018 年版，第 231 页。

⑤ 参见齐树洁主编：《外国调解制度》，厦门大学出版社 2018 年版，第 58 页。

⑥ 参见周建华：《法国民事司法改革论纲》，载《北京理工大学学报（社会科学版）》2013 年第 6 期。

⑦ 参见日本《民事调解法》第 23－2 条。

具备律师资格。① 意大利也非常重视律师在调解中作用的发挥,早在2000年意大利第7185号议案就曾建议在法院内部设立调解室,调解室组织的调解活动由律师主持。2010年意大利通过的第28号法令明确赋予律师协会在法院内部设立专门调解室的权力,还允许调解室使用法院的资源和设备,以便其更好发挥纠纷解决的作用。② 毋庸置疑,上述国家采取的推动律师参与调解的种种举措,在实现纠纷多元化解的同时,其实也昭示了在现代诉讼中律师角色发生的重大转向——从对抗走向协商,从零和思维走向互利共赢,在推动纠纷的非诉讼化解方面承担起应有的责任与担当。

在我国,2015年中共中央办公厅、国务院办公厅印发的《关于完善矛盾纠纷多元化解机制的意见》明确规定要建立律师调解制度。2016年6月,中共中央办公厅、国务院办公厅又专门印发了《关于深化律师制度改革的意见》,对充分发挥律师在维护社会和谐稳定中的重要作用,重视律师运用非诉讼法律服务手段作出指示,并明确了完善律师参与诉前、诉中调解制度,加强律师参与专业调解的改革方向。有学者认为,中央的顶层设计意味着之前一直由律所探索尝试的律师调解工作正式走上了制度建构的轨道。③ 在此基础上,2017年最高人民法院和司法部共同制定了《关于开展律师调解试点工作的意见》,开始在11个省(直辖市)开展律师调解试点。2018年12月,最高人民法院和司法部又共同发布《关于扩大律师调解试点工作的通知》,决定将试点工作扩大至全国范围,进一步推动律师调解试点工作的深入开展。目前,律师调解工作正在全国有序推进,为当事人提供了优质专业的法律服务。④ 从司法部发布的《2020年度律师、基层法律服务工作统计分析》来看,2020年律师调解达到22.2万多件。很显然,国家顶层设计对律师调解的认可,以及律师调解在实践层面的试点推行,表明我国律师已经开始参与到多元化纠纷解决机制的改革当中,在推动纠纷非诉解决方面承担社会责任。由此律师的法律专业技能获得了新的用武之地,律师在非诉讼法律服务领域进一步开疆拓土的同时,也开启

① 日本《民事调停委员及家事调解委员规则》规定,民事调停委员由日本最高法院在符合下列条件的人选中任命民事调停委员:有律师执业资格;具有对民事纠纷解决有用的专门知识,或者在社会生活上有丰富知识和经验;人品好,见识广;年龄在40~70岁。

② 参见齐树洁主编:《外国调解制度》,厦门大学出版社2018年版,第150~151页。

③ 参见王亚新:《律师调解:经由"试点=实验"的制度构建》,载胡仕浩、龙飞主编:《多元化纠纷解决机制改革精要》,中国法制出版社2019年版,第539页。

④ 参见周斌:《构建新时代大调解工作格局——新时代"东风之花"绚烂绽放》,载微信公众号"宁津公共法律服务"2021年1月4日,https://mp.weixin.qq.com/s?__biz=MzI1MDIwNTkwNQ==&mid=2651569962&idx=2&sn=b1c5129f61875cc11e627e1339e5ed6e&chksm=f27adc94c50d5582baffd213345055ff771a4ca9712db0f75f4b34e337622bc35d5255d76930#rd。

了从对抗性、刚性走向合作协商，从诉讼代理人向职业调解人的角色转变。[①] 而构建民事强制调解则可以提高律师调解的利用率，进而促进律师角色的转变。民事强制调解通过将调解设置为诉讼的前置程序，或者法院作出裁判前的必经阶段，使特定纠纷不经诉讼或不经审判即可化解。而民事强制调解欲实现该效果，前提就是通过调解当事人能够就纠纷的解决达成协议。申言之，民事强制调解只有成功才能实现不经诉讼或不经审判即可化解纠纷的效果。就此而言，律师调解因具有得天独厚的专业性、灵活性和高效性，可以大大提升调解的成功率，尤其在专业性较强的劳动争议、医疗纠纷解决方面优势更加明显。因为律师具备的法律知识和实践经验，使其有足够能力对纠纷进行判断和衡量，并对当事人的某种行为进行法律上的预测和评价，从而迎合当事人对法律权威信仰的需要。[②] 可以说，律师调解与民事强制调解具有内在的关联，律师参与民事强制调解必将成为主流。况且，我国律师队伍的发展壮大也为律师参与民事强制调解提供了可行性基础。据司法部统计数据，截至 2020 年年底，全国共有执业律师 52.2 万多人。律师人数超过 1 万人的省（区、市）有 21 个，其中超过 3 万人的省（市）有 5 个（分别是北京、上海、江苏、山东、广东）。[③] 而根据司法部《全面深化司法行政改革纲要（2018—2022 年）》的要求，2022 年全国律师总数将达到 62 万人，每万人拥有律师数达到 4.2 名。[④] 可以预见，律师队伍的规模将会逐步扩大，未来会有更多人加入律师行业，为律师参与民事强制调解注入更多的力量。而律师调解的不断发展，正是推动律师角色转型不可缺少的动力和基础。

二、建构我国民事强制调解的基础条件

（一）大调解工作格局提供了组织保障

早在 2006 年 11 月的全国政法工作会议上，罗干同志明确提出，"要建立和完善多方面、多层次的矛盾纠纷解决机制"，"发挥政治优势，要求各级党委、政府搞好矛盾纠纷排查调处，注重发挥调解手段化解社会矛盾纠纷的作用，着力建构在党委领导下，以人民调解为基础，加强行政调解和司

---

① 参见廖永安、王聪：《从诉讼代理人到职业调解人：中国律师职业的新图景》，载胡仕浩、龙飞主编：《多元化纠纷解决机制改革精要》，中国法制出版社 2019 年版，第 559 页。

② 参见范愉主编：《多元化纠纷解决机制》，厦门大学出版社 2005 年版，第 521 页。

③ 参见《2020 年度律师、基层法律服务工作统计分析》，载司法部政府网，http://www.moj.gov.cn/pub/sfbgw/zwxxgk/fdzdgknr/fdzdgknrtjxx/202106/t20210611_427394.html。

④ 参见杨翠婷：《司法部举行全面深化司法行政改革新闻发布会》，载司法部政府网，http://www.moj.gov.cn/pub/sfbgw/zwgkztzl/twzt/202103/t20210319_211774.html。

法调解，三种调解手段相互衔接配合的大调解工作体系”。① 2019 年司法部召开首次全国调解工作会议，进一步提出到 2022 年基本形成以人民调解为基础，人民调解、行政调解、行业性专业性调解、司法调解优势互补、有机衔接、协调联动的大调解工作格局。可以发现，大调解工作格局在大调解工作体系的基础上进一步凸显了行业性、专业性调解的发展。本书认为，所谓行业性、专业性调解，从其发展脉络和运行样态来看，并非与人民调解、行政调解和司法调解并列的第四类调解，其本质上仍然属于人民调解，是人民调解在行业性、专业性纠纷解决领域的延伸，可以说是行业、专业版的人民调解。因此，大调解工作格局与大调解工作体系实乃一脉相承，都强调了人民调解、行政调解和司法调解的“三调联动”，均旨在促进我国调解资源的再组织化，实现多种调解资源全面整合。而大调解工作格局的形成，无疑为我国民事强制调解的建构提供了强有力的组织保障。

1. 在人民调解方面。人民调解在大调解工作格局中被赋予基础性地位，反映出国家层面对人民调解资源的高度重视。2018 年，中央政法委、最高人民法院、司法部、民政部、财政部、人力资源和社会保障部六部门联合印发《关于加强人民调解员队伍建设的意见》，以推进人民调解员队伍结构和素质的优化。2020 年 12 月司法部发布《全国人民调解工作规范》，对人民调解组织的类型及设置、调解程序、调解制度、工作保障等方面提供了行业标准。在国家顶层设计的推动下，目前覆盖城乡社区和重点行业、专业领域的人民调解组织网络在我国基本形成。② 数据显示，至 2021 年年初，全国有人民调解委员会 70 多万个，人民调解员 320 多万人，其中专职人民调解员 30 多万人；每年调解矛盾纠纷 900 多万件。③ 在 2021 年 9 月国务院新闻办公室举行的新闻发布会上，司法部副部长刘志强指出，党的十八大以来，全国人民调解组织共开展矛盾纠纷排查 3000 多万次，调解

---

① 罗干：《政法机关在构建和谐社会中担负重大历史使命和政治责任》，载《求是》2007 年第 3 期。

② 参见周斌：《构建新时代大调解工作格局——新时代“东风之花”绚烂绽放》，载微信公众号“宁津公共法律服务”2021 年 1 月 4 日，https://mp. weixin. qq. com/s? __biz = MzI1MDIwNTkwNQ = = &mid = 2651569962&idx = 2&sn = b1c5129f61875cc11e627e1339e5ed6e&chksm = f27adc94c50d5582baffd213345055ff771a4ca9712db0f75f4b34e337622bc35d5255d76930#rd。

③ 参见周斌：《构建新时代大调解工作格局——新时代“东风之花”绚烂绽放》，载微信公众号“宁津公共法律服务”2021 年 1 月 4 日，https://mp. weixin. qq. com/s? __biz = MzI1MDIwNTkwNQ = = &mid = 2651569962&idx = 2&sn = b1c5129f61875cc11e627e1339e5ed6e&chksm = f27adc94c50d5582baffd213345055ff771a4ca9712db0f75f4b34e337622bc35d5255d76930#rd。

矛盾纠纷7700多万件。① 此外,针对一些行业、专业领域的矛盾纠纷逐渐增多,处置难度不断加大的问题,我国行业性、专业性人民调解工作已经在社会热点矛盾和民生需求的领域,如医疗纠纷、道路交通、劳动争议、物业管理等方面取得显著成效,并不断向消费、旅游、金融、互联网、知识产权等领域拓展。至2021年年初,全国共有行业性、专业性人民调解组织3万多个。其中医疗纠纷领域的人民调解组织已覆盖全国80%以上的县级行政区域,每年有60%的医疗纠纷通过人民调解方式得以有效化解。② 在律师行业调解方面,截至2020年年底,全国共有执业律师52.2万多人,2020年律师调解22.2万多件。③

2. 在行政调解方面。尽管行政调解与人民调解、司法调解相比处于最薄弱的环节,无论其制度化步伐还是发达程度,都远不及人民调解和司法调解。④ 但是行政调解不仅相较于其他调解表现出更强的专业优势和高效率,而且专门调整行政调解的各类规范性法律文件多达200余部,有权开展行政调解的机构和人员触角密布,行政调解解决纠纷的数量并不低于人民调解和法院调解。⑤ 因此,作为三大调解之一,行政调解其实潜力巨大。目前行政调解的民事纠纷类型除了农村土地承包经营、商标及专利侵权、交通事故损害赔偿、消费、医疗事故损害赔偿、环境污染等⑥传统重点领域外,价格争议、校园安全事故、养老服务等领域的行政调解工作也在逐步推进,司法行政机关积极会同有关部门,建立完善各级政府负总责、司法行政机关牵头、各职能部门为主体的行政调解工作体制。⑦ 此外,行政职能部门还借助糅合了行政调解的行业性、专业性人民调解组织——如医疗

① 参见吴佳潼:《司法部:十八大以来全国人民调解组织调解矛盾纠纷7700多万件》,载中国网,http://news.china.com.cn/2021-09/24/content_77772183.html。

② 参见周斌:《构建新时代大调解工作格局——新时代"东风之花"绚烂绽放》,载微信公众号"宁津公共法律服务"2021年1月4日,https://mp.weixin.qq.com/s?__biz=MzI1MDIwNTkwNQ==&mid=2651569962&idx=2&sn=b1c5129f61875cc11e627e1339e5ed6e&chksm=f27adc94c50d5582baffd213345055ff771a4ca9712db0f75f4b34e337622bc35d5255d76930#rd。

③ 参见《2020年度律师、基层法律服务工作统计分析》,载司法部政府网,http://www.moj.gov.cn/pub/sfbgw/zwxxgk/fdzdgknr/fdzdgknrtjxx/202106/t20210611_427394.html。

④ 参见廖永安等:《中国调解的理念创新与机制重塑》,中国人民大学出版社2019年版,第172~181页。

⑤ 参见廖永安等:《中国调解的理念创新与机制重塑》,中国人民大学出版社2019年版,第181~182页。

⑥ 参见范愉:《行政调解问题刍议》,载《广东社会科学》2008年第6期。

⑦ 参见周斌:《构建新时代大调解工作格局——新时代"东风之花"绚烂绽放》,载微信公众号"宁津公共法律服务"2021年1月4日,https://mp.weixin.qq.com/s?__biz=MzI1MDIwNTkwNQ==&mid=2651569962&idx=2&sn=b1c5129f61875cc11e627e1339e5ed6e&chksm=f27adc94c50d5582baffd213345055ff771a4ca9712db0f75f4b34e337622bc35d5255d76930#rd。

纠纷人民调解组织、①道路交通事故人民调解组织②等,以及通过法院的邀请协助调解、特邀调解等方式,实现与人民调解、司法调解的协作,在促进纠纷的多元化解决方面发挥了显著作用。

3. 在司法调解方面。从大调解工作格局中与人民调解和行政调解相对应的角度出发,所谓司法调解其实就是指法院调解。作为法院行使民事审判权的一种方式,法院调解因其处理纠纷范围的广泛性以及法官专业法律素养的加持,本身就拥有其他调解方式无法企及的权威性和公信力。进入21世纪以来,我国最高人民法院相继出台了多个推动法院调解的司法解释及司法文件,在不断提高法院调解规范程度的同时,也通过创新邀请协助调解、特邀调解等调解方式,增强了法院调解与人民调解、行政调解的相互衔接和配合。尤其是近年来,借助法院一站式纠纷解决机制的建设,法院调解的信息化、集约化程度明显提升,调解效果不断增强。2019年,为推进案件繁简分流、轻重分离、快慢分道,全国法院在诉讼服务中心建立调解、速裁、快审一站式解纷机制,其中全国法院诉讼服务中心化解案件849.7万件。③ 2020年,全国法院又普遍建立一站式多元解纷机制,全面应用人民法院调解平台,并与全国总工会、公安部、司法部、人民银行、银保监会、证监会等完成“总对总”在线诉调对接,涵盖劳动争议、道交事故、金融保险、证券期货、知识产权等纠纷领域。2020年全国法院诉前成功调解424万件民商事纠纷,同比增加191%。④ 在此基础上,集约集成、在线融合、普惠均等的中国特色一站式多元纠纷解决和诉讼服务体系于2021年全面建成。“菜单式”服务提供多样化选择,让群众解纷变得及时便捷。与全国总工会、中国侨联、全国工商联、银保监会、中小企业协会等11家单位建立“总对总”在线调解机制,调解平台有6.3万个调解组织和26万名调解员进驻,全国法院2021年在线调解纠纷突破1000万件,平均每分钟有51件成功化解在诉前,诉前调解案件平均办理时长为17日,比诉讼时间少39日。⑤

---

① 参见廖永安等:《中国调解的理念创新与机制重塑》,中国人民大学出版社2019年版,第181页。

② 参见2020年5月22日最高人民法院、公安部、司法部、中国银行保险监督管理委员会联合发布的《关于在全国推广道路交通事故损害赔偿纠纷“网上数据一体化处理”改革工作的通知》。

③ 参见《2020年最高人民法院工作报告》,载经济形势报告网,http://www.china-cer.com.cn/guwen/202006025549.html。

④ 参见刘峻凌:《最高人民法院工作报告(摘要)》,载中国网,http://www.china.com.cn/lianghui/news/2021-03/09/content_77288602.shtml。

⑤ 参见《2022年最高人民法院工作报告》,载腾讯网,https://xw.qq.com/amphtml/20220315A06TPB00。

显而易见，大调解工作格局下由人民调解、行政调解和司法调解所汇聚起来的调解资源相当可观，发挥作用的潜力巨大，为我国调解制度的长足发展提供了力量来源。毫无疑问，民事强制调解的运行及发展自然也将从中获益，除司法调解外，人民调解和行政调解可以通过邀请协助调解或改造后的特邀调解方式被引入民事强制调解，①并在民事强制调解中发挥主力军作用，为民事强制调解的发展提供强有力的组织保障。

(二)既有的法定前置程序提供了思想认识上的铺垫

客观地讲，在我国构建民事强制调解特别是诉前民事强制调解，将调解设置为民事诉讼的前置程序，并非标新立异之举。在我国立法中已经存在数种纠纷解决上的法定前置程序，当事人在争议发生后，必须先通过这些法定前置程序寻求解决，只有法定前置程序仍然不能解决的，才能寻求诉讼或仲裁等进一步的救济途径。

1. 行政复议前置程序。当事人对某些行政争议不能直接向法院提起行政诉讼，而必须先向行政机关申请行政复议，对复议决定仍然不服的才能提起行政诉讼。因此，行政复议就成为某些行政争议当事人提起行政诉讼的法定前置程序。目前我国立法中的行政复议前置程序主要包括：(1)《行政复议法》第30条第1款规定，公民、法人或者其他组织认为行政机关的具体行政行为侵犯其已经依法取得的土地、矿藏、水流、森林、山岭、草原、荒地、滩涂、海域等自然资源的所有权或者使用权的，应当先申请行政复议；对行政复议决定不服的，可以依法向人民法院提起行政诉讼。(2)《专利法》第41条规定，专利申请人对国务院专利行政部门驳回申请的决定不服的，可以自收到通知之日起3个月内向国务院专利行政部门请求复审。国务院专利部门复审后，作出决定，并通知专利申请人。专利申请人对国务院专利行政部门的复审决定不服的，可以自收到通知之日起3个月内向人民法院起诉。(3)《税收征收管理法》第88条第1款规定，纳税人、扣缴义务人、纳税担保人同税务机关在纳税上发生争议时，必须先依照税务机关的纳税决定缴纳或者解缴税款及滞纳金或者提供相应的担保，然后可以依法申请行政复议；对行政复议决定不服的，可以依法向人民法院起诉。(4)《海关法》第64条规定，纳税义务人同海关发生纳税争议时，应当缴纳税款，并可以依法申请行政复议；对复议决定仍不服的，可以依法

① 关于在民事强制调解中引入人民调解和行政调解的具体举措，参见本章“三、我国民事强制调解的模式选择”。

向人民法院提起诉讼。(5)《价格违法行为行政处罚规定》第 20 条规定,经营者对政府价格主管部门作出的处罚决定不服的,应当先依法申请行政复议;对行政复议决定不服的,可以依法向人民法院提起诉讼。

2. 仲裁前置程序。《劳动法》第 79 条规定,当事人对仲裁裁决不服的,可以向人民法院提起诉讼。结合《劳动争议调解仲裁法》第 48、50 条的规定,可以发现,当劳动争议发生后,当事人不能直接向法院起诉,而必须先申请劳动争议仲裁。对仲裁裁决仍然不满的才可以向法院起诉,通过诉讼途径解决争议。显然,劳动争议仲裁就成为当事人起诉的法定前置程序。

3. 调解前置程序。在前文介绍我国民事强制调解现状时已经提及,《民法典》《简易程序规定》所确立的诉中民事强制调解制度就是将调解设置为法院裁判的前置程序,即某些案件不经调解,法院不得作出裁判。除此之外,我国《劳动争议调解仲裁法》《农村土地承包经营纠纷调解仲裁法》分别就劳动争议和农村土地承包经营纠纷,规定了仲裁中的调解前置程序,即仲裁庭在作出裁决之前,应当先进行调解,调解不成的,再作出裁决。① 因此,仲裁庭的调解是仲裁裁决的法定前置程序。

尽管上述法定前置程序往往是针对专业性较强的纠纷,而且主要集中在行政争议和劳动争议领域,但不可否认,基于立法的认可和实践中的长期适用,这些法定前置程序已经为人们熟识和接纳。这对于我国民事强制调解制度的发展完善,尤其是诉前民事强制调解的建构而言,无疑提供了思想认识上的铺垫。

(三)各地调解前置的实践探索提供了经验积累

进入 21 世纪以来,面对纠纷数量的激增和纠纷类型的日益复杂,各地法院为了疏减诉讼压力,缓解案多人少的矛盾,纷纷在非诉讼纠纷解决机制领域展开探索。其中就包括在立案前由人民调解组织或由附设在法院的调解工作室等非诉讼调解组织先行调解,试图将诉前调解作为诉讼前置程序的做法。如上海市浦东新区人民法院在 2006 年启动的法院调解与社会调解"双轨制"的诉前调解机制,②2010 年江苏省三级人民法院探索的立案前"应当先行调解"制度,③等等。虽然这些诉前调解在程序启动上仍

---

① 参见《劳动争议调解仲裁法》第 42 条、《农村土地承包经营纠纷调解仲裁法》第 11 条。

② 参见陈琦华、包蕾:《调解"优先理念"在法院的实践——以上海市浦东新区人民法院诉前调解制度为视角》,载徐昕主编:《司法——调解的中国经验》,厦门大学出版社 2010 年版,第 196 ~ 199 页。

③ 参见江苏省高级人民法院《关于诉前调解工作的若干意见》。转引自汇法网 2010 年 9 月 21 日,https://www.lawxp.com/statute/s1221345.html。

需贯彻当事人自愿原则，不经当事人同意，法院不能依职权启动，但同样体现出力图将调解前置于诉讼程序的设计导向。此外，有的法院在《简易程序规定》的基础上进一步探索审前调解或审中调解，将调解作为庭审的前置阶段或裁判的前置阶段，如前文介绍的北京西城法院模式、深圳中院模式即属此类。

除法院自身进行的探索外，法院还积极与其他部门联合展开非诉讼纠纷解决机制领域的改革与创新。比如，2009 年 11 月江苏省公安厅、司法厅会同江苏省高级人民法院等五个单位共同发布了《关于在交通事故损害赔偿处理中推行人民调解制度的意见（试行）》（以下简称《交通事故人民调解意见（试行）》），允许公安机关交通管理部门在道路交通事故认定书生效或出具道路交通事故证明后，经当事人同意，将纠纷转至交巡警队人民调解工作室调解。经过一年多的施行，交通事故人民调解在南京市已经被充分肯定，成为当事人解决纠纷的首选方式。[①] 在此基础上，2011 年 6 月江苏省公安厅、司法厅和原保监局联合发布《江苏省道路交通事故民事损害赔偿人民调解工作程序规定》（以下简称《江苏省道交事故人民调解规定》），进一步要求人民调解工作室可以在充分尊重道路交通事故当事人的意愿和权利的基础上，主动开展道路交通事故民事损害赔偿调解工作。事故当事人明确拒绝调解的，不得调解。可以发现，与 2009 年的《交通事故人民调解意见（试行）》相比，2011 年的《江苏省道交事故人民调解规定》对交通事故人民调解的适用体现出明显的强制适用导向，除非当事人明确拒绝调解，否则人民调解工作室可以主动开展调解。此外，前文介绍的浙江模式旨在探索道路交通事故纠纷的保险业行业人民调解前置，要求道路交通事故损害赔偿纠纷进入诉讼程序前，必须经保险行业人民调解组织先行调解，否则人民法院一般不予受理。上海模式则要求当事人起诉至基层人民法院的符合调解程序前置探索范围内的民商事纠纷，先由非诉解纷组织进行前置调解。前置调解不成的，才转入诉讼程序。

可以预见，前述种种调解前置方面的探索通过一段时间自下而上、由点到面、循序渐进的实践与反思后，都将为我国民事强制调解制度建构提供丰富的经验积累。

---

① 参见周斌：《构建新时代大调解工作格局——新时代“东风之花”绚烂绽放》，载微信公众号“宁津公共法律服务”2021 年 1 月 4 日，https://mp.weixin.qq.com/s?__biz=MzI1MDIwNTkwNQ==&mid=2651569962&idx=2&sn=b1c5129f61875cc11e627e1339e5ed6e&chksm=f27adc94c50d5582baffd213345055ff771a4ca9712db0f75f4b34e337622bc35d5255d76930#rd。

（四）域外的民事强制调解制度提供了有益借鉴

在席卷全球的“接近正义”运动的第三次浪潮影响下，诉讼外纠纷解决机制取得了飞速发展。其中强制调解作为当代真正代表时代潮流的制度设计①而被大力引进，世界上越来越多的国家或地区确立了民事强制调解制度。除前文在域外民事强制调解考察中提及的国家或地区之外，奥地利、挪威、瑞士、西班牙、巴西、意大利、爱尔兰、比利时、俄罗斯、越南、南非和加纳等国，也确立了民事强制调解制度。这些国家或地区的民事强制调解立法及其实践，无疑将为我国民事强制调解制度的构建提供有益借鉴。

奥地利 2003 年颁布了第一部欧洲调解法——奥地利《调解法》，要求在社区纠纷和劳工纠纷上实行调解前置，当事人在将纠纷诉至法院前，必须先经过调解。此外，由于业主纷纷起诉转基因生物对其财产造成的巨大损害，奥地利《基因工程法》也规定此类纠纷适用调解前置规则，以缓解诉讼压力。② 在挪威，调解是绝大部分诉讼案件的前置程序，2008 年施行的挪威《纠纷解决法》规定，除婚姻家庭、监护及公民起诉政府外的所有民事纠纷，当事人在向法院起诉之前，都必须经过调解委员会调解。③ 在瑞士，2011 年 1 月 1 日生效的瑞士《联邦民事诉讼法》对民事程序中的调解制度进行统一规范，要求民事纠纷当事人在诉前必须参加治安法官组织的和解会议。如果在和解过程中双方协商未果，当事人可以向法院起诉。瑞士《联邦民事诉讼法》还规定，法官在审理涉及孩子抚养权的离婚案件时，应要求当事人先行调解。④ 西班牙 2011 年《社会管辖权法》将劳动争议调解或和解作为诉讼的前置程序，规定劳动争议当事人在将案件付诸诉讼前，必须先行调解或和解；当事人一方无正当理由缺席的，须承担诉讼费用。⑤ 2015 年修订的巴西《民事诉讼法》规定，如果当事人享有正当的诉讼权利，法官必须在诉讼中以强制调解或调解听证作为初始行为，其在诉讼中的第一项行为是安排调解会议或举行调解听证会，当事人必须参加。只有在双方当事人宣布他们没有解决利益冲突时，法官才会解散调解会议或调解听证会，无正当理由缺席听证会的当事人，还必须支付相当于最高值 2% 的罚金。⑥ 意大利于 2010 年 3 月通过第 28 号法令，引入了强制调解的规定。

---

① 参见范愉：《当代世界多元化纠纷解决机制的发展与启示》，载《中国应用法学》2017 年第 3 期。

② 参见齐树洁主编：《外国调解制度》，厦门大学出版社 2018 年版，第 186 ~ 188、194 页。

③ 参见齐树洁主编：《外国调解制度》，厦门大学出版社 2018 年版，第 301 ~ 302 页。

④ 参见齐树洁主编：《外国调解制度》，厦门大学出版社 2018 年版，第 201 ~ 203 页。

⑤ 参见齐树洁主编：《外国调解制度》，厦门大学出版社 2018 年版，第 133 页。

⑥ 参见齐树洁主编：《外国调解制度》，厦门大学出版社 2018 年版，第 108 页。

要求对于包括不动产物权纠纷、遗产继承纠纷、医疗事故纠纷等在内的多种纠纷，法官必须引导当事人进行调解，只有当调解失败时，当事人才可以提起诉讼。① 同年 10 月，意大利司法部颁布第 180 号命令，对强制调解费用等进行了补充规定。爱尔兰 2004 年《民事责任与法院法》规定了调解会议制度的强制适用，如果一方当事人申请举行调解会议，法院经合议后认为该会议有助于纠纷的解决，则可以强制另一方当事人参与。② 2005 年修订的比利时《司法法典》增设"调解"专章，规定劳动争议、房屋租金纠纷、某些环境纠纷等案件适用强制调解程序。③ 俄罗斯《家事法》规定了离婚纠纷的强制调解，规定在离婚诉讼中一方配偶不同意离婚的，审理该案件的法官有权采取措施调解夫妻关系，并决定延期开庭和暂缓案件审查。④ 越南 2005 年制定的《2005 年至 2020 年司法改革策略决议（49 – NQ/TW）》要求法院采取一系列改革措施推广 ADR，据此，越南《婚姻家庭法》《劳动法》《民事诉讼法》等规定离婚诉讼、劳动诉讼必须进行强制调解。⑤ 其中，越南《民事诉讼法》将一审审前准备阶段的法院附设调解设置为必经的强制性程序，该法第 180 条规定，"在一审审前准备阶段，法院必须为促使当事人达成调解协议而组织调解"，只有在调解失败的情况下，法官才能继续开庭审理。越南《劳动法》规定，由基层劳动委员会负责的行政调解是强制性诉前程序，个体劳动争议在调解不成功的情况下，双方当事人才有权向基层法院起诉。⑥ 1990 年 10 月生效的南非《离婚纠纷调解法》设置了离婚纠纷调解的家事辩护人办公室。根据该法规定，若家事辩护人认为存在对子女利益实施特殊保护的必要，可以提议并事先征得法院同意而启动调解，或者直接依据法院的命令开始调解，因而是非基于当事人自愿性质的调解。⑦ 加纳对现代调解制度的引进和积极实践走在非洲国家前沿，该国借鉴西方国家的经验实施强制调解改革，并已成为非洲许多国家

① 尽管 2011 年意大利宪法法院的一份判决表明，该法令与意大利《宪法》相违背，应属无效。但是在该法令颁布之前，意大利《民事诉讼法》规定，法官应当在处理婚姻家庭纠纷和劳动纠纷时首先进行调解。而且此前意大利一系列的调解立法中，强制调解是立法的重点。参见齐树洁主编：《外国 ADR 制度新发展》（第 2 版），厦门大学出版社 2017 年版，第 128 ~ 130 页。

② 参见齐树洁主编：《外国 ADR 制度新发展》（第 2 版），厦门大学出版社 2017 年版，第 271 页。

③ 参见方俊、王喆：《比利时调解制度的蓬勃发展》，载《人民法院报》2016 年 11 月 4 日，第 8 版。

④ 参见齐树洁主编：《外国调解制度》，厦门大学出版社 2018 年版，第 316、321 页。

⑤ 参见龙飞等译：《越南 2005 年至 2020 年的司法改革策略》，载《人民法院报》2010 年 7 月 9 日，第 5 版。

⑥ 参见齐树洁主编：《外国调解制度》，厦门大学出版社 2018 年版，第 376、379 ~ 381 页。

⑦ 参见齐树洁主编：《外国调解制度》，厦门大学出版社 2018 年版，第 434 ~ 435 页。

纠纷解决体系的重要组成部分。① 2010 年正式实施的加纳《ADR 法》标志着该国 ADR 制度发展达到了全新的高度,该法施行后,高级法院的商事法庭将调解设置为审前强制程序。②

(五)国内立法提供了制度支撑

我国《民事诉讼法》规定的先行调解制度、调解协议的司法确认制度以及由《特邀调解规定》确立的特邀调解制度,在支撑我国民事强制调解的建构方面起到了关键性作用。本书认为,这三项制度以我国"民事强制调解的三驾马车"来形容应不为过。

1. 先行调解制度。我国现行《民事诉讼法》第 125 条确立了先行调解制度,规定当事人起诉到人民法院的民事纠纷,适宜调解的,先行调解,但当事人拒绝调解的除外。先行调解制度创设了我国法院调解的新类型——立案前的先行调解,③可谓意义重大。这不仅表明立法对诉前调解的正式认可,而且使调解的作用空间得以向民事诉讼程序的前端挺进。结合《民事诉讼法》第 136 条第 2 款规定的庭前调解以及第 145 条规定的判决前调解可以发现,我国的法院调解正是借助先行调解制度的加入,才突破了之前只能在诉讼程序启动之后适用的限制,实现了从诉讼程序启动之前到诉讼程序结束的全阶段覆盖。所以,先行调解入法不能不说是一个重大的制度创举,标志着实践中存在的调解前置、立案调解等诉前调解探索获得了立法支撑,使法院调解突破了在"诉讼程序启动之后"这一时间阶段的局限,使法院调解的作用空间向诉讼程序的前端挺进,充分发挥了人民法院在关口把控、诉源治理上的作用。此外,从《民事诉讼法》2012 年修正时引入先行调解制度的历程可以发现,先行调解"似乎经历了从强制适用到自愿适用的转变",④包含在我国构建诉前民事强制调解的契机。2012 年《民事诉讼法》修正草案第一次审议稿对于先行调解制度的表述如下:当事人起诉到人民法院的民事纠纷,适宜调解的,先行调解。对比现行《民事诉讼法》中先行调解制度的条文可以发现,草案第一次审议稿其实传递出先行调解可以不经当事人同意,由法院依职权决定而启动的意思,或者可以说,草案第一次审议稿似乎意在通过先行调解创设诉前民事强制调解。

2. 调解协议的司法确认制度。根据《民事诉讼法》第 201、202 条的规

① 参见王言:《非洲 ADR 的发展与加纳经验》,载《人民法院报》2017 年 6 月 2 日,第 8 版。
② 参见齐树洁主编:《外国调解制度》,厦门大学出版社 2018 年版,第 444~446 页。
③ 参见李浩:《先行调解性质的理解与认识》,载《人民法院报》2012 年 10 月 17 日,第 7 版。
④ 参见李浩:《先行调解性质的理解与认识》,载《人民法院报》2012 年 10 月 17 日,第 7 版。

定，经依法设立的调解组织调解达成的调解协议，当事人双方可以共同向法院申请司法确认。如果法院经审查，认为符合法律规定，裁定调解协议有效，当事人可以此作为执行依据；反之，法院则裁定驳回申请，当事人可以变更调解协议或重新达成新的调解协议，也可以向法院提起诉讼。显然，司法确认制度能够实现不经诉讼而解决纠纷，并使调解协议获得强制执行力的效果。这对于诉前民事强制调解的建构而言，无疑是一个关键性的制度支持。因为诉前民事强制调解发挥诉讼入口环节的分流把控作用，要求部分民事纠纷必须先进行调解，只有调解不成才能进入诉讼程序。但是对调解成功后如何避免因当事人不履行调解协议而诱发新的诉讼，换句话说，如何实现诉前民事强制调解在诉讼入口环节的分流把控能够一步到位、效果彻底，必须借助司法确认制度及时实现调解协议的效力升级，固定诉前民事强制调解的成果，否则，调解成功后仅以民事合同性质出现的调解协议，将因为无法杜绝当事人不主动履行而诱发新的诉讼。诉前民事强制调解过滤纠纷，实现纠纷前端化解的功能也无从谈起，反而推迟了当事人获得诉讼救济的时间，使当事人徒增时间、精力的耗费。

3. 特邀调解制度。如果先行调解制度和调解协议的司法确认制度都是诉前民事强制调解建构中不可或缺的制度支撑，那么特邀调解制度则能够同时为诉前民事强制调解和诉中民事强制调解的建构提供有力的组织保障。《特邀调解规定》第 1 条开宗明义指出，特邀调解是指人民法院吸纳符合条件的人民调解、行政调解、商事调解、行业调解等调解组织或者个人成为特邀调解组织或者特邀调解员，接受人民法院立案前委派或者立案后委托依法进行调解，促使当事人在平等协商基础上达成调解协议、解决纠纷的一种调解活动。从中可以看出，特邀调解以在立案前实施还是立案后实施，可以被区分为诉前委派调解和诉中委托调解。但无论是哪一种情形，符合条件的人民调解、行政调解、商事调解、行业调解等调解组织或者个人，都可以特邀调解组织或者特邀调解员的身份参与调解。这也就意味着，在诉前委派调解和诉中委托调解上不仅调解资源类型多样，而且数量充沛，能够充分整合利用我国大调解格局下的各种调解力量，将对我国民事强制调解的建构提供组织保障方面的制度支撑。因为从《特邀调解规定》第 11 条第 1 款的内容看，①诉中委托调解的启动不以当事人同意为前提，法院可依职权适用。因此，在诉中民事强制调解的建构上，完全可以借

① 《特邀调解规定》第 11 条第 1 款规定：对适宜调解的纠纷，登记立案前，人民法院可以经当事人同意委派给特邀调解组织或者特邀调解员进行调解；登记立案后或者在审理过程中，可以委托给特邀调解组织或者特邀调解员进行调解。

助诉中委托调解方式顺理成章地实现对上述各类调解资源的利用。诉前委派调解虽然需要经当事人同意方能启动,但毫无疑问仍然可以利用包括人民调解、行政调解、商事调解、行业调解等调解组织或者个人在内的各种调解资源,这对诉前民事强制调解的建构而言意义重大。毕竟,诉前委派调解和诉前强制调解都属于在诉讼程序启动之前适用的调解,诉前委派调解与诉前民事强制调解之间实际上仅存在启动上的“自愿”抑或“强制”的差异。因此,诉前委派调解在调解资源利用上的重要启示就在于,未来我国诉前民事强制调解的建构完全可以通过拓展“强制性”诉前委派调解的方式,实现对各种调解资源的充分利用,获得制度运行所需要的有力组织保障。

三、我国民事强制调解的模式选择

选择何种模式的民事强制调解——这是在建构我国未来民事强制调解之初,必须回答的一个基本问题,因为民事强制调解的模式不同,在其适用范围、调解人选任等制度要素上的设计要求即不同。比如,日本和美国的诉前民事强制调解分别属于法官主持型和非法官主持型民事强制调解,前者由法官独自担任或由法官与其他调解委员共同担任调解人,强调了法官在调解中的主持人身份。与之不同,后者由法官之外的中立第三人担任调解人,通常为律师、退休法官等。因此,未来我国诉前民事强制调解若在两种模式之中选择,应考虑不同模式背后所隐含的诸多要素,如法官资源是否充足,是否存在法官参与调解的法律传统,中立调解人的素质和调解技巧是否令人满意,等等。因此,选择民事强制调解模式的过程实际上是对一国纠纷解决的文化传统、法律程序的特点、纠纷解决需求以及调解制度的基础条件等因素综合考量的过程。对此,在域外民事强制调解模式考察中即可清晰发现。比如,秉持英美法系传统的美国、澳大利亚之所以主要选择非法官主持型民事强制调解,而秉持大陆法系传统的法国、日本之所以主要选择法官主持型民事强制调解,就与两大法系的法律程序特点紧密相关。在英美法系传统中,法律程序具有显著的协作式风格,“私人程序行动具有合法性”,法律程序中可以穿插非官方的活动,因此法院才会将诉至法院的民事纠纷委托给私人来进行。而在大陆法系传统中,法律程序具有科层式的风格,官僚系统倾向于扩张自己的活动,试图垄断程序性措施,私人推进的程序活动受到抑制,因此,法官或者亲自履行,或者至少在他们在场以及在他们的直接监督下推进程序活动。① 故而,在秉持大陆法系传统的国家或地区,诉至法院的纠纷要么由法官单独主持调解,要么由法官加入调解委员会,与其他调解委员共同主持调解。

如果说"选择何种民事强制调解模式"旨在解决"往哪里去"的问题,那么作为前提,则需要首先明了我国民事强制调解模式的现有状况,回答"从哪里来"的问题。只有摸清我国现有民事强制调解的"家底",才能在民事强制调解的模式选择上具备清晰的"起点"意识,并以此为基础进行合理的取舍判断。借助前文构建的民事强制调解模式分析框架②可以发现:在诉前民事强制调解上,我国民事强制调解实践探索中的上海模式属于非法官主持的选择适用型民事强制调解模式,浙江模式属于非法官主持的绝对适用型民事强制调解模式;在诉中民事强制调解上,《民法典》规定的离婚案件强制调解和《简易程序规定》中六类案件的强制调解属于法官主持的绝对适用型民事强制调解模式,北京西城法院模式和深圳中院模式则属于法官主持的选择适用型民事强制调解模式。据此,可以得出如图 4 所示的"我国诉前民事强制调解模式分析定位"和如图 5 所示的"我国诉中民事强制调解模式分析定位"。

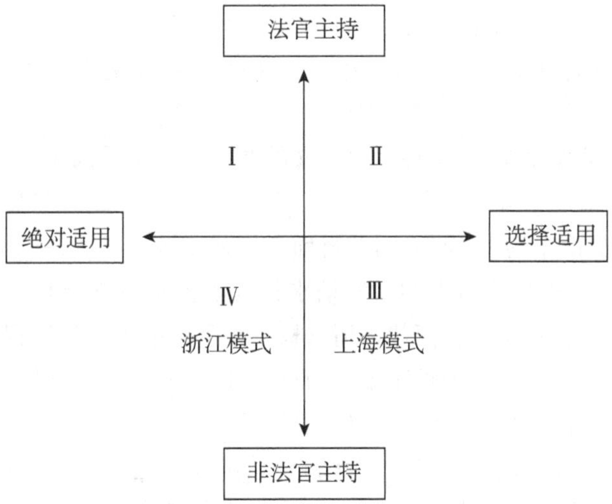

图 4 我国诉前民事强制调解模式分析定位

---

① 参见米尔伊安·R. 达马斯卡:《司法和国家权力的多种面孔——比较视野中的法律程序》,郑戈译,中国政法大学出版社 2004 年版,第 72 ~ 105 页。

② 关于民事强制调解的模式分析框架,参见第二章"四、总结——基于民事强制调解模式分析的视角"。

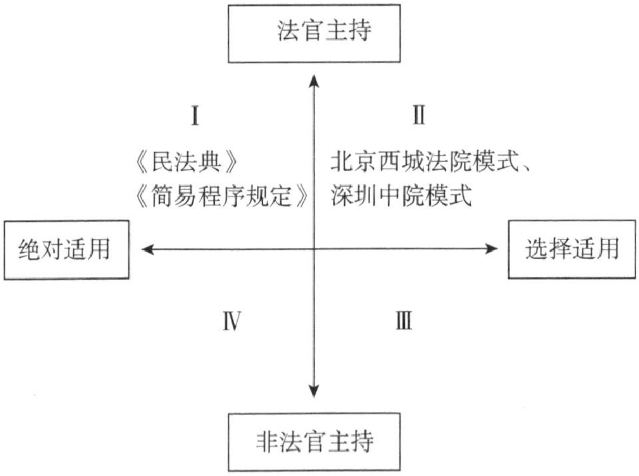

图5　我国诉中民事强制调解模式分析定位

（一）我国诉前民事强制调解的模式选择

我国立法尚未确立诉前民事强制调解制度，实践中存在的以上海模式、浙江模式为代表的诉前民事强制调解探索，分属于非法官主持的选择适用型民事强制调解模式和非法官主持的绝对适用型民事强制调解模式。那么，在未来我国诉前民事强制的建构中对模式选择如何判断呢？本书认为，应选择非法官主持的绝对适用型民事强制调解模式。之所以如此建言，理由如下。

1. 是满足程序保障，实现程序正义的要求。由于诉前民事强制调解启动时纠纷尚未发生诉讼系属，当事人必须先经过前置性的调解解决纠纷，调解不成的才能向法院起诉，因此诉前民事强制调解虽然并未剥夺当事人的裁判请求权，但使当事人的裁判请求权处于被临时冻结状态，推迟了当事人裁判请求权的实现。而裁判请求权系当事人的基本程序权，保障当事人的该项程序权利是实现程序正义的重点，因此就要求诉前民事强制调解必须为当事人提供相应的程序保障，以促进程序正义的实现。选择绝对适用型诉前民事强制调解，通过立法清晰、明确地界定诉前民事强制调解的适用范围，排除适用上的恣意，可以使当事人能够事先对诉前民事强制调解的适用产生预见性，并据此调整自己的纠纷解决策略，从而在一定程度上减缓因裁判请求权受限给当事人造成的影响，满足程序保障的要求，促进程序正义的实现。

2. 是充分利用诉讼外纠纷解决资源，缓解法院人案矛盾的需要。与诉中民事强制调解相比，诉前民事强制调解发生在诉讼系属之前，是一种诉讼外纠纷解决机制，本身就有分流案源、缓解法院诉讼压力的作用。选择非法官主持的绝对适用型诉前民事强制调解模式，由法官之外的力量主持诉前民事强制调解，不仅与非诉讼纠纷解决机制的性质相吻合，而且能更好地缓解当前法院面临的案多人少的矛盾。此外，当前我国对非诉讼调解领域的资源配置和整合，以及立法对非诉讼调解效力的提升和保障，也为选择非法官主持的绝对适用型诉前民事强制调解模式提供了契机。

需要说明的是，尽管本书认为我国诉前民事强制调解适宜选择非法官主持的绝对适用型模式，但并非否认法院在其中作用的发挥。曾有论者指出，我国不具备将人民调解前置的条件，理由之一就是我国人民调解组织缺乏与法院司法权力之间的密切联系。① 还有论者认为，诉前民事强制调解不能脱离司法属性，因为无论从比较法的角度还是从程序保障的法理上分析，没有司法性或准司法性的诉前强制调解都是不正当的。② 对这些论断本书深表赞同。其实，诉前民事强制调解选择非法官主持的绝对适用型模式，与诉前民事强制调解应具有司法属性二者之间并不矛盾。诉前民事强制调解选择非法官主持的绝对适用型模式，只是表明调解的实施权交由法官之外的调解人行使，并不代表诉前民事强制调解要完全脱离法院来运行，其实从始至终法院都发挥积极作用。比如，负责将诉至法院的纠纷移送给调解人或调解组织，为调解的开展提供场所等办公条件，为纠纷双方提供调解人或调解组织名单，对调解达成的协议进行审查确认，等等。换句话说，非法官主持的绝对适用型诉前民事强制调解与法院司法之间保持着密切的联系，是处于司法"荫影"之下的调解。事实上，这也正是民事强制调解的司法性特征的内在要求。此外，我国的特邀调解制度已经为这种模式的选择提供了前期准备。作为特邀调解表现方式之一的诉前委派调解，与非法官主持的绝对适用型诉前民事强制调解之间，其实仅存"自愿启动"或"强制启动"的差异，未来通过对诉前委派调解采取"强制性启动"的改造即可实现这一模式。

（二）我国诉中民事强制调解的模式选择

前已述及，我国民事强制调解的主要特点之一就是类型上的偏好性，偏向于选择诉中民事强制调解类型。如图 5 所示，我国现有的诉中民事强制调解兼具法官主持的绝对适用型和法官主持的选择适用型两种模式。本书认为，未来我国诉中民事强制调解应仅限于法官主持的绝对适用型模式，而不宜保留法官主持的选择适用型模式。之所以如此建言，是基于对

---

① 参见闫庆霞：《人民调解前置制度之反思——以民事程序选择权为讨论的出发点》，载《法学家》2007 年第 3 期。

② 参见肖建国、黄忠顺：《诉前强制调解论纲》，载《法学论坛》2010 年第 6 期。

以下因素的考量。

1. 我国民事审判方式改革的需要。我国传统的民事审判模式整体上可以被称为“调解型”的，在诉讼中首先强调用调解方法来实现纠纷的解决，调解成为法院行使民事审判权的主导性方式。① 此外，由于诉讼中实行“调审合一”，调解法官也是对案件进行审判的法官，这种以调解为中心的审判模式也因其正当性上的缺失而备受抨击。如果诉中民事强制调解采取法官主持的选择适用型模式，就意味着法官在决定是否启动调解方面享有自由裁量权。从某种程度上讲，这其实又回到了“调解型”审判方式的窠臼，与我国民事审判方式改革所追求的“判决型”模式背道而驰。

2. 我国法院调解多元形式的要求。法官主持的绝对适用型诉中民事强制调解意味着调解既可以由法官单独实施，也可由法官和其他人共同实施。申言之，法官主持的绝对适用型诉中民事强制调解并不排斥法院以外社会力量的参与。从域外考察情况来看，采取该模式的国家或地区往往更加倚重社会力量参与调解。比如，在日本，诉中民事强制调解通常由法官和调解委员组成的调解委员会主持，仅在特殊情形下才由法官单独主持。② 从当前我国法院案多人少的现实矛盾出发，诉中民事强制调解尤其需要重视发挥法官之外的社会力量。事实上，我国《民事调解规定》确立的邀请协助调解以及《特邀调解规定》确立的委托调解，已经对法院调解的内涵进行了扩充，对法院调解形式的多元化提出要求。因此，法院可以通过邀请与当事人有特定关系或与案件有一定联系的企事业单位、社会团体或其他组织，以及具有专门知识、特定社会经验、与当事人有特定关系并有利于促成调解的个人协助进行调解，也可以委托依法成立的人民调解、行政调解、商事调解、行业调解、其他具有调解职能的组织，以及品行良好、公道正派、热心调解工作并具有一定沟通协调能力的个人进行调解，以此有效提升法院调解的效果，缓解当前法院案多人少的矛盾。

四、我国民事强制调解适用范围的界定

(一)诉前民事强制调解的适用范围

如果说未来我国的诉前民事强制调解适宜选择非法官主持的绝对适用型模式，那么随之而来的一个问题就是，哪些纠纷应当纳入诉前民事强制调解的适用范围？而欲回答该问题，可以从其他国家和地区的做法中得

---

① 参见李浩：《论调解不宜作为民事审判权的运作方式》，载《法律科学》1996 年第 4 期。

② 参见日本《民事调解法》第 5 ~7 条、日本《家事案件程序法》第 247 ~249 条。

到一些启示。

在域外民事强制调解的考察中可以发现，诉前民事强制调解的适用范围主要集中于以下几种纠纷①：(1)家事纠纷。② 法国《民法典》规定的离婚案件诉前强制调解适用于除夫妻双方两愿离婚之外的其他三种离婚情形，具体包括接受离婚、夫妻关系破裂至无可挽回的离婚以及因过错而离婚。日本《家事案件程序法》规定，对人事诉讼事项和其他家庭事项，当事人必须在起诉之前先经过家事法院的调解，但是附表一所列的事项除外。在美国，有些州法院规定的诉前民事强制调解主要针对子女监护与探望事宜。澳大利亚1975年《家庭法》规定，对于当事人结婚不满两年的离婚案件以及申请子女养育令的案件，当事人向法院提出申请时必须提交已经参加调解程序的证明。(2)劳动争议。德国《劳动法院法》规定，对于职业培训者和受培训者之间的争议，要求当事人在起诉前必须经由行业的专业机构，如手工业协会、工商协会等设立的特别委员会进行的调解，调解失败后才允许进入诉讼程序。(3)小额财产纠纷。德国《民事诉讼法施行法》第15a条规定，对于地方法院受理的诉讼标的额在750欧元以下的财产纠纷，当事人必须在起诉之前先经过调解，调解不成再向法院起诉。(4)相邻关系纠纷。德国《民事诉讼法施行法》第15a条规定的强制调解的适用纠纷类型之一即为德国《民法施行法》第124条规定的相邻权纠纷。(5)某些专业性较强的纠纷。德国《雇员发明法》规定了适用于雇员和雇主职务发明争议的诉前强制调解。

除了正面界定诉前民事强制调解的适用范围外，许多国家或地区还同时明确了不能适用诉前民事强制调解的情形，为诉前民事强制调解的适用范围列出负面清单。德国《民事诉讼法施行法》规定了六种情形不适用诉前民事强制调解，包括德国《民事诉讼法》第323条所规定的变更之诉，第324条规定的对抵押的附加请求之诉，第328条规定的涉外之诉、反诉和有期限之诉；家庭纠纷；再审之诉；证书诉讼和汇票诉讼；有关督促程序的请

① 值得一提的是，北欧有几个国家要求所有的民事案件必须一律经过强制调解。不过这些国家都比较小，而且他们的民事强制调解不是由法官实施，所以民事案件都可能通过社会性的、法院外的机构进行调解。参见范愉：《诉讼与非诉讼程序衔接的若干问题——以〈民事诉讼法〉的修改为切入点》，载《法律适用》2011年第9期。

② 从实体法的视角看，家事纠纷的范围十分广泛，具体包括婚姻案件、亲子案件、监护案件、扶养案件、继承及遗嘱案件、与禁治产等相关的案件；从程序法的视角看，家事纠纷可以分为诉讼案件和非讼案件(但英美法系国家不作这种区分，所有的家事案件都可以作为非讼案件)。一般而言，诉讼案件包括婚姻案件、亲子案件、收养案件等，其他家事纠纷则大多属于非讼类案件。参见陈爱武：《人事诉讼程序研究》，法律出版社2008年版，第9～10页。

求;执行程序的防卫之诉和第三人之诉。法国《民法典》规定,夫妻双方两愿离婚不适用离婚纠纷诉前强制调解。美国大多数州对子女监护、探望纠纷实行诉前强制调解,但通常将具有家庭暴力或虐待等情形排除在外。澳大利亚 1975 年《家庭法》规定,与子女养育令诉讼有关的诉前强制调解排除六种情形,包括申请是在征得所有当事人同意后提出的或系回应另一方当事人已经提出的;法院有合理理由认为一方当事人虐待子女或实施家庭暴力,或者有虐待子女或实施家庭暴力的危险;申请符合特定的条件(申请与特定事项有关,申请提出之前的 12 个月内,与该事项有关的第 7 章命令已作出,申请的提出与当事人违反命令有关,法院认为当事人已经严重漠视其本人依命令所产生的义务,以上四个条件同时满足);申请是在情况紧急下提出的;诉讼一方或多方当事人不能有效参加家庭纠纷调解;存在条例中指定的其他情形。

本书认为,在合理借鉴域外经验,吸收我国实践中有益做法的基础上,诉前民事强制调解的适用范围可以采用"正面明确列举""负面例示 + 兜底"的形式加以规定。其中,"正面明确列举"的纠纷类型宜限定为家事纠纷、小额财产纠纷、劳动争议、医疗事故损害赔偿纠纷和道路交通事故损害赔偿纠纷。

1. 家事纠纷

将家事纠纷纳入我国诉前民事强制调解的适用范围,不仅是基于调解在解决家事纠纷上具有的特殊优势,而且也是对我国家事纠纷调解传统的延续。

据统计,2019 年各级法院审结婚姻家庭案件 185 万件,2020 年各级法院审结婚姻家庭案件 164.9 万件,2021 年各级法院审结婚姻家庭案件 183.1 万件。可以看出,近三年来我国婚姻家庭案件的数量整体处于上升趋势,虽然 2020 年出现了下降,但 2021 年婚姻家庭案件的数量又重新反弹。此外,对比 2019 ~ 2021 年各级法院审结的一审民商事案件数量——2019 年为 1453.7 万件、2020 年为 1330.6 万件、2021 年为 1574.6 万件,① 可以看出我国婚姻家庭案件在整个民商事案件中一直占有相当的比重。因此,家事纠纷的解决效果无疑会直接影响整个民事纠纷的解决状况。而

① 2019 ~ 2021 年各级法院审结的婚姻家庭案件数量和各级法院审结的一审民商事案件数量,分别源于《2020 年最高人民法院工作报告》,载经济形势报告网,http://www.china-cer.com.cn/guwen/202006025549.html;刘峻凌:《最高人民法院工作报告(摘要)》,载中国网,http://www.china.com.cn/lianghui/news/2021-03/09/content_77288602.shtml;《2022 年最高人民法院工作报告》,载腾讯网,https://xw.qq.com/amphtml/20220315A06TPB00。

调解在家事纠纷解决上具有的独特优势和价值，可以显著提升家事纠纷的解决效果，这些独特优势和价值表现在：家事调解的非对抗性有利于促进当事人理性面对现实，避免夫妻或亲属间的相互憎恶和紧张对立；家事调解的保密性有利于减少离婚事件给当事人以及未成年子女带来的精神压力；家事调解的温和性、治疗性有利于促进离婚事件当事人恢复信心，重新面对生活；①调解的灵活性特点有利于高效、妥当地解决家事纠纷，实现实质正义并节约纠纷解决成本——因为“家事纠纷本质上并不是对抗性事件，即使是婚姻、家庭方面的争议性事件，但与其说它们是利益对抗，不如说是继续性法律关系内部的再调整”。② 正是家事调解具有的上述独特优势和价值，决定了其与家事纠纷之间具有天然的契合性，是家事纠纷解决的最佳途径。因此，如果将家事纠纷纳入诉前民事强制调解，要求这类纠纷在进入诉讼之前必须先经调解解决，那么家事调解的优势不仅得以提前发挥，而且能有效疏减法院的诉讼压力，减少当事人的诉讼耗费。况且，如果将家事纠纷纳入诉前民事强制调解，由于调解实施时诉讼程序尚未启动，当事人之间的对立情绪尚未被庭审气氛加剧，故而也将有助于增强家事纠纷调解的效果。此外，我国一直存在家事纠纷强制调解的传统。③ 清代民事调解的三种实践形态——民间调解、官府调解和官批民调中，均可见民事强制调解的适用，其中后两种形态由于完全依官府职权启动，强制调解的适用更为常见。南京国民政府时期，《民事调解法》以立法的形式确立了民事强制调解制度，并在南京国民政府修订后的《民事诉讼法》中继续得以保留。在革命根据地时期，为了增强人民内部的团结，全力支援民族解放事业，调解更是在相当长的时期内，成为广大革命根据地解决民事纠纷的必经程序。新中国成立后，我国 1950 年的第一部《婚姻法》中就确立了针对离婚纠纷的强制调解制度，该法第 17 条规定：“男女一方坚决要求离婚的，得由区人民政府进行调解；如调解无效时，应即转报县或市人民法院处理；县或市人民法院对离婚案件，也应首先进行调解；如调解无效时，即行判决。”此后，离婚纠纷的强制调解制度被《婚姻法》的历次修改以及 2020 年出台的《民法典》所继受，但是具体内容相比 1950 年《婚姻法》有所变化，即强制调解只能是法院在审理离婚案件时的必经程序，取消了

---

① 参见陈爱武：《家事调解：比较借鉴与制度重构》，载《法学》2007 年第 6 期。

② 《德日家事事件与非讼事件程序法典》，郝振江、赵秀举译，法律出版社 2017 年版，第 85 页。

③ 详见本书第三章“民事强制调解之中国篇（上）”之“一、我国民事强制调解的历史谱系”。

之前政府强制调解的做法。[①] 2003 年《简易程序规定》出台后，家事纠纷强制调解的范围从之前仅限于离婚纠纷进一步扩展到婚姻家庭纠纷和继承纠纷。[②]

不过必须看到，长期以来我国的立法往往用“婚姻家庭、继承纠纷”来指代家事纠纷，这样界定家事纠纷不仅过于粗犷，而且不够严谨。从域外民事强制调解的考察中可以发现，不少国家或地区都会在立法中对家事纠纷作出相当细致的划分。德国《家事事件及非讼事件程序法》明确列举了家事事件的种类，包括婚姻事件、亲子事件、血缘关系事件、收养事件、婚姻住房事件和家庭财产事件、对暴力保护事件、供养均衡事件、抚养事件、夫妻财产制事件和其他家庭事件共 10 类，在此基础上进一步明确了属于家事争讼案件的家事事件。[③] 日本《家事案件程序法》对家事纠纷类型的划分相当精细，包括成年监护事件、保佑事件、辅助事件、失踪人的财产管理事件、宣告失踪事件、婚姻事件、亲子事件、亲权事件、未成年监护事件、扶养事件、废除推定继承人事件、指定继承情形中的祭品等所有权的继承人事件、遗产分割事件、承认及放弃继承事件、财产分离事件、继承人不存在事件、遗嘱事件、遗留份事件、任意监护契约事件、户籍法规定的事件、变更性别对待事件、养老金保险法规定的事件、儿童福利法规定的事件、生活保障法规定的事件、对因心神丧失而为重大伤害行为的人的医疗及观察法规定的事件、破产法规定的事件、关于顺利继承中小企业的经营的法律规定的事件，总共 27 类，同时为方便索引，对家事纠纷的类型还以附表形式在立法后列明。此外，实施家事纠纷强制调解的国家或地区，往往对纳入家事纠纷强制调解范围的家事纠纷类型有进一步的筛选，并非简单地将所有家事纠纷都规定为强制调解的适用对象。法国《民法典》将离婚纠纷划分为四种：(1) 两愿离婚；(2) 接受离婚；(3) 夫妻关系变坏至无可挽回的离婚；(4) 因过错而离婚。[④] 其中，仅接受离婚、夫妻关系破裂至无可挽回的离婚、因过错而离婚这三种情形才适用诉前强制调解，要求当事人向法院起诉之前，必须经过由家事法官主持的强制性试行和解步骤。[⑤] 日本《家事案件程序法》规定的家事纠纷可概括为三类，即人事诉

---

① 参见《民法典》第 1079 条第 2 款：“人民法院审理离婚案件，应当进行调解；如感情确已破裂，调解无效，应准许离婚。”

② 参见《简易程序规定》第 14 条：“下列民事案件，人民法院在开庭审理时应当先行调解：(一) 婚姻家庭纠纷和继承纠纷……”

③ 参见德国《家事事件及非讼事件程序法》第 111、112 条。

④ 参见法国《民法典》第 229 条。

⑤ 参见法国《民法典》第 251 条。

讼事件、家事审判事件和其他有关家庭的事件。但是，其中仅人事诉讼事项和其他有关家庭的事件才适用诉前强制调解。[①] 2016年最高人民法院发布《关于开展家事审判方式和工作机制改革试点工作的意见》，其中将家事案件界定为“确定身份关系的案件及基于身份关系而产生的家庭纠纷”，并列举了6种类型，分别为：(1)婚姻案件及其附带案件，包括离婚、婚姻无效、婚姻撤销等，附带案件包括监护权、子女抚养费、离婚后财产分割等；(2)抚养、扶养及赡养纠纷案件；(3)亲子关系案件，包括确认亲子关系、否认亲子关系；(4)收养关系纠纷案件；(5)同居关系纠纷案件，包括同居期间的财产分割、非婚生子女抚养等；(6)继承和分家析产纠纷案件等。[②] 上述规定对于划定我国家事纠纷诉前强制调解的类型具有借鉴意义，本书认为，可以此为基础并将适宜诉前民事强制调解的家事纠纷类型从正面一一列举，同时对不宜适用的家事纠纷类型作出明确排除。

2. 小额财产纠纷

将小额财产纠纷纳入诉前民事强制调解，不仅是完善我国小额诉讼制度的需要，也是疏减法院诉讼压力的需要。随着我国市场经济的迅猛发展，涉及财产的纠纷大量涌现，这其中标的额较小的纠纷又占到相当的比例。鉴于此，早在20世纪末，我国一些基层法院就开始设置小额钱债法庭，[③]许多法院推行的民事速裁程序[④]也被视为“学者关于简易程序和小额程序的深入探讨”。[⑤] 至2012年《民事诉讼法》修正，小额诉讼被作为简易程序的特别规定正式写入立法。在2021年《民事诉讼法》的最新修正中，小额诉讼又成为修法的重点内容之一，适用范围、审限等方面的内容得到进一步完善。毋庸置疑，小额诉讼制度在我国确立具有积极意义，值得充分肯定，然而制度的完善永无止境。因为任何制度都是人类有限理性与相

---

① 参见[日]梶村太市、德田和幸主编：《家事事件程序法》，郝振江等译，厦门大学出版社2021年版，第4～5页。

② 参见最高人民法院发布的《关于开展家事审判方式和工作机制改革试点工作的意见》第五“试点案件范围”。

③ 例如，1994年广东省高级人民法院制定了《城市小额钱债法庭工作试行办法》(但是，1999年小额钱债法庭因实务意义不强而撤销)；1997年北京市朝阳区人民法院设立了小额债权法庭；1998年海口市中级人民法院指定在新华区人民法院设立小额债务巡回法庭。

④ 由于缺乏统一的法律规定，各地速裁程序的运行差异较大，适用范围并不统一，这在一定程度上导致该项制度在我国司法实务中处于尴尬的境地。参见吴新修：《独立民事速裁程式的制度探讨》，载《法律适用》2007年第3期；周洪生：《民事诉讼速裁程式改革之局限性探》，载《法律适用》2007年第7期。

⑤ 参见周翠：《民事简易程式与小额诉讼程式的比较研究——以德国和中国大陆民事一审程式的繁简分层为研究对象》，载《月旦民商法杂志》2011年第31期。

关实践共同作用的产物，因而是恒有缺陷的。① 2012 年《民事诉讼法》对小额诉讼制度“一审终审”的规定，就不能不说是一个明显的缺憾。有调查显示：“在被告知小额诉讼实行一审终审后，受访的原告中有 62% 表示不愿意适用。”②很明显，当事人对一审终审的抵触在一定程度上制约了小额诉讼的适用。此外，小额纠纷的解决固然要实现程序效益，使诉讼成本与诉讼产出相适应，不用“大炮打蚊子”，同时实现诉讼的及早终结，“让有道理的原告早一点拿到钱”。③ 但是民事诉讼的价值目标是多方面的，不能单纯以金钱作为衡量标准，公正、秩序等价值是难以用金钱来评判的。因此，小额诉讼面临的这些困境决定了必须赋予其必要的救济途径。在 2021 年《民事诉讼法》的修正中，增设了小额诉讼当事人的异议程序，规定当事人认为案件适用小额诉讼的程序审理违反法律规定的，可以向人民法院提出异议。人民法院对当事人提出的异议应当审查，异议成立的，应当适用简易程序的其他规定审理或者裁定转为普通程序；异议不成立的，裁定驳回。④ 但必须注意的是，由于当事人异议被驳回的裁定并不属于允许上诉的裁定类型，因此之前立法确立的小额诉讼“一审终审”的基本框架并没有改变，⑤客观来讲，当事人异议程序并不具有小额诉讼制度“终极”救济程序的地位，反而给人以隔靴搔痒之感。这种状况对小额诉讼制度来讲是“危险”的。在 2021 年《民事诉讼法》的修正中，修改力度最大的内容之一就是小额诉讼适用范围的扩大。⑥ 一方面提高了适用小额诉讼程序的标的额，将小额诉讼强制适用的标准从原来的“标的额为各省、自治区、直辖市上年度就业人员年平均工资百分之三十以下”，提升到“标的额为各省、自治区、直辖市上年度就业人员年平均工资百分之五十以下”；另一方面增加了当事人协议适用小额诉讼的权利，允许当事人在“标的额超过各省、自治区、直辖市上年度就业人员年平均工资百分之五十但在二倍以下”的案件中，通过双方约定选择适用小额诉讼。很显然，立法扩大小额诉讼适用范围的目的就在于提高小额诉讼的适用率，以此实现案件繁简分

① 参见赵刚：《小额诉讼之评析——以我国民诉法的再修改为背景》，载《中日韩民事诉讼法论文集》。

② 陆俊芳等：《我国小额诉讼制度运行的困境与出路——以北京市基层法院的审判实践为蓝本》，载《法律适用》2016 年第 3 期。

③ 王亚新：《良性设计是制度目标的保证》，载人民网，http://legal. people. com. cn/h/2011/1015/c226563 - 3437784698. html。

④ 参见《民事诉讼法》第 169 条。

⑤ 参见《民事诉讼法》第 165 条第 1 款。

⑥ 参见《民事诉讼法》第 165 条。

流、快慢分道的目的，提升民事诉讼程序的效率。但是，由于《民事诉讼法》对小额诉讼适用标的额事实上的大幅度提升，将意味着小额诉讼中的"小额"二字已经不再是其本来意义上的"小额"，小额诉讼甚至可以处理较大数额的金钱给付纠纷。申言之，即使是标的额较大的财产类纠纷，也可能要面临"一审终审"的命运。在这种背景下，仅靠赋予当事人一次异议的机会，显然与案件需要的程序保障是不相称的。因此，本书认为，欲完善小额诉讼的救济渠道，满足程序保障的要求，仍需要在"两审终审"之外另辟蹊径。就此而言，对小额财产纠纷实施诉前民事强制调解不失为一个有效的对策。① 在域外民事强制调解的考察中可以发现，德国《民事诉讼法施行法》以及美国和澳大利亚若干州的立法中，均有关于小额财产纠纷诉前民事强制调解的规定，调解成为当事人向法院起诉的必经前置性程序。据此，小额财产纠纷在进入诉讼之前，必须事先经过一道调解程序，而该程序相当于发挥了一审程序的功能，调解不成而启动的诉讼程序则实际上扮演二审程序的功能。如果我国小额诉讼制度中能引入诉前强制调解，将调解设为小额诉讼的必经前置性程序，并采取在"小额诉讼程序告知书"中明确载明的方式事先告知当事人，则不仅使小额诉讼获得必要的救济渠道，而且也不致和现行的立法框架发生冲突，优势非常明显。

3. 劳动争议

将劳动争议纳入诉前强制调解的适用范围，最根本的是为了充分发挥调解在解决该类纠纷上具有的特殊优势，对治现有纠纷处理机制的不足。众所周知，我国劳动争议处理程序的特殊之处在于实行"仲裁前置"，或者说"诉前强制仲裁"。自 1950 年原劳动部《关于劳动争议解决程序的规定》确立了该制度之后，《劳动法》《劳动争议仲裁调解法》均对之加以继受。据此，劳动争议必须先由劳动争议仲裁委员会进行仲裁，当事人对仲裁裁决不服的才可以向法院提起民事诉讼。但是实践证明，劳动争议实施仲裁前置存在诸多弊端：(1)纠纷解决效率低下。根据仲裁前置的要求，劳动争议可能要经历"一调一裁两审"②才能得到彻底解决：首先根据《劳动争议仲裁调解法》第 42 条在仲裁前"先行调解"，③调解不成的由仲裁庭

---

① 关于在小额诉讼中构建诉前民事强制调解的具体建议，参见王阁：《论小额诉讼中诉前强制调解的建构》，载《郑州大学学报（哲学社会科学版）》2016 年第 5 期。

② 虽然《关于审理劳动争议案件适用法律若干问题的解释（二）》和《劳动争议仲裁调解法》规定了部分劳动争议可以直接起诉，部分争议实行一裁终局，但毫无疑问，对劳动争议的整体而言，纠纷处理机制仍然是"一调一裁两审"。

③ 《劳动争议仲裁调解法》第 42 条规定：仲裁庭在作出裁决前，应当先行调解。

作出裁决。如果当事人对裁决不服则可向法院起诉,而根据“两审终审制”的规定,若当事人对一审判决不服,还可以提出上诉。显而易见,这种处理机制不仅增加了当事人的负担,也无法实现程序的精简与高效。(2)仲裁前置没有起到合理分流劳动争议的作用。由于劳动仲裁具有行政性和准司法性,法院不能审查其合法性、合理性,一旦当事人提起劳动争议诉讼,法院必须重新审理。这种对劳动争议案件的重复处理,不仅是对有限司法资源的浪费,也没有发挥应有的纠纷分流的功能。(3)不利于劳动者权益的有效保护。“一调一裁两审”模式的存在,使仲裁委员会在仲裁阶段无权对财产实施查封、扣押和先予执行,劳动者也没有法律依据向法院申请财产保全。由此为一些不法企业主提供了转移、隐匿财产的时机,等到案件进入执行阶段,不但企业主不知去向,财产也无影无踪。① 对此,已有学者敏锐地指出,这种状况与现有劳动争议处理机制存在的问题不无关系,其中之一就是未能将调解作为法定前置程序,建立强制调解制度,以减少常规争议处理对正式司法和诉讼程序的依赖。② 本书对此持肯定意见,但同时认为,将调解作为劳动争议的法定前置程序,建立劳动争议诉前民事强制调解的同时,还应取消劳动争议的仲裁前置程序。也就是说,将劳动争议的仲裁前置改为调解前置,规定劳动争议必须先经过调解解决,调解不成时当事人才能向法院起诉。

之所以如此提议,是基于如下考虑:首先,从纠纷的特性上看,劳动争议始终带有鲜明的比普通民事争议更强烈的特殊需要——争议当事人尽可能以合意方式解决纠纷,因此调解是妥善解决这类纠纷的最佳途径。即使在当前我国仲裁优先的纠纷解决机制下,《劳动争议仲裁调解法》仍然将调解规定为仲裁的前置程序,这也说明与仲裁相比,调解在解决劳动争议上的优先性更为明显。所以,将调解设置为诉讼的前置程序,既能充分发挥调解在解决劳动争议上的优势,还可以缓解法院的诉讼压力。其次,从我国劳动争议的现状看,根据国家人力资源和社会保障部对 2015 年至 2019 年劳动仲裁案件的统计,2019 年我国劳动争议数量达到 211 万,高居世界第一。③ 可想而知,面对如此汹涌而来的劳动争议大潮,现有的“一调一裁两审”机制因存在前述诸多缺陷,不仅无法有效应对劳动争议多发的局面,也不能有力维护社会的稳定。但是将仲裁前置改采调解前置后,劳

---

① 参见范跃如:《劳动争议诉讼特别程序原理》,法律出版社 2008 年版,第 31 ~ 32 页。

② 参见范愉、李浩:《纠纷解决——理论、制度与技能》,清华大学出版社 2010 年版,第 244 页。

③ 参见姜俊禄:《2019 年劳动仲裁案件达到 211 万件　江苏山东四川广东名列前四》,载新浪财经网,https://finance.sina.com.cn/hy/hyjz/2020-09-27/doc-iivhuipp6712360.shtml。

动争议的处理机制将由原来的“一调一裁两审”简化为“一调两审”，加之调解在劳动争议上的优势得到强化，劳动争议的解决效率将得到提高，能够更有力地应对转型期我国劳动争议多发的局面，维护社会秩序的稳定。最后，从前文域外民事强制调解的考察中可以发现，对劳动争议适用强制调解也是一种普遍的做法。德国《劳动法院法》规定，调解是劳动法院一审裁判作出之前的必经程序。法国《劳动法典》规定，劳资纠纷调解法庭采取强制调解先行程序，只有在调解失败时，劳资纠纷调解法庭才对争议进行裁判。本书之所以建议将劳动争议纳入诉前强制调解的适用范围，是考虑到对我国原有劳动争议处理机制改造的方便性和实效性。前已述及，我国现有的劳动争议处理采取“一调一裁两审”模式，调解原本就被定位在诉讼程序启动之前适用，自《劳动争议调解仲裁法》实施以来，这种做法一直延续至今。因此，将劳动争议纳入诉前强制调解的适用范围，仍然在诉讼程序启动之前适用调解程序解决劳动争议，将更加符合我国劳动争议领域原有的解纷理念和习惯。况且将劳动争议纳入诉前民事强制调解的适用范围，可以将调解在解决该类纠纷上的优势提前得到发挥，同时还能起到过滤纠纷、疏减诉源的效果，因此改造的实效性更强。

4. 医疗事故损害赔偿纠纷

将医疗事故损害赔偿纠纷（以下简称医疗纠纷）纳入诉前民事强制调解的适用范围，一方面是考虑调解在解决该类纠纷上的特殊优势，另一方面是充分利用我国既有调解资源的需要。众所周知，与其他民事纠纷相比，医疗纠纷的处理具有明显的特殊性，主要体现在：不确定性、①专业性强、复杂性、社会性与公益性、②后果严重性。但是，面对如此特殊的医疗纠纷，世界各国普遍采取过失责任原则来判定院方的医疗事故责任，因此患者欲追究医院的责任至少需要满足下列要件：患者受到伤害；医疗过失

① 不确定性，是指对诱发医疗纠纷的医疗伤害来讲，通常无法区别是疾病自然发展的结果，还是医疗行为引起的伤害，从而构成医疗纠纷解决中的本质难题。参见许振东：《医疗纠纷调解仲裁与补偿制度之研究——以建构合理可行之医疗程序为目标》，台北，东吴大学 2001 年硕士学位论文，第 27 页。

② 医疗行为本身具有高度的道德性、专业性、高风险性和公益性，社会公众对医疗单位的信任度，医疗体制和社会保险水平等，都会直接影响纠纷发生的频度、表现形式和解决的难易。如果过度加重医疗机构或人员的责任和赔偿，必然会加重医疗活动的成本和风险，不仅影响此后医疗单位的对策和医疗行为，妨碍新技术的应用，而且部分成本亦可能转移到医疗费用中，最终不利于患者利益和社会公共利益。比如，医疗单位为了自我保护过度实行“防卫性医疗”，从而导致患者医疗费用增加和社会资源的浪费。

的存在;患者的伤害和医疗过失之间存在因果关系。[1] 然而,医疗纠纷的特殊性使患者欲通过诉讼实现救济并非易事,[2]加之医患双方信息的严重不对称,一些患者及家属急功近利,缺乏宽容心态,使医患双方通过自行和解解决纠纷的可能性也不大。而且从长期效果看,医院越是花钱买平安越是不安,况且公立医院的负责人若拍板"私了",还要面临国有资产管理方面的问题。在这种情况下,一旦发生医疗纠纷,患者往往借停尸医院、聚众威胁等极端手段寻求救济。[3] 这种状况不但冲击了医院的正常工作秩序,而且使患者损害的救济缺乏可以预期的保障,就国家整个医疗体制的发展来讲,也无益于纠纷的预防和对治。因此,各国都在诉讼和自行和解之外,积极探索医疗纠纷的多元解决机制。

由于调解具有简便、灵活和经济性的特点,恰恰能够解决当事人举证不力,医疗纠纷不易认定,需长时间调查并进行鉴定等困难,因此可有效避免患者的诉讼耗费,获得及时合理的补偿。同时,医患双方通过调解达成纠纷解决方案的,可以使纠纷更易得到解决,从而确保医务人员与医疗机构能专注医疗事业,免受不理性抗争的困扰,并满足保持医患双方基本和谐及信赖关系的需要,达到医患双赢的目标。此外,实证研究的结果显示,患者并未将诉讼视为捍卫医疗正义的最后一道防线,多数纠纷虽已采取诉讼机制但患者继续以与医院协商的姿态出现,也并不强调必须惩罚医生的错误医疗行为,而是用促使医师进行协调、发泄对医师草率处理纠纷的不满等手段,因此,即使采取了诉讼途径,但最终处理结果又多数以双方达成和解而结束。所以,各国在积极探索医疗纠纷多元化解决机制的过程中,逐渐形成的一个共同趋势就是以非讼方式和协商调解为主来解决医疗纠纷。[4] 在美国,80%以上的医疗纠纷是通过替代性纠纷解决途径解决的,而这其中85%左右的医疗纠纷又是通过调解方式解决的。[5] 在我国,运用调解方式解决医疗纠纷起步较早,调解效果也相当明显。比如,作为全国第一家专业从事医疗纠纷调解处理和医疗过失防范的卫生法律服务机构,

---

① 我国也采取过错归责原则。参见《民法典》第1218条规定:"患者在诊疗活动中受到损害,医疗机构及其医务人员有过错的,由医疗机构承担赔偿责任。"

② 作为医患纠纷的重要汇集地,北京的医疗纠纷有80%以上纠集在医院内,通过诉讼、行政程序处理的不到20%。参见张云林、张杏玲:《北京医疗纠纷第三方调解援助及探讨》,载《中国医院》2009年第2期。

③ 参见张云林、张杏玲:《北京医疗纠纷第三方调解援助及探讨》,载《中国医院》2009年第2期。

④ 参见范愉、李浩:《纠纷解决——理论、制度与技能》,清华大学出版社2010年版,第265页。

⑤ 参见张鸣、李南:《美国医疗纠纷处理与立法经验对我们的启示》,载《中华医院管理杂志》2009年第4期。

北京卫生法研究会医疗纠纷调解中心自2005年1月1日至2008年11月2日共受案4314例，调解成功3542例，成功率达到82.1%。① 数据显示，截至2021年1月，我国医疗纠纷人民调解组织已覆盖全国80%以上的县级行政区域，每年有60%的医疗纠纷通过人民调解方式得以有效化解，发挥了化解医疗纠纷主渠道作用。② 事实上，我国的顶层设计中已经肯定了调解在解决医疗纠纷、维持和谐医患关系中的重要地位。2018年7月国务院颁布《医疗纠纷预防和处理条例》（以下简称《医疗纠纷条例》），在设置的医疗纠纷解决途径中重点突出了调解方式，包括申请人民调解、申请行政调解，同时还详细规定了医疗纠纷人民调解委员会的设置、调解员的组成，以及行政调解和人民调解程序方面的基本内容。③ 在2020年最高人民法院发布的《委派调解意见》中，医疗损害赔偿纠纷被明确作为法院发挥委派调解示范作用的典型纠纷类型之一。④ 但从《医疗纠纷条例》《委派调解意见》的规定看，调解在医疗纠纷的解决上并未获得强制适用的地位，调解优势的发挥仍然以当事人愿意适用调解为前提。《医疗纠纷条例》第43条规定：发生医疗纠纷，当事人协商、调解不成的，可以依法向人民法院提起诉讼。当事人也可以直接向人民法院提起诉讼。可见，医疗纠纷的人民调解和行政调解都不是当事人起诉的前置程序，只能基于当事人选择而适用。⑤《委派调解意见》也明确规定，经当事人申请或者人民法院引导后当事人同意调解的，人民法院才可以在登记立案前，委派特邀调解组织或者特邀调解员进行调解。另外，值得注意的是，在人民调解和行政调解的适用关系上，《医疗纠纷条例》其实设置了序位要求，第31条第4款规定，当事人已经向人民法院提起诉讼并且已被受理，或者已经申请卫生主管部门调解并且已被受理的，医疗纠纷人民调解委员会不予受理；已经受理的，终止调解。

因此，为了充分释放调解在解决医疗纠纷方面所蕴含的强大优势，国内有学者提议，“在经过一个时期的尝试，在效果得到验证的前提下，完全

---

① 参见张云林、张杏玲：《北京医疗纠纷第三方调解援助及探讨》，载《中国医院》2009年第2期。

② 参见周斌：《构建新时代大调解工作格局——新时代“东风之花”绚烂绽放》，载微信公众号“宁津公共法律服务”2021年1月4日，https://mp.weixin.qq.com/s?__biz=MzI1MDIwNTkwNQ==&mid=2651569962&idx=2&sn=b1c5129f61875cc11e627e1339e5ed6e&chksm=f27adc94c50d5582baffd213345055ff771a4ca9712db0f75f4b34e337622bc35d5255d76930#rd。

③ 参见《医疗纠纷条例》第5章“医疗纠纷处理”。

④ 参见《委派调解意见》第2条“调解范围”。

⑤《医疗纠纷条例》第31、40条分别规定，医疗纠纷人民调解和行政调解均由当事人申请而启动。虽然第31条调解第3款规定，医疗纠纷人民调解委员会获悉医疗机构内发生重大医疗纠纷，可以主动开展调解引导，但同时明确，调解的启动仍然基于医患双方的申请。

可以在我国设立医疗纠纷的强制调解制度，将调解作为医疗纠纷处理的前置性程序”。① 还有的学者认为，“将调解特别是行政调解作为医疗纠纷解决的前置程序，可以在相对缓和的环境中解决医患之间的矛盾，有利于纠纷的解决和解决成本的降低，更有利于医患关系的融洽与和谐”，②这些观点与本书的构想可谓不谋而合。

5. 道路交通事故损害赔偿纠纷

将道路交通事故损害赔偿纠纷（以下简称道交纠纷）纳入诉前民事强制调解的范围，除了能对治现有道交纠纷处理机制的不足，也符合道交纠纷处理的规律，还可以充分发挥我国人民调解在纠纷解决上的优势。众所周知，随着我国机动车辆的激增和普及，交通事故日益频发，特别是近年来以电动自行车为代表的非机动车辆迅猛发展，由此引发的交通事故数量也不断上升（如表2所示）。③ 在这种背景下，我国的道交纠纷与日俱增，并呈现常态化、规模化的态势。目前，我国立法针对道交纠纷规定了三种解决途径：当事人自行协商、行政调解和民事诉讼。④ 但问题在于，这三种解决途径均有不足之处。首先，当事人自行协商往往很难实现纠纷的解决。其次，如果采取行政调解，由于涉及损害赔偿的交通事故在实践中相当常见，交警一边勘查现场、调查取证、认定责任，一边根据当事人的请求进行调解，不仅占用了相当比例的警力和精力，使警力不足的矛盾更加突出，而且因为交警随时可能接到出警指令，当事人往往需要长时间等待甚至更换调解时间，也难免导致当事人的不便和误解。所以“交通事故调解难、赔偿难、警力调配难一直是困扰公安机关交警部门的大问题”⑤。况且由于行政调解并非当事人起诉的必经程序，还会引发纠纷处理成本增大、纠纷解决效率低下等问题。最后，如果采取诉讼方式，因《道路交通安全法》规定

① 范愉、李浩：《纠纷解决——理论、制度与技能》，清华大学出版社2010年版，第271页。

② 戴建庭：《民事纠纷解决机制研究》，吉林大学出版社2007年版，第226页。

③ 参见《2021年中国道路交通事故情况分析》，载产业信息网，https://www.chyxx.com/industry/202202/996611.html。

④ 我国《道路交通安全法》第70条第2款规定：在道路上发生交通事故，未造成人身伤亡，当事人对事实及成因无争议的，可以即行撤离现场，恢复交通，自行协商处理损害赔偿事宜；第70条第3款规定：在道路上发生交通事故，仅造成轻微财产损失，并且基本事实清楚的，当事人应对先撤离现场再进行协商处理；第74条规定：对交通事故损害赔偿的争议，当事人可以请求公安机关交通管理部门调解，也可以直接向人民法院提起民事诉讼。经公安机关交通管理部门调解，当事人未达成协议或者调解书生效后不履行的，当事人可以向人民法院提起民事诉讼。

⑤ 吴汉明：《1+3事故调处网破解事故处理难题》，载《道路交通管理》2012年第2期。

公安机关所作的事故责任认定书仅是诉讼中的证据,①不能作为法院分配民事损害赔偿责任的依据,所以法院还应根据案件事实,结合公安机关交通管理部门制作的现场勘察、技术分析和鉴定等材料对事故认定书予以全面审查。如果法院认为交通事故认定不符合事实或不准确,在决定不予采信之前,应征求公安交通管理部门的调解意见,加强与交警部门的沟通协调,妥善处理。② 但问题在于,法官毕竟不是交通事故方面的专业人士,就算法官认为事故认定确有不妥,也不会轻易更改事故认定。在这种情况下,诉讼所发挥的作用只不过是以判决方式确认事故认定书中已经划分的当事人责任而已。通过公安机关调解就能达到的责任划分却要再“附加”一道程序来实现,无疑增加了纠纷解决的成本,降低了纠纷解决的效率。

表2　2017~2020年中国各类交通事故发生数量　　单位:起

年份	机动车	非机动车	汽车	摩托车	拖拉机	自行车	行人乘车人
2017	182,343	18,144	139,412	39,780	1896	1576	2470
2018	216,178	25,556	166,906	45,868	2120	1840	3045
2019	215,009	29,049	159,335	45,635	1865	2283	3432
2020	211,074	29,969	156,901	45,789	1591	2611	3480

基于现有纠纷解决机制存在的问题,制度创新与完善便势在必行。早在2009年下半年,公安部、司法部等相关部门就道交纠纷人民调解进行了先期试点。③ 2010年6月,公安部、司法部和原中国保监会联合发布《关于推行人民调解委员会调解道路交通事故民事损害赔偿工作的通知》,全面推行道交纠纷人民调解机制。从各地实践来看,较之原有的纠纷解决途径,人民调解具有提高纠纷处理效率、缓解交警和法官的办案压力,满足当事人内心需求等明显的优势。鉴于此,可以考虑将道交纠纷纳入诉前强制调解的适用范围,把道交纠纷人民调解作为当事人提起民事诉讼的必经前置程序。这样不仅能充分保障人民调解在解决该类纠纷上的优势发挥,而且借助调解协议的司法确认制度,还能够及时兑现当事人的民事权益。当然,也许有人会说我国之前就曾经存在道交纠纷的强制调解制度,但因其

① 我国《道路交通安全法》第73条规定:公安机关交通管理部门应当根据交通事故现场勘验、检查、调查情况和有关的检验、鉴定结论,及时制作交通事故认定书,作为处理交通事故的证据。

② 参见张晓秦、刘玉民:《调解要点与技巧》,中国民主法制出版社2009年版,第120页。

③ 参见司法部基层工作指导司:《公安部、司法部联合开展人民调解参与解决道路交通事故民事损害赔偿纠纷试点工作》,载《人民调解》2009年第7期。

弊端重重、备受抨击①而随着《道路交通安全法》的颁行淡出了历史舞台。此处重拾道交纠纷强制调解是否有历史倒退之嫌？的确，我国1991年颁布的《道路交通事故处理办法》曾规定，发生道路交通事故后，公安交通管理部门经现场勘查、调查取证，对当事人违反交通管理的行为在交通事故中的作用大小作出责任认定后，须召集各方进行损害赔偿调解，从而赋予了公安交通管理部门在作出事故认定后依职权召集调解的权力。同年12月，最高人民法院、公安部联合发布的《关于处理道路交通事故案件有关问题的通知》规定，当事人因道路交通事故损害赔偿问题提起民事诉讼时，除诉状外，还应提交公安机关制作的调解书、调解终结书或者该事故不属于任何一方当事人违章行为造成的结论。综上，公安机关的调解是解决道交纠纷的必经程序，只有对公安机关调解不服或通过调解达不成协议的，当事人才能向法院提起诉讼。故而，公安机关对道交纠纷的调解被视为强制调解。与本书提议的诉前民事强制调解相比，二者的共性在于都将诉前调解作为当事人向法院提起道路交通民事损害赔偿诉讼的必经前置程序，即不经调解，不得起诉。但是，二者在性质及效果上存在根本不同。公安机关对道交纠纷的强制调解系作出事故认定的公安交通管理部门实施，在性质上属于行政调解，这种处理模式虽然考虑到了交通事故处理的系统性和专业性，②但导致警力紧张，调解时间被拉长，而且由于从头到尾都在公安机关内部，容易引发当事人猜疑。与之不同，本书提议的道交纠纷诉前强制调解以人民调解制度为依托，在性质上属于行业性、专业性人民调解，既能避免警力不足、久搁不决、缺乏监督等弊端，还能借助司法确认制度增强纠纷解决的效率和权威。因此，本书所提议的道交纠纷诉前强制调解，非但不是历史的倒退，反而更符合道交纠纷处理的规律，并充分发挥人民调解制度的优势。其实，我国实践中对道交纠纷进行诉前强制调解的探索已经存在数年，具备了一定的制度建构基础。前文在介绍我国现阶段民事强

① 主要的批评观点包括：(1)调解前置限制当事人直接起诉的权利；(2)调解前置是行政机关对私人领域的不当干涉，与市场经济格格不入；(3)调解前置超越了司法解释的权限，与民事诉讼法关于案件受理的规定相冲突；(4)违背了调解的自愿原则；(5)公安机关的前置性调解没有强制执行效力，容易变成无效劳动，不利于提高交通事故处理的效率；(6)公安机关的前置性调解缺乏外部监督，不利于当事人合法权益的保护。参见夏得涌：《关于将道路交通事故损害赔偿调解移交法院有关问题的思考》，载《公安研究》1999年第2期；霍晓明：《将事故损害赔偿调解移交法院的再思考》，载《道路交通管理》1999年第9期；张宗宽：《一个成功的尝试——浙江省义乌交警大队交通事故损害赔偿调解移交法院纪实》，载《道路交通管理》2000年第1期；李英楠：《谈交通事故损害赔偿调解移交人民法院的必然性》，载《哈尔滨市委党校学报》2003年第1期。

② 参见霍晓明：《将事故损害赔偿调解移交法院应慎重》，载《驾驶天地》1999年第10期。

制调解实践探索时所涉及的浙江模式,即属典型代表。浙江模式规定除特殊情况外,道交纠纷未经保险行业人民调解组织调解的,人民法院不予受理。因此,将道交纠纷纳入诉前强制调解的适用范围,在立法中确立道交纠纷诉前强制调解制度,不仅有利于巩固和深化实践探索的成果,也能够使改革的红利惠及更广大人民群众。

综上,未来我国的诉前民事强制调解宜适用于家事纠纷、小额财产纠纷、劳动争议、医疗纠纷和道交纠纷的解决。不过在立法方式上,有必要在“正面明确列举”我国诉前民事强制调解适用范围的同时,以“负面例示 + 兜底”形式对其负面清单加以明确。如前所述,这也是实施诉前民事强制调解的国家或地区普遍采取的一种做法。况且民事纠纷的类型、非诉调解主体的解纷能力和公信力以及限制当事人诉权直接行使的程度等因素,都决定了为诉前民事强制调解划定清晰的适用边界正是制度的内在要求。结合域外经验并考虑我国立法的既有规定,本书建议将人身关系确认纠纷、再次起诉的离婚纠纷、涉及家庭暴力或虐待子女的家事纠纷、已经过非诉调解但未成功的纠纷、义务人下落不明的纠纷、涉及公共利益的纠纷、涉嫌虚假诉讼或恶意诉讼的纠纷、涉及第三人撤销之诉、执行异议之诉、再审之诉的纠纷,列入诉前民事强制调解适用范围的负面清单。同时,建议赋予法院根据纠纷情况排除适用诉前民事强制调解的权力,作为上述负面示例之下的兜底性条款。

(二)诉中民事强制调解的适用范围

前已论及,未来我国的诉中民事强制调解适宜采用法官主持的绝对适用型模式。在这种模式选择下,法官有权在诉讼中依职权强制启动调解,因此为了有效防止法官滥用该项权力,对诉中民事强制调解的适用范围作出明确界定就显有必要。从现阶段我国诉中民事强制调解的运行情况来看,尽管无论是《民法典》《简易程序规定》,还是实践中的北京西城法院模式和深圳中院模式,都无一例外在适用范围上作出了限制性规定,但是,在未来我国诉中民事强制调解的建构上,依然有必要对其适用范围作进一步完善。

1. 适度扩大诉中民事强制调解的适用范围

在继续保留《简易程序规定》第 14 条所列举的纠纷类型的基础上,合理吸收现阶段地方法院实践探索的成果,适度扩大诉中民事强制调解的适用范围。在前文介绍的深圳中院模式中,审前强制调解的适用范围除了包括《简易程序规定》第 14 条所列举的纠纷类型外,还包括“合作、合资纠纷、房地产租赁纠纷、物业管理纠纷、建筑工程承包合同纠纷、已签订还款协议的其他债务纠纷"。对于其中涉及的物业管理纠纷,就很有必要被吸收进我国诉中民事强制调解的适用范围。物业管理纠纷作为物业纠纷中的典型形态,又被称为"狭义的物业纠纷",是指发生在物业服务区域内,业主、使用人、业主组织、物业服务企业或其他管理人之间,因物业管理服务活动而产生的民事纠纷。① 由于我国现代城市化进程的加快,大量住宅小区不断涌现。在这种背景下,物业管理纠纷也不断增加,呈现多发和普遍的趋势,成为小区治理中非常突出的难题。② 而因为小区业主、使用人和物业管理方都相对固定且涉及面广,一个小区就是一个类似传统中国熟人社会的小环境,因此,物业管理纠纷能否得到妥善解决直接关系小区业主的长期生活问题,甚至影响基层的社会治理和秩序稳定。所以为了妥善解决这类纠纷,有必要大力发挥调解的优势,强化调解的利用。而本书之所以建议将其纳入诉中民事强制调解而非诉前民事强制调解的适用范围,则是考虑到物业管理纠纷属新型纠纷,而且群体性强,社会影响面广,一旦进入诉讼常常以代表人诉讼的形式出现,所以应该通过严格的诉讼程序为当事人提供相应的程序保障,并发挥法官在纠纷解决上的权威性和专业性。当然,将物业纠纷纳入诉中民事强制调解的适用范围并不排除法院可以借助邀请协助调解的方式,在特邀调解组织或特邀调解员的协助下共同调解物业管理纠纷,以此促进纠纷更加妥善地解决。

2. 明确诉中民事强制调解适用范围的负面清单

《简易程序规定》第14条第2款规定,如果"根据案件的性质和当事人的实际情况不能调解或者显然没有调解必要的",那么就应排除在诉中民事强制调解的适用范围之外。这可以被视为目前我国立法对诉中民事强制调解适用范围负面清单的唯一规定。然而,不得不说该负面清单并没有明确回答"到底何种案件不能适用诉中民事强制调解"的问题,只是将判断辨识权赋予法院,由法院对此加以裁量,因此对诉中民事强制调解的适用仍然缺乏具体指引。不过对于哪些案件不适宜由法院在诉讼程序中进行调解,我国相关的司法解释中是有明确要求的。早在2004年最高人民法院发布的《民事调解规定》第2条已经明确,"适用特别程序、督促程序、公示催告程序、破产还债程序的案件,婚姻关系、身份关系确认案件以及其他依案件性质不能进行调解的民事案件,人民法院不予调解"。2015年最

① 广义的物业纠纷则不限于物业管理纠纷,而是涵盖了物业服务领域内发生的各种与物业的所有、使用管理、服务及其他相关事项有关的纠纷。参见范愉、刘臻荣、连艳:《物业纠纷调解实务》,清华大学出版社2012年版,第20页。

② 参见张西恒编著:《物业纠纷调解理论与实务》,法律出版社2022年版,第25、30~31页。

高人民法院发布的《关于适用〈中华人民共和国民事诉讼法〉的解释》(以下简称《民诉法解释》)基本上吸收了2004年《民事调解规定》第2条的内容,同时根据我国《企业破产法》的单列而将不宜由法院在诉讼程序中进行调解的案件规定为"适用特别程序、督促程序、公示催告程序的案件,婚姻等身份关系确认案件以及其他根据案件性质不能进行调解的案件"。在《民诉法解释》2022年的修正中,这些内容继续予以保留。① 当然,上述规定只是关于法院诉讼调解适用范围的负面清单,但基于未来我国诉中民事强制调解对法官主持的绝对适用型模式的选择,因此对于诉中民事强制调解适用范围负面清单的确定而言,无疑极富启示意义。况且从现阶段诉中民事强制调解的实践探索情况看,无论是北京西城法院模式还是深圳中院模式,其适用范围负面清单的规定都是以2004年《民事调解规定》第2条的内容为基础的。北京西城法院模式对适用范围负面清单的规定包括身份关系确认案件;民事行为无效确认案件;适用特别程序、督促程序、公示催告程序、破产还债程序的案件;其他依性质不能进行调解的案件。② 深圳中院模式对适用范围负面清单的规定包括经初步审查,可能损害国家利益、社会公共利益或案外人利益,违反法律和行政法规禁止性规定的案件;婚姻关系、身份关系确认案件以及所有权及其他财产权确权案件;以物抵债案件;被告人下落不明需要公告送达的案件;适用特别程序、督促程序、公示催告程序、公司强制清算程序、仲裁司法审查程序的案件;其他依案件性质不适宜审前调解的案件。③ 可以发现,北京西城法院模式和深圳中院模式对诉中民事强制调解适用范围负面清单的界定都是以2004年《民事调解规定》第2条的内容为基调,同时又有所增加,特别是深圳中院模式甚至将诉中民事强制调解适用范围的负面清单扩展到所有权及其他财产权确权、以物抵债等与财产关系有关的案件类型上,显然不尽合理,也限制了诉中民事强制调解的适用。本书认为,基于未来我国诉中民事强制调解对法官主持的绝对适用型模式之选择,《简易程序规定》对适用范围负面清单的界定方式固然应当革除,改采明确列举的形式,但深圳中院模式过度增加诉中民事强制调解适用范围负面清单的做法也并不可取。建议仍然遵循现行《民诉法解释》的规定,将适用特别程序、督促程序、公示催告程序的案件,婚姻等身份关系确认案件以及其他根据案件性质不能进行调解的案件明确予以排除,在保证立法统一的同时,也不致

---

① 参见《民诉法解释》第143条。

② 参见本书附录一第28条。

③ 参见本书附录三第8条。

过分限制诉中民事强制调解的作用空间。

五、我国民事强制调解的调解人资质

民事强制调解运行的效果如何,说到底与调解人密切相关。调解人自身素质的优劣、调解技巧的高低乃至调解人人数的多寡和构成等,均会对民事强制调解的效果产生重要影响。因此,在我国民事强制调解的建构上,调解人制度的完善是至关重要的一环。不过因为篇幅所限,本书拟仅从调解人资质的角度对此加以探讨。

(一)法官担任调解人的资质要求

在未来我国诉中民事强制调解选择法官主持的绝对适用型模式的前提下,则必然涉及调解法官的选任问题。在我国,或许长期以来由法官在诉讼中进行调解已经司空见惯,所以对“哪些法官更适宜从事调解”的问题进行探讨似乎缺乏必要的动力。而究其原因,实则与我国民事诉讼中长期存在的“调审合一”理念有关。但是,诉中民事强制调解的调解法官显然不同于“调审合一”理念下的调解法官,前者是专职从事调解的法官,申言之,调解法官与审判法官是截然分开的,调解法官不从事审判,审判法官不参加调解。故而,在我国诉中民事强制调解的建构上首先需要明确的一点就是,调解法官的选任一定要以“调审分离”为前提,将调解法官与审判法官相区分,调解不成时调解法官不能再进行后续的审判活动。结合现阶段我国司法体制改革的要求,可以法官员额制改革和法院人员分类管理制度改革为依托,选择与诉中民事强制调解相配套的调解法官。具体到调解法官的资质要求,可以考虑从以下两个方面来规制。

1. 相应的学识和背景。调解法官,顾名思义首先应具有法官身份,因此一定的审判经验和扎实的法学素养是成为调解法官的基本要求,但是仅有这些显然不够。由于诉中民事强制调解的适用范围较广,与诉前民事强制调解仅限于少数几类纠纷不同,因此需要调解法官同时兼具丰富的多元文化背景和相关学识。法国农村租约纠纷的强制调解中,调解法官系从出租人和承租人两个不同的选举团中选举产生,其中对选民的资格要求是,法国国籍(或欧共体成员国侨民);年满 18 岁;在法庭辖区内有住所或居所或是作为租约标的物的不动产的所有人;享有民事权利、公民权和职业权。成为被选举人的,则还要加上年满 26 岁,以及拥有至少 6 年的出租人或承租人资格这一条件。在我国调解法官的选任上,除了考虑法律专业知识因素外,也应当借鉴域外关于法官文化背景、社会阅历等方面的考量因素,从而满足调解法官应对不同纠纷解决的需要,增强纠纷调解效果。

2. 擅长调解工作。调解法官既然专职从事调解，因此应选自法官中的调解擅长者。不过值得注意的是，自最高人民法院提出"调解优先，调判结合"的司法政策以来，各地法院普遍将调解率作为法官考评的一项指标，在这种衡量机制的作用下，某些法官往往被树立为典型样板，但是客观讲，这样的"调解擅长者"难免带有政治作秀之嫌。在转型期矛盾复杂以及社会价值观多元的背景下，一个法官要做到擅长调解绝非易事，他不一定要有精深的法律知识和长年审判工作的历练，但必须要有对时下人情世故的洞达，对社会风俗人情的谙熟，对沟通、斡旋技巧的自如运用，乃至拥有独特的个性魅力。

（二）非法官担任调解人的资质要求

基于未来我国民事强制调解的模式选择，无论是诉前民事强制调解还是诉中民事强制调解，都涉及非法官调解人的选任问题——在非法官主持的绝对适用型诉前民事强制调解模式中，由非法官担任调解人自不待言；在法官主持的绝对适用型诉中民事强制调解模式中，调解既可以由法官单独实施，可以由法官和其他人员共同实施，因此也涉及非法官调解人的选任问题。

1. 诉前民事强制调解的非法官调解人资质要求。在未来我国诉前民事强制调解选择非法官主持的绝对适用型模式这一建构设想下，由于调解系法官之外的中立调解人独立实施，故而调解人的选任除了充分考虑对已有社会调解力量的运用外，还必须强调调解人的职业素养，因为调解人的专业资格、职业操守与诚信等直接影响大众对调解的信心。国外研究中国法的学者很早就已经注意到，中文的"调解"与英文的"mediation"在内涵上有很大差异，如前者把调解视为一种非专业的纠纷解决方式，而在英美等国家或地区则更强调其作为裁判以外的另一种专业方式。① 在不少国家或地区，调解人已经发展成为一种专门的职业，有的甚至成立了调解员评审机构，比如在我国香港特区，相关的团体成立了一个香港调解资历评审协会有限公司，专门负责处理调解人的资格、培训标准和纪律等相关工作。② 因此，在未来我国诉前民事强制调解的调解人选任方面，也应注意强调调解的职业素养，并体现不同类型纠纷的专业化需要。以下结合前文对我国诉前民事强制调解适用范围的探讨，对家事纠纷、小额财产纠纷、劳动争议、医疗纠纷和道交纠纷中诉前强制调解的调解

---

① See Donald Clarke, *Dispute Resolution in China*, Vol,5 Journal of Chinese Law 292 - 295(1991).

② 参见袁国强：《调解事业的过去与未来：香港的经验》，载《人民法院报》2016 年 4 月 8 日，第 6 版。

人选任分别展开讨论。

(1)家事纠纷诉前强制调解的调解人选任。家事纠纷通常具有较强的社会公益性,不仅涉及婚姻家庭秩序的稳定,也涉及对妇女、儿童等弱势群体的利益维护,因此很多国家对家事纠纷的调解人都有特殊要求。在国外,家事纠纷调解员并不一定是法律专业人员,但多数都具备社会学、医学、教育学、心理学等专业背景,经过了专业的训练,他们都有很高的调解技巧,能充分动用多种手段帮助家事纠纷的当事人找到问题症结,鼓励并说服他们达成协议,实现纠纷的妥善化解。① 在我国,家事纠纷在进入诉讼之前主要由人民调解委员会依当事人自愿进行调解,当然也存在当事人的亲属、朋友等民间力量以及基层人民政府的调解。② 但是作为家事纠纷诉前调解的主要途径,人民调解并没有就家事纠纷的特殊性而对人民调解员的资质作出特别规定。《人民调解法》第 14 条规定公道正派、热心人民调解工作,并具有一定文化水平、政策水平和法律知识的成年公民可以作为人民调解员。因此,有必要在这一规定基础上强化我国人民调解员的专业化水平,建设相对固定的家事人民调解员队伍。此外,为提高其家事调解水平,一定的法律、政策学习以及心理学、社会学等专业培训也不可缺少。2016 年 6 月 1 日起,最高人民法院在全国 118 个中、基层法院开展为期两年的家事审判方式和工作机制改革试点工作,发布了《关于开展家事审判方式和工作机制改革试点工作的意见》,其中明确指出家事案件的审理涉及心理学、社会学等多方面专业知识,需要相关专业领域人员的配合与协助。这虽然是针对家事纠纷的审判工作提出的要求,但对于家事纠纷的调解而言也同样如此。

(2)小额财产纠纷诉前强制调解的调解人选任。小额财产纠纷事实简单、争议标的额小,既不像医疗纠纷那样涉及专业性问题,也不像家事纠纷、劳动争议那样涉及社会公益,因此对调解人的资质并不需要提出特殊要求。不过,值得注意的是,根据最高人民法院发布的《关于部分基层人民法院开展小额速裁试点工作指导意见》的要求,自 2011 年 5 月起,全国 90 家基层法院曾同步展开了"小额速裁"试点工作。在试点中,各试点法院在小额案件的处理上普遍注重运用调解方式,并往往由人民调解员或法官

---

① 参见陈爱武:《家事调解:比较借鉴与制度重构》,载《法学》2007 年第 6 期。

② 根据《民间纠纷处理办法》第 3 条,基层人民政府可以处理的民间纠纷范围包括公民之间有关人身、财产权益和其他日常生活中发生的纠纷。

助理来担任调解人,①这种做法对于小额财产纠纷诉前强制调解的调解人选任而言,无疑极具启发意义。具体来讲,可以考虑结合我国法院人员分类管理、法官员额制改革以及当前大调解格局建设等现实背景,由法官助理或人民调解员担任小额诉讼诉前强制调解的调解人。这是因为,首先,法官助理负有组织调解的法定职责。早在2004年最高人民法院发布的《关于在部分地方法院开展法官助理试点工作的意见》中就明确提出,法官助理的职责之一是代表法官主持庭前调解。② 2016年6月最高人民法院会同中央有关部门印发的《法官助理、检察官助理和书记员职务序列改革试点方案》中,进一步明确法官助理在法官的指导下,履行包括协助法官组织庭前调解,草拟调解文书等职责。因此,由法官助理担任小额财产纠纷诉前强制调解的调解人,与其承担的调解职责可谓一脉相承。其次,我国有丰富的人民调解资源可供利用。按照2019年司法部全国调解工作会议的要求,到2022年我国基本形成以人民调解为基础,人民调解、行政调解、行业性专业性调解、司法调解优势互补、有机衔接、协调联动的大调解工作格局。目前覆盖城乡社区和重点行业、专业领域的人民调解组织网络在我国基本形成。截至2021年年初,全国已有人民调解委员会70多万个,人民调解员320多万人,其中专职人民调解员30多万人;每年调解矛盾纠纷900多万件。③ 如果能将这些人民调解资源运用到小额财产纠纷的诉前强制调解中去,不仅可以从量上满足小额财产纠纷解决的需要,而且可以从质上保证小额纠纷的解决——因为由小额财产纠纷"事实简单,标的额小"的特征所决定,人民调解员完全能够胜任小额纠纷调解工作。

(3)劳动争议诉前强制调解的调解人选任。根据《劳动争议调解仲裁法》的规定,我国目前存在三种劳动争议诉前调解组织,即企业劳动争议调解委员会、依法设立的基层人民调解组织和在乡镇、街道设立的具有劳动争议调解职能的组织。④ 毫无疑问,劳动争议的诉前强制调解离不开对既

---

① 参见许建兵等:《构建小额速裁程序,优化诉讼资源配置——江苏东台法院关于"小额速裁"试点工作的人民调解前置调研报告》,载《人民法院报》2012年7月26日,第8版。

② 参见《最高人民法院关于在部分地方人民法院开展法官助理试点工作的意见》"四、法官、法官助理、书记员的职责"。转引自汇法网2004年9月27日,https://www.lawxp.com/statute/s1046033.html。

③ 参见周斌:《构建新时代大调解工作格局——新时代"东风之花"绚烂绽放》,载微信公众号"宁津公共法律服务"2021年1月4日,https://mp.weixin.qq.com/s?__biz=MzI1MDIwNTkwNQ==&mid=2651569962&idx=2&sn=b1c5129f61875cc11e627e1339e5ed6e&chksm=f27adc94c50d5582baffd213345055ff771a4ca9712db0f75f4b34e337622bc35d5255d76930#rd。

④ 参见《劳动争议调解仲裁法》第10条。

有调解资源的利用。不过按照国际上通行的"三方原则",①有必要对这些组织加以改造。"三方原则"是国际上调整劳动关系和处理劳动争议的一个通行原则,已在世界范围内被广泛采用,通过"要求劳动争议处理机构由国家、劳动者、用人单位三方代表组成,使纠纷解决能体现和平衡当事人双方的利益,促进劳资双方的合作和社会经济的发展"。② 在前述三种劳动争议诉前调解组织中,企业劳动争议调解委员会虽然由企业代表和职工代表组成,体现了劳、资双方的平衡,但政府缺位、调解组织不中立的弊端非常明显。至于"依法设立的基层人民调解组织"以及"在乡镇、街道设立的具有劳动争议调解职能的组织",缺乏对调解组织构成的明确要求。因此,在前文探讨的将劳动争议的仲裁前置改为调解前置的前提下,建议依托劳动争议仲裁委员会的三方参与结构,将其定位于劳动争议诉前调解组织。"依法设立的基层人民调解组织"和"在乡镇(街道)设立的具有劳动争议调解职能的组织",则按照构建大调解工作格局的要求,将其纳入行业性、专业性调解组织,实现对劳动争议的行业性、专业性解决。同时,继续保留企业劳动争议调解委员会调解劳动争议的资格,并按照"三方原则"对其予以改造。因此,以下重点探讨一下企业劳动争议调解委员会的改造。

改造企业劳动争议调解委员会其实就是解决在"三方原则"的指导下,国家、劳动者、用人单位三方代表应如何产生的问题。由于"三方原则"中作为国家代表的常常是主管行政机关,因此这一问题实际上可以被简化为劳动者和用人单位的代表应如何产生的问题。如果对代表的选任不能划定明确的标准,那么劳动争议的诉前强制调解将难以发挥应有的功效。尽管根据 2011 年国家人力资源和社会保障部发布的《企业劳动争议协商调解规定》,劳动争议调解委员会中的劳动者代表由工会委员会成员担任或者由全体劳动者推举产生,企业代表则由企业负责人指定。劳动者代表和企业代表的人数由双方协商确定且应当对等。调解委员会主任由工会委员会成员或者双方推举的人员担任。③ 但问题在于,从我国《工会法》第 15 条规定来看,中华全国总工会、地方总工会、产业工会具有社会团体法人资格,而基层工会组织只有具备《民法典》规定的法人条件的,才能

① 国际劳工大会 1944 年通过的《费城宣言》对此有概括性的界定:"……在这种努力中,工人代表和雇主代表享有与政府代表同等的地位,与政府代表一起自由讨论和民主决定,以增进共同的福利。"转引自范跃如:《劳动争议诉讼特别程序原理》,法律出版社 2008 年版,第 122 页。

② 全国人大常委会于 1990 年 9 月 7 日批准的《三方协商促进履行国际劳工标准公约》,为我国在劳动争议中应用"三方原则"提供了法律依据。参见扈春海:《按照三方原则完善劳动争议处理制度》,载《工人日报》2006 年 7 月 25 日。

③ 参见《企业劳动争议协商调解规定》第 15 条。

依法取得社会团体法人资格。可见,作为企业劳动争议调解委员会中代表劳动者的基层工会组织,恰恰缺乏真正的独立地位。因此,对企业劳动争议调解委员会进行改造,首先就是要增强工会的独立性。只有解决了工会组织的独立性问题,才可以最终组成体现“三方原则”的包括主管行政机关、劳动者代表和雇主代表的调解组织。

(4)医疗纠纷诉前强制调解的调解人选任。根据2018年7月国务院发布的《医疗纠纷预防和处理条例》,医疗纠纷发生后,医患双方可以通过申请人民调解或行政调解来解决。其中,人民调解由医疗纠纷人民调解委员会实施,行政调解由医疗纠纷发生地的县级人民政府卫生主管部门实施。① 就现阶段我国医疗纠纷调解运行的情况来看,医疗纠纷人民调解无疑成为主力军,发挥关键的基础性作用。尽管实践中不少地方积极探索医疗纠纷联动调解机制,力图构建综治、法院、司法、卫计、信访、公安、民政、城管、保险等职能部门的医疗风险分担机制,②但显然这种联动调解机制仍然以医疗纠纷人民调解委员会为依托。目前,医疗纠纷人民调解组织已覆盖全国80%以上的县级行政区域,每年有60%的医疗纠纷通过人民调解方式得以有效化解,发挥了化解医疗纠纷主渠道作用。③ 至于医疗纠纷人民调解员的选任,《医疗纠纷预防和处理条例》作出了原则性规定,要求具备医学、法学等专业知识以及热心调解工作。在2019年中华全国人民调解员协会印发的《医疗纠纷人民调解指引(试行)》中,对担任医疗纠纷人民调解员的条件又有了更加清晰的要求,即医疗纠纷人民调解员一般应由具有大专以上学历,并具有医学、法学、心理学等专业知识,公道正派、廉洁自律、热心人民调解工作的成年公民担任。④ 在未来医疗纠纷的诉前强制调解上,完全可以按照《医疗纠纷预防和处理条例》《医疗纠纷人民调解指引(试行)》的要求,组建专、兼职医疗纠纷人民调解员队伍,并借助法院强制性委派调解的方式,继续发挥行业性、专业性的医疗纠纷人民调解在调解医疗纠纷方面的基础性作用。

(5)道交纠纷诉前强制调解的调解人选任。与医疗纠纷相似,道交纠

---

① 参见《医疗纠纷预防和处理条例》第22、40条。

② 参见李银、李珊珊:《海南保险业多举措完善医疗纠纷调解机制》,载搜狐网2016年5月5日,https://www.sohu.com/a/73547104_162758。

③ 参见周斌:《构建新时代大调解工作格局——新时代“东风之花”绚烂绽放》,载微信公众号“宁津公共法律服务”2021年1月4日,https://mp.weixin.qq.com/s?__biz=MzI1MDIwNTkwNQ==&mid=2651569962&idx=2&sn=b1c5129f61875cc11e627e1339e5ed6e&chksm=f27adc94c50d5582baffd213345055ff771a4ca9712db0f75f4b34e337622bc35d5255d76930#rd。

④ 参见《医疗纠纷人民调解指引(试行)》第13条。

纷的处理也具有很强的专业性，涉及责任认定、保险理赔等多个领域。因此，道交纠纷的调解人必须是既懂法律，又懂保险的复合型人才，如此方能保证调解的合法性、公正性和权威性。在2010年《关于推行人民调解委员会调解道路交通事故民事损害赔偿工作的通知》（以下简称《调解道交工作通知》）发布之后，我国道交纠纷的调解工作主要由专业性的道路交通事故人民调解委员会来承担。从《调解道交工作通知》的规定来看，道路交通事故人民调解员主要从律师、法律工作者或退休交警、法官、司法行政工作人员中公开招聘，而且要求司法行政部门将道路交通事故人民调解员的培训纳入司法行政队伍培训计划，认真组织培训，严格考核，持证上岗，并定期组织考评工作。在未来道交纠纷诉前强制调解上，应继续重视道路交通事故人民调解员的利用。但同时，鉴于交强险及商业险的理赔在交通事故损害赔偿纠纷处理中占据重要地位，应在选任调解员时增加对保险理赔方面专业知识的要求。在前文介绍现阶段我国民事强制调解实践探索中提及的浙江模式，就是将交通事故损害赔偿纠纷的调解交由保险行业人民调解组织来实施，充分发挥了保险行业人民调解员在保险理赔方面的专业特长。此外，2020年5月最高人民法院、公安部、司法部、中国银行保险监督管理委员会联合发布《关于在全国推广道交纠纷"网上数据一体化处理"改革工作的通知》，将发端于浙江模式的道交纠纷"网上数据一体化处理"在全国范围内予以推广，同时进一步明确了银行保险监管机构在加强保险行业道路交通事故纠纷调解组织建设和调解员选聘管理方面的职责，而且要求人民法院在利用特邀调解方式开展诉前调解时，要吸纳保险行业人员、人民调解员、法律职业工作者等担任特邀调解员。很显然，这也体现出对交通事故损害赔偿纠纷的调解人既要懂法律，又要懂保险的复合型人才的要求。

2. 诉中民事强制调解的非法官调解人资质要求。前已述及，如果未来我国采用法官主持的绝对适用型诉中民事强制调解模式，则完全可以借助邀请协助调解和委托调解来实现法官之外社会力量的参与。而对于这些非法官调解人的资质，我国《民事调解规定》《特邀调解规定》中都有较为详细的规定。《民事调解规定》对受邀协助法院调解的组织和个人的要求是，"与当事人有特定关系或者与案件有一定联系的企业事业单位、社会团体或者其他组织，和具有专门知识、特定社会经验、与当事人有特定关系并有利于促成调解的个人"。① 《特邀调解规定》对受托主持调解的非法官调

① 参见《民事调解规定》第1条。

解人的要求是，依法成立的人民调解、行政调解、商事调解、行业调解及其他具有调解职能的组织，以及品行良好、公道正派、热心调解工作并具有一定沟通协调能力的个人，①如人大代表、政协委员、人民陪审员、专家学者、律师、仲裁员、退休法律工作者等。未来我国诉中民事强制调解的非法官调解人，完全可以从具备上述条件的人员中选择。

六、我国民事强制调解的程序规范

调解作为一种在中立第三方斡旋和帮助下，通过当事人双方互谅互让、自愿达成纠纷解决方案的非正式纠纷解决方式，其程序的启动、运行和终结应该完全取决于当事人双方的意愿，因此法律往往并未规定严格的调解程序。② 换句话说，如果要为调解制定一套像民事诉讼程序那样的规范化流程，不仅与调解需要基于当事人意愿开展的本质要求相悖，也与由调解的自愿性衍生的调解的灵活性特征③背道而驰，因为调解自愿性的表现之一就是当事人可以自由设计他们认为合适的调解程序，即当事人可以根据纠纷的特点、彼此的关系以及各自的需要选择适当的调解程序，采用灵活多样的简便方式进行调解，而不必像诉讼那样遵循严格的程序。正是基于此，调解被认为是一种程序便捷的纠纷解决方式，具有简易性和高效性的价值功能。④

当然，上述论断针对通常意义上的民事调解，但是对于民事强制调解而言，则并非如此。如前所述，"强制启动"是民事强制调解与通常意义上的民事调解相比最大的不同，参加调解是当事人的义务而非当事人自愿选择的结果。因此当事人同意调解也好不同意调解也罢，都必须参加调解。而由于当事人在是否采用调解解决纠纷上没有决定权，因此基于调解的自愿性而衍生的程序灵活性自然就无从谈起。申言之，不需要遵循严格的程序性规范是通常民事调解的特点和优势，但就民事强制调解而言，如果缺乏严格的程序规范，则必定面临"非正当性"的讨伐。究其原因在于，首

---

① 参见《特邀调解规定》第6条。

② 参见齐树洁主编：《纠纷解决与和谐社会》，厦门大学出版社2010年版，第98页。

③ 调解的灵活性不仅体现为程序适用方面，也反映在法律适用方面。在调解中除了依据现行法律法规之外，地方惯例、行业标准以及乡规民约等社会规范也可以作为纠纷解决的依据和标准。参见齐树洁主编：《外国调解制度》，厦门大学出版社2018年版，第29页。在调解灵活性的理解方面，西方学者也持同样的观点。罗杰·科特威尔认为，在调解中，调解员并不总是试图运用现有的法律规范来解决双方的纠纷，而是对纠纷双方提出的观点和要求策划一种妥协与和解的方法。参见［英］罗杰·科特威尔：《法律社会学导论》，潘大松译，华夏出版社1989年版，第239页。

④ 参见齐树洁主编：《外国调解制度》，厦门大学出版社2018年版，第39页。

先,民事强制调解从程序外观上看,其实就表现为在普通民事诉讼程序上“附加”的一个调解程序或阶段。而基于民事强制调解的法定性特点,这一“附加”的程序或阶段因为源于法律的规定而事实上已经成为民事诉讼程序的一部分——绝对适用型民事强制调解自不待言,因为立法明确规定了适用的纠纷类型;即便是选择适用型民事强制调解,调解人酌定纠纷适用的权利也仍然源于立法的授权。从这种意义上讲,民事诉讼所要求的严格程序性、规范性,也势必延伸至作为其组成部分的民事强制调解,唯此才能保证民事强制调解的正当性。更何况,通常的民事调解即使不需要遵循严格的程序,但如果要取得公正性的外观,程序保障也必不可少,①对于民事强制调解而言则更是如此。其次,无论是诉前民事强制调解抑或诉中民事强制调解,本身都面临正当性的挑战。除了与通常调解所要求的自愿原则相悖之外,作为民事诉讼“附加”的一个程序或阶段,民事强制调解不仅有增加当事人资源耗费,降低纠纷解决效率之嫌,而且限制了当事人在某些纠纷解决上的程序选择权。特别是,诉前民事强制调解因为“推迟”了当事人在某些纠纷上诉权的行使,与宪法所赋予的裁判请求权产生紧张关系。故而,民事强制调解欲消除这些正当性挑战,满足当事人纠纷解决的效率追求,将对当事人程序选择权、裁判请求权的限制控制在合理范围之内,也必须借助更加合理、精巧而细致的程序设置加以实现。在前文对域外民事强制调解的考察中也可以发现,民事强制调解的程序设置普遍受到高度重视,不少国家或地区的相关立法往往对调解的期限、调解的方式、调解的效力以及调解与诉讼(审判)的衔接等程序性事项作出详细规定。在我国民事强制调解制度的构建中,同样应高度重视程序规范的设置。以下将围绕调解的方式、调解的期限、调解的效力、诉调衔接四个方面,探讨一下我国民事强制调解的程序建构。

(一)调解的方式

调解的方式并非一个严格的法律术语,此处用来表明民事强制调解如何启动、启动之后如何开展以及在什么情况下终结。调解的方式与调解的模式不同。在调解领域的研究中,调解模式作为一个术语被经常使用,学界对此虽未形成统一的界定,但主要将其作为一种从调解程序中调解员与纠纷当事人之间相互关系的视角来分析调解制度的工具,偏重于对调解员在调解中地位的分析。② 显然,调解的方式与之不同,是从调解程序中各

---

① 参见范愉:《ADR 原理与实务》,厦门大学出版社 2002 年版,第 340 页。

② 参见廖永安等:《中国调解的理念创新与机制重塑》,中国人民大学出版社 2019 年版,第 74 页。

个环节之间的起承转合关系的视角对调解进行分析，偏重于考察调解的动态运行。具体而言，下述对民事强制调解之调解方式的探讨，将从调解的启动、调解的进行、调解的终结这三个环节逐一展开。

1. 调解的启动

由民事强制调解的强制性、法定性、前置性和司法性特点所决定，调解的启动不需要考虑当事人的意愿，只要法律规定某些民事纠纷必须先经过调解才能进入诉讼程序（诉前民事强制调解），或者根据法律规定某些案件必须先调解才能进行裁判（诉中民事强制调解），即应依法适用民事强制调解。从前文考察域外民事强制调解以及现阶段我国民事强制调解实践探索的情况看，调解的启动基本上可以归纳为两种方式。

（1）由纠纷主体提出调解申请而启动。在这种启动方式下，纠纷主体提出调解申请并非基于本人的意愿，而是基于立法的强制性规定，这种启动方式为诉前民事强制调解普遍适用。德国《民事诉讼法施行法》第 15a 条规定，如果诉前强制性调解被宣布失败，调解申请人可以据此得到调解失败证明而获得起诉资格。从“调解申请人”一词不难看出，德国《民事诉讼法施行法》第 15a 条规定的诉前民事强制调解是由纠纷主体申请而启动的。与德国《民事诉讼法施行法》第 15a 条规定相比，日本《家事案件程序法》更加明确地表达了诉前民事强制调解由纠纷主体申请而启动的要求。日本《家事案件程序法》第 257 条规定，欲就该法第 244 条规定的可进行调解的事项提起诉讼的人，应当首先向家事法院提出调解申请。此外，《日本民事调解法》规定的请求增减地租或土地、建筑物使用费案件的诉前强制调解，其启动方式之一也是由纠纷主体向法院提出调解申请。① 在我国诉前民事强制调解实践探索的上海模式中，上海市司法局提出的人民调解前置模式也采用了该启动方式。《人民调解前置调研报告》的“定义”部分指出，对法律规定的特定类型的民事纠纷，人民调解是民事诉讼的前置程序，当事人在起诉前需要提出调解申请。②

值得注意的是，由纠纷主体申请而启动诉前民事强制调解，还表现为一种较为特殊的方式——当事人未提出调解申请径行向法院起诉的，视为调解之声请，从而启动诉前民事强制调解。在体现我国诉前民事强制调解实践探索的上海模式中，上海市司法局提出的人民调解前置模式在要求当事人于起诉前需要提出调解申请的同时，还规定对于未提出调解申请而直

① 参见日本《民事调解法》第 24－2 条。

② 参见本书附录四第 1 条。

接向法院起诉的,人民法院不予受理,同时告知当事人向人民调解机构申请调解,或者依职权将案件移送相关人民调解机构调解。在此情形下,当事人的起诉视为调解申请。① 这种特殊的启动方式虽然采取了一种法律上的拟制,视当事人的起诉为"调解申请",但由于本质上仍在于要求诉前民事强制调解须经纠纷主体申请而启动,所以仍应归入由纠纷主体申请而启动的类型。

(2)由法院依职权启动。无论是诉前民事强制调解,还是诉中民事强制调解,都可以依这种方式启动,不过在考察域外民事强制调解和我国民事强制调解实践探索的过程中可以看到,这种启动方式在诉中民事强制调解上最为常见,无论是德国、法国、日本、美国、加拿大、澳大利亚的诉中民事强制调解制度,还是现阶段我国诉中民事强制调解的实践探索,都普遍存在该启动方式。② 相较而言,诉前民事强制调解采取这种启动方式的情况较少,就本书考察的范围而言,仅在日本、澳大利亚以及我国的上海模式中采用。日本《民事调解法》第 24 -2 条规定,对于法定的请求增减地租或使用费的案件,当事人应当首先提出调解申请;未提出调解申请而直接提起诉讼的,受诉裁判所应将该案件交付于调解。但是受诉裁判所认为交付调解不适当的除外。此外日本《家事案件程序法》第 257 条规定,欲就该法第 244 条规定的可进行调解的事项提起诉讼的人,如果没有遵守调解前置的规定而直接提起诉讼,诉讼法院原则上必须依职权将案件交付于家事调解程序。澳大利亚 1975 年《家庭法》第 60I(10)条规定,当事人在申请与子女养育令等有关子女的命令前,如果是基于例外情况没有参加家庭纠纷调解,法院应当考虑作出指示,要求当事人与家庭纠纷调解员和对方当事人或与命令所涉及的事项有关的诉讼当事人一起参加家庭纠纷调解。在上海模式中,按照上海市司法局提出的人民调解前置设想,当事人未提出调解申请而直接向法院起诉的,人民法院除了可以不予受理,告知当事人向人民调解机构申请外,还可以依职权将案件移送相关人民调解机构调解。③

我国既有的民事强制调解都属于诉中民事强制调解类型,且在启动方式均由法院依职权启动,与国际上通行的诉中民事强制调解启动方式保持一致。因此在民事强制调解启动环节的建构上,关键在于解决未来我国诉

① 参见本书附录四第 1 条。

② 参见本书第二章"民事强制调解之域外篇"、第四章"民事强制调解之中国篇(下)"之"一、现阶段我国民事强制调解实践探索的典型形态"。

③ 参见本书附录四第 1 条。

前民事强制调解如何设置启动方式的问题。前已论及,本书主张我国建构非法官主持的绝对适用型诉前民事强制调解。尽管在这一模式选择下调解主持人系法官之外的人士,但其本质上是一种处于法院司法“荫影”之下的调解,与法院司法之间保持着密切联系,法院从始至终都发挥积极作用。比如,负责将诉至法院的纠纷移送给调解人或调解组织,为调解的开展提供场所等办公条件,为纠纷双方提供调解人或调解组织名单,对调解达成的协议进行审查确认。从我国《特邀调解规定》《委派调解意见》的内容来看,虽然立案前委派调解提供了非法官主持诉前调解的可行方式,但因其本质上仍然属于自愿调解,所以在调解的启动环节,《特邀调解规定》要求“对适宜调解的纠纷,登记立案前,人民法院可以经当事人同意委派给特邀调解组织或者特邀调解员进行调解”,①《委派调解意见》也规定,“对于当事人起诉到人民法院的纠纷,经当事人申请或者人民法院引导后当事人同意调解的,人民法院可以在登记立案前,委派特邀调解组织或者特邀调解员进行调解,并由当事人签署《委派调解告知书》”。② 可以发现,上述规定都强调了当事人在调解启动上的自愿性。不过仔细对比可以发现,《特邀调解规定》《委派调解意见》之间存有细微差异,区别就在于前者仅提供了一种调解启动方式,即“经当事人同意”,而后者则在此基础上增加了一种首选,即“经当事人申请”。很显然,《委派调解意见》实际上肯定了由当事人申请而发动诉前委派调解的做法,而且是推荐当事人首选的一种发动途径。③《委派调解意见》的这一变化,无疑为我国诉前强制调解启动方式的设置提供了有益启示。在未来选择非法官主持的绝对适用型诉前民事强制调解模式这一设想下,由于诉前民事强制调解本质上是处于司法“荫影”之下的调解,法院从始至终仍然要发挥重要作用,因此对诉至法院的属于诉前强制调解适用范围的纠纷,法院固然可以依职权交付(委派)给调解组织或调解员进行调解,但同时也应该设置当事人向法院申请调解这一启动方式。因为该启动方式恰恰体现了诉前民事强制调解的内在要求,即调解是诉讼程序启动之前的必经程序,当事人必须先经过调解解决纠纷,解决不成的才能提起民事诉讼。在未来我国诉前民事强制调解的建

① 《特邀调解规定》第 11 条。

② 《委派调解意见》第 4 条。

③ 《委派调解意见》第 4 条规定:“对于当事人起诉到人民法院的纠纷,经当事人申请或者人民法院引导后当事人同意调解的,人民法院可以在登记立案前,委派特邀调解组织或者特邀调解员进行调解,并由当事人签署《委派调解告知书》。”从其文意表述看,“经当事人申请”处于“当事人同意之前”。本书认为,这其实表明最高人民法院对待两种启动方式的不同态度。

构上,该启动方式应该成为最主要的启动方式,同时允许法院在当事人没有遵守调解前置要求而直接起诉的情况下,依职权交付(委派)调解。从前文考察域外诉前民事强制调解以及我国诉前民事强制调解实践探索的情况看,由纠纷主体申请调解也是普遍被采用的诉前民事强制调解启动方式,法官依职权启动调解的方式仅在部分国家或地区适用,因此上述构想也顺应了诉前民事强制调解启动方式上的基本规律。

2. 调解的进行

调解的进行旨在探讨民事强制调解一旦启动之后,应该如何具体开展的问题。长期以来,我国调解领域的研究对调解的原则、功能、模式以及调解与审判的关系等宏观层面关注较多,对调解的程序运行特别是调解流程的安排、调解策略的应用等微观层面重视不够。这种状况的形成固然可以从调解的灵活性上寻找借口,但会实实在在影响调解效果的发挥,并且难免基于调解程序的空洞而招致参与者对调解正当性的质疑。因此在我国民事强制调解的程序建构中,必须对调解环节的内容充实和细节设计给予应有的重视。而且从前文对域外民事强制调解的考察中可以看到,不同国家或地区虽然在民事强制调解的制度安排上做法不一、风格各异,但往往都比较重视调解运行的程序规范,以增强调解的可操作性,满足程序保障的要求。比如,在家事纠纷的诉前强制调解上,法国对促进调解和好、协议达成的环节关注颇多。法国《民法典》规定在离婚纠纷诉前强制调解中,为了给双方当事人一定的考虑期限,法官可以暂行中止调解尝试。如果法官认为有必要给予更长的考虑时间,在决定暂时中止调解程序的同时可以决定在最长 6 个月的期限内进行新的调解尝试。在澳大利亚与子女养育令有关的家事纠纷诉前强制调解上,澳大利亚 1975 年《家庭法》对调解的准备活动提出了大量细致的要求,包括家事法院应召开庭前信息会议,该会议为必经程序;家庭纠纷调解员初步了解案件争点,介绍相关司法程序,使当事人充分了解可利用的调解服务及未成年子女利益的重要性;接下来的案件评估会议由家庭纠纷调解员、登记官分别或共同主持,答复当事人关于调解程序的疑问,评估个人意愿以便提供更有针对性的服务;如果评估结果表明该案不适合调解,则转介其他服务,如果适合则实施调解。

当然,民事强制调解只是在启动的环节与普通民事调解不同,体现出强制性的特征,而一旦,调解运行的基本流程与普通民事调解并无明显差异,仍然包括五个基本环节:调解的准备——调解员(调解组织)的说明和告知——当事人陈述和事实调查——调解员(调解组织)的引导、说服和协调——调解方案的形成。不过鉴于诉前民事强制调解和诉中民事强制调解不同的模式选择,各自流程上的要求可能会有所不同。在我国诉前民事强制调解选择非法官主持的绝对适用型模式构想下,诉前民事强制调解的程序运行要注重调解准备环节、调解员(调解组织)的说明和告知环节的设计。因为在这种模式选择下,诉前民事强制调解或依当事人向法院申请调解而启动或依法院职权而启动,且调解系法官之外的调解组织或调解人主持,所以势必会存在当法院接到当事人申请后或依职权启动后,向调解组织或调解人交付调解的过程。而在诉中民事强制调解选择法官主持的绝对适用型模式构想下,调解虽然由法官主持,但因为涉及邀请协助调解或委托调解方式的适用,法官之外的调解力量也会参与其中。因此对诉中民事强制调解的运行来讲,上述诉前民事强制调解面临的问题仍然存在。况且诉中民事强制调解系法院依职权启动,从"调审分离"的理念出发,一方面调解法官不能同时担任本案的审判法官,另一方面诉中民事强制调解采用委托调解方式时,因为涉及对调解人的选任、调解期日确定等,所以调解准备环节的设计依然非常重要。其中,在诉前民事强制调解采取依职权委派调解,或者诉中民事强制调解采取委托调解的场合,如果接受委派或委托的调解组织系人民调解组织,建议直接遵照《全国人民调解工作规范》的相关要求进行调解。比如,调解准备环节应包含安排调解人员、调查核实、拟定调解方案、调解员告知等具体工作,调解的说明和告知环节应包含讲解政策、明晰法理以及调解前告知人民调解原则和当事人权利义务等内容。①

3. 调解的终结

调解的终结即调解程序的结束,主要包含调解成功和调解失败两种情形。之所以研究民事强制调解的终结,主要目的在于解答如何判断调解成功和失败,调解成功和失败各自的表现方式有哪些,调解失败时如何与诉讼程序相衔接等细节问题。其中,调解成功也即调解成立,是指经过调解当事人双方或各方达成了调解协议。调解失败也即调解不成立,是指经过调解当事人之间未能达成调解协议。② 不过作为一种特殊的调解形态,调解成功或失败的标准不仅仅表现为调解协议的达成与否。

在调解的成功方面,日本《家事案件程序法》规定家事纠纷诉前强制调解除了当事人达成合意和未能达成合意而终结外,还包括另外两种导致调解程序终结的情形,即"相当于合意的审判"和"替代调解的审判"。其

① 参见《全国人民调解工作规范》第6条。

② 参见齐树洁主编:《外国调解制度》,厦门大学出版社2018年版,第45页。

中“相当于合意的审判”是指,对于可提起人事诉讼的事项(可以任意处分的离婚和解除收养关系的事件除外),在进行家事调解过程中,如果当事人之间就依照申请目的接受审判形成合意,或者对于涉及当事人申请的无效或撤销的原因、身份关系形成或存否的原因没有争执,那么家事法院在调查必要的事实之后,认为该合意正当时,依据当事人的合意作出的认可其审判请求的裁判。① “替代调解的审判”是指,在调解没有达成合意的情况下,家事法院认为适当时可以在对当事人之间的公平以及其他情况进行考虑的基础上,为了解决案件而依职权作出必要裁判。但是相当于合意的审判事件例外。② 从本质上讲,“相当于合意的审判”和“替代调解的审判”都属于调解成功的表现。因为“相当于合意的审判”其适用前提在于,人事诉讼事项(可以任意处分的离婚和解除收养关系的事件除外)的当事人之间存在合意——包括依照申请目的接受审判的合意,或者对于涉及当事人申请的无效或撤销的原因、身份关系形成或存否的原因没有争执。法院正是基于当事人的这种合意,才作出认可其审判请求的裁判。“替代调解的审判”虽然在调解没有达成合意的情况下适用,但法院并没有运用调解不成立的措施终结调解,而是在调解继续的情况下通过作出审判终结调解。况且,无论是“相当于合意的审判”还是“替代调解的审判”,在效果上与当事人达成合意一样,都具有和确定判决同一效力,③故而均应纳入广义的调解成功的范畴。

在调解失败方面。从前文考察域外民事强制调解和现阶段我国民事强制调解实践探索的情况看,根据调解协议未能达成的原因不同,调解失败其实有多种情况:(1)当事人双方或各方因为分歧较大,未能形成调解协议。这是调解失败最主要的表现方式。(2)调解人(或调解组织)主动终结调解程序。如果在民事强制调解过程中调解人发现纠纷并不适合调解,或者认为有充分证据表明调解成功无望,就没有必要让双方当事人继续调解下去。比如,日本《民事调解法》规定,当接受法院交付调解的调解委员会认为当事人之间无达成合意的可能,或者达成的合意不适当的,法院可依调解不成立而终结调解程序。④ 从本质上讲,这种终结调解的方式是调解人(或调解组织)的职责使然。(3)当事人一方或各方要求终结调解程序。在民事强制调解中虽然各方当事人被强制要求参加调解,但是并

① 参见日本《家事案件程序法》第277条。

② 参见日本《家事案件程序法》第284条。

③ 参见日本《家事案件程序法》第281、287条。

④ 参见日本《民事调解法》第14条。

没有被强制要求达成调解协议。因此,在调解启动后,调解进展到什么程度,是否继续调解等问题,仍然由当事人来决定。如果当事人一方或各方以自己的行为表明没有调解意愿(比如,无正当理由在调解期日不到场参加调解),或认为调解无望,另一方或各方就可以要求终结调解。德国《调解法》第2条第5、6款即规定,当事人一方或各方主动提出终结调解程序是调解程序终结的三种方式之一,而且该规定是德国各州设置诉前民事强制调解时遵循的统一标准和最低程度规范及要求。(4)调解期限届满,当事人双方或各方仍未达成调解协议。德国《民事诉讼法施行法》第15a条规定,诉前民事强制调解的期限为3个月,如果调解在3个月内不举行,无论是谁的责任,调解都会被宣布失败。在我国台湾地区,根据"法院设置家事调解委员办法"的规定,家事调解事件应在事件系属后4个月内完成,调解逾期仍未能成立的,除双方当事人书面同意续行调解外,应立即终结调解程序。在现阶段我国大陆民事强制调解实践探索的北京西城法院模式中也有类似的规定,适用普通程序的案件在诉讼文书送达双方当事人后15日内未达成调解协议,适用简易程序的案件在诉讼文书送达双方当事人后7日内未达成调解协议,即应终止调解。① (5)经调解达成的协议不适当。在这种情况下,虽然从形式上看形成了调解协议,但因其内容不适当,比如,违反法律的禁止性规定、违反公共秩序等,而被认定调解不能成立。日本《民事调解法》中规定,调解委员会认为当事人之间无达成合意的可能,或者达成的合意不适当的,法院可依调解不成立而终结调解程序。②

本书认为,在我国民事强制调解的建构上,调解终结作为具有承上启下功能的重要环节,其制度设计应该朝着多元化和精细化的方向发展,尤其应该重视对调解成功或调解失败标准的理性衡量和明确规定。从调解成功方面看,其续发的问题不仅仅是从理论上界定调解协议应具有何种效力,还涉及实践中当事人如何落实协议中约定的权利。在日本的民事强制调解中,调解成功的,双方达成的调解协议或"相当于合意的审判""替代调解的审判"都具有和确定判决一样的效力,因而都可以成为执行依据。可以说调解协议能产生如此效力,其实都源于调解成功这一前提。因为尽管调解的成功本身并不能自动实现当事人的权利,但开启了当事人权利实现的大门。从调解失败方面看,其续发的问题更加重要。因为纠纷并未获

---

① 参见本书附录一第41条。

② 参见日本《民事调解法》第14条。

得解决,那么当事人下一步应如何通过诉讼寻求救济,或者如何获得法院对本案的裁判?如果调解成功,则当事人需要面临写在纸面上的权利如何得到落实的问题,那么调解失败时当事人则连自己是否享有权利,究竟享有何种权利还未获得清晰的答案。因此,对民事强制调解失败的标准进行明确而合理的规范,可以将对当事人诉权的限制降至最低,保障当事人诉讼权利的行使,并提升民事纠纷的解决效率。基于上述考虑,在未来我国民事强制调解程序终结环节的设计上,调解成功的认定宜突破原来的单一化标准,借鉴日本等国家或地区的做法,在"当事人达成调解协议"之外增加调解成功的其他认定标准。借此尽可能地将通过强制启动调解而获得的来之不易的合意成果加以固定,打通纠纷合意解决的"最后一公里"。在调解失败的认定上,建议也应进一步设置多元标准并使其内容更加明晰。因为从目前我国既有的民事强制调解立法和实践探索来看,调解失败的判断标准过于模糊,①可在吸收上述调解失败五类标准的基础上,对每一类标准的内容作出清晰界定。

(二)调解的期限

调解的期限,是指民事强制调解从启动到终结所能够耗费的最大时长。客观来讲,调解期限并非一个独立的程序问题,它是调解运行的时间界限,与调解的运行密不可分。而之所以将其单独列出加以探讨,除了在前文分析调解终结的标准时已经提到,调解期限届满仍未达成协议可以表明调解失败,并引发后续的法律问题之外,更在于无论是诉前民事强制调解还是诉中民事强制调解,由于从程序的外观上都体现为"附加"的一个调解过程,因此都面临如何提高程序效率,把对当事人诉权的限制降至最低程度的问题。为民事强制调解设置期限,将民事强制调解的运行时间控制在一个合理的范围内,正是回应这些问题的必须之举。从前文考察域外民事强制调解和现阶段我国民事强制调解实践探索的情况看,调解期限的设置普遍受到重视,但是我国既有的民事强制调解立法则对此缺乏相应的规定。因此,未来我国民事强制调解的建构中有必要对此作出回应。当然,由于民事强制调解存在诉前民事强制调解和诉中民事强制调解之分,二者适用时间节点的不同决定了各自对调解期限设置的要求也有所不同。

1.诉前民事强制调解的期限设置。诉前民事强制调解系民事诉讼的前置程序,在诉讼程序启动之前适用。因此,如果调解期限设置过长或者

---

① 我国《民法典》规定"调解无效,应准予离婚",至于如何判断调解无效,没有进一步明确;《简易程序规定》仅仅对调解成功作出了规定,而对调解失败如何判断并未明确,完全交由法官或当事人对上下条文的理解自行判断。此外,深圳中院模式中也缺失调解失败标准的确定。

不够明晰，势必影响当事人的起诉，既不利于当事人诉权的行使，也贬损了诉前民事强制调解制度的效率性和正当性。在对域外民事强制调解和现阶段我国民事强制调解实践探索的考察中可以发现，诉前民事强制调解往往都会规定期限要求。德国《民事诉讼法施行法》要求诉前强制调解的期限为 3 个月，如果在 3 个月内调解不举行，无论是谁的责任调解都会被宣布失败。① 根据我国台湾地区相关家事调解的规定，家事调解事件应在事件系属后 4 个月内完成，调解逾期仍未能成立的，除双方当事人书面同意续行调解外，应立即终结调解程序。此外我国台湾地区有关劳动方面的规定要求，除特别情事外，劳动调解应在 3 个月内以三次期日内终结。在现阶段我国大陆诉前民事强制调解的实践探索中，上海模式和浙江模式也都明确了调解的期限。在上海模式中，根据《人民调解前置调研报告》的要求，人民调解组织主持调解应当在受理纠纷后 15 日内完成，如在规定期间内不能调解结案的，应当终止调解；经当事人申请，人民调解组织可以将调解期限适当延长，但延长期限不得超过 15 日。在浙江模式中，对于符合保险行业前置调解条件的交通事故损害赔偿纠纷，调解期限一般为 15 日；经当事人申请或当事人因客观原因无法在约定时间参与调解的，调解期限可以适当延长，但延长期限一般不得超过 7 日，特殊情况最长不得超过 15 日。在未来我国诉前民事强制调解的程序建构中，可以考虑按照《委派调解意见》对诉前委派调解期限的要求，将调解期限确定为 30 日，同时赋予双方当事人协议延长调解期限的权利。②

2. 诉中民事强制调解的期限设置。诉中民事强制调解启动的时间节点并非整齐划一，这种状态势必对调解期限产生不同的影响。从域外民事强制调解和现阶段我国民事强制调解的立法及实践情况来看，诉中民事强制调解启动的时间节点可以分为三种情形：(1) 开庭审理期日之前或开庭审理前③启动。我国《简易程序规定》对诉中民事强制调解启动时间节点的要求即属此类。由于该时间节点蕴含了以开庭审理期日作为调解运行时间界限的要求，故而无须就调解期限再行规定。(2) 审前准备阶段启动。在这一时间节点启动诉中民事强制调解，往往会对调解期限提出明确要求。比如，法国《劳动法典》规定，劳资纠纷的强制调解应在劳资纠纷调解法庭受理当事人诉讼请求之后的 1 个月内进行。加拿大安大略省《民事诉讼规则》规定，调解会议应在审判程序开始阶段后的 90 日答辩期内召

---

① 参见章武生、张大海：《论德国的起诉前强制调解制度》，载《法商研究》2004 年第 6 期。

② 参见《委派调解意见》第 9 条。

③ 是指在开庭审理期日的开庭审理阶段进行之前。

开。现阶段我国民事强制调解实践探索中的深圳中院模式也规定,诉中民事强制调解在审前阶段适用,不超过立案后的15个工作日。经双方当事人书面同意,审前调解的期限可延长10个工作日。(3)授权法官决定何时启动。比如,日本《家事案件程序法》规定的诉中民事强制调解均没有明确的启动节点要求,而是由法官在诉讼中依职权随时交付调解。我国《民法典》对离婚案件强制调解的规定也应该属于此类。在这种情形下,调解期限虽然没有被明确规定,但从诉中民事强制调解作为法院裁判前置阶段这一前提出发,调解期限势必受审限的约束,因此没有必要再行规定。基于前述分析,如果未来我国诉中民事强制调解的启动时间节点拓展到第二种情形,则有必要对调解期限作出明确规定。因为审前准备阶段位于诉讼程序的早期,如果诉中民事强制调解在该时间节点启动,那么来自审限的约束力相对较弱。为防止调解过分拖延,提升诉讼效率并保障当事人诉讼权利及时行使,显有必要确定清晰的调解期限。其中,对于法院采取委托调解方式实施诉中民事强制调解的,可以考虑按照《特邀调解规定》的要求,将适用普通程序的调解期限限定为15日,适用简易程序的调解期限限定为7日,同时赋予双方当事人协议延长调解期限的权利,且延长的调解期限不计入审理期限。此外,从有利于双方合意的达成,提高诉中民事强制调解运行实效的角度出发,可以考虑将调解启动的具体时间节点置于当事人提交诉辩书状后的一定期间。因为此时双方当事人通过诉辩书状的提交,已经能够对彼此的诉求及争议焦点有所把握,要求双方此时进入调解程序,有利于双方在认清自身优劣的基础上进行更理性、务实的对话和协商,从而促使协议的达成。

(三)调解的效力

调解的效力,是指经民事强制调解双方当事人达成的调解协议所产生的法律效果。需要说明的是,当事人双方达成的调解协议并非当然具有法律效果。调解协议欲产生法律效果,前提在于其本身应具备实质上的合法性,即应符合成为有效调解协议所要求的相关条件,包括:(1)当事人具有完全民事行为能力;(2)意思表示真实;(3)不违反法律、行政法规的强制性规定或社会公共利益。① 民事强制调解达成的协议作为调解协议的表现方式之一,其有效成立自然也需要符合上述条件。

① 2002年最高人民法院颁布的《关于审理涉及人民调解协议的民事案件的若干规定》中,对调解协议有效必须具体的条件作出上述规定。尽管这是针对人民调解协议而言的,但对民事调解无疑具有普适性。参见范愉:《非诉讼程序(ADR)教程》,中国人民大学出版社2016年版,第119页。

通常,有效的调解协议仅具备契约性,而没有司法性或者强制执行力。[①] 因此,通过调解协议确定的纠纷解决方案必须借助当事人双方的自觉履行才能实现,一旦一方当事人拒不履行调解协议,另一方当事人除了寄希望于调解人或其他人的道德规劝以及对方当事人的良心发现外,几乎无计可施——如果他或她仍然不愿意诉诸正式司法救济。而调解协议不被遵守和履行的后果是严重的,不仅会让当事人对调解这一纠纷解决方式感到失望,并影响其嗣后适用调解的意愿,而且由于当事人在调解中投入的各类成本付之东流,调解所面临的效率危机也赫然凸显。因此,在契约性基础上进一步寻求调解协议效力的升级,使其具有强制执行力,不仅为当事人所迫切需要,对调解这一纠纷解决机制的发展来讲也具有深远意义。

就民事强制调解而言,实现调解协议效力的提升更具有不言而喻的重要性。民事强制调解作为一种从外观上看被“附加”在诉讼程序上的特殊程序或阶段,本身就面临“降低纠纷解决效率”的正当性质疑。如果民事强制调解达成的调解协议被赋予强制执行力,使当事人的民事权益不经诉讼即可实现,那么民事强制调解就已经不再是“附加”在诉讼程序之上的特殊程序或阶段,而成为与诉讼程序并行的一种纠纷解决程序,一种真正意义上的替代性纠纷解决程序。这一转变的效果是双重的,除了民事强制调解面临的效率质疑不攻自破外,还为当事人提供了不经诉讼同样实现民事权益的亲身体验。因此,提升调解协议效力,赋予其强制执行力,不仅有助于提高民事强制调解纠纷解决的效率,而且将促进当事人更积极地参与调解,避免调解程序的空转。因为民事强制调解虽然在启动环节是强制的,但是调解的进行以及调解能否达成协议,仍然要取决于当事人双方的自愿。所以如果当事人在调解中敷衍虚应,调解难免沦为一个空转的程序。从前文考察域外民事强制调解及现阶段我国民事强制调解实践探索的情况看,民事强制调解效力的提升普遍受到重视。德国《民事诉讼法施行法》规定,诉前民事强制调解达成的协议具有强制执行的效力,可以根据德国《民事诉讼法》第 794 条第 1 款第 1、2 项的规定,由调解机构所在地的地方法院的文书官负责执行。日本《家事事件法》规定,经过诉前民事强制调解,如果当事人达成合意并将该内容记载于笔录时调解成立,该笔录记载与确定判决具有同一效力。日本《民事调解法》规定,诉中民事强制

---

① 参见齐树洁主编:《外国调解制度》,厦门大学出版社 2018 年版,第 46 页。当然,这仅仅是在通常意义上对调解协议效力的判断,对于法院调解中达成的调解协议则另当别论。

调解中当事人之间达成合意的,则将该合意记载于笔录时调解成立,该记载与裁判上的和解具有同一效力。我国台湾地区相关民事诉讼的规定要求,诉前民事强制性调解产生与诉讼上和解同一的效力,亦即与确定判决同一的效力。我国澳门特区《劳动诉讼法典》规定,在检察院主持的劳动争议诉前强制调解中,调解达成协议的,检察院须就协议内容制作一份笔录并立即送交法官认可。该笔录经法官认可才能发生法律效力,可以作为执行依据。在现阶段我国大陆民事强制调解实践探索的上海模式中,前置调解成功的,当事人可以依法向基层人民法院申请司法确认。在浙江模式中,经保险行业人民调解委员会调解成功的案件,当事人可以选择申请司法确认。尽管上海模式和浙江模式都没有直接规定诉前民事强制调解成功的效力,但其实已经明确了实现效力升级的途径。因为根据《民事诉讼法》的规定,如果法院裁定调解有效,一方当事人拒绝履行或未全部履行,则对方当事人可以向法院申请强制执行。据此,经司法确认后的调解协议可以作为执行依据,司法确认正是实现调解协议效力提升的途径。

在未来我国民事强制调解的效力提升方面,可以充分利用现有立法搭建的制度框架。前已述及,《人民调解法》《民事诉讼法》规定的司法确认制度为实现诉调对接,激活诉讼外调解资源的潜力发挥了重要作用。尤其是对诉前民事强制调解而言,司法确认制度提供了实现其效力升级的制度支撑,经司法确认后的调解协议即可作为强制执行的依据。在诉中民事强制调解上,根据我国《民事诉讼法》第 100 条的规定,无论是法官调解还是邀请协助调解,如果经诉中民事强制调解达成调解协议,人民法院应当制作调解书结案。而众所周知,调解书是法定的执行依据之一,具有强制执行的效力。如果诉中民事强制调解采取委托调解方式,则根据《特邀调解规定》,调解达成的协议应由法院审查并制作调解书,①同样可以获得强制执行效力,实现调解协议的效力提升。

(四)诉调对接

在特定纠纷上适用民事强制调解的初衷,是希望纠纷双方能够充分利用调解这一解纷机制,在协商、谈判的基础上实现纠纷的合意解决。但不可否认,由于民事强制调解只是对调解启动环节的强制,至于调解如何进行,最终能否达成协议,则仍然取决于纠纷双方的意愿。所以,无论是诉前民事强制调解抑或诉中民事强制调解,都不可避免面临调解失败时,或者

① 参见《特邀调解规定》第 20 条:"如果委托调解达成调解协议的,特邀调解员应当向人民法院提交调解协议,由人民法院审查并制作调解书结案。"

虽然调解成功但一方不履行调解协议时,如何就尚未解决的民事纠纷继续寻求司法救济的问题。由于民事强制调解相当于在通常的民事诉讼程序上“附加”了一个调解程序或阶段,面临诸多正当性挑战,除了与通常调解所遵循的自愿原则相悖之外,还有增加当事人资源耗费,降低纠纷解决效率之嫌,而且在某些纠纷的解决上限制了当事人的程序选择权。特别是,诉前民事强制调解因为“推迟”了在某些纠纷上当事人诉权的行使,从而与宪法所赋予的裁判请求权之间也存在紧张关系。因此当调解达不成协议,或者虽然达成协议但一方不履行调解协议时,必须保证纠纷主体能高效、便利地寻求进一步的司法救济,通过合理设置诉调对接机制,从而保证程序运行的效率,尽量将对当事人裁判请求权的限制控制在合理范围之内。由于诉前民事强制调解和诉中民事强制调解适用时间不同,在诉调对接上的设计理念及具体要求也不同,因此以下将分而论之。

1. 诉前民事强制调解的诉调对接

诉前民事强制调解启动时纠纷尚未发生诉讼系属,因此当调解失败,或者一方不履行调解协议时,若纠纷主体想继续寻求诉讼救济,势必涉及如何与民事诉讼程序对接的问题。在前文考察域外民事强制调解及我国民事强制调解实践探索的情况看,在诉前民事强制调解的诉调对接方面主要有两类做法。

(1)由当事人向法院提起诉讼。诉前民事强制调解失败的,由当事人向法院起诉而发动诉讼程序。德国《民事诉讼法施行法》第15a条规定,诉前民事强制调解被宣布失败的,调解申请人可以据此得到调解失败证明而获得起诉资格。日本《家事案件程序法》规定,诉前强制调解失败的,家事法院应向当事人发出调解不成立而终结调解的通知,当事人在接到该通知之日起2周内提起关于该调解案件的诉讼的,视为于提出调解申请时提起诉讼。我国台湾地区有关医疗事故预防及争议处理方面也有类似的规定,即诉前强制调解不成立的,当事人于调解不成立证明书送达之翌日起6个月内起诉者,视为自申请调解时,已经起诉。现阶段我国大陆民事强制调解实践探索中的上海模式也曾采用该做法。按照上海市司法局形成的《人民调解前置调研报告》的要求,调解不成或当事人不愿调解的,人民调解机构应出具调解不成的证明书,当事人可以持该证明向人民法院提起民事诉讼。与上海模式的具体要求略有不同,浙江模式虽然也采用了这一诉调对接机制,但是强调对网上一体化处理平台的利用,要求必须借助道理交通事故纠纷网上管理系统加以实施。根据《交通事故网上一体化处理细则》的规定,当事人未达成调解协议的,由调解员在调解期限届满后,登录道路交通事故纠纷网上管理系统,并根据各方当事人的技术条件和意愿,在管理系统的相应页面勾选"线上开庭"或"线下开庭"。勾选"线上开庭"的案件,系统将自动发送案件流水号给当事人,作为当事人在诉讼阶段发起诉讼、提取案件信息的依据。当事人不同意或客观上无法"线上开庭"审理的,调解员应向当事人出具调解终结书,并加盖保险行业人民调解委员会印章,作为其向法院线下申请立案的凭据。可见,调解失败后,无论是"线上开庭"还是"线下开庭",本质上都以当事人起诉为前提,只不过"线上开庭"更为便捷,当事人只需在系统中作出勾选,即可提起诉讼。

(2)法院直接续行诉讼程序。诉前民事强制调解失败的,无须当事人另行起诉,由法院直接启动民事诉讼程序。法国《民法典》对于诉讼离婚中的诉前强制调解规定,夫妻双方若经过家事法官的调解达成和解的,应用笔录加以确认。如果未达成和解或一方不到庭,法官可以作出调解不成的裁定,并据此批准提起诉讼的一方对其配偶进行传唤,以及请求法院作出实体判决。

未来在我国诉前民事强制调解选择非法官主持的绝对适用型模式的前提下,诉调对接采用上述第二种方式可能更为适宜,因为前已论及,在这种模式选择下,由当事人直接向法院申请调解,应该是启动诉前民事强制调解最主要、最直接的方式。法院依职权交付(委派)调解的方式,仅在当事人未遵守调解前置要求而直接向法院起诉时才适用。但无论是哪一种诉前民事强制调解启动方式,有一点是共同的,即纠纷在调解失败之前已经"进入"法院,只不过尚未发生诉讼系属。特别是在法院依职权交付而启动诉前强制调解的情形下,调解失败之前当事人已经向法院提起诉讼。因此如果诉前民事强制调解失败,要求当事人必须向法院起诉才能继续寻求司法救济,不仅可能导致当事人错过起诉期间或者受到起诉带来的时效中断等不利益,①而且在当事人已经起诉但因为遵从诉前调解的强制性要求而被暂时搁置的情形下,如果要求其再次起诉,难免引发当事人的强烈抵触。此外,未来我国诉前民事强制调解采用第二种诉调对接方式也具备合适的土壤。按照《特邀调解规定》在诉前委派调解与诉讼程序对接方面的设计,诉前委派调解未达成调解协议的,特邀调解员应当将当事人的诉状等材料移送回人民法院;当事人坚持起诉的,人民法院应当依法登记立案。② 显然,《特邀调解规定》正是采用了续行诉讼程序的方式,在诉前委

---

① 参见[日]梶村太市、德田和幸主编:《家事事件程序法》,郝振江等译,厦门大学出版社 2021 年版,第 55~56 页。

② 参见《特邀调解规定》第 21 条。

派调解失败时,如果当事人有继续通过诉讼途径寻求救济的需求,不必要求其再次起诉,而是规定法院应当依法登记立案。《委派调解意见》对此又有进一步细化,规定委派调解案件因调解不成而终止的,接受委派的特邀调解员应当出具结案报告,与相关调解材料一并移交人民法院,而且结案报告应当载明终止调解的原因、案件争议焦点、当事人交换证据情况、无争议事实记载、导致其他当事人诉讼成本增加的行为以及其他需要向法院提示的情况等内容。① 因此,未来我国诉前民事强制调解在诉调对接方面更适宜选择法院续行民事诉讼程序的方式,并以《委派调解意见》的相关内容为基础,规定诉前民事强制调解因调解不成而终止的,接受委派的特邀调解组织或调解员应当出具结案报告,与相关调解材料一并移交人民法院;对于诉前民事强制调解中已经明确告知当事人相关权利和法律后果,并经当事人同意的调解材料,经人民法院审查,符合法律及司法解释规定的,可以作为诉讼材料使用。

2. 诉中民事强制调解的诉调对接

与诉前民事强制调解不同,诉中民事强制调解因为是在案件已经发生诉讼系属之后启动,所以一旦调解失败,自然应当续行之前的诉讼程序,由法院继续审理并作出裁判。不过从我国现行立法的规定看,调解失败后的诉调对接问题并未得到正面回应。以离婚案件的诉中强制调解为例,《民法典》第 1079 条第 2 款规定“人民法院审理离婚案件,应当进行调解;如感情确已破裂,调解无效,应准予离婚”,《民诉法解释》第 145 条也仅规定“人民法院审理离婚案件,应当进行调解,但不应久调不决”,而《简易程序规定》则对此根本没有涉及。因此,在未来构建我国民事强制调解的过程中,应当注意弥补这方面的缺失,就诉中民事强制调解失败后的诉调对接问题作出相应要求。建议清晰而简明地规定,“当调解失败时,应当继续进行审判”。同时,基于未来我国诉中民事强制调解对法官主持的绝对适用型模式之选择,从保证“调审分离”的需要出发,还应特别规定在调解过程中,当事人为达成调解协议作出妥协而认可的事实,不得在诉讼程序中作为对其不利的根据,但是当事人均同意的则不在此限。

七、我国民事强制调解配套制度的搭建

(一)进一步推行医责险制度

如前所述,将医疗纠纷纳入诉前强制调解的一个重要的考量因素就是

---

① 参见《委派调解意见》第 10 条。

调解在解决医疗纠纷上的良好效果。而调解之所以能发挥良好效果,与医疗责任保险(以下简称医责险)的推行覆盖密不可分。所谓医责险,是由医院为医生购买的一种保险,投保后一旦医院发生医疗事故或意外,医患双方可以通过保险公司、第三方鉴定机构或调解机构提供相关服务,厘清责任,并经由理赔程序获得赔偿。很显然,推行医责险可以将医疗纠纷引出医院大门,既遏制了"大闹大赔"或者通过非正常途径得到赔偿的现象,也使弱势患方能依法获得正当赔偿。这种通过院方购买医责险与保险公司共担医疗风险的做法,正是医疗纠纷调解获得实效性和权威性的根本保证。由于加入医责险的正规医疗机构通常会根据主管部门的安排或地方法规的要求,接受专门性医疗纠纷处理机构的调解处理,而只要调解机构的人员组成能够符合中立性、专门性和公正性要求,运行程序具有合理性,作为患者一方的当事人最终也会接受这种比较合理的制度安排。① 所以,医责险的全面覆盖是构建医疗纠纷诉前强制调解必不可少的前提工程。

我国最早于20世纪80年代在个别省市尝试推行医责险,②至2007年原卫生部、国家中医药局、原保监会联合印发《关于推动医疗责任保险有关问题的通知》,医责险开始在全国层面展开。在2010年原卫生部、司法部、原保监会印发的《关于加强医疗纠纷人民调解工作的意见》中,要求各级卫生行政部门要组织公立医疗机构参加医责险,鼓励和支持其他各级各类医疗机构参加医责险。然而现实情况是我国医责险推行困难,效果远低于预期。③ 因此2014年7月,国家原卫计委等五部门联合出台《关于加强医疗责任保险工作的意见》,为医责险的全面推开提出刚性要求:到2015年年底前,全国三级公立医院参保率应当达到100%;二级公立医院参保率应当达到90%以上。④ 借助行政力量的主导和推动,保险公司在医责险业务上曾经面临的亏损局面得到遏止,近年来我国医责险投保率出现了快速提升,目前医责险已基本覆盖全国三级公立医院。但同时也必须看到,目前二级以下的基层医疗机构中,医责险仅在少数地方推进。此外,一些医

---

① 参见范愉、李浩:《纠纷解决——理论、制度与技能》,清华大学出版社2010年版,第271页。

② 参见彭妍捷、严金海:《我国医责险制度推行进程中存在的问题及对策》,载《中国卫生事业管理》2017年第3期。

③ 据不完全统计,截至2014年全国医疗机构的医责险总体覆盖率仍不足10%。较低的投保率在很大程度上制约了保障水平的提升,保险公司亏损、医院纷纷退保。参见盛梦露、丁锋、赵晗:《"强制性医责险"来了 已覆盖全国三级医院》,载财新网,http://china.caixin.com/2016-03-28/100925607.html。

④ 参见《国家五部门联手推动医责险》,载新浪网,http://news.sina.com.cn/o/2014-07-13/052930511033.shtml。

院仍然不情愿投保医责险,对医责险服务质量感到不满。[①] 我国医责险制度之所以在发展中遇到种种障碍,原因是非常复杂的,对此有论者将其概括为五个主要方面:一是医责险的专业性不够;二是保险营利性本质;三是风险防控机制的缺乏;四是配套调解机构不完善;五是风险共担机制不健全。[②] 应该说,上述分析较为中肯,也抓住了问题的关键。未来确有必要采取以下针对性措施,推进我国医责险的发展。

1. 努力提升医责险的服务质量。无可否认,近两年医责险整体亏损局面之所以得到扭转,正是得益于政府的强力推动和干预。但是从长远看,保险业务的发展壮大要遵循市场规律,即根据投保人的赔偿情况逐年调节保费,若当年的赔偿额增长,则下一年的保费也要提升。所以,单凭行政力量推动,由政府组织下一年保费调整的"政府引导"模式并非长久之计。未来我国医责险在经营模式上可以采取和医疗意外险、医院财产险等打包捆绑经营的思路,这种捆绑经验的模式在一些地方已经获得良好效果,能够避免单独医责险产生亏损的局面。[③] 此外,考虑到保险公司对医疗责任纠纷缺乏判定能力,同时缺少让保险公司认可的独立的医疗事故鉴定机构,还有必要积极引导保险公司主动参与医疗纠纷调处的各个阶段,提高理赔人员参与处理医疗纠纷案件的能力和水平。

2. 改革现有的保险经费筹措方式。目前在公立医院体制下,医责险由医院统一为医生投保。因此发生医疗事故或意外后,对医生个人的追责有限,这样不仅使医院面临很大的经济压力,也不利于对因个人所导致的医疗风险进行有效控制,无法体现"责权对等"的理念。为此,有必要采取院方和医务人员共同分担保险经费的方式,体现"医院买保险,保的是由于管理不善导致的医疗风险;个人买保险,保的是由于行为不当造成的医疗风险",[④]以此增强医务人员主动避免冲突、控制风险的责任意识。唯此,医责险的实施才能持久下去。

3. 设立医疗责任强制险。在前述两方面取得完善的基础上,为确保医疗纠纷诉前强制调解的顺利实施,我国最终还应当建立医疗责任强制险制

---

① 参见盛梦露、丁锋、赵晗:《"强制性医责险"来了　已覆盖全国三级医院》,载财新网,http://china.caixin.com/2016-03-28/100925607.html。

② 参见彭妍捷、严金海:《我国医责险制度推行进程中存在的问题及对策》,载《中国卫生事业管理》2017年第3期。

③ 参见盛梦露、丁锋、赵晗:《"强制性医责险"来了　已覆盖全国三级医院》,载财新网,http://china.caixin.com/2016-03-28/100925607.html。

④ 韩璐、王鹏、林世才、张清涌:《医责险十年走来仍步履蹒跚》,载星恒教育网2015年12月14日,http://www.xinghengedu.com/ysxs/2185750.htm。

度。所谓医疗责任强制险，是指国家通过立法建立一种保险制度，确立医疗机构和医生的强制投保义务，以分散医疗损害赔偿的风险，并使受害人的损失及时得以补偿。医疗责任强制险有两个显著特点：一是强制性，即通过国家法律规定的形式强制实施，将投保该险种作为医院经营、医生执业的前提条件；二是标准化，即整个强制保险体系的运作有一套统一的标准，对于保险责任范围、责任限额、保险费率等均有明确规定，有助于责任的判定。① 因此如果推行医疗责任强制险，无异于实现了医责险的强制性全覆盖，而这必将为调解在医疗纠纷解决领域大展身手提供有力支撑。事实上，早在2009年全国政协委员、中国平安集团董事长兼首席执行官马明哲就向全国政协十一届委员会二次会议提案，建议在我国建立强制医疗责任保险制度。此后，关于在我国设立医疗责任强制险的呼声也一直此起彼伏。② 然而，从2018年国务院颁布的《医疗纠纷预防和处理条例》的内容看，虽然"医疗责任保险"被写入该条例，但仅仅停留在鼓励医疗机构参加医疗责任保险的层面。③ 申言之，医疗责任保险并未获准强制适用。这与《医疗纠纷预防和处理条例》出台前，有论者认为的一旦该条例修订完成，就意味着"具有强制投保性质的医责险"将获得法规支撑的看法④显然相去甚远。因此，仍然需要继续努力推动医疗责任强制险，借此实现医责险的强制性全覆盖，为医疗纠纷诉前强制调解的实施创造有利的条件。

（二）进一步完善司法确认制度

作为在多元化纠纷解决机制建设中获全国性立法确认的唯一成果，⑤司法确认制度在实现诉调对接、激活诉外调解方面，具有重大现实意义。⑥在民事强制调解的建构上，司法确认制度也发挥着无可替代的支撑作用，本书将其比喻为民事强制调解的"三驾马车"之一。基于未来我国诉前民事强制调解对非法官主持的绝对适用型模式之选择，通过改造现有的委派调解，由法官在特定纠纷上依职权启动委派调解，继而在调解成功时由双

---

① 参见陈大伟：《全国政协委员：呼吁建立强制医疗责任保险制度》，载搜狐理财网，http://money. sohu. com/20090303/n262565935. shtml。

② 参见刁凡超、刘爽：《受交强险启发，全国人大代表建议设"医强险"化解医闹》，载澎湃新闻网2016年3月4日，https://www. thepaper. cn/newsDetail_forward_1439024。

③ 参见《医疗纠纷条例》第7条：国家建立完善医疗风险分担机制，发挥保险机制在医疗纠纷处理中的第三方赔付和医疗风险社会化分担的作用，鼓励医疗机构参加医疗责任保险，鼓励患者参加医疗意外保险。

④ 参见盛梦露、丁锋、赵晗：《"强制性医责险"来了 已覆盖全国三级医院》，载财新网，http://china. caixin. com/2016－03－28/100925607. html。

⑤ 参见刘加良：《司法确认程序何以生成的制度史分析》，载《法制与社会发展》2016年第1期。

⑥ 参见潘剑锋：《论司法确认》，载《中国法学》2011年第3期。

方当事人共同向法院申请司法确认，从而实现诉前强制调解的效力升级。可以说，对未来我国诉前民事强制调解的此番设计，正是以司法确认制度在实现诉调对接以及升级调解效力方面的强大作用为前提的。特别是2021年修正的《民事诉讼法》对司法确认制度进一步作出完善，规定除人民调解组织调解后达成的协议外，凡是经依法设立的调解组织调解后达成的协议，均可申请司法确认。从而将司法确认的适用范围扩展至包括经行政机关、商事调解组织以及行业性、专业性调解组织或其他依法设立的，具有调解职能的社会组织调解后达成的调解协议。毫无疑问，这将极大提升司法确认制度的功能，并因此为我国诉前民事强制调解的建构提供更有力的制度支撑。

不过，我国的司法确认制度并未臻于完美，仍有进一步改革的空间。从《民事诉讼法》的现有规定来看，司法确认程序仍须双方当事人共同提出申请才能启动，不允许一方当事人申请启动。有学者指出，规定司法确认由当事人共同申请，应该是法院对诉外调解协议中可能包含的不公平因素担忧而导致的。① 还有学者认为，由于申请司法确认将给自己与对方当事人带来可能遭受强制执行的不利益，故而只有双方当事人合意忍受此种不利益才能启动司法确认，此即当事人共同申请才能启动司法确认程序。② 但是从实践情况看，这种程序启动方式恰恰成为司法确认程序适用的制约，并对委派调解的运用产生不利影响。从本质上讲，调解协议是一种特殊的合同，其与普通合同的区别之处在于调解协议形成过程中有调解主体的参与。而适用于司法确认的调解协议是经人民调解组织、行政机关、商事调解组织、行业调解组织或其他具有调解职能的社会组织调解后达成的调解协议，这些调解主体的介入能在很大程度上确保调解协议的公平性。况且，既然调解协议具有合同属性，那么本身就会对当事人双方产生约束力，一旦一方不履行合同约定的义务，将面临法律上的不利益。此外，从现实意义上讲，要发挥司法确认在实现诉调对接、激活诉外调解方面的作用，就必须赋予在前述组织主持下达成的调解协议以较强的法律效力，否则仍然难以摆脱非诉讼纠纷解决机制在实践运用上"雷声大、雨点小"的窠臼。综上，在司法确认的启动方式上，有必要将"双方当事人申请"改为"一方当事人申请"，以彻底摆脱司法确认适用上的桎梏。当然，为了避免"一方当事人申请"启动司法确认所可能产生的不利后果，如法

---

① 参见周建华：《调解协议的司法确认程序》，载张卫平主编：《民事程序法研究》（第9辑），厦门大学出版社2013年版，第128页。

② 参见占善刚：《人民调解协议司法确认之定性分析》，载《法律科学》2012年第3期。

官确认了不公平乃至虚假的调解协议，则应该对调解环节的设计更为细致和合理。对此可以从两个方面入手：(1)规定调解组织或调解人的释明职责。应在调解程序开始时，由调解组织或调解人明确告知双方当事人，调解协议达成之后，任何一方当事人均可向法院申请司法确认，并且要向双方当事人详细释明司法确认产生的法律后果。为确保释明职责的落实，有学者建议可以向双方当事人出具调解的权利义务告知书，由当事人在清楚知晓后签署。① (2)细化调解人的任职条件、筛选机制和培训制度。毕竟，当事人对调解协议的信赖取决于调解人的素质和调解技巧，提高调解的成功率才能为司法确认制度的适用奠定基础，为前述调解组织参与纠纷解决提供更多的机会。

(三)制定相应的制裁措施

“有强制性制裁措施的保障”，这是民事强制调解强制性特点的表现之一。而民事强制调解之所以要设置制裁措施，无非为了抑制调解组织(调解人)及当事人对调解程序的虚应敷衍，避免调解沦为无效空转的程序，使民事强制调解的制度优势落到实处。从域外民事强制调解的考察中可以看到，为民事强制调解设置制裁措施是普遍的做法。根据适用对象的不同，这些制裁措施可分为两类：(1)针对调解组织的制裁措施。在法国，劳资纠纷调解法庭如果不遵守劳资纠纷强制调解程序，将会因为形式瑕疵而引发无效抗辩，导致未经调解程序而作出的判决全部或部分被认定无效，或者即使不被认定无效，也需要对程序瑕疵加以弥补，由审判庭将纠纷发回调解庭进行调解，或者自行调解。② (2)针对当事人的制裁措施。这类制裁措施比较常见，可以分为两种情形③：①直接对当事人违背调解义务的行为施以制裁，通常由法院处以一定数额的罚款。日本《民事调解法》规定，如果当事人无正当理由拒不到场接受调解，法院可处以5万日元以下的罚款。②以诉讼结果为依据实施制裁措施，即如果一方当事人拒绝调解，案件被转入法庭审理后该方当事人没有得到比调解结果更有利的判决，则要承担拒绝调解而给双方带来的费用损失。这种制裁措施主要为美国的一些州所采用。

在我国，《民法典》规定的离婚案件强制调解和《简易程序规定》中六

---

① 参见周建华：《调解协议的司法确认程序》，载张卫平主编：《民事程序法研究》(第9辑)，厦门大学出版社2013年版，第129页。

② 参见周建华：《司法调解：合同还是判决？——从中法两国的比较视野出发》，中国法制出版社2012年版，第190～191页。

③ 参见王福华：《论诉前强制调解》，载《上海交通大学学报(哲学社会科学版)》2010年第2期。

类案件的强制调解，都没有涉及制裁措施的规定。而从避免当事人敷衍虚应调解程序，增强民事强制调解运行实效的需要出发，在未来我国民事强制调解的建构中，极有必要设置相应的制裁措施。之所以如此设想，理由在于，我国立法中存在对当事人妨碍民事诉讼行为施以罚款的先例，我国《民事诉讼法》第 113 条规定，“诉讼参与人和其他人应当遵守法庭规则。人民法院对违反法庭规则的人，可以予以训诫，责令退出法庭或者予以罚款、拘留”。因此，如果规定“当事人无正当理由拒不到场接受调解的，由人民法院进行罚款”，并在现有立法规定的罚款金额内酌定调整，①不仅比较容易被社会各界所接受，而且立法成本、立法难度都相对较小。

当然，在规定制裁性措施之余尚有诸多问题值得进一步考虑。比如，从程序保障的角度讲，规定制裁措施的同时应给当事人提供救济途径，赋予当事人异议权。从域外民事强制调解制度的考察中可以看到，美国和澳大利亚的立法中都有允许当事人对法院强制启动调解提出异议的规定。那么在我国民事强制调解制度中，应当设置何种形式的当事人异议权？再如，民事强制调解的制裁措施可否产生实体意义？法国的劳资纠纷强制调解是一项“实体意义上的形式”，劳资纠纷调解法庭不遵守此程序会因为形式瑕疵引发无效抗辩。② 而在日本，对无正当理由拒不到场接受调解的当事人，法院可采取一定数额的罚款，③但并没有类似诉讼程序中对拒不应诉的当事人作出败诉和缺席判决等进一步的强制手段。如果当事人经一两次召唤，甚至经罚款后仍拒不出面接受调解，调解委员会往往只能按“调解没有达成合意之可能”而终结调解程序。④ 可以发现，虽然都属于秉持大陆法系传统的国家，法国和日本对民事强制调解制裁措施的定位明显不同。那么个中的原因是什么，又会给我们哪些启发？这些问题，都有待在规定民事强制调解制裁措施的同时进一步推敲。

（四）完善相应的激励机制

在考察域外民事强制调解时可以发现，为推动社会力量参与民事强制调解，或者为促进当事人达成调解协议，有些国家或地区往往会制定相应

---

① 《民事诉讼法》规定，对个人罚款的金额为人民币 10 万元以下，对单位罚款的金额为 5 万元以上、100 万元以下。对当事人违反调解义务，拒不到场参加调解的行为，适宜在此标准以下酌定设置。

② 参见周建华：《司法调解：合同还是判决？——从中法两国的比较视野出发》，中国法制出版社 2012 年版，第 190 ~ 191 页。

③ 参见日本《民事调解法》第 34 条。

④ 参见王亚新：《对抗与判定——日本民事诉讼的基本结构》，清华大学出版社 2002 年版，第 244 页。

的激励性措施。比如,德国《民事诉讼法施行法》第15a条规定,诉前民事强制调解需要预先向调解员支付费用,调解费根据调解成功与否按件收取。从各州的情况看,调解成功时支付的费用是失败时费用的两倍,而且由法律专业人士所组成的调解机构的调解费用更高。① 显而易见,德国《民事诉讼法施行法》的这种规定无疑会激发调解员及法律专业人士从事诉前民事强制调解的热情。在我国民事强制调解的建构上,从推动当事人实效性参加调解,进而促进调解协议的达成,以及调动各类调解资源参与调解积极性的考虑出发,也应注意激励机制的完善。具体可以从以下两个方面着手。

1. 完善当事人诉讼费用方面的激励机制。在当前我国民事强制调解的实践探索中可以看到,诉讼费用所发挥的经济杠杆作用虽然已经受到关注,但未能得到充分发挥。为此,有必要采取以下措施:(1)严格执行立法中规定的诉讼费用激励机制。国务院发布的《诉讼费用交纳办法》第15条规定,"以调解方式结案或者当事人申请撤诉的,减半交纳案件受理费"。据此,在诉中民事强制调解上,如果案件因当事人双方达成调解协议而结案或撤诉,法院应主动且严格减半收取案件受理费,法院对此既不能要求当事人提出申请,也不能有任何自由裁量的余地。在我国民事强制调解实践探索的北京西城法院模式中,根据北京市西城区人民法院出台的《西城法院管理规程》规定,"便民速裁法庭可以根据当事人的申请,对调解结案的案件受理费和财产保全费,在50%的幅度内酌定减收"。可见在北京西城法院模式中,调解结案后案件受理费上的激励机制并非自动给予,还需要经当事人提出申请。不仅如此,激励机制的力度还要取决于法院的酌定。这种做法显然已经异化了《诉讼费用交纳办法》的规定,使立法设计的诉讼费用激励机制并未落到实处。(2)努力推进诉讼费用激励机制的改革创新。除了《诉讼费用交纳办法》规定的"减半交纳案件受理费"外,从避免当事人虚应敷衍调解程序,提高民事强制调解运行效率的需要出发,有必要进一步创设新的激励举措以增强诉讼费用的经济杠杆作用。在这一方面,现阶段我国民事强制调解实践探索的北京西城法院模式和深圳中院模式中的一些做法值得借鉴。北京西城法院模式虽然没有执行立法关于案件受理费的激励举措,但在财产保全的诉讼费用上有所创新,规定法院可以根据当事人的申请,对调解结案的案件财产保全费,在50%的幅

① 参见 Ulrich Thewes, AußergerichtlicheStreitschlichtung nach dem Gütestellen-und Schlichtungsgesetz Nordrhein-Westfalen(GüSchlG NRW), Europäischer Verlag der Wissenschaften, 2005, S. 127。

度内酌定减收。尽管该举措不具有普遍意义——因为并非每一个诉中民事强制调解案件都会采取财产保全,但毕竟是诉讼费用激励机制上的一个创举。在深圳中院模式中,审前调解成功(包括调解和经调解申请撤诉)的案件,其诉讼费用按照《诉讼费用交纳办法》规定的标准减半收取。这意味着审前调解成功后,不仅案件受理费按照《诉讼费用交纳办法》规定的标准减半收取,而且其他诉讼费用,包括申请财产保全、申请执行发生法律效力的调解书的费用,也按照《诉讼费用交纳办法》规定的标准减半收取,这种诉讼费用上的激励作用显然更为明显。

2. 完善社会参与方面的激励机制。基于未来我国诉前民事强制调解和诉中民事强制调解的模式选择,势必涉及各种社会力量的参与问题。因此,搭建社会参与方面的激励机制,对增强社会力量参与的积极性,提升民事强制调解运行的效果,都可谓意义重大。从现阶段我国民事强制调解实践探索的情况来看,在社会参与激励机制方面存在的突出问题是,要么缺乏社会参与激励机制的设置,比如,北京西城法院模式和上海模式对此均未提及;要么对社会参与激励机制的设置过于笼统,缺乏具体规划和长效机制,比如,深圳中院模式和浙江模式对社会参与激励机制都只是停留在倡议或试点层面,没有上升为具体的要求。为此,有必要从以下两个方面予以完善:(1)明确肯定各类社会调解资源在民事强制调解中的法律地位,这是完善社会参与激励机制的基础和前提。对于《民事调解规定》第3条涉及的"与当事人有特定关系或者与案件有一定联系的企业事业单位、社会团体或者其他组织,和具有专门知识、特定社会经验、与当事人有特定关系并有利于促成调解的个人",可以明确其通过邀请协助调解或委托调解方式,参与或主持诉中民事强制调解的地位。此外,对于《特邀调解规定》《委派调解意见》中涉及的人民调解、行政调解、商事调解、行业调解等特邀调解组织,以及人大代表、政协委员、人民陪审员、专家学者、律师、仲裁员、退休法律工作者等符合条件的特邀调解员,也要明确其通过法院依职权委派调解的方式,主持诉前民事强制调解的法律地位。(2)在国家顶层设计中完善激励各类调解力量参与调解的具体举措。《人民调解法》规定,"国家鼓励和支持人民调解工作,县级以上地方人民政府对有突出贡献的人民调解委员会和人民调解员,按照国家规定给予表彰奖励",①"人民调解员从事调解工作,应当给予适当的误工补贴;因从事调解工作致伤致残,生活发生困难的,当地人民政府应当提供必要的医疗、生活救助;在人

① 《人民调解法》第6条。

民调解工作岗位上牺牲的人民调解员，其配偶、子女按照国家规定享受抚恤和优待”。[①] 上述内容应该是我国首个以法律形式对社会力量参与调解进行激励的规定。此外，2018 年 3 月，中央深化改革委员会第一次会议通过了《关于加强人民调解员队伍建设的意见》，提出加大对人民调解员的表彰力度，对有突出贡献的人民调解员按照国家有关规定给予表彰奖励。但是可以发现，国家顶层设计中确立的上述激励措施仅仅是针对人民调解委员会和人民调解员的，对除此之外的其他社会调解力量则缺乏关照。相比之下，《特邀调解规定》和《委派调解意见》不仅丰富了激励举措的内容，在《人民调解法》的基础上又增加向特邀调解员发放交通等补贴，对于在调解工作中有显著成绩或者有其他突出事迹的调解组织和调解员，按照国家规定给予表彰奖励等内容，而且对激励举措的适用对象也规定得更加宽泛，可以惠及更多社会调解力量。然而，从效力位阶上看，《特邀调解规定》和《委派调解意见》均不属于法律，只是最高人民法院发布的司法解释和司法文件。因此，未来我国仍有必要从国家顶层设计的角度，在总结反思各地实践中激励机制实施情况的基础上，一方面设置各种切实可行的激励举措，如物质奖励、补贴、优待、荣誉、晋升机会等，并对激励举措的最低标准、设定机关和考核认定作出要求，避免只是停留于一种倡议或口号；另一方面也要使激励措施惠及各类调解主体，充分调动各类社会调解力量参与民事强制调解的积极性。

（五）增设当事人异议程序

强制性是民事强制调解最突出的特征，其表现之一就是民事强制调解的启动无须考虑当事人的意愿，无论当事人是否同意适用调解，都必须先通过调解程序来尝试解决彼此之间的纠纷。民事强制调解在启动方式上所表现出的对当事人程序选择权的“限制”或“剥夺”，是引发其正当性危机的重要原因之一。对于诉前民事强制调解而言，这种正当性质疑尤为强烈。因为诉前民事强制调解还推迟了当事人诉权的实现，有违宪之嫌，并且被认为降低了纠纷解决的效率。因此，在民事强制调解的制度运行中需要设计一定的“装置”，为当事人表达不同意见提供机会，使当事人能够对民事强制调解的强制适用提出异议，从而尽可能降低这种程序启动上的强制给当事人程序选择权所带来的“限制”。

从前文对域外民事强制调解的考察中可以发现，有些国家规定了当事人异议程序，允许当事人对法院强制适用调解提出异议。比如，美国允许

---

① 《人民调解法》第 16 条。

当事人对法院强制启动的调解提出异议,对于当事人提出的异议,法院拥有是否命令该案进行调解的自由裁量权。① 在澳大利亚家事纠纷的调解实务中,经常存在当事人对法院的强制调解命令提出异议的情况,但异议是否成立须由法院来决定。② 在未来我国民事强制调解异议程序的建构上,可考虑借鉴我国小额诉讼制度的异议程序。众所周知,我国小额诉讼程序实行"一审终审",与"两审终审"的基本审判制度相比,小额诉讼程序显然"剥夺"了当事人获得二审的程序利益。就这种对程序利益的剥夺而言,民事强制调解对当事人程序选择权的"剥夺"与之非常类似。我国2015年发布的《民诉法解释》中首次设置了小额诉讼的异议程序,但是内容比较简单,仅规定当事人对适用小额诉讼程序审理案件有异议的,应当在开庭前提出,并由法院予以审查。在2021年《民事诉讼法》的修正中,小额诉讼的异议程序已经上升为立法的规定,③内容也更趋明确具体。此外本书认为,我国民事强制调解异议程序的建构应与我国民事强制调解的模式选择及诉调对接方面的建构相关联。具体来讲,在诉前民事强制调解中,如果当事人对法院启动民事强制调解有异议,可以向人民法院书面提出。人民法院对当事人提出的书面异议应当审查,异议成立的,依法予以登记立案,并视当事人申请调解时已经起诉;异议不成立的,裁定驳回。在诉中民事强制调解的场合,如果当事人对法院启动民事强制调解有异议,则可以向人民法院书面提出。人民法院对当事人提出的书面异议应当审查,异议成立的,继续进行审判;异议不成立的,裁定驳回。

---

① 参见[美]肯姆伯里·K.考瓦:《美国调解的发展:成熟的管理塑造未来》,载[澳]娜嘉·亚历山大主编:《全球调解趋势》(第2版),王福华等译,中国法制出版社2011年版,第368~369页。

② See Laurence Boulle, *Alternative Dispute Resolution Advisory Council Mediation and the Rule of Law: Australian Perspectices*, in Gongyi Wang and Roman Tomasic, *Collection of Papers of Sino-Australian Seminar on Alternative Dispute Resolution and Modern Rule on Law*, Law Press, 2003, p. 13.

③ 《民事诉讼法》第169条第2款规定:"当事人认为案件适用小额诉讼的程序审理违反法律规定的,可以向人民法院提出异议。人民法院对当事人提出的异议应当审查,异议成立的,应当适用简易程序的其他规定审理或者裁定转为普通程序;异议不成立的,裁定驳回。"

结　　语

民事强制调解是近年来逐渐受到关注的一项特殊民事调解制度。与通常意义上的民事调解不同,民事强制调解的启动不以当事人双方自愿为前提,而是根据立法的规定在特定类型民事纠纷上强制性实施,从而使调解或者成为当事人起诉的前提条件,或者成为法院作出裁判的前置性阶段,由此,民事强制调解也被称为“法定前置性调解”。

考察域外民事强制调解方面的立法可以发现,两大法系主要国家或地区都有民事强制调解制度的存在,且呈现不断发展壮大之势。无怪乎国内有学者认为,在当今世界性的 ADR 潮流中,法定前置性调解是真正代表时代潮流的制度设计。但显而易见,民事强制调解在程序启动上的强制性,与调解的自愿原则之间存在矛盾;由于其限制当事人直接起诉故有侵犯公民裁判请求权之嫌;此外民事强制调解使纠纷解决“多”出一道调解程序,又难免引发效率问题;强制性启动民事调解也剥夺了当事人选择纠纷解决途径的权利。这些问题看似传统民事诉讼理论对民事强制调解正当性提出的疑问,但恰恰成为一面反映民事强制调解制度理性的镜子,并使民事强制调解能够在现代调解制度中独树一帜。究其实质,在民事强制调解制度上,反映了立法者通过追求当事人之间的强制性对话以实现纠纷解决中个案利益与公共利益、法律效果与社会效果达到平衡的努力,体现出纠纷解决机制对特殊社会关系的维护,彰显了理性法治的感性一面。

传统中国乃至当下中国,一直都有民事强制调解的绵延与传承,尽管其间曾历经数次演变。但是,中国语境下民事强制调解的一个特殊之处就在于,由于以往法官强迫调解的做法弊病丛生,而在大众话语空间中强迫调解与强制调解在表述上被不加区分地使用,因而长期以来民事强制调解处于一种“冒天下之大不韪”的境地。但是随着世界性 ADR 潮流的影响,以及转型期中国社会发展的需要,因缘聚会之下,民事强制调解得以摆脱人为偏见,逐渐步入纠纷解决的制度殿堂。在立法层面,除了《婚姻法》确立的被《民法典》吸收的离婚案件强制调解之外,2003 年最高人民法院在《简易程序规定》中又建立了适用于六类案件的“先行调解”制度,2012 年《民事诉讼法》的修正过程中也一度释放出强制启动调解的信号。在实践层面,以“调解前置”的名义进行的民事强制调解实践也在各地逐渐展开,引人瞩目。而事实上,无论是基于中国民事调解制度在新时代所面临的转型任务,还是基于“将非诉讼纠纷解决机制挺在前面”的社会治理新理念的要求,以及当前中国法院和民事纠纷解决的现实需要,对民事强制调解投以应有关注都正逢其时。当然,在很多方面本书之于民事强制调解的分析和论断只是一名初涉者“无知无畏”的个人拙见,比如,民事强制调解与民事调解前置的关系,民事强制调解与强制考虑民事调解的关系;再如,从调解主持人身份和调解适用范围两个维度对民事强制调解进行的模式分析,以及我国民事强制调解模式的选择、适用范围的界定等。而且除本书涉及之外,尚有若干问题需要进一步深入思考,比如,在域外民事强制调解的考察中可以发现,不少国家存在强制考虑民事调解的做法。与民事强制调解相比,强制考虑民事调解仍然遵循“启动调解基于当事人自愿”的理念,但是强制当事人必须考虑调解适用的可能性,因而通过一定形式学习、了解调解的程序和优势等信息,成为当事人提起民事诉讼或者法院进行审判的法定前置程序。强制考虑民事调解可以起到诱导当事人尽可能利用调解解决纠纷的效果,而且还避免与传统的调解自愿原则、司法裁判请求权、当事人程序选择权等诉讼基本理论产生紧张关系,似乎发挥着从自愿性民事调解到强制性民事调解的过渡性作用。那么,强制考虑民事调解会给我国民事强制调解的构建带来何种启示?另外,社会发展是一个动态的过程,民事强制调解旨在实现纠纷解决上个案利益与公共利益、法律效果与社会效果的平衡,那么这是否意味着民事强制调解追求的平衡注定也是一个动态的平衡?申言之,民事强制调解的模式选择乃至适用范围等是否也应随着社会发展而进行不断地调整,那么,这又会对我国民事强制调解的构建产生何种影响?毫无疑问,在民事强制调解制度上有待深思挖掘的问题远不止这些,但本书认为,随着更多研究者的关注,这些问题终将获得理想的答案,并成为推进我国民事强制调解乃至我国民事诉讼制度臻于完善的强大动力。

参考文献

一、中文类

(一)著作类

1. 田平安主编:《民事诉讼法·原则制度篇》,厦门大学出版社2006年版。

2. 常怡主编:《外国民事诉讼法新发展》,中国政法大学出版社2009年版。

3. 常怡主编:《中国调解制度》,法律出版社2013年版。

4. 范愉:《非诉讼纠纷解决机制研究》,中国人民大学出版社2000年版。

5. 范愉主编:《ADR原理与实务》,厦门大学出版社2002年版。

6. 范愉:《非诉讼程序(ADR)教程》,中国人民大学出版社2016年版。

7. 齐树洁主编:《外国调解制度》,厦门大学出版社2018年版。

8. 齐树洁主编:《外国ADR制度新发展》(第2版),厦门大学出版社2017年版。

9. 刘敏:《裁判请求权研究——民事诉讼的宪法理念》,中国人民大学出版社2003年版。

10. 唐力等:《诉讼调解合意诱导机制研究》,厦门大学出版社2016年版。

11. [澳]娜嘉·亚历山大主编:《全球调解趋势》(第2版),王福华等译,中国法制出版社2011年版。

12. 王亚新:《对抗与判定——日本民事诉讼的基本结构》,清华大学出版社2002年版。

13. 肖建国:《民事诉讼程序价值论》,中国人民大学出版社2000年版。

14. 闫庆霞:《法院调解制度研究》,中国人民公安大学出版社2008年版。

15. 邱联恭:《程序选择权论》,台北,三民书局2000年版。

16. 程维荣:《中国审判制度史》,上海教育出版社2001年版。

17. [美]黄宗智:《清代的法律、社会与文化:民法的表达与实践》,上海书店出版社2007年版。

18. [美]黄宗智:《经验与理论:中国社会、经济与法律的实践历史研究》,中国人民大学出版社 2007 年版。

19. 章武生等:《司法现代化与民事诉讼制度的建构》,法律出版社 2003 年版。

20. 瞿同祖:《中国法律和中国社会》,中华书局 2003 年版。

21. 那思陆:《清代州县衙门审判制度》,中国政法大学出版社 2006 年版。

22. 春杨:《晚清乡土社会民事纠纷调解制度研究》,北京大学出版社 2009 年版。

23. [日]中岛乐章:《明代乡村纠纷与秩序》,郭万平、高飞译,江苏人民出版社 2010 年版。

24. [日]滋贺秀三等:《明清时期的民事审判与民间契约》,王亚新等编译,法律出版社 1998 年版。

25. 周建华:《司法调解:合同还是判决?——从中法两国的比较视野出发》,中国法制出版社 2012 年版。

26. 新华词典编纂组编:《新华词典》,商务印书馆 1980 年版。

27. 陈弘毅:《法理学的世界》,中国政法大学出版社 2003 年版。

28. 现代汉语辞海编纂委员会:《现代汉语辞海》,中国书籍出版社 2003 年版。

29. [法]卢梭:《社会契约论》,李平沤译,商务印书馆 2011 年版。

30. 辛国清:《法院附设替代性纠纷解决机制研究》,中国社会科学出版社 2008 年版。

31. [法]洛伊克·卡迪耶:《法国民事司法法》,杨艺宁译,中国政法大学出版社 2010 年版。

32. 苏力:《送法下乡——中国基层司法制度研究》,中国政法大学出版社 2000 年版。

33. [日]大木雅夫:《比较法》,范愉译,法律出版社 1999 年版。

34. [德]弗里德里希·卡尔·冯·萨维尼:《论立法与法学的当代使命》,中国法制出版社 2001 年版。

35. [德]黑格尔:《哲学史讲演录》(第 1 卷),贺麟、王太庆译,商务印书馆 1959 年版。

36. 章武生:《民事简易程序研究》,中国人民大学出版社 2002 年版。

37. 范愉、史长青、邱星美:《调解制度与调解人行为规范——比较与借鉴》,清华大学出版社 2010 年版。

38. [德]罗森贝克、施瓦布、戈特瓦尔德:《德国民事诉讼法》(下),李大雪译,中国法制出版社2007年版。

39. [日]棚濑孝雄:《纠纷的解决与审判制度》,王亚新译,中国政法大学出版社2004年版。

40. [美]詹姆斯·E.麦圭尔、陈子豪、吴瑞卿:《和为贵——美国调解与替代诉讼纠纷解决方案》,法律出版社2011年版。

41. 傅郁林:《民事司法制度的功能与结构》,北京大学出版社2006年版。

42. 卓泽渊:《法学导论》(第3版),法律出版社2021年版。

43. 沈宗灵:《比较法研究》,北京大学出版社1998年版。

44. 李大雪:《德国民事诉讼法的百年嬗变》,黑龙江教育出版社2009年版。

45. 张卫平、陈刚编著:《法国民事诉讼法导论》,中国政法大学出版社1997年版。

46.《法国劳动法典》,罗结珍译,国际文化出版公司1996年版。

47. [法]雅克·盖斯旦、吉勒·古博:《法国民法总论》,陈鹏等译,法律出版社2004年版。

48. [法]让·文森、塞尔日·金沙尔:《法国民事诉讼法要义》(下),罗结珍译,中国法制出版社2005年版。

49. 陈爱武:《人事诉讼程序研究》,法律出版社2008年版。

50.《法国民法典》,罗结珍译,法律出版社2005年版。

51.《法国新民事诉讼法典》(下),罗结珍译,法律出版社2008年版。

52. [日]小岛武司、伊藤真编:《诉讼外纠纷解决法》,丁婕译,中国政法大学出版社2005年版。

53. [英]罗杰·科特威尔:《法律社会学导论》,潘大松译,华夏出版社1989年版。

54. [日]高桥宏志:《重点讲义民事诉讼法》,张卫平、许可译,法律出版社2007年版。

55. 陈刚主编:《自律型社会与正义的综合体系——小岛武司先生七十华诞纪念文集》,中国法制出版社2006年版。

56. [美]史蒂文·苏本、玛格瑞特·伍:《美国民事诉讼的真谛:从历史、文化、实务的视角》,蔡彦敏、徐卉译,法律出版社2002年版。

57. 齐树洁主编:《美国民事司法制度》,厦门大学出版社2011年版。

58. 夏吟兰:《美国现代婚姻家庭制度》,中国政法大学出版社1999年版。

59. 徐昕:《英国民事诉讼与民事司法改革》,中国政法大学出版社 2002 年版。

60. 吴倬主编:《马克思主义哲学导论》,当代中国出版社 2002 年版。

61. 陆伶编著:《生命密码》,中国华侨出版社 2010 年版。

62. [美]米尔伊安·R. 达马斯卡:《司法和国家权力的多种面孔——比较视野中的法律程序》,郑戈译,中国政法大学出版社 2004 年版。

63. 张卫平:《转化的逻辑:民事诉讼体制转型分析》,法律出版社 2007 年版。

64. [日]谷口安平:《程序的正义和诉讼》,王亚新、刘荣军译,中国政法大学出版社 2002 年版。

65. [美]哈罗德·丁·伯尔曼:《法律与革命——西方法律传统的形成》,中国大百科全书出版社 1993 年版。

66. 那思陆:《中国审判制度史》,上海三联书店 2009 年版。

67. 强世功编:《调解、法制与现代性:中国调解制度研究》,中国法制出版社 2001 年版。

68. 胡朴安:《中华全国风俗志·安徽合肥风俗志》,上海科学技术出版社 2008 年版。

69. 朱勇:《中国法律的艰辛历程》,黑龙江人民出版社 2002 年版。

70. 四川省档案馆编:《清代巴县档案汇编》(乾隆卷),中国档案出版社 1991 年版。

71. 张晋藩主编:《中国民事诉讼制度史》,巴蜀书社 1999 年版。

72. [美]黄宗智:《中国乡村研究》(第 1 辑),商务印书馆 2003 年版。

73. 冀祥德主编:《协商性纠纷解决机制比较研究》,中国民主法制出版社 2010 年版。

74. 杨永华等:《陕甘宁边区法制史稿(诉讼狱政篇)》,法律出版社 1987 年版。

75. 孙丕志、王玮:《人民调解知识》,黑龙江人民出版社 1985 年版。

76.《民事诉讼法参考资料》(第 2 辑第 1 分册),法律出版社 1981 年版。

77. 谢振民:《中华民国立法史》,中国政法大学出版社 2000 年版。

78. 张康林等:《多元化纠纷解决机制研究——以北京市西城区人民法院“四点一线”多元化纠纷解决机制为中心》,人民法院出版社 2010 年版。

79. 谢觉哉:《谢觉哉日记》(上),人民出版社 1984 年版。

80. [美]欧文·费斯:《如法所能》,帅帅译,中国政法大学出版社 2007

年版。

81. 徐昕主编:《司法——调解的中国经验》,厦门大学出版社 2010 年版。

82. 范愉、李浩:《纠纷解决——理论、制度与技能》,清华大学出版社 2010 年版。

83. 戴建庭:《民事纠纷解决机制研究》,吉林大学出版社 2007 年版。

84. 张晓秦、刘玉民:《调解要点与技巧》,中国民主法制出版社 2009 年版。

85. 范跃如:《劳动争议诉讼特别程序原理》,法律出版社 2008 年版。

86. 最高人民法院港澳台司法事务办公室:《现代司法制度下调解之应用——首届海峡两岸暨香港澳门司法高层论坛文集》,人民法院出版社 2012 年版。

87. 徐昕主编:《调解:中国与世界》,中国政法大学出版社 2013 年版。

88. 范愉、刘臻荣、连艳:《物业纠纷调解实务》,清华大学出版社 2012 年版。

89. 张西恒编著:《物业纠纷调解理论与实务》,法律出版社 2022 年版。

90. 来文彬:《家事调解制度研究》,群众出版社 2014 年版。

91. 史长青:《现代调解制度:法制与自治》,上海三联书店 2015 年版。

92. 胡仕浩、龙飞主编:《多元化纠纷解决机制改革精要》,中国法制出版社 2019 年版。

93. [德]迪特尔·施瓦布:《德国家庭法》,王葆莳译,法律出版社 2010 年版。

94. 汤鸣:《比较与借鉴:家事纠纷法院调解机制研究》,法律出版社 2016 年版。

95. [法]科琳·雷诺-布拉尹思吉:《法国家庭法精要》(第 17 版),石雷译,法律出版社 2019 年版。

96.《法国民法典》,罗结珍译,北京大学出版社 2010 年版。

97.《日本民事诉讼法典》,曹云吉译,厦门大学出版社 2017 年版。

98. [日]梶村太市、德田和幸主编:《家事事件程序法》,郝振江等译,厦门大学出版社 2021 年版。

99. 王立民主编:《加拿大法律发达史》,法律出版社 2004 年版。

100. 齐树洁主编:《台港澳民事诉讼制度》(第 2 版),厦门大学出版社 2014 年版。

101. 陈苇主编:《加拿大家庭法汇编》,群众出版社 2006 年版。

102. 齐凯悦:《英国家事审判制度研究——以 2011 年以来的改革为中心》,法律出版社 2020 年版。

103. 陈苇(项目负责人):《澳大利亚家庭法》(2008 年修正),群众出版社 2009 年版。

104. 廖永安等:《中国调解的理念创新与机制重塑》,中国人民大学出版社 2019 年版。

105.《德国民事诉讼法典》,赵秀举译,法律出版社 2021 年版。

106.《德日家事事件与非讼事件程序法典》,郝振江、赵秀举译,法律出版社 2017 年版。

107. 石雷:《英国现代离婚制度研究》,群众出版社 2015 年版。

108. 谢冬慧:《纠纷解决与机制选择——民国时期民事纠纷解决机制研究》,法律出版社 2013 年版。

109. [美]斯蒂芬·B. 戈尔德堡等:《纠纷解决——谈判、调解和其他机制》,蔡彦敏等译,中国政法大学出版社 2004 年版。

110.《澳大利亚联邦法院规则　澳大利亚联邦证据法》,胡铭、冯姣译,知识产权出版社 2021 年版。

(二)论文类

1. 高玮玮:《强制离婚调解制度的评析与走向》,载《律师世界》2000 年第 8 期。

2. 肖建华、杨兵:《论我国诉讼调解原则体系之重构——兼评〈关于人民法院民事调解工作若干问题的规定〉相关规定》,载《政法论丛》2005 年第 1 期。

3. 洪冬英:《法院调解强制因素的理性分析》,载《河北学刊》2006 年第 6 期。

4. 蔡霞:《大调解背景下委托调解制度的困境与出路》,载《创新》2011 年第 5 期。

5. 侯欣一:《对陕甘宁边区人民调解制度的几点共识——来自抗战时期陕甘宁边区的实践》,载《法学杂志》2011 年第 1 期。

6. 李浩:《民事审判中的调审分离》,载《法学研究》1996 年第 4 期。

7. 李浩:《论法院调解中程序法与实体法约束的双重软化——兼析民事诉讼中偏重调解与严肃执法的矛盾》,载《法学评论》1996 年第 4 期。

8. 金洪亮、吴文峰、余小阳:《无以规矩,不成方圆——试论民事调解工作中存在的若干问题及完善》,载《法治研究》2009 年第 7 期。

9. 耿宝建、赵艳花:《比较法视野下的法院附属调解制度研究》,载《法律适用》2009 年第 4 期。

10. 邱星美:《当代调解制度比较研究》,载《比较法研究》2009 年第 4 期。

11. 章武生、张大海:《论德国的起诉前强制调解制度》,载《法商研究》2004 年第 6 期。

12. 宋明志:《论法院调解的强制性——以我国台湾地区民事强制调解程序为比较》,载《政法论丛》2008 年第 1 期。

13. 江伟、谢俊:《德国巴伐利亚州强制诉前调解法及其对我国的启示》,载《公民与法(法学版)》2009 年第 3 期。

14. 田平安、王阁:《论清代官批民调及其对先行委托调解的启示》,载《现代法学》2012 年第 4 期。

15. 王阁:《强制调解模式研究》,载《政法论丛》2014 年第 6 期。

16. 夏得涌:《关于将道路交通事故损害赔偿调解移交法院有关问题的思考》,载《公安研究》1999 年第 2 期。

17. 霍晓明:《将事故损害赔偿调解移交法院的再思考》,载《道路交通管理》1999 年第 9 期。

18. 张宗宽:《一个成功的尝试——浙江省义乌交警大队交通事故损害赔偿调解移交法院纪实》,载《道路交通管理》2000 年第 1 期。

19. 李英楠:《谈交通事故损害赔偿调解移交人民法院的必然性》,载《哈尔滨市委党校学报》2003 年第 1 期。

20. 王阁:《强制调解释义考——兼评新〈民事诉讼法〉第 122 条之“先行调解”》,载《河南财经政法大学学报》2015 年第 3 期。

21. 徐昕:《完善人民调解制度与构建和谐社会》,载《中国司法》2006 年第 4 期。

22. 肖建国、黄忠顺:《诉前强制调解论纲》,载《法学论坛》2010 年第 6 期。

23. 吴明轩:《调解不成立后之诉讼程序》,载《月旦法学教室》2004 年第 25 期。

24. 刘昭辰:《离婚的诉讼上和解及调解》,载《法令月刊》2008 年第 10 期。

25. 唐力:《在“强制”与“合意”之间:我国诉讼调解制度的困境与出路》,载《现代法学》2012 年第 3 期。

26. 刘敏:《论民事诉讼前置程序》,载《中国法学》2011 年第 6 期。

27. 康明:《英国商事调解近况》,载《仲裁与法律》2003 年第 5 期。

28. 范愉:《调解的重构——以法院调解的改革为重点》,载《法制与社会发展》2004 年第 3 期。

29. 赵旭东:《理性看待法院调解的强制性因素》,载《法学家》2007 年第 6 期。

30. 傅郁林:《“诉前调解”与法院的角色》,载《法律适用》2009 年第 4 期。

31. 王阁:《论多元纠纷解决机制下的民事审判权力配置——以德国为视角的考察》,载《西部法学评论》2012 年第 5 期。

32. 姜世明:《2002 年德国民事诉讼法改革——总则与第一审部分》,载《月旦法学教室》2002 年第 1 期。

33. 周贤奇:《德国劳动、社会保障制度及有关争议案件的处理》,载《中外法学》1998 年第 4 期。

34. 邱琦:《法国民事第一审法院制度》(下),载《司法周刊》2001 年 3 月第 1022 卷。

35. 周建华:《法国的调解(médiation):比较与借鉴》,载《学习与探索》2012 年第 1 期。

36. 陈爱武:《家事调解:比较借鉴与制度重构》,载《法学》2007 年第 6 期。

37. 侯欣一:《试论革命根据地法律制度研究》,载《法学家》2008 年第 3 期。

38. 侯欣一:《陕甘宁边区司法制度的大众化特点》,载《法学研究》2007 年第 4 期。

39. 张艳丽:《法院调解前置模式选择:民事审前调解》,载《法学杂志》2011 年第 10 期。

40. 闫庆霞:《人民调解前置制度之反思——以民事程序选择权为讨论的出发点》,载《法学家》2007 年第 3 期。

41. 孔令章:《强制调解:消费纠纷解决的制度选择——基于实证视角的分析》,载《河北法学》2010 年第 9 期。

42. 李雪红、梁峰:《三方联动　畅通道交事故纠纷化解——余杭法院“网上数据一体化处理”综合改革试点见成果》,载《余杭晨报》2015 年 11 月 27 日,第 4 版。

43. 陈国猛:《大力推进在线纠纷解决机制建设》,载《人民法院报》2016 年 12 月 28 日,第 5 版。

44. 周建华:《法国民事司法改革论纲》,载《北京理工大学学报(社会科学版)》2013 年第 6 期。

45. 王亚新:《律师调解:经由“试点 = 实验”的制度构建》,载《中国司法》2017 年第 11 期。

46. 廖永安、王聪:《从诉讼代理人到职业调解人:中国律师职业的新图景》,载《中国律师》2017 年第 12 期。

47. 罗干:《政法机关在构建和谐社会中担负重大历史使命和政治责任》,载《求是》2007 年第 3 期。

48. 范愉:《行政调解问题刍议》,载《广东社会科学》2008 年第 6 期。

49. 吴新修:《独立民事速裁程式的制度探讨》,载《法律适用》2007 年第 3 期。

50. 周洪生:《民事诉讼速裁程式改革之局限性探讨》,载《法律适用》2007 年第 7 期。

51. 张云林、张杏玲:《北京医疗纠纷第三方调解援助及探讨》,载《中国医院》2009 年第 2 期。

52. 张鸣、李南:《美国医疗纠纷处理与立法经验对我们的启示》,载《中华医院管理杂志》2009 年第 4 期。

53. 吴汉明:《“1 + 3”事故调处网破解事故处理难题》,载《道路交通管理》2012 年第 2 期。

54. 霍晓明:《将事故损害赔偿调解移交法院应慎重》,载《驾驶天地》1999 年第 10 期。

55. 李德恩:《强制调解之法理与实践》,载《江西财经大学学报》2009 年第 4 期。

56. 施风蕾:《对特定民事纠纷人民调解前置程序的思考》,载《盐城工学院学报(社会科学版)》2006 年第 2 期。

57. 王福华:《论诉前强制调解》,载《上海交通大学学报(哲学社会科学版)》2010 年第 2 期。

58. 刘坤:《强制调解理论探析》,载《安徽警官职业学院学报》2011 年第 2 期。

59. 李浩:《先行调解性质的理解与认识》,载《人民法院报》2012 年 10 月 17 日,第 7 版。

60. 徐卉:《先行调解的规范与认识》,载《人民法院报》2012 年 10 月 17 日,第 7 版。

61. 许建兵等:《构建小额速裁程序,优化诉讼资源配置——江苏东台法院关于“小额速裁”试点工作的人民调解前置调研报告》,载《人民法院报》2012 年 7 月 26 日,第 8 版。

62. 张晓茹:《先行调解抑或强制调解——评新〈民事诉讼法〉第 122 条》,中国民事诉讼法学研究会 2012 年年会论文。

63. 吴英姿:《"调解优先":改革范式与法律解读——以 O 市法院改革为样本》,载《中外法学》2013 年第 3 期。

64. 艾佳慧:《能动司法语境下的调解优先及其实效研究——基于经验数据的考察》,"中国调解:理论与实践"第七届中国法学青年论坛报告论文,2012 年 12 月于重庆。

65. 陈琦华、包蕾:《调解"优先理念"在法院的实践——以上海市浦东新区人民法院诉前调解制度为视角》,载徐昕主编:《司法——调解的中国经验》,厦门大学出版社 2010 年版。

66. 胡谦:《清代民事纠纷的民间调处研究》,中国政法大学 2007 年博士学位论文。

67. 赵建蕊:《民国时期的民事调解制度》,中国政法大学 2007 年硕士学位论文。

68. 曾令健:《法人类学视野中的纠纷解决仪式——一个象征主义的分析》,西南政法大学 2009 年硕士学位论文。

69. 曾令健:《法院调解社会化研究》,西南政法大学 2012 年博士学位论文。

70. 韩宁:《关于日本式司法调解模式引进的探讨》,"中日韩民事调解制度"国际学术研讨会论文,2011 年 11 月于重庆。

71. 赵刚:《小额诉讼之评析——以我国民诉法的再修改为背景》,载《2012 年民事诉讼法国际学术研讨会论文集》。

72. 王庆社:《中国传统法律文化的现代转型——以当前我国法院"强制调解"现象为切入点》,西南政法大学 2009 年硕士学位论文。

73. 张嘉军:《法院调解强制化走向与我国法院调解强制化机制之重塑》,载《郑州大学学报(哲学社会科学版)》2011 年第 6 期。

74. 陆俊芳等:《我国小额诉讼制度运行的困境与出路——以北京市基层法院的审判实践为蓝本》,载《法律适用》2016 年第 3 期。

75. 许振东:《医疗纠纷调解仲裁与补偿制度之研究——以建构合理可行之医疗程序为目标》,台北,东吴大学 2001 年硕士学位论文。

76. 史长青:《调解与法制:悖而不离的现象分析》,载《法学评论》2008 年第 2 期。

77. 徐淑琳:《论民事诉讼中的强制调解制度》,载《华北电力大学学报

(社会科学版)》2014 年第 6 期。

78. 张元元:《论法院的强制调解》,海南大学 2011 年硕士学位论文。

79. 周杨:《法院调解的自愿与强制》,湘潭大学 2009 年硕士学位论文。

80. 王春子:《中国近代民事调解制度的发展演变——以 1930 年〈民事调解法〉为重点》,载杨松主编:《盛京法律评论》2016 年第 2 辑,法律出版社 2016 年版。

81. 胡仕浩:《多元化纠纷解决机制的中国趋势》,载《人民司法(应用)》2018 年第 1 期。

82. 贺小荣:《论民事简易程序司法解释的法理基础及其价值取向》,载《法律适用》2003 年第 11 期。

83. 范愉:《诉讼与非诉讼程序衔接的若干问题——以〈民事诉讼法〉的修改为切入点》,载《法律适用》2011 年第 9 期。

84. 王阁:《论小额诉讼中诉前强制调解的建构》,载《郑州大学学报(哲学社会科学版)》2016 年第 5 期。

85. 唐力:《诉讼调解合意诱导机制研究》,载《法商研究》2016 年第 4 期。

86. 刘敏:《论民事诉讼诉前调解制度的建构》,载《中南大学学报(社会科学版)》2007 年第 5 期。

87. 范愉:《当代世界多元化纠纷解决机制的发展与启示》,载《中国应用法学》2017 年第 3 期。

88. 金惠亮:《香港地区调解制度简述》,载《法制博览》2014 年第 1 期。

89. 陈兆恺:《香港调解机制的发展与前瞻》,载最高人民法院港澳台司法事务办公室编:《现代司法制度下调解之应用——首届海峡两岸暨香港澳门司法高层论坛文集》,人民法院出版社 2012 年版。

90. 林文瀚:《民事司法改革后调解在香港之发展》,载最高人民法院港澳台司法事务办公室编:《现代司法制度下调解之应用——首届海峡两岸暨香港澳门司法高层论坛文集》,人民法院出版社 2012 年版。

91. 王江军、石涛:《香港土建工程合同的调解程序》,载《国外公路》1997 年第 2 期。

92. 孙德强:《澳门劳动争议处理制度及其借鉴》,载《中国人力资源开发》2011 年第 6 期。

93. 张颖彤、简静霞、何伟宁:《调解在澳门法律制度中的适用——非司法调解》,载最高人民法院港澳台司法事务办公室编:《现代司法制度下调解之应用——首届海峡两岸暨香港澳门司法高层论坛文集》,人民法院出版社 2012 年版。

94. 袁江斌:《民商事案件限时七天只调不判》,载《深圳晚报》2010 年 12 月 22 日,第 A26 版。

95. 扈春海:《按照三方原则完善劳动争议处理制度》,载《工人日报》2006 年 7 月 25 日。

96. 彭妍捷、严金海:《我国医责险制度推行进程中存在的问题及对策》,载《中国卫生事业管理》2017 年第 3 期。

97. 潘剑锋:《论司法确认》,载《中国法学》2011 年第 3 期。

98. 周建华:《调解协议的司法确认程序》,载张卫平主编:《民事程序法研究》(第 9 辑),厦门大学出版社 2013 年版。

99. 占善刚:《人民调解协议司法确认之定性分析》,载《法律科学》2012 年第 3 期。

100. [德]彼得·哥特瓦尔德:《德国调解制度的新发展》,曹志勋译,载《经贸法律评论》2020 年第 3 期。

101. 龙柯宇:《祛魅与赋值:德国调解制度的路径选择与反思》,载《法治研究》2013 年第 4 期。

102. [日]小岛武司:《美国小额法院现状》,载陈刚主编:《自律型社会与正义的综合体系——小岛武司先生七十华诞纪念文集》,陈刚等译,中国法制出版社 2006 年版。

103. [美]蒂姆森·S. 希尔曼:《ADR 在美国联邦地区法院的适用情况》,载冀祥德主编:《协商性纠纷解决机制比较研究》,中国民主法制出版社 2010 年版。

104. 吕珏:《中日调解制度比较》,载《山西高等学校社会科学学报》2002 年第 10 期。

105. 肖燕:《加拿大调解制度述评》,载齐树洁主编:《东南司法评论》2015 年卷,厦门大学出版社 2015 年版。

106. 刘小飞、李振国:《加拿大法院案件管理的规则、实践与启示》,载《法律适用》2008 年第 11 期。

107. 高洪宾:《加拿大法院调解制度的启示》,载《法律适用》2005 年第 2 期。

108. 林广华:《澳大利亚调解制度的经验与启示》,载《中国发展观察》2010 年第 12 期。

109. [澳]P. A. Bergin:《澳大利亚法院之调解现状——以新南威尔士州为中心》,载《法律适用》2011 年第 6 期。

110. 唐荣曼:《可选择的商事纠纷解决机制:澳大利亚兼并委员会的角

色》,载王公义主编:《中国·澳大利亚"纠纷解决替代机制与现代法治"研讨会论文集》,法律出版社2003年版。

111. 杨茂:《台湾地区劳资争议独任调解人机制研究》,载《求索》2012年第3期。

112. 张晋藩:《中国古代民事诉讼制度通论》,载《法制与社会发展》1996年第3期。

113. 徐胜萍:《民事纠纷解决的第三领域——委托调解》,载《东北师大学报(哲学社会科学版)》2010年第1期。

114. 方俊、王喆:《比利时调解制度的蓬勃发展》,载《人民法院报》2016年11月4日,第8版。

115. 龙飞等译:《越南2005年至2020年的司法改革策略》,载《人民法院报》2010年7月9日,第5版。

116. 王言:《非洲ADR的发展与加纳经验》,载《人民法院报》2017年6月2日,第8版。

117. 史长青:《调解制度中的强制性因素研究》,载《烟台大学学报(哲学社会科学版)》2007年第4期。

118. 周杨:《我国法院调解中强制性因素的合理界限和制度构建》,载《甘肃政法学院学报》2010年第6期。

119. [美]柯恩:《现代化前夕的中国调解》,王笑红译,载强世功编:《调解、法制与现代性:中国调解制度研究》,中国法制出版社2001年版。

120. [美]陆思礼:《毛泽东与调解:共产主义中国的政治和纠纷解决》,许旭译,载强世功编:《调解、法制与现代性:中国调解制度研究》,中国法制出版社2001年版。

121. [美]詹姆斯·梅格:《美国调解体系:历史如何影响进程》,载冀祥德主编:《协商性纠纷解决机制比较研究》,中国民主法制出版社2010年版。

122. 袁国强:《调解事业的过去与未来:香港的经验》,载《人民法院报》2016年4月8日,第6版。

123. 刘加良:《司法确认程序何以生成的制度史分析》,载《法制与社会发展》2016年第1期。

124. 徐哲、陈忠生、张娟娟:《道交纠纷诉前调解机制实证研究和制度完善——以903件P市H区道交纠纷诉前调解案件为样本》,载马世忠主编:《司法体制综合配套改革中重大风险的防范与化解——全国法院第31届学术讨论会获奖论文集》(上),人民法院出版社2020年版。

125. 刘加良:《非诉调解前置主义的反思与走向》,载《政法论丛》2020

年第 5 期。

126. 左为民:《通过诉前调解控制“诉讼爆炸”——区域经验的实证研究》,载《清华法学》2020 年第 4 期。

127. 李丹:《大连中院细化知产案诉前委派调解》,载《人民法院报》2021 年 4 月 26 日,第 4 版。

128. 林芳雅:《澳大利亚家事法院调解制度》,载《人民法院报》2013 年 7 月 26 日,第 8 版。

129. 吴光陆:《台湾地区民事诉讼调解制度概述》,载张卫平、齐树洁主编:《司法改革论评》第 14 辑,厦门大学出版社 2012 年版。

130. 王学泽、赖咸森:《美国民事调解系统观感(下)——司法部赴美国民事调解培训团培训考察报告,载《人民调解》2016 年第 3 期。

(三)其他类

1. 佚名:《第 3 期金杜明德法治沙龙实录》,载中国法学创新网 2011 年 10 月 19 日,http://www.fxcxw.org.cn/dyna/content.php? id=9944。

2. 索宏钢:《北京市西城区人民法院工作报告——2009 年 1 月 8 日在北京市西城区第十四届人民代表大会第四次会议上》,载西城区人大网,http://www.bjxch.gov.cn/pub/xch_renda/C/C8/200902/t20090223_1135869.html。

3. 商忠强:《我所知道的上海人民调解工作 30 年》,载东方网,http://sh.eastday.com/eastday/shnews/zhengfa30/node48115/u1a505226.html。

4. 贾楠:《有纠纷不打官司也能解 上海十六区均建立非诉讼争议解决中心》,载新浪网,https://news.sina.com.cn/c/2021-04-25/doc-ikmyaawc1751669.shtml。

5. 刘素楠:《非诉解决中心背后的上海“大调解”格局》,载搜狐网 2019 年 11 月 27 日,https://www.sohu.com/a/356767527_313745。

6. 程辉:《找法官先见“老娘舅”! 杨浦区有何底气率先试点调解前置?》,载凤凰网 2021 年 6 月 7 日,https://finance.ifeng.com/c/86sWcI0bQOK。

7. 周斌:《构建新时代大调解工作格局——新时代“东风之花”绚烂绽放》,载微信公众号“宁津公共法律服务”2021 年 1 月 4 日,https://mp.weixin.qq.com/s?__biz=MzI1MDIwNTkwNQ==&mid=2651569962&idx=2&sn=b1c5129f61875cc11e627e1339e5ed6e&chksm=f27adc94c50d5582baffd213345055-ff771a4ca9712db0f75f4b34e337622bc35d5255d76930#rd。

8. 吴佳潼:《司法部:十八大以来全国人民调解组织调解矛盾纠纷 7700 多万件》,载中国网,http://news.china.com.cn/2021-09/24/content_

77772183. html。

9.《2021 年中华全国人民调解员协会工作要点》,载中华全国人民调解员协会网 2021 年 3 月 18 日,https://www. zhqgtjxh. com/content. php?id = 1125。

10.《江苏省高级人民法院关于诉前调解工作的若干意见》,载汇法网 2010 年 9 月 21 日,https://www. lawxp. com/statute/s1221345. html。

11. 殷桂宏、杨婷:《明确职能定位　走出被动漩涡——以江苏法院现阶段诉前调解工作的困境及出路为蓝本》,载北大法律网,http://article. chinalawinfo. com/ArticleHtml/Article_70412. shtml。

12. 袁江华、杨婷:《调解前置程序——对人民法院案件纠纷分流与化解的制度之思》,载江苏法律网,http://www. jsfy. gov. cn/yzlt/2012/11/13143055230. html。

13. 王亚新:《良性设计是制度目标的保证》,载人民网,http://legal. people. com. cn/h/2011/1015/c226563 - 3437784698. html。

14. 林文瀚:《香港司法机构如何推动调解》,载新浪司法网,http://finance. sina. com. cn/sf/news/2016 - 06 - 23/150834537. html。

15.《2022 年最高人民法院工作报告》,载腾讯网,https://xw. qq. com/amphtml/20220315A06TPB00。

16.《2020 年最高人民法院工作报告》,载经济形势报告网,http://www. china-cer. com. cn/guwen/202006025549. html。

17. 刘峻凌:《最高人民法院工作报告(摘要)》,载中国网,http://www. china. com. cn/lianghui/news/2021 - 03/09/content_77288602. shtml。

18. 马学玲、张尼:《中国法官员额制改革全面完成　12 万余名法官入额》,载中国新闻网,https://www. chinanews. com. cn/gn/2017/07 - 03/8267471. shtml。

19. 乔雷华:《最高法:全国法官人数少 4 成,今年上半年结案量同比升近 1 成》,载新浪网,http://news. sina. com. cn/2017 - 07 - 31/doc-ifyinvyk2831642. shtml。

20. 邹乐:《北京市高院院长杨万明建议试点设立调解前置程序》,载中新网,https://www. chinanews. com. cn/gn/2018/03 - 11/8464848. shtml。

21.《2020 年度律师、基层法律服务工作统计分析》,载司法部政府网,http://www. moj. gov. cn/pub/sfbgw/zwxxgk/fdzdgknr/fdzdgknrtjxx/202106/t20210611_427394. html。

22. 杨翠婷:《司法部举行全面深化司法行政改革新闻发布会》,载司法部政府网，http://www. moj. gov. cn/pub/sfbgw/zwgkztzl/twzt/202103/t20210319_211774. html。

23.《市两级法院着力建构调解工作新格局　坚持调解优先　有效化解矛盾》，载深圳中级法院网，http://www. szcourt. gov. cn/ArticleInfo. aspx? id = 3313。

24. 高国垒:《本市司法行政部门完成立法调研　提出“家事、邻里案件应先调后审”》，载上海法治报网，http://old. jfdaily. com/gb/jfxww/xlbk/shfzb/node17066/node17070/userobject1ai1598816. html。

25. 姜俊禄:《2019 年劳动仲裁案件达到 211 万件　江苏山东四川广东名列前四》，载新浪财经网，https://finance. sina. com. cn/hy/hyjz/2020 - 09 - 27/doc-iivhuipp6712360. shtml。

26.《2021 年中国道路交通事故情况分析》，载产业信息网，https://www. chyxx. com/industry/202202/996611. html。

27. 李银、李珊珊:《海南保险业多举措完善医疗纠纷调解机制》，载搜狐网 2016 年 5 月 5 日，https://www. sohu. com/a/73547104_162758。

28. 盛梦露、丁锋、赵晗:《“强制性医责险”来了　已覆盖全国三级医院》，载财新网，http://china. caixin. com/2016 - 03 - 28/100925607. html。

29. 韩璐、王鹏、林世才、张清涌:《医责险十年走来仍步履蹒跚》，载星恒教育网 2015 年 12 月 14 日，http://www. xinghengedu. com/ysxs/2185750. htm。

30. 陈大伟:《全国政协委员:呼吁建立强制医疗责任保险制度》，载搜狐理财网，http://money. sohu. com/20090303/n262565935. shtml。

31. 刁凡超、刘爽:《受交强险启发，全国人大代表建议设“医强险”化解医闹》，载澎湃新闻网 2016 年 3 月 4 日，https://www. thepaper. cn/newsDetail_forward_1439024。

32.《国家五部门联手推动医责险》，载新浪网，http://news. sina. com. cn/o/2014 - 07 - 13/052930511033. shtml。

33. 姚玉霞:《香港民事调解制度之特点及可借鉴之处》，载法治广东网，http://www. fzgd. org/tszs/201108/t20110811_183888. htm。

34. [澳]伊尔·欧文:《澳大利亚联邦法院应用其他解决争端方法》，载中国法院网，http://www. chinacourt. org/article/detail/2011/12/id/1002. shtml。

35.《香港小额薪酬索偿仲裁处司法管辖权限提至 1. 5 万元》，载搜狐网 2021 年 11 月 21 日，http://www. sohu. com/a/490454601 - 276597。

36. 江和平:《调解前置模式的建构》，载新浪司法网，http://finance.

sina. com. cn/sf/news/2016 – 05 – 03/163729005. html。

37. 邱悦:《上海高院、市司法局印发〈关于探索实行调解程序前置试点的实施办法〉》,载微信公众号“浦江天平”,https://xw. qq. com/cmsid/20211008A059X400? f = newdc。

38. 胡铁旦、蒋志军:《道交纠纷网上处理　浙江“余杭经验”获进一步推广》,载中保网,http://xw. cbimc. cn/2016 – 12/01/content_215047. htm。

二、外文类

(一)著作类

1. Nadja Alexander, *Global Trends in Mediation*, Kluwer Law International,2006.

2. Gongyi Wang and Roman Tomasic, *Collection of Papers of Sino-Australian Seminar on Alternative Dispute Resolution and Modern Rule on Law*, Law Press,2003.

3. 新堂幸司『講座民事訴訟①民事纷争と诉讼』(弘文堂,1984 年)

4. 斋藤秀夫 = 菊池信男『注解家事审判法』(青林书院,2008 年)

5. 冈垣学 = 野田爱子『実务家事审判法』(日本评论社,1989 年)

6. 有地亨『変貌する家族と現代家族法』(法律文化社,2009 年)

7. Julie-JOLY-HORARD, *Conciliation et médiation judiciaire*, préf Serge Guinehard, Presses Universitaires D'Aix-Marseille,2003.

(二)论文类

1. Dorcas Quek, *Mandatory Mediation: An Oxymoron? Examining The Feasibility of Implementing a Court-mandatory Mediation Program*, Cardozo J. Conflict Resol. 11,2010.

2. N. A. Welsh, *Disputants Decision Control in Court-Connected Mediation: A Hollow Promise Without Procedural Justice*, Journal of Dispute Resolution. 1,2002.

3. T. J. Stipanowich, *ADR and the “Vanishing Trial”: The Growth and Impact of Alternative Dispute Resolution*, Journal of Empirical Legal Studies. 3,2004.

4. S. K. Kehoe, *Giving the Disabled and Terminally Ill a Voice: Mandating Mediation for all Physician-Assisted Suicide, Withdrawal of Life Support, or Life-Sustaining Treatment Requests*, Hamline Journal of Public Law & Policy. 20,1999.

5. Lon L. Fuller, *Mediation-its Forms and Functions*, in Southern California Law Review, Vol. 44, 1971.

6. S. Schultz Newman & S. E. Friedman, *Appellate Mediation in Pennsylvania: Looking Back at the History and Forward to the Future*, Journal of Appellate Practice and Process. 5, 2003.

7. Pugh-Thomas, *The Commercial Court of England and Wales and Alternative Dispute Resolution*, International Company and Commercial Law Review, Vol. 10, No. 1, 1999.

8. J. Spigelman, *Mediation and Court*, Law Society Journal. 2, 2001.

9. J. H. Philips, *The Role and Function of Mediation and Supreme Court Litigation*, Victorian Bar News, 25, 1997.

10. Feix, Die Verankerung einvernehmlicher Streitleilegung im deutschen Zivilprozessrecht, Diss. Koeln, 2003.

11. Professor Dr. Astrid Stadler, Außergerichtliche obligatorische Streitschlichtung—Chance oder Illusion, Konstanz, 2005.

12. Bamberger, Die Reform der Zivilprozessordnung-eine Wirlungslontrolle, ZRP 2004.

13. Lauer, Erfahrungen mit der aussergerichtlichen Streitbeilegung in Ausfhrungdes §15a EGZPO, NJW 2004.

14. J. Massip, *La réforme du divorce*, Defrénois, 1976.

15. Dell'Asino, *Pour un renouveau de la conciliation prud'homale: la conciliation de procédure*, Gaz. Pal, juil. -aout. 1987.

16. G. CHABOT, *Remarques sur la vocation conciliatoire des jurisdictions prud'homales*, D. 2002.

17. Ulrich Thewes, Außergerichtliche Streitschlichtung nach dem Gütestellen-und Schlichtungsgesetz Nordrhein-Westfalen (GüSchlG NRW), Europäischer Verlag der Wissenschaften, 2005.

附　录

一、《西城区人民法院便民速裁庭审判管理规程(试行)》节选①

第五节　关于诉讼调解的规定

第二十六条　诉讼调解应与人民调解相互协调和衔接,发挥各种纠纷解决机制,促使当事人自觉履行调解协议,达到定纷止争的目的。

第二十七条　便民速裁法庭实行庭前调解前置。除案件性质不宜调解或显然没有调解必要的案件外,一律进行庭前调解。达成调解协议的当即送达调解书。下列案件应当着重进行调解:

(一)当事人情绪对立、矛盾易激化的案件;

(二)涉及面广、可能引发社会连锁反应的敏感案件;

(三)集团诉讼及其他群体纠纷案件;

(四)当事人平时在一起工作、生活的案件;

(五)无法律明文规定或法律规定不明确的案件;

(六)涉军案件;

(七)其他不宜径行判决的案件。

第二十八条　下列民事案件,不得进行调解:

(一)身份关系确认案件;

(二)民事行为无效确认案件;

(三)适用特别程序、督促程序、公示催告程序、破产还债程序的案件;

(四)其他依性质不能进行调解的案件。

第二十九条　庭前调解工作不得影响案件流程管理及财产保全、证据保全的正常进行。

第三十条　可以邀请下列单位或人员协助调解:

(一)人民调解员;

(二)与当事人有特定关系或与案件有一定联系的有关单位和个人;

---

① 关于《西城区人民法院便民速裁庭审判管理规程(试行)》的完整内容,参见张康林等:《多元化纠纷解决机制研究——以北京市西城区人民法院“四点一线”多元化纠纷解决机制为中心》,人民法院出版社 2010 年版,第 220～225 页。

（三）具有专门知识、特定社会经验的有利于促成调解的个人；

经各方当事人同意，可以委托前款规定的协助调解人主持调解。

第三十一条　调解前，便民速裁法庭应告知当事人有关的诉讼权利和义务，以及调解主持人的名单，调解时应注意询问当事人是否申请回避。当事人提出回避申请的，依照中华人民共和国民事诉讼法第四章有关回避的规定处理。

第三十二条　当事人应当亲自参加调解，并在调解协议上签名或盖章。当事人因故不能参加调解的，经其特别授权的委托代理人可以参见调解，达成调解协议的，由委托代理人签名。

当事人不具备完全民事行为能力的，其法定代理人或经法定代理人特别授权的委托代理人应当参见调解，达成调解协议的，由法定代理人或经法定代理人特别授权的委托代理人签名。

一般授权的委托代理人可参见调解，但其达成的调解协议应当经被代理人书面同意。

离婚案件当事人确因特殊情况无法出庭参加调解的，除本人不能表达意志的以外，应当出具书面民商事调解意见。

第三十三条　有独立请求权的第三人参加诉讼的案件，调解必须有第三人参加。

无独立请求权的第三人参加的诉讼，调解时需要确定由第三人承担义务的，应经第三人同意。

第三十四条　只有部分当事人参加调解，调解结果将确定其他不享有民事权利的当事人无需承担民事责任的，可不再通知不享有民事权利又无需承担责任的当事人参加调解。

第三十五条　便民速裁法庭通知当事人参加调解，可采用书面通知、信函、传真、电子邮件、手机短信或电话、口信等方式。

第三十六条　调解可以采取以下多种形式：

（一）当事人先自行协商，后由法官主持进行调解；

（二）法官在各方当事人均在场时进行调解；

（三）法官通知各方当事人分别到庭做调解工作；

（四）通过信函、传真、电话、电子邮件等方式进行调解。

第三十七条　调解中，法官应在保持中立地位、保守审判秘密的前提下，充分行使法官是明确。

法官可以在当事人共同或单独在场时作下列释明：

（一）将调解与判决两种结案方式的风险和成本向当事人明示，鼓励当事人选择调解的方式解决纠纷；

（二）根据查明的案件事实和证据等情况，明确双方当事人的权利义务及法律责任，阐明应适用的法律，告知类似案件的裁判结果，供当事人参照和预测，合理引导当事人做出真实的意思表示。

第三十八条 经当事人申请，可以不公开调解。

经双方当事人同意，经审判员指派可以由书记员主持庭前调解。达成调解协议的，经审判员审查确认后，当即送达调解书。不能达成调解协议的，将庭前调解转化为证据交换，固定证据和当事人的争点。

第三十九条 开庭审理的案件一般在法庭辩论结束后进行调解，但事实清楚，争议不大的案件，可在开庭审理时先行调解，也可在法庭调查结束后组织调解。既可当庭调解，也可在休庭后进行调解。

第四十条 审判员可以在法庭辩论前，事实基本清楚后适时进行调解。庭审结束后，审判人员可以对争议焦点和举证、质证、辩论情况进行简要总结，并就是否同意调解征询各方民商事调解意见。

调解时当事人各方可以同时在场，也可以分别做调解工作。当事人可以自行提出调解审前调解方案，主持调解的审判员也可以提出审前调解方案供当事人参考。调解内容超出上诉讼请求的，可以准许。调解协议约定一方不履行协议应当承担民事责任的，可以准许。

第四十一条 双方当事人均同意调解的，可由立案庭的立案审查法官进行调解。

由立案审查法官进行调解的案件，普通程序案件诉讼文书送达双方当事人后 15 日内未达成调解协议的，简易程序案件诉讼文书送达双方当事人后 7 日内未达成调解协议的，即应终止调解，并依审判流程管理的有关规定，及时将案件移送相关审判庭。

第四十二条 当事人自行达成调解协议，或者经人民调解、行业调解、行政调解达成调解协议，当事人请求法院确认其调解协议并且同意该调解协议经双方签名后生效的，经审判人员审查确认后，可以将调解协议的内容记入笔录，该调解协议经双方当事人和审判人员、书记员签字或盖章后即具有法律效力。

第四十三条 调解协议的内容具有下列情形之一的，法院不予确认：

（一）违反法律、行政法规的禁止性规定；

（二）侵害国家利益、社会公共利益；

（三）侵害案外人权益；

（四）违反当事人的真实意愿。

调解协议的审查，由独任法官或合议庭负责。

第四十四条　便民速裁法庭在制作调解书时，可适当简化，但应包括以下基本内容：

（一）当事人及代理人的基本情况；

（二）案由；

（三）简要的诉讼请求；

（四）调解协议的内容；

（五）调解书生效的条件或时间。

第四十五条　当事人就主要诉讼请求达成调解协议，请求便民速裁法庭对未达成协议的诉讼请求提出处理意见并表示接受该处理结果的，便民速裁法庭的处理意见是调解协议内容的组成部分，制作调解书时应纳入该部分内容。

第四十六条　调解书可以当庭送达，便民速裁法庭也可以告知当事人到便民速裁法庭领取调解书的具体日期，也可以在当事人达成调解协议的次日起10日内经调解书发送当事人。

第四十七条　下列案件，便民速裁法庭不制作调解书，当事人、法官和书记员在调解协议上签字或盖章后，调解协议具有法律效力：

（一）调解和好的离婚案件；

（二）调解维持收养关系的案件；

（三）即时履行的案件；

（四）其他不需要制作调解书的案件。

第四十八条　便民速裁法庭可以根据当事人的申请，对调解结案的案件受理费和财产保全费，在50%的幅度内酌定减收。

第四十九条　调解书生效后，一方拒不履行的，另一方可以依法申请法院强制执行。

第五十条　调解书确定的承担民事责任的条件成就时，当事人申请执行民事责任条款的，法院应当依法执行。

调解书确定的担保条款条件成就时，当事人申请执行担保人财产的，法院应当依法执行。

当事人经强制执行承担了调解书确定的民事责任后，对方当事人又要求其承担《中华人民共和国民事诉讼法》第232条规定的迟延履行责任的，法院不予支持。

第五十一条　调解书约定给付特定标的物的，调解协议达成前该物上已经存在的第三人的物权和优先权不受影响。第三人在执行过程中对执行标的物提出异议的，应当按照民事诉讼法第二百零八条规定处理。

二、北京市西城区人民法院民事调解书样式（适用调解前置程序）①

原告：……（写明姓名或名称等基本情况）

被告：……（写明姓名或名称等基本情况）

本院于____年____月____日立案受理了原告诉被告（写明案由）一案。依法由审判员______适用简易程序公开（或不公开）进行审理。（写明当事人的诉讼请求和简要事实）

根据最高人民法院《关于适用简易程序审理民事案件的若干规定》第十四条的规定，本案经本院主持调解，双方当事人自愿达成如下协议：

……（写明协议的内容）。

案件受理费____元，由____负担（已交纳）。

双方当事人一致同意本调解协议的内容由双方在调解协议上签名或捺印后即具有法律效力。

上述协议，不违反法律规定，本院予以确认。

审判员：

年____月____日

（院印）

书记员：

三、《深圳市中级人民法院关于在全市法院推行"审前调解"制度的方案》

为在全市法院全面推行"审前调解"制度，经市中院党组研究讨论，结合我市法院工作实际，制定本审前调解方案。

一、工作目标和基本原则

1. 本审前调解方案所称的审前调解，是指民商事案件立案后、移送民商事审判庭前，对可能经过调解结案的案件，由专门的审前调解机构和人员组织当事人在规定的期限内进行调解的诉讼活动。

由人民调解组织或其他组织主持达成调解协议后，当事人申请（或经法院引导当事人申请）法院确认调解协议效力的案件，一并纳入审前调解工作范围。

2. 推行审前调解制度的目标：进一步完善诉调对接机制，提高依法化

---

① 参见张康林等：《多元化纠纷解决机制研究——以北京市西城区人民法院"四点一线"多元化纠纷解决机制为中心》，人民法院出版社2010年版，第230页。

解矛盾水平，深入推进“三项重点工作”；进一步完善司法为民工作机制，为当事人和群众提供更加简便、快捷、经济的纠纷处理方式，提高审判效率，节约司法资源，实现案结事了；进一步发挥其他纠纷解决机制的作用，促进社会矛盾纠纷多元化解决，缓解全市法院的案件压力。

3. 审前调解遵循以下原则：

（1）自愿合法原则。尊重当事人调解意愿和权利处分，不违反法律、行政法规的禁止性规定，不侵害国家利益、社会公益和案外人合法权益；

（2）简便灵活原则。调解程序简便，方式灵活多样，方便当事人和社会各方面参与调解活动；

（3）快捷高效原则。严格控制审前调解时限，及时迅速调处纠纷，调解不成及时移送审判；

（4）费用经济原则。审前调解的案件，按照低于一般诉讼调解案件的标准减收或免收诉讼费用。

二、工作机构和职能配置

4. 审前调解机构设置。在市中院和各区法院立案部门设立“审前调解中心”，在派出人民法庭设立“审前调解组”，作为负责审前调解的专门工作机构。具备条件的区法院，审前调解中心可以作为编制机构单独设置。

5. 审前调解中心人员配置。审前调解中心负责人由立案庭庭长或副庭长兼任，根据实际情况配备法官、法官助理、人民陪审员若干人，但其中法官应不少于3人，并从不同审判领域、调解经验丰富的民商事法官中选任。

6. 审前调解组人员配置。审前调解组的负责人由法庭庭长或副庭长兼任，根据实际情况配备法官、法官助理、人民陪审员若干人，但其中法官应不少于1人。

7. 审前调解中心的工作职责：

（1）对立案后移送审判庭审理前的民商事案件依法进行调解，制作调解书、撤诉裁定书等法律文书；

（2）按照相关工作规程，完成委托调解、协助调解工作；

（3）统筹管理法院与各种诉外调解机构的沟通联络、协调指导等诉调对接工作；

（4）按照大调解工作格局要求，完善与司法行政部门、交通警察部门、卫生管理部门、劳动管理部门、人民调解组织、贸易促进会、行业协会等部门、团体和组织的联调机制；

（5）对诉外调解达成的调解协议及效力确认申请，依法进行审查和司法确认。

除上述职能外，各区法院可以根据实际情况，赋予审前调解中心简单、小额民事案件速裁等工作职能。

三、审前调解的案件范围

8. 凡可能经过调解结案的民商事案件，均属审前调解的案件范围。但下列案件不适用审前调解：

(1)经初步审查，可能损害国家利益、社会公共利益或案外人利益，违反法律和行政法规禁止性规定的案件；

(2)婚姻关系、身份关系确认案件以及所有权及其他财产权确权案件；

(3)以物抵债案件；

(4)被告人下落不明需要公告送达的案件；

(5)适用特别程序、督促程序、公示催告程序、公司强制清算程序、仲裁司法审查程序的案件；

(6)其他依案件性质不适宜审前调解的案件。

四、工作模式和工作制度

9. 审前调解前置模式。明确审前调解为案件处理流程的必经环节，民商事案件除不能适用调解的案件外，原则上均应导入审前调解程序先行调解，切实发挥审前调解程序的“过滤器”作用。

10. 审前调解专业化模式。审前调解中心的法官、法官助理应从民商事审判庭的业务骨干中选派，并按其业务专长分流案件，提高调解成功率和调解工作质量。

11. 审前调解类型化模式。按照大调解工作思路，针对劳动争议、道路交通事故损害赔偿、医疗损害赔偿等多发、常见类型案件，联合相关部门制定联调规范性文件，探索类型化调解工作机制。

12. 人民调解室制度。积极协调司法行政部门和人民调解组织，在全市法院审前调解中心、审前调解组附设“人民调解室”，派驻人民调解员开展诉外调解工作。

13. 委托调解制度。对权利义务关系明确、争议不大的简单民事案件，以及婚姻家庭、相邻纠纷、民间借贷等民间纠纷，原则上委托附设人民调解室进行调解。

14. 联合调解制度。积极协调工会、妇联、交警、消费者协会等部门、团体和行业组织，对劳资纠纷、交通事故、医疗纠纷、保险纠纷、消费者权益纠纷等多发、常见类型纠纷委托其进行联合调解。

15. 特邀调解员制度。积极协调有关部门、团体和行业组织，选聘具有丰富调解经验的退休法官、具有较高专业知识和调解经验的专家型人才担任审前调解中心的特邀调解员，主持知识产权、建筑工程、公司治理等专业性、技术性较强纠纷的审前调解。

16. 协助调解制度。对征地拆迁、旧城改造、环境保护、社会保障等涉及面广、政策性强的复杂案件和矛盾较大的群体性纠纷，邀请人大代表、政协委员、司法监督员和政府主管部门参与，协助法院开展审前调解工作。

17. 支持调解制度。积极协调司法局和律师协会，出台鼓励律师配合、支持法院调解的奖惩办法。对律师违背当事人意愿阻碍法院调解情节严重的，向律师管理部门发出司法建议书，建议给予批评、训诫等执业纪律处理。

18. 主动司法确认制度。对委托诉外调解的案件，由审前调解中心跟踪进度，及时引导司法确认。对基层人民调解组织、行业调解组织等自行调解的案件，要充分发挥社区法官、司法联络员的作用，主动介入、及时引导当事人向法院申请司法确认。对依法审查予以司法确认的案件，应及时移交执行部门主动执行。

五、审前调解的工作流程

19. 立案引导。立案人员接收当事人立案材料后，对属于审前调解范围、未经其他纠纷解决机构调处且适合诉外调解的案件，应当向当事人充分说明诉外调解、司法确认的特点和优势，积极引导当事人通过人民调解室等诉外调解机构解决纠纷。当事人不同意诉外调解或诉外调解不成的，应予审查立案，并送达《审前调解告知书》等文书，将案件导入审前调解程序。

20. 案件移送。立案人员办理立案手续后，应在规定期限内将案件移交流程管理部门备案，向审前调解机构移送案件材料。

21. 案件分流。审前调解中心接收案件后，应当登记并对案件进行审查，以判断案件是否适宜调解及合适的调解方式。

22. 调解启动。审前调解中心接收案件后，双方当事人在场的，应当即进行调解。原告方同意审前调解而被告方当事人不在场的，应尽快通知当事人并送达起诉书副本、《审前调解告知书》等，要求被告填写送达地址确认书。

23. 调解组织。审前调解可以由法官、法官助理、人民陪审员、特邀调解员 1 人主持，也可委托其他组织或专业人员进行调解或联合调解。但适用普通程序的案件，其调解协议和调解书应经合议庭成员审查同意。审前调解经当事人申请,可以不公开进行。

24. 调解期限。审前调解的期限,不超过立案后15个工作日。经双方当事人书面同意,审前调解期限可延长10个工作日,延长的调解时间不计入案件审限。

25. 调解方式。审前调解可结合案件实际情况,采取灵活、简便的方式,如分别调解、联合调解、交叉调解、判例调解、预约调解等方式进行。

26. 层层调解。对确有调解可能但审前调解人员调解困难的案件,审前调解机构负责人、相关业务庭长、分管院领导要逐级负责,亲自参与或主持调解,尽最大可能实现调解结案。

六、审前调解的管理与监督

27. 规范审批权限。经审前调解结案的案件,应根据其本院相关规定的授权范围审核签发法律文书。

28. 严格流程管理。审前调解的案件要严格纳入流程管理,规范程序衔接,确保案件在不同阶段高效顺畅流转。

29. 加强监督指导。审前调解程序中委托调解、联合调解的案件,以及特邀调解员主持调解的案件,审前调解中心应进行跟踪管理,对调解方法、程序规范、调解期限等进行指导和监督。

30. 完善考核监督。立案庭流程管理部门配合审判管理办公室,对审前调解中心的工作进行考核和监督。

七、工作保障和配套措施

31. 市中院、各区法院应按照本审前调解方案要求,积极协调相关部门、团体、组织,建立与诉外调解的对接机制以及信息共享、业务指导、案件管理、工作联动等有关诉调对接的配套制度。

32. 各区法院应根据实际情况,积极协调有关部门,适当增加人民陪审员数量,择优配置到审前调解中心,缓解法院审判力量不足。市中院审前调解中心所需人民陪审员向各区法院商借。

33. 明确审前调解案件诉讼费收费标准。根据审前调解特点,适当降低诉讼费收取标准。审前调解成功(包括调解和经调解申请撤诉)的案件,其诉讼费用按照《诉讼费交纳办法》规定的标准减半收取,当事人确有困难申请减免诉讼费的,按照有关规定审批。诉外调解协议申请司法确认的,免收诉讼费用。

34. 设立审前调解专项经费。积极争取政府支持,设立审前调解专项经费,为特邀调解、委托调解、协助调解人员发放专项补贴,强化审前调解的工作激励。具体补贴办法另行制定。

35. 建立审前调解专项考核机制。根据审前调解特点，研究制定考核指标体系，对全市两级法院审前调解工作进行年度考核，确保任务落实、推动工作发展。

深圳市中级人民法院
2010年9月10日印发

四、《关于建立人民调解前置制度的立法调研报告》（节选）[①]

1. 定义

1.1. 对法律规定的特定类型的民事纠纷，当事人欲通过民事诉讼程序解决，人民调解是必经程序，即这些类型案件的解决施行“先调后诉”，人民调解是民事诉讼的前置程序。当事人在起诉前需要提出调解申请；如未提出调解申请而直接向人民法院起诉的，人民法院不予受理，同时告知当事人向人民调解机构申请调解，或者依职权将案件移送相关人民调解机构调解。在此一情形下，当事人的起诉视为调解申请。

1.2. 经人民调解机构调解不成或当事人不愿调解的，人民调解机构应出具调解不成的证明书，当事人可持该证明向人民法院提起民事诉讼。

1.3. 人民调解协议通过司法审核程序，由法院以裁定的形式确认其效力。对于适用人民调解前置程序解决的纠纷，生效的人民调解协议，与民事确定判决具有同等法律效力。

……

6. 人民调解前置的适用范围

6.1. 按照我国现行法律规定和实践经验，人民调解的范围一般是婚姻、家庭、邻里、房屋宅基地等常见性、多发性的纠纷。但实践中涉法矛盾、涉及到专门领域的矛盾和群体性纠纷特别是由动拆引发的矛盾纠纷等新类型、新领域的矛盾不断涌现，传统的调解受案范围已不能满足社会生活的实际需要。特别是，一些民事案件中在纠纷的性质上难以通过适用实体法规范来确定权利义务关系的方法而得到妥善解决，即我们所称的于法无据、无法可循。解决这样的纠纷，将人民调解作为先行的解决手段就是最佳的选择。同时由于人民调解制度以解决纠纷为导向，因此原则上可以被用来解决任何民事纠纷，无论该纠纷是否涉及法律争议。域外国家和地区

---

① 调研报告的完整内容参见《关于建立人民调解前置制度的立法调研报告》，载上海司法行政网，http://www.justice.gov.cn/sfxzinfoplat/platformData/infoplat/pub/wetsite_12/docs/2009。

的法律即是如此。

6.2.婚姻家庭等家事纠纷、小额债务及小额损害赔偿纠纷、邻里纠纷是受案比例最大而且通过人民调解和法院调解处理得到最大程度解决的案件类型。这些类型的案件多与人伦道德密切相关,许多纷争由于其非理性的、不规则的和不确定的性质难以纳入法律调整,而且多涉及第三人利益和公序良俗,纠纷的解决不仅要结束过去的纷争,还要着眼于未来关系的修复。

6.2.1.家事案件,主要包括婚姻纠纷案件、收养纠纷案件及抚养、扶养、赡养、继承纠纷案件等;

6.2.2.小额的债务以及小额损害赔偿纠纷;

6.2.3.邻里纠纷、相邻关系案件。人民调解的价值在于能够迅速解决矛盾,而且由于双方未撕破"面皮",正常的邻里关系和商业关系通过人民调解得以维系。

6.2.4.法院委托人民调解机构调解的案件。对进入诉讼程序的案件,法官如果认为案件有调解的必要,可依职权交付人民调解机构调解。

在国外以及我国的一些发达地区(如上海市),纠纷正逐渐向行业化、集团化等方向发展,比如交通事故纠纷、保险纠纷、消费者权益纠纷、房地产纠纷、劳动纠纷等。由于这些纠纷多涉及专业知识,或者处于弱势的一方个体数目众多,或者基于社会政策的考量,有些国家和地区立法就将其中的某些纠纷处理也纳入调解前置程序。因此,鉴于我国社会急剧转型、新的社会纠纷类型及解决方式的不断涌现,建议我国人民调解立法时保持开放式结构,为各地结合具体情况探索更大范围的调解前置留下空间,将更多的已经成熟的纠纷处理经验纳入到调解前置程序中。

7.人民调解机构的设置

7.1.在人民调解前置制度下,对于法律明确纳入人民调解前置范围内的民事纠纷,并非所有人民调解组织的调解均能满足前置制度的程序要求。对于这些特定纠纷,当事人必须先经法定的适格人民调解机构调解并出具调解不成功之证明方可启动诉讼程序。为保证人民调解前置制度真正发挥作用并保证调解的专业性和规范性,我们认为应将乡镇、街道调委会设置为前置制度下法定的适格调委会。也就是说,对纳入人民调解前置范围的纠纷,如经村、居委调委会调解不成功的,必须还要经过乡镇、街道调委会调解,调解不成方可启动民事诉讼程序。

7.1.1.从必要性上考虑,解决人民调解前置范围内纠纷所达成的人民调解协议书将具有比其他调解协议更高的法律效力,与此相对应,该类型的人民调解协议书理应更加规范,从而要求制作该类型协议书的人民调解组织具备较高的工作水平。因此,我们认为将乡镇、街道调委会确认为适格调解组织比较合理。村、居委会调解该特定类型之纠纷并出具人民调解协议书的,若欲使该协议书具强制执行力,须经本村、居委所在地的乡镇、街道调委会审核并由后者报请人民法院核准。

7.1.2. 从可行性上考虑,村、居委调委会具有数目众多、力量分散、人员素质相对较低等弱点,将其重整在制度成本等方面存在着较多的困难。而乡镇、街道人民调解机构的组织机构相对较为完善,数量相对较少,人员素质较高,同时也贴近人民群众生活,对其做适度调整,就可以较为容易地达到我们的立法目标,因此具有可行性。反过来说,如允许当事人经村、居委调委会调解不成后即可提起诉讼,则有可能使人民调解前置程序形同虚设,流于形式。

7.1.3. 如果考虑立法的超前性,如果一些专业性、行业性的纠纷一旦被纳入人民调解前置制度,那么相应的一些行业性、区域性的调解组织也应被认可为法定适格的调解组织,即该类型的纠纷经其调解后调解不成的便可提起民事诉讼。

……

10. 作为民事诉讼前置程序的人民调解程序规则

对于纳入人民调解前置范围内的民事纠纷,当事人在提起诉讼前,须经过如下所述人民调解前置程序:

10.1. 申请与受理:当事人应当向乡镇、街道人民调解机构提出调解申请,由调解机构审查是否属于受理范围,决定是否受理。对于当事人未向乡镇、街道人民调解机构申请调解而迳直向人民法院提起诉讼的,人民法院应当裁定驳回起诉,并告知当事人应向乡镇、街道人民调解机构申请调解。

基于人民调解的便民、利民及平等、自愿原则,我们认为可以对调解组织的地域管辖权不作限制,即原则上当事人应向所在地的乡镇、街道人民调解机构提起调解申请,当事人也可自由、自愿地选择自己信任的乡镇、街道调委会为自己排解纷争,只要该人民调解机构同意受理即可。

10.2. 进行调解:人民调解机构受理纠纷后,即应组成调解庭进行调解。为了保障调解的公正性,建议我国的调解庭应当有三位调解员出庭,其中双方当事人各选任一名调解员,并共同推选一名首席调解员。如果对首席调解员无法达成合议,则由调解机构负责人指定一人充任。但经双方当事人同意,案件得由调解员一人迳行调解。同时,因为调解机构具有接近当事人所处社区的性质,为了保障调解的公平进行,还应当参照民事诉讼法中法官回避制度来建立调解员回避制度,当调解员是当事人或者当事人、诉讼代理人的近亲属或者与本案有利害关系或者与本案有其他利害关系可能影响案件公正调解的,经当事人申请,应当回避。

五、《关于开展民事纠纷人民调解前置工作的若干意见(试行)》

第一条 目的和宗旨

为进一步探索多元化民事纠纷解决机制,推进人民调解前置与民事诉讼的有效衔接,实现纠纷解决的法律效果和社会效果的有机统一,根据《中华人民共和国民事诉讼法》、最高人民法院《关于审理涉及人民调解协议的民事案件的若干规定》,上海市高级人民法院、上海市司法局《关于规范民事纠纷委托人民调解的若干意见》,结合我区实际,制定本民商事调解意见。

第二条 调解原则

人民调解组织主持纠纷调解,应当遵循:

1. 自愿原则
2. 合法原则
3. 便民原则
4. 经济原则
5. 效率原则
6. 法律效果与社会效果有机统一原则

第三条 调解范围

1. 婚姻家庭纠纷
2. 赡养费、扶养费、抚育费纠纷
3. 继承纠纷
4. 收养纠纷
5. 相邻纠纷
6. 小额民间借贷纠纷
7. 争议不大的人身及财产损害赔偿纠纷
8. 物业纠纷
9. 法院认为有必要适用调解前置的纠纷

第四条 调解引导

对于符合《意见》第三条规定的纠纷,如遇当事人咨询或向立案庭法官、社区法官递交诉状,立案庭法官、社区法官应当填写《告知书》(一式两份),告知当事人凭《告知书》向人民调解组织申请调解。

第五条　人民调解组织的确定

对于由立案庭法官、社区法官引导的调解前置纠纷，由区联合人民调解委员会、街道（镇）人民调解委员会负责调解。

第六条　调解要求

调解员主持调解纠纷，一般按照下列步骤进行：

（一）向双方当事人说明人民调解的性质、原则和效力，告知双方在调解活动中享有的权利和承担的义务；

（二）双方当事人陈述纠纷事实，提出证据和请求；

（三）引导双方当事人就纠纷事实、证据和请求交换意见；

（四）依据有关法律、法规和政策规定，对双方当事人进行说服、教育和疏导，促使双方在分清责任、协商一致的基础上自行达成调解协议，或者在调解员提出的意见基础上，经协商同意达成调解协议；

（五）调解达成协议的，一般应当制作人民调解协议书。

调解员根据实际需要，可以邀请当事人的亲属、有关单位、个人和社区法官等协助调解。

第七条　调解期限

人民调解组织主持调解应当在受理纠纷后15天内完成，如在规定期间内不能调解结案的，应当终止调解，并填写《反馈函》（一式两份）。

经当事人申请，人民调解组织可以将调解期限适当延长，但延长期限不得超过15日。

第八条　调解与诉讼的衔接

经人民调解组织主持调解达成的有民事权利义务内容的协议，当事人凭《反馈函》请求法院出具相关法律文书的，法院应当尽快立案、审查。对于符合法律规定的，应当出具民事调解书。经人民调解组织主持调解达成的离婚协议应当由法院出具民事调解书。

经人民调解组织调解达成协议，当事人应当自觉履行；一方当事人不履行的，对方当事人可以向法院起诉，请求履行调解协议。

人民调解组织调解未能达成协议，当事人凭《反馈函》，可选择到法院立案庭立案或通过社会法官预立案进入诉讼程序。

第九条　诉讼费用

经人民调解组织调解已达成协议，但需要法院出具相关法律文书的，可酌情减免案件受理费。

第十条　委托人民调解的协调机构

民事纠纷调解前置的具体指导和协调工作，由区人民法院立案庭和区司法局基层工作科负责。

第十一条 试行日期

本意见自下发之日起试行。

六、《上海市高级人民法院、上海市司法局关于探索实行调解程序前置试点的实施办法》

为切实把非诉讼纠纷解决机制挺在前面,从源头上减少诉讼增量,根据中央关于完善矛盾纠纷多元化解机制的意见、《上海市促进多元化解矛盾纠纷条例》等规定,结合本市实际,现就部分基层人民法院探索调解程序前置试点工作制定以下实施办法。

第一条 【指导思想】坚持以习近平新时代中国特色社会主义思想为指导,深入贯彻习近平法治思想,坚持以人民为中心,坚持党委领导、政府负责、民主协商、社会协同、公众参与、法治保障、科技支撑,创新和发展新时代"枫桥经验",推动更多法治力量向引导和疏导端用力,加强矛盾纠纷的源头预防、前端化解,推进治理体系和治理能力现代化,为服务高质量发展、全面建设社会主义现代化国家提供有力法治保障。

第二条 【工作目标】在全市基层人民法院稳步探索特定类型纠纷调解程序前置,充分发挥非诉讼纠纷解决方式灵活、高效、成本低、非对抗等优势,推动构建调解在先、诉讼断后、有机衔接、协调联动、智慧便民的多元解纷工作机制,为当事人提供更加优质、精准的服务,增强人民群众的获得感、幸福感、安全感。

第三条 【基本原则】探索调解程序前置坚持以下原则:

(一)依法原则。应当依照法律规定,尊重公序良俗,不得违反法律的强制性规定,不得违法调解。

(二)自愿原则。尊重当事人意愿,不得强迫当事人达成和解、调解协议。

(三)诉调衔接原则。健全诉调对接工作机制衔接规范,为推动调解程序前置提供有力司法保障。

(四)高效便民原则。把群众满意作为出发点和落脚点,不断丰富拓展线上平台功能,加强线上平台对接,让数据多跑路、群众少跑腿,为人民群众提供多元、便捷、高质量的纠纷化解服务。

第四条 【探索范围】对下列适宜调解的纠纷,探索实行调解程序前置:

(一)家事纠纷;

（二）相邻关系纠纷；

（三）小额债务纠纷；

（四）消费者权益纠纷；

（五）交通事故纠纷；

（六）劳动纠纷；

（七）其他法律关系简单适宜调解的民商事案件。

第五条　【排除适用】下列纠纷不适用调解程序前置的规定，人民法院在收到当事人起诉材料后，应当依法及时登记立案：

（一）婚姻效力、身份关系确认案件；

（二）适用特别程序、督促程序、公示催告程序、破产还债程序的案件；

（三）起诉时一方当事人无法联系，必须公告送达的；

（四）起诉时当事人向法院提供证据证明纠纷已经非诉解纷组织先行调解的，但当事人书面同意由人民法院委派调解的除外；

（五）其他依照案件性质或当事人的实际情况不能调解的纠纷。

第六条　【前置调解】对当事人起诉至基层人民法院的符合调解程序前置探索范围内的纠纷，由区非诉讼争议解决中心（人民调解中心）或其他具有调解职能的非诉解纷组织进行前置调解。

未经前置调解的，由人民法院委派区非诉讼争议解决中心（人民调解中心）或其他具有调解职能的非诉解纷组织进行调解。

第七条　【程序衔接】前置调解成功的，当事人可以依法向基层人民法院申请司法确认，调解员应当予以协助。符合确认条件的，人民法院应当提供便利，并通过在线司法确认等方式，提高司法确认效率。

前置调解不成的，基层人民法院应当依法及时转入诉讼程序。

第八条　【试点安排】试点地区包括徐汇区、普陀区、杨浦区、松江区。

试点期限为半年，自 2021 年 10 月 1 日起算。

第九条　【宣传引导】试点地区人民法院和司法行政机关应当通过网络媒体、工作平台、工作指南、宣传手册、张贴海报等方式，加强探索实行调解程序前置工作的宣传引导，阐明调解等非诉讼解纷方式高效、便捷、低成本等优点，引导当事人优先选择非诉讼纠纷解决方式。

第十条　【队伍建设】试点地区司法行政机关应当加强工作考核，完善工作机制，优化人财物保障，提升纠纷化解工作实效。

试点地区人民法院应当加强对调解工作的业务指导，在程序安排、效力确认、生效法律文书执行等方面加强对接，为实质性化解矛盾纠纷提供司法保障。

第十一条 【施行时间】本办法自2021年10月1日起施行,至2022年3月31日终止。

七、《关于推进我省保险行业人民调解及道路交通事故纠纷“网上数据一体化处理”综合改革试点工作专题协调会纪要》

为贯彻落实党的十八届四中、五中全会精神,深入实施“四个全面”战略布局和五大发展理念,大力推进多元化纠纷解决机制建设,进一步发挥行业性、专业性人民调解组织在化解行业、专业领域矛盾纠纷中的重要作用,浙江省高级人民法院、浙江省司法厅、中国保险监督管理委员会浙江监管局于2016年9月8日在杭州召开推进保险行业人民调解及道路交通事故纠纷“网上数据一体化处理”综合改革试点工作专题协调会,就共同推进我省保险行业人民调解及道路交通事故纠纷“网上数据一体化处理”综合改革工作进行座谈协商,达成如下纪要:

一、凝聚共识,进一步加强行业性人民调解工作

近年来,随着我省经济社会的快速发展,人民群众的法治意识不断增强,大量矛盾纠纷涌向人民法院,人民法院案多人少的矛盾十分突出,必须坚持枫桥经验,大力完善多元化纠纷解决机制,广泛调动人民群众、社会各界的积极性,共同参与纠纷的化解,将有限的司法资源与非诉纠纷解决方式进行有机衔接,通过各职能部门联合治理,努力将纠纷化解在基层、化解在萌芽状态,实现社会的和谐与稳定。

在当前我国经济社会进入新常态,社会矛盾纠纷日益多样化、专业化的情况下,人民调解尤其是行业性、专业性人民调解组织的壮大,不仅可以对进入诉讼程序的纠纷进行有效过滤,而且可以较诉讼更为简便、快捷、平和地化解纠纷,消减对立和矛盾,各地实践证明,在道路交通等纠纷多发且涉及专业性的领域,引入专业性、行业性的调解自愿,对人民调解依法及时化解此类纠纷具有很大的促进作用,也广受人民群众和当事人的欢迎。因此,进一步加强行业性、专业性人民调解组织的建设,不仅是全面落实《人民调解法》的需要,也是社会资源实现优化配置,各职能部门联动参与社会治理的需要;不仅是当前社会转型期群众路线和专业审判相结合的需要,也是有效维护社会和谐稳定大局的需要。

二、稳步推进,扩大道路交通事故纠纷“网上数据一体化处理”综合改革试点的范围

2015年6月5日,最高人民法院正式批准我省杭州市中级人民法院(二审)和杭州市余杭区人民法院(一审)开展道路交通事故纠纷“网上数据一体化处理”综合改革试点，并明确要求我省在开展试点工作过程中，就保险行业人民调解前置、损害赔偿标准统一、全流程在线审理、简式文书改革等内容进行积极探索。经各方协助与共同努力，余杭法院于2015年11月正式上线“网上数据一体化处理”平台。截止目前，该平台已处理交通事故纠纷2221件，其中2104件由余杭区保险行业人民调解委员会经前置调解程序化解，行业调解率达95%左右，申请法院司法确认1771件。2016年1～7月，余杭法院受理的道交案件较上年同期下降近50%。此外，经保险行业人民调解委员会调解的纠纷有440件进入“一键理赔”，总金额计1160.43万元。道路交通事故纠纷“网上数据一体化处理”综合改革试点工作取得了良好的社会效果，得到了最高人民法院和社会各界的高度肯定，也受到了各方当事人和广大人民群众的欢迎。

为进一步完善多元化纠纷解决机制，有效发挥行业参与社会治理和行业人民调解化解纠纷的作用，会议决定在杭州地区选择西湖、下城、滨江、临安四区（市）扩大道路交通事故纠纷“网上数据一体化处理”综合改革试点的同时，在全省各地区先选取道交案件数量相对较多、诉调衔接工作基础较好的1至3个县市区开展该项综合改革工作，各方面条件成熟的地区也可全面铺开。全省各人民法院、司法局、保险监管部门和保险行业协会要从中央“四个全面”战略布局出发，彼此加强沟通和协助，相互配合相互支持，共同推进保险行业人民调解工作，打造一体化纠纷处理平台，有效化解矛盾纠纷，切实让交通事故纠纷“网上数据一体化处理”综合改革的成果早日惠及广大人民群众。

三、分工合作，确保保险行业人民调解及道路交通事故纠纷“网上数据一体化处理”综合改革各项工作顺利进行

推进保险行业人民调解及道路交通事故纠纷“网上数据一体化处理”综合改革工作是一项系统性的改革创新工作，不仅需要司法、行政、行业组织各方通力合作，联动配合，还需要各参与方主动打开职业壁垒，有效实现数据共享。为确保该项改革工作的推进，会议对各参与单位的分工明确如下：

1. 道路交通事故纠纷“网上数据一体化处理”平台的软件开发由人民法院负责协调，各参与使用方可就系统使用提出优化意见和规范化建议，充分发挥一体化处理平台的技术优势，实现纠纷的公正、高效、透明处理。

2. 保险行业人民调解组织的建设及管理由司法行政和保险监管部门联合负责。鉴于目前绝大多数县（市、区）尚未设立保险行业协会的实际，根据浙江省司法厅、中国保险监督管理委员会浙江监管局下发的《关于开展保险行业人民调解委员会建设工作的通知》(浙司[2012]135号)精神,暂采取由各市保险行业人民调解委员会向相关县(市、区)派驻人民调解工作室的方式。按《关于加强人民调解工作规范化建设的意见》(浙司[2014]52号)要求,保险行业人民调解工作室一般设在人民法院诉讼服务中心,有必要且条件许可的也可以在其他地点设置办公场所,但应当注意不得影响保险行业人民调解的公信力,具体由保险行业协会会同相关单位和部门协商决定。

3. 在保险监管部门的指导下,各地市保险行业协会具体负责保险行业人民调解员的选聘及日常管理,调解员候选名单由保险行业协会提出,保险行业人民调解员的选任应符合司法行政机关的统一要求。各地保险行业协会具体负责保险行业人民调解员的业务培训,人民法院、司法行政机关、保险监管部门根据各自职能和业务指导的要求协助开展培训工作,确保保险行业人民调解员公正、高效、规范地开展调解工作,有效化解纠纷。

4. 根据人民调解法的规定,根据司法部、中央综治办、最高人民法院、民政部联合下发的《关于推进行业性 专业性人民调解工作的指导意见》(司发通[2016]1号)和省委办公厅、省政府办公厅下发的《关于进一步加强新形势下人民调解工作的意见》(浙委版[2007]106号),人民法院、司法行政机关、保险监管部门要积极向当地党委和政府做好工作汇报,有条件的地方要争取将保险行业人民调解纳入"以奖代补"考核或把保险行业人民调解作为社会管理性服务内容纳入政府购买服务指导性目录,提高保险行业人民调解工作经费保障水平。

四、诉调衔接,规范有序开展保险行业人民调解及道路交通事故纠纷"网上数据一体化处理"综合改革工作

1. 统一调判标准。实现类案同判,道路交通事故纠纷"网上数据一体化处理"综合改革的重要支撑,是诉调衔接的重要基础。人民法院和保险行业协会要加强业务沟通和调判标准的衔接,做到调判标准一致,有效推进纠纷解决和夯实调解前置的效果,不断提升保险行业人民调解组织的公信力。

2. 行业调解前置。实行保险行业人民调解前置是道路交通事故纠纷"网上数据一体化处理"综合改革的一个重点,也是发挥行业自治和参与社会治理的重要内容。在当事人自愿、合法的基础上,推行综合改革试点地区的准备通过诉讼方式解决的道路交通事故纠纷,除被告涉嫌刑事犯罪,被告无明确联系方式、下落不明,涉案机动车未投保交强险或商业险以及重大伤亡交通事故按规定启动重大伤亡快处机制等特殊情况外,均实行保险行业人民调解前置程序，即道路交通事故损害赔偿纠纷进入诉讼程序前，必须经保险行业人民调解组织先行调解，否则，人民法院一般不予受理。

3. 规范调解流程。要建立健全保险行业人民调解纠纷受理、信息录入、调解、履行、回访、档案管理等工作制度，使调解工作的各个环节都有章可循，方便快捷，并于诉讼、理赔等环节实现无缝对接，与司法调解、行政调解等联动互补，防止因流程设计缺陷出现纰漏而损害保险行业人民调解的公信力。同时，要建立健全保险行业人民调解的告知和引导制度，加大宣传力度，配合人民法院主动引导当事人到保险行业人民调解组织化解纠纷；要规范调解文书和卷宗制作，按照统一的文书格式和立卷归档要求，制作调解文书和调解卷宗，做到一案一卷；要规范保险行业人民调解统计报送工作，确保统计数据真实、准确，报送及时，不断提高保险行业人民调解工作规范化水平。

4. 明确在线诉讼范围。为确保道路交通事故纠纷“网上数据一体化处理”综合改革有序推进，各试点法院可以将符合以下情形的纠纷，作为在线处理的受案范围：(1)当事人双方均愿意并有条件通过网上法庭在线处理纠纷的；(2)案件较为简易、事实清楚、证据充分的；(3)被告之一为保险公司的。各试点法院要加大在线审理的宣传力度，对适宜线上审理的此类纠纷要尽量引导当事人通过在线处理。

五、建章立制，完善保险行业人民调解及道路交通事故纠纷“网上数据一体化处理”综合改革相关工作制度

开展综合改革试点工作地区的保险行业人民调解组织应当建立健全岗位责任、纠纷登记、档案管理、统计分析、工作例会、重大纠纷集体研究、回访督促等各项规章制度，形成内部管理规范的人民调解工作制度体系并严格遵守。在保险监管部门的指导下，各地保险行业协会要切实承担起日常管理和监督的工作职责。

开展综合改革试点工作地区的司法行政机关要切实履行指导管理人民调解工作的职责和任务，积极主动指导和帮助保险行业协会做好调解员的选聘和培训、场所建设、制度建设等工作，不断推进保险行业人民调解及道路交通事故纠纷“网上数据一体化处理”综合改革工作的规范化建设。

开展综合改革试点工作地区的人民法院应组建专门的道路交通事故损害赔偿纠纷网络审判小组和“网上数据一体化处理”综合改革联络办公室，做好在线司法确认、在线庭审和审判业务指导工作，并负责各相关部门之间协作交流、联席会议等具体事宜的落实及日常对口联络工作。

开展综合改革试点工作地区的人民法院、司法行政机关、保险监管部门和保险行业协会,都应当确定专门的联络员,对综合改革试点工作中出现的有关问题应及时进行沟通协商,友好协作,共同构建和完善相关工作机制,力争走在全国前列,为中央“四个全面”战略布局贡献浙江经验。

八、《道路交通事故纠纷“网上数据一体化处理”流程操作细则》

第一条 为进一步推进我省保险行业人民调解及道路交通事故纠纷“网上数据一体化处理”综合改革试点工作,有效促进道路交通事故纠纷调解、诉讼和理赔等一体化处理,特制定本操作细则。

第二条 在推进道路交通事故纠纷“网上数据一体化处理”综合改革试点的基层法院,道路交通事故纠纷除存在下列情形应当直接受理外,一般应当由保险行业人民调解委员会诉前先行调解:

1. 被告涉嫌刑事犯罪的;
2. 被告无明确联系方式,下落不明的;
3. 涉案机动车未投保交强险或商业险的;
4. 重大伤亡交通事故按规定启动重大伤亡快处机制的。

第三条 符合保险行业前置调解条件的道路交通事故纠纷案件,调解期限一般为 15 日。经当事人申请或当事人因客观原因无法在约定时间参与调解的,调解期限可以适当延长,但延长期限一般不得超过 7 日,特殊情况最长不得超过 15 日。

第四条 当事人达成调解协议的,由调解员登录道路交通事故纠纷网上管理系统,对案件当事人的身份信息、调解信息进行登记,网上管理系统根据调解员输入的基础信息自动生成调解协议。当事人和调解员应在调解协议上签名或盖章,并加盖保险行业人民调解委员会印章。

第五条 经保险行业人民调解委员会调解成功的案件,当事人自主选择是否共同申请司法确认。对当事人选择申请司法确认的案件,须由调解员在道路交通事故纠纷网上管理系统相应页面勾选“达成调解协议”、“申请司法确认”两个选项,并上传当事人签字的文书,包括司法确认申请书、调解协议书、送达地址确认书等。送达地址确认书中载明的地址、电子邮箱、手机号码等应明确无误,且当事人同意将上述信息作为人民法院送达法律文书的依据。

第六条 在调解期限内当事人未达成调解协议的,由调解员在调解期限届满后,登录道路交通事故纠纷网上管理系统,对案件当事人的身份信息、调解信息进行登记。当事人均需填写送达地址确认书,并同意将确认书中载明的地址、电子邮箱、手机号码作为人民法院送达法律文书的依据。

调解员根据各方当事人的技术条件和意愿，在管理系统的相应页面勾选"线上开庭"或"线下开庭"。勾选"线上开庭"的案件，系统将自动发送案件流水号给当事人，作为当事人在诉讼阶段发起诉讼、提取案件信息的依据。当事人不同意或客观上无法"线上开庭"审理的，调解员应向当事人出具调解终结书，并加盖保险行业人民调解委员会印章，作为其向法院线下申请立案的凭据。

对符合下列条件的案件，调解员应尽量引导双方当事人选择"线上开庭"审理：(1)当事人双方均愿意并有条件通过网上法庭在线处理纠纷的；(2)案件较为简易、事实清楚、证据充分的；(3)被告之一为保险公司的。

第七条　对已进入诉讼程序但案情复杂、疑难，或当事人矛盾较大不宜简单下判的案件，审理法院可视情况再次委托当地保险行业人民调解委员会进行调解。

第八条　经在线司法确认、诉讼调解或判决生效的案件且涉及保险理赔的，当事人可依据生效裁判文书在线触发保险公司理赔任务流，保险公司则根据生效裁判文书相关内容完成赔付。

经前置调解成功且涉及保险理赔，但当事人未申请司法确认的案件，在调解员完整、准确录入纠纷相关信息的情况下，可由案款受领方于调解协议约定的付款期限前三个工作日点击"一键理赔"按钮，触发保险理赔任务流。

第九条　经道路交通事故纠纷网上管理系统"一键理赔"任务流的案件，保险公司应在三个工作日内完成理赔，并向案款受领方反馈赔付结果。案款受领方可在交通事故网上法庭案件管理平台"查询"项下查询案款理赔进度。

第十条　保险公司的"一键理赔"工作由专人负责，专项管理。保险公司在"一键理赔"工作中发现问题应及时与对方当事人沟通，做妥善处理。

第十一条　各地保险行业人民调解委员会定期检查案款理赔处理情况，监督跟踪理赔时效及当事人理赔体验。

第十二条　本办法由浙江省高级人民法院、浙江省司法厅、中国保险监督管理委员会浙江监管局共同解释，自印发之日起实施。

后　记

本书是以我博士论文的选题为基础，并在国家社科基金后期资助项目的加持下得以完成的。回首来路，虽然颠簸甚至艰辛，比如，郑州“7·20”特大暴雨灾害导致的电脑资料毁损，新冠疫情中居家授课、居家带娃状态下的写作境遇，但是，一路走来我满怀感恩、深感幸运！

感谢恩师田平安先生在选题上给予的点拨和鼓励。清楚地记得那个初秋的午后，在母校渝北校区法学院的楼前，当我心怀忐忑地告诉恩师，自己对强制调解很感兴趣，有意以此作为博士论文选题时，他并没有表现出我之前预料的那种神色凝重和严肃，反而饶有兴致地追问了很多与之相关的问题，并提出要从历史角度，纵向考察我国近代民事强制调解做法等重要建议。于是，在那个阳光明媚的午后，萦绕心头的担忧和疑虑烟消云散，我满怀信心踏上了与民事强制调解结缘的研究之旅。恩师虽已驾鹤西行，但在此，我要向恩师表达最崇高的敬意和最真挚的感激！

感谢全国哲社办的信任和大力支持。本书有幸获得2018年国家社科基金后期资助项目的支持，这为我的研究注入了强大信心和力量，同时也使我深感肩头承担的责任，更加坚定要扎扎实实作学术研究的信念。根据全国哲社办反馈的各位立项评审专家的修改建议，我对书稿逐一进行了完善。尽管受疫情影响无法充分开展实地调研，但我还是通过各种有效渠道收集资料，以保证本书对域外民事强制调解立法、理论的最新动态，以及当前我国民事强制调解实践探索情况的客观呈现，不辜负全国哲社办的这份信任和支持。

感谢郑州轻工业大学政法学院的各位领导，以及社科处周广亮处长和郑琦老师，他们在本书获批国家社科基金后期资助的立项、结项方面，给予了我精神上的鼓舞，提供了及时和关键的指导和帮助。感谢河南省高校科技创新人才支持计划（2020－cx－018）、郑州轻工业大学社会发展研究中心的支持和资助。

感谢尊敬的南京师范大学刘敏教授，他对本书提出的宝贵而细致的建议，使我得以及时发现忽视的问题，并避免出现不应该的错误。感谢西南政法大学石雷老师、南昌大学来文彬老师以及天津大学曹云吉老师，他们提供的外国法资料使我的写作素材能够更加真实和丰满。感谢河南警察学院的刘益言老师，她帮我借阅的图书解了我的燃眉之急。

我还要特别感谢我敬爱的母亲。一位年近八旬的老人，为了给我创造良好的写作环境，尽心尽力、不辞劳苦地帮我照顾年幼的二宝，使我能够深入思考、安心写作。

最后，我还要感谢法律出版社的李军编辑。她为本书的出版付出了大量辛勤的汗水，提供了许多善意、智慧的见解。

王　阁

2023年初春于郑州